책을 읽다가 저자가 누구인지 무척 궁금해졌다. 예수님의 수난의 길을 이렇게 입체적으로 그려 낼 수 있다는 게 신기할 뿐이다. 잊힌 교회의 전례와 역사, 심지어 예술가와 소설가의 작품, 그리고 영화까지 소환하며 독자들을 부활절로 이어지는 성주간의 현장으로 초대한다. 독자는 글을 길라잡이 삼아 생생한 십자가 앞에 서게 된다. 되새기며 읽을 책이다.

_최주훈, 중앙루터교회 담임목사

이 책에는 그리스도교 진리의 핵심과 정수를 담은 성주간의 드라마, 예수님의 수난과 십자가 그리고 부활에 관한 플레밍 러틀리지의 주옥같은 묵상과 설교가 담겨 있다. 예수 그리스도를 통해 드러난 하나님의 사랑을 더 깊이 묵상하고, 예수 그리스도와 더 깊게 만나게 하는 탁월한 책이다!

_김홍일, 성공회 사제, 한국샬렘영성훈련원 원장

고난주간과 부활절에 전한 26년의 설교 역사가 고스란히 담겨 있다. 고난주간 설교를 준비하는 동료 설교자들은 물론이고, 십자가를 묵상하며 고난주간을 경건하게 보내고 싶은 일반 독자들에게도 아주 유익한 책이다. 감동적인 예화와 성경 구절을 꿰뚫는 탁월한 통찰이 가득하다.

_퍼블리셔스 위클리

플레밍 러틀리지의 설교는 도발적이면서 힘이 넘친다. 타락한 인간의 상황을 예리하게 분석하는 한편, 하나님의 놀라운 은혜를 힘 있게 선포한다. 그 과정에서 시인, 현자, 악한을 초대하여 영적 선조들과의 대화에 참여시킨다. 26년에 걸친 설교를 모은 이 책은 그리스도인의 정체성을 지키며 살고자 하는 모든 사람에게 엄청난 자산이 될 것이다.

_마사 호른, 버지니아신학교 총장

최근 우리 교구에서 성금요일 예배와 부활주일 예배에 참석하는 인원이 크게 늘었다. 플레밍 러틀리지가 지난 몇 년간 우리 교구에서 그리스도의 십자가와 부활을 설교한 덕분이다. 하나님은 염려와 병적 기질이라는 무덤에 묻힌 현대인을 다시 살려서 풍성한 삶으로 인도하신다. 이 책에 실린 설교는 신학적 현실을 무시하거나 회피하는 감상주의와 거리가 멀다. 오히려 죄를 직면하게 하고, 회개를 촉구하고, 소망을 불러일으켜 절망적인 징후를 치료하는 치료제와 같다. 설교자들에게는 열정과 절박함을 회복시켜 주고, 성도들에게는 일상에서 구원을 경험하게 하는 깊은 통찰을 제시한다.

_도널드 암스트롱, 콜로라도 스프링스 그레이스 교회 관할 사제

플레밍 러틀리지는 말씀의 빛 아래서 우리 마음에 자리한 의심을 찾아내고 소망을 밝히 드러낸다. 그렇게 의심과 소망이 만나는 순간, 우리는 설교자의 음성 너머 부활하신 주님의 음성을 듣게 된다.

_크레그 반스, 워싱턴 D. C. 내셔널 장로교회 목사

탁월하고 솔직하며 설득력 있는 설교는 눈부신 보물과 같은데, 이 책에는 그런 설교가 가득하다. 복음이라는 드라마를 탐험하며 십자가의 어둠과 부활의 광휘를 생생하게 보여 줌으로써 십자가를 지고 부활의 빛 가운데 살도록 신자들을 안내한다.

_리앤 반 디크, 웨스턴신학교 조직신학 교수

열정적인 설교가 가득하다. 예수 그리스도의 고난과 하나님의 뜨거운 사랑을 흥미롭고도 진지하게 설교한다. 십자가에 나타난 희생적 사랑이 현대인의 삶에 침투하는 이유와 방식을 잘 보여 준다.

_프레드릭 보쉬, 미국 성공회 로스앤젤레스 교구 주교

플레밍 러틀리지의 설교는 사려 깊고 설득력이 있고 성경적이며 감동적이다. 지적인 따스함 가운데 선포되는 말씀의 능력이 책에 생생하게 드러난다.
_캐럴 앤더슨, 베벌리힐스 올세인트 교회 관할 사제

기억에 남을 만큼 감동적인 설교를 들어 본 적이 별로 없는 나 같은 사람에게 플레밍 러틀리지의 설교는 엄청난 가치가 있다.
_케네스 우드워드, 《뉴스위크》 종교부 편집자

고난주간과 부활 절기 설교는 여간 어려운 게 아니다. 우리 인간이 죄로 말미암아 무엇을 잃어버렸는지 어떻게 말로 다 설명한단 말인가? 하나님이 갈보리 언덕에서 하신 일을 어떻게 말로 다 표현한단 말인가? 빈 무덤에 대해 어떻게 설득력 있게 설명한단 말인가? 바로 여기, 기독교 신앙의 가장 심오한 신비를 뜨겁게 풀어낸 설교가 있다. 플레밍 러틀리지는 놀라운 지성과 폭넓은 독서량을 한데 엮어서 말로 표현할 수 없는 일을 말로 표현해 낸다. 하나님이 어떻게 세상의 어두움을 이기셨는지, 예루살렘 밖 언덕에서 무슨 일이 일어났는지 차근차근 설명한다. 신실한 그리스도인과 진지한 구도자 모두에게 보물 창고 같은 책이다. 근래 들었던 성금요일 설교와 부활절 설교 가운데 신학적으로 가장 심오하고, 영적으로 가장 지혜로우며, 인간적으로 가장 설득력이 있다. 저자는 우리를 기독교 신앙의 근원이자 진원지인 예수 그리스도의 죽음과 부활로 안내한다. 죄와 사망에 맞서는 우주적 드라마, 그리스도의 십자가를 통해 이룬 가장 기이한 승리를 우리에게 제시한다. 사순절과 고난주간에 읽을 책으로 이보다 더 좋은 책은 상상할 수 없을 정도다.
_새뮤얼 로이드, 보스턴 코플레이 스퀘어 트리니티 교회 관할 사제

예수가
선택한
길

The Undoing of Death
by Fleming Rutledge

ⓒ 2002 by Fleming Rutledge
Originally published in English under the title, *Undoing of Death* by Fleming Rutledge.
Published by Wm. B. Eerdmans Publishing Co., Grand Rapids, MI, U.S.A.
All rights reserved.

Translated and used by arrangement of Wm. B. Eerdmans Publishing Co., through rMaeng2, Seoul, Korea.
This Korean copyright ⓒ 2020 by Viator, Paju-si, Gyeonggi-do, Republic of Korea.

이 한국어판의 저작권은 알맹2 에이전시를 통하여 Wm. B. Eerdmans Publishing Co.와 독점 계약한 비아토르에 있습니다. 신 저작권법에 의해 한국 내에서 보호를 받는 저작물이므로 무단전재와 무단복제를 금합니다.

일러두기
- 이 책에 나오는 성경 본문은 대한성서공회에서 펴낸 새번역을 사용했으며, 다른 번역본을 사용할 때는 따로 표기하였다.
- 저자가 본문에 인용한 찬송가는 번안된 한글 가사 대신 영어 가사를 그대로 번역해서 사용했다.
- 이 책은 2011년에 《죽음의 취소》라는 제목으로 번역·출간된 바 있다.

예수가 선택한 길

십자가의 죽음부터 부활의 기쁨까지

플레밍 러틀러지
류호영 옮김

차례

들어가는 말 _12

1부 **종려나무 가지를 흔들며** 고난주일
  종려주일의 눈물 _23
  새로운 세계질서 _34
  갈보리로 인도하소서 _43
  바보들의 행렬 _53

2부 **세상 죄를 지고 가는 어린양** 고난주간 월·화·수
  왕의 몸값 _69
  성전에 이른 메시아 _81
  하나님의 어린양 _94

3부 **종의 모습을 취하시고** 세족목요일
  주님, 내 발뿐만이 아니라 _109
  수치의 밤, 영광의 밤 _120
  돌아서서 베드로를 똑바로 보시니 _131

4부 ___ 예수가 선택한 길 성금요일

1. 주님의 험한 십자가
바지를 입지 않은 남자 _146

침을 뱉고 모욕하여도 _154

숫염소와 희생 제사 _161

평범한 범죄자 _166

누군가는 값을 치러야 한다 _172

저주를 받은 사람이 되심으로써 _179

갈기갈기 찢어진 마음 _188

2. 내 마음에 뿌려진 피
멸시와 버림을 받고 _196

예수에게 죄를 씌우다 _205

성문 밖에서 _212

십자가를 멀리하는 사람들 _218

저주와 대속 _225

하나님에게 버려진 하나님 _233

3. 갈보리 언덕에 나타난 세 가지 표징
정오의 어둠 _244

찢어진 성전 휘장 _251

열린 무덤들 _258

4. 경건하지 않은 사람을 위해
영광의 시간 _266

위대한 거래 _277

우리가 아직 약할 때 _290

5부 ____ 밤과 어둠 부활주일
한밤중인 사망의 왕국 _303

얼굴과 얼굴을 마주하여 _311

6부 ____ 죽음과 부활 부활주간
사람에게는 불가능하나 _323

예수를 알아보았다 _334

맨 마지막으로 멸망 받을 원수 _348

통제할 수 없는 일 _359

편히 쉴 때가 올 것이며 _370

7부 _____ **주님을 모시고 사는 삶** 부활절기

미리 택하여 주신 증인 _381

나는 쓸개즙, 나는 속 쓰림 _392

출처가 다른 평화 _399

기적적인 개입 _410

기쁨에 이르는 숨겨진 길 _420

감사의 말 _429

주註 _431

삽화 출처 _464

옮긴이의 말 _468

들어가는 말

 고난주간*과 부활절 설교는 그 어떤 설교보다 부담이 크다. 절기 특유의 강렬한 분위기, 설교할 본문의 특이성, 기대에 가득 찬 회중의 눈빛 때문에 부담이 더 클 수밖에 없다. 1976년부터 2001년까지, 26년간 성금요일에 미국 전역을 돌며 다양한 회중 앞에서 설교했다. 크나큰 특권이자 막중한 책임이 따르는 일이었다. 이 책은 바로 그때 했던 설교에 바탕을 두고 있다.
 십자가 사건을 다룰 때는 특별히 더 신중하고 철저해야 한다. 평소 주일 설교 때는 말씀의 의미를 그처럼 자세히 풀어내기가 어렵다. 세 시간짜리 성금요일 예배가 너무도 귀중한 이유가 바로 여기에 있다. 그러나 이제는 성금요일 설교가 케케묵은 구식이 되어 버린 것만 같다. 세 시간짜리 강해 예배를 찾아보기가 어려워졌다. 예배 의식이 점점 더 정

---

* 저자가 '성주간Holy Week'이라고 한 것을 이 책에서는 일반 독자들에게 익숙한 '고난주간' 또는 '수난주간'으로 옮겼다. 종려주일로 시작해 성목요일 세족식과 성찬식, 그리고 성금요일의 십자가 경배와 가상칠언묵상, 성토요일의 부활 밤 예식으로 지키는데, 한 주간 동안 기독교 구원사의 가장 핵심이 되는 사건들을 묵상하며 부활절을 맞는다. ─편집자

교해지면서, 지금은 예배 의식이 설교를 대체하고 있다. 케네스 리치가 쓴 책을 처음 접한 이래 그의 글을 늘 귀히 여겨 왔다. 《우리는 십자가에 못 박히신 그리스도를 전한다We Preach Christ Crucified》라는 책은 특별히 많은 이에게 추천하고 싶은 책이다. 그러나 예배 의식만으로 충분하니 성금요일에는 어떤 설교도 필요하지 않다는 그의 의견에는 동의하지 않는다.[1] 십자가는 저절로 해석되지 않는다. 성금요일 예배가 예배 의식만으로 충분하지 않은 이유는 이 때문이다. 사도 바울은 회중이 십자가의 의미를 이해하기를 바랐고, 하나님은 '십자가의 말씀'을 선포하도록 우리에게 사도적 은사와 사명을 주셨다.

오늘날 주류 교회에서 십자가를 설교하면 많은 논쟁과 변증에 시달린다. 심지어 반감에 부딪히기도 한다. 고난주간 설교와 관련된 '정치적 올바름'의 문제가 존재하고, 고난주간 설교를 근거로 설교자의 성향을 분류하려는 시도도 있다. 혹시라도 독자 중에 십자가와 부활을 바라보는 이런저런 시각에 어떤 선입견을 품은 이가 있다면, 부디 이 책에 실린 설교를 한 편 이상 읽을 때까지 판단을 보류해 달라고 부탁하고 싶다. '대속代贖'에 관한 내용을 찾는 독자라면 원하는 내용을 발견할 테지만, 이 책에서 다루는 대속은 신학에서 '형벌적 대속'이라고 부르는 그런 개념의 대속은 아니다. 이 책에 실린 설교, 특히 부활절 설교에서 더 중요하게 다루는 주제는 '승리자 그리스도Christus Victor'다. 교훈적 또는 본질적 주제도 찾을 수는 있겠지만, 미미한 수준일 것이다. 내가 이 책을 쓴 목적은 풍부하고 다양한 해석을 제공하기 위해서다. 신약 성경과 교회 전승이 우리에게 제공하는 것이 바로 풍부하고도 다양한 해석이기 때문이다. 그래서 나는 합리적이고 이성적인 '이론'이 아니라 은유와 이미지를 강조하려 한다. '속죄', '자신을 속죄 제물을 내주신 그리스도', '우리를 구원하시려고 하나님이 치르신 값'을 강조하지만, '압제로부터 해방', '죽음에 대한 승리', '악에 대한 승리', '이 땅에서 소외당하고 멸시당하는 자들과 연대하시는 예수'와 같은 주제에도 똑같이 관심을 쏟을 것이다. 혹시라도 이 책에 실린 설교를 여러 해석 가운데 하나를 개관하거나 요약한 것으로 받아들이는 이가 있다면, 내 뜻을 잘못 이해한 것이다.

이 책에 실린 설교는 대부분 새로 썼다. 성금요일 설교처럼 전에 했던 설교도 간혹 있지만, 모두 여러 해 동안 새로 정리한 것이다. 이전에 책으로 출판하거나 발표했던 설교는 하나도 없다. 몇몇 설교는 피치 못하게 중복되는 부분이 있을 텐데, 시간이 흘러도 우리가 이 절기에 다루는 주제와 본문은 같기 때문이다. '우리 죄를 위해 죽으신 그리스도'라는 주제가 바로 그런 경우다. 이 책에는 이 주제가 여러 번 등장하는데, 단순한 종교적 개념이 아니라 실제적 사건으로서 '십자가의 죽음과 부활'이 갖는 고유한 의미를 고려하면 충분히 이해가 될 것이다. 그러나 한 번도 똑같은 성경 본문을 놓고 설교하지는 않았다. 독자들의 바람대로 여기 실린 설교는 분량이 길지 않은 편이다. 짧은 설교를 통해 같은 주제를 반복한 까닭은 주제를 강조하기 위해서다.

이 절기에는 '가상칠언'을 주제로 설교하는 전통이 있다. 이 책이 그 전통을 따르지 않는 걸 알고 실망하는 이들도 더러 있을지 모르겠다. 굳이 해명하자면, 내가 처음 성금요일 설교를 시작한 1970년대 중반에는 이 설교 전통이 조금 지나친 감이 없지 않았고, 한편으로는 식상한 면도 있었다. 그래서 다른 방식으로 접근하는 게 더 신선하리라 판단했다. 현시점에서 전통으로 돌아가는 편이 더 나아 보인다면, 앞으로는 가상칠언 설교 전통을 다시 지키게 되지 않을까 싶다. 어쨌거나, 가상칠언

가운데 이 책에서 강조하는 말씀은 크게 두 가지다. 하나는 "나의 하나님, 나의 하나님 어찌하여 나를 버리셨나이까?" 하고 절규하시는 말씀이고, 또 하나는 "다 이루었다"라는 말씀이다. 가상칠언 중 다른 부분은 "영광의 시간"과 "갈보리로 인도하소서"라는 제목의 설교에서 간략히 언급할 것이다.

주의 깊은 독자라면, 《뉴스위크》 종교부 편집자 케네스 우드워드가 자주 언급된다는 점을 알아챌 것이다. 좀 이상해 보일지 모르지만, 그럴 만한 이유가 있다. 우드워드는 여러 해 동안 매년 부활 절기에 예수와 하나님, 혹은 종교 전반을 다룬 표지 기사를 썼다. 그렇게 시의적절한 기사를 쓰려고 애써 왔을 뿐만 아니라, 신학적으로 의미 있는 주제를 다루었다는 점에서 언급할 가치가 충분하다. 그가 쓴 글은 고난주간에 설교자가 참고할 만한 소중한 자료다.

....

날짜에 따라 설교를 묶는 방식에는 장단점이 있다. 아마도 독자들은 각기 다른 방식으로 이 책에 실린 설교를 읽을 것이다. 만약 설교 아이디어를 얻으려고 이 책을 집어 든 설교자라면, 곧바로 특정 항목, 예를 들면 세족식을 거행하는 목요일 항목으로 넘어가서 여러 편의 설교를 한 번에 읽을지 모른다. 그러나 여러분이 설교자가 아니라면, 이런 독서법은 권하고 싶지 않다. 각 항목에서 한 번에 한 편의 설교를 읽되, 고난주간의 흐름에 따라 차례차례 읽어 나가길 바란다.

각 항목에서 읽을 설교를 편하게 골라도 좋다. 그런 의미에서 한 가지 이야기를 들려주고 싶다.

1980년대에 미국에서는 에이즈 바이러스 감염이 극에 달했다. 에 이즈를 퇴치할 치료법이 아직 개발되지 않은 시절에, 이번 생에는 살아서 병원을 나갈 희망이 없는 남자를 문병했다. 독실한 그리스도인이었고, 자기가 죽어 간다는 사실을 잘 알고 있었다. 우리는 성경과 주님, 신앙에 관해 오래 이야기했다. 나는 고난을 통해 고통 속에 있는 자들과 연대하시는 그리스도에 관해 함께 생각해 보고자 했다. 그런데 놀랍게도 그가 이렇게 말했다. "정말이지, 십자가에서 죽은 그리스도에 관해서는 생각도 하기 싫어요. 그 생각만 하면 화가 나거든요."

예상치 못한 반응에 놀라긴 했지만, 어떻게 대응해야 할지 잘 알고 있었다. 그래서 한 치의 망설임도 없이 이렇게 말했다. "좋습니다. 그렇다면 부활에 관해 생각해 볼까요." 다음 날, 부활하신 그리스도가 무덤에서 나오는 장면을 눈부시게 묘사한 마티아스 그뤼네발트의 그림을 그에게 보냈다. 이 이야기를 꺼낸 이유는 고난주간 설교를 읽으면서 혹시라도 기분이 가라앉는 것 같은 느낌이 들면, 해당 부분을 건너뛰고 부활절 설교로 넘어가라고 권면하기 위해서다. 찬란한 부활의 빛은 고난주간을 환히 밝히고 칠흑같이 어두운 밤중에도 우리에게 소망을 준다. 하나님께서 예수를 믿는 우리에게 고난의 십자가를 환히 밝힐 새날을 주셨기 때문이다.

독자들에게 도움이 될까 싶어 한 가지 사실을 밝히려 한다. 여기 실린 설교는 각기 다른 상황에서 했던 설교라는 점이다. 주일 설교는 말 그대로 주일에 모인 회중을 염두에 두고 한 설교다. 고난주간과 부활주간에 한 평일 설교는 몇 가지 점에서 주일 설교보다 훨씬 더 긴박한 면이 있다. 평일에 말씀을 들으러 교회에 오는 사람들은 누구보다 많은 설교를 들은 이들이고, 그리스도를 위해 헌신하려는 의지가 누구보다 진지하고 분명하기 때문이다.

성금요일 설교는 다른 날보다 더 짧고 사색적인 성격이 강하다. 해석의 여지도 많은 편이고, 하나의 설교가 다음 설교로 이어지는 경우가 많다. 그러니 성금요일 설교 한 묶음을 순서대로 한 번에 다 읽기를 바란다. 대신 두세 묶음을 한꺼번에 읽는 건 부담이 될 테니, 한 번에 한 묶음만 읽어라.

본문에 인용한 성경 역본에 관하여 설명하자면, 나는 문장의 형태와 리듬이 의사소통을 원활히 하는 데 무척 중요하다고 생각한다. 사상적 올바름을 요구하는 요즘 추세에 발맞추는 것보다 문장의 형태와 리듬을 살리는 것이 더 중요하다고 믿는다. RSV 번역본이 처음 나왔을 때 문학 애호가들은 비판의 날을 세웠었다. 하지만 오늘날에는 오역이 많지 않으면서도 KJV 번역본의 리듬과 운율을 상당 부분 보존하고 있다는 인식이 일반적이다. 그래서 나는 대개 RSV를 사용하되, 필요한 경우 KJV를 사용하기도 했다. 그 외에 다른 번역본을 사용할 때는 따로 명시했다(한국어판에서는 대한성서공회에서 펴낸 새번역판을 사용하고, 다른 번역본을 사용할 때는 따로 명시했다—옮긴이).

어떤 단어는 볼드체로 표기했는데, 해당 단어 혹은 주제를 강조하기 위해서다(강단에서 설교할 때는 이 방법을 쓰기 어렵지만, 책이라 가능했다). 늘 그러지는 않았지만, **죄**와 **사망**을 자주 볼드체로 표기했다. 죄와 사망의 세력을 강조하기 위해서다. 죄와 사망은 인간과는 별개의 세력, 인간의 선택에 영향을 받지 않는 독립된 세력이라 생각한다. 이 점은 바울 서신, 특히 로마서 7장을 비롯해 로마서 여러 곳에서 나타난다. 요한복음도 죽음을 하나의 세력으로 묘사하고 있다. 그리고 이 책에 실린 몇 편의 설교는 바로 이 주제를 다루고 있다. '맨 마지막으로 멸망 받을 원수'라는 제목이 붙은 설교가 대표적인 예다.

일반 독자가 읽기 편하도록 각주 대신 미주를 사용했다. 미주에는 특정 문제나 주제에 관해 더 자세히 알고 싶어 하는 이들을 위해 필요한 자료를 수록했다.

각 설교 첫머리에는 인용구가 실려 있는데, 딱 한 번을 제외하고 모든 인용구는 존 던의 마지막 설교《죽음의 결투$^{Death's\ Duel}$》에서 인용했다. 1631년 2월 25일에 런던 세인트 폴 대성당에서 찰스 1세 앞에서 했던 설교로 나중에 책으로도 출간되었다. 영어권에서는 존 던에 필적할 만한 설교가가 없다고 생각한다. 딱 한 번의 예외는 부활주일 설교 첫머리에 인용한 제라드 맨리 홉킨스의 시다. 우리 시대에 제라드 홉킨스가 여전히 높은 평가를 받는 건 참으로 고무적인 일이다.

....

마지막으로 짚고 넘어가야 할 게 하나 더 있다. 십자가에 못 박히신 예수의 죽음에 관해 다룬 차기작을 준비 중인데, 그 책에서는 십자가를 높이 쳐든 자들의 윤리 문제를 주로 다룰 생각이다. 삶 속에서 실현되지 않는 십자가, 즉 "세상에서 비천한 것들과 멸시받는 것들을 택하"(고전 1:28)사 죽음으로써 자신을 증명했던 예수와는 상관없이 높이 치켜든 십자가는 신성모독이 되고 만다. KKK가 불태우는 십자가, 폐허로 변한 이슬람교도 주거지에 세르비아 정교회가 세운 십자가와 다를 바가 없다. 기독교 윤리가 가장 잘 실현되는 현장은 주일 설교와 신자들의 일상이라고 생각한다. 고난주간 설교에는 고유한 특성이 있다. 바울이 갈라디아 교회 교인들에게 한 설교에 그 특성이 잘 나타나 있다. 바울은 갈라디아 사람들에게 "예수 그리스도께서 십자가에 못 박히신 모습이 여러분의 눈앞에 선한데"(갈 3:1)라고 채근한다. 따라서 고난주간과 부활절 설교의 핵심은 복된 소식(케리그마 또는 복음)에 집중하는 데 있다. 그 밖의 것은 모두 이 뿌리에서 나와야 한다. 여기 실린 고난주간 설교에서는 윤리 문제를 특별히 언급하지 않겠다는 말이 아니라, 윤리 문제는 핵심 주제가 아니라는 말이다. 예민한 독자라면 부활절 설교에서 윤리적 내용이 점점 늘어나고 있다는 걸 알아챌 것이다. 케리그마(복음)와 윤리의 관계는 골로새서에 아주 잘 명시되어 있다.

> 우리는 여러분을 위하여 기도할 때에, 항상 우리 주 예수 그리스도의 하나님 아버지께 감사를 드립니다. 우리는 그리스도 예수에 대한 여러분의 믿음과 모든 성도를 향해서 여러분이 품고 있는 사랑을 전해 들었습니다. 이 믿음과 사랑은 여러분을 위하여 하늘에 쌓아 두신 소망에 근거합니다. 이 소망은 여러분이 진리의 말씀 곧 복음을 받아들일 때에 이미 들은 것입니다. 이 복음은 온 세상에 전해진 것과 같이, 여러분에게 전해졌습니다. 여러분이 하나님의 은혜를 듣고서 참되게 깨달은 그날로부터, 여러분 가운데서와 같이 온 세상에서 열매를 맺으며 자라고 있습니다(골 1:3-6).

> 그러므로 우리가 여러분의 소식을 들은 그날부터, 우리도 여러분을 위하여 쉬지 않고 기도합니다. 우리는 하나님께서 여러분에게 모든 신령한 지혜와 총명으로 하나님의 뜻을 아는 지식을 채워 주시기를 빕니다. 여러분이 주님께 합당하게 살아감으로써, 모든 일에서 그분을 기쁘게 해 드리고, 모든 선한 일에서 열매를 맺고, 하나님을 점점 더 알고(골 1:9-10).

주님께 합당하게 살아가기 위해서는 '하나님의 뜻을 아는 지식',

특별히 그리스도의 희생 제사가 어떤 의미인지 아는 지식을 채워 나가야 한다. 우리를 향한 사랑으로 자기를 내주신 그분의 삶에 들어가려면, 우리를 위해 십자가에 달리신 '죽음의 의미'와 새 생명을 주시는 '부활의 능력'에 관해 더 알아야 한다.

하나님께서 기쁨 가운데 그리스도를 통해 우리를 위해 행하신 일을 아는 지식이 우리 안에 늘어나게 하셔서 우리가 더욱 뜨겁게 주님을 사랑하고 주님의 사랑을 실천하며 주님의 영광을 위해 열매를 맺는 삶을 살기를 바란다.

제1부

고난주일

종려나무 가지를 흔들며

그의 모든 생애는 수난의 연속이었다. _존 던

고난주일 예배에 관하여

1부는 고난주일 예배를 생각하고 쓴 네 편의 설교로 구성되어 있다. 성공회의 고난주일 예배는 예전의 성격이 강하다. 예배가 시작될 때부터 축제 분위기에서 축하 행진을 한다. 그러나 이 예배의 핵심은 축하 행진 바로 뒤에 이어지는 성경 본문 낭독이다. 공관복음서인 마태복음, 마가복음, 누가복음에 실린 수난 기사를 낭독하는데, 3년 주기로 한 복음서씩 낭독한다(요한복음에 실린 수난 기사는 수난일인 성금요일에 낭독한다). 성경 본문을 낭독할 때는 여러 연기자와 해설자가 예수, 빌라도, 베드로 등등의 역할을 나누어 맡는다. 회중은 수난 기사 속 군중의 역할을 맡아 정해진 순간에 "예수를 십자가에 처형하라"라고 소리친다.

종려주일의 눈물

종려주일은 참 이상한 날입니다. 종려주일의 더 정확한 이름은 고난주일입니다. 고난주일이 오면, 으레 우리는 예수의 고난과 죽음에 관한 이야기를 접합니다. 예전 종려주일에 행렬의 선두에서 십자가를 들고 서 있던 소년이 제게 했던 말이 생각납니다. 소년은 십자가를 든 채로 "이 순간 제 기분이 어때야 하는 건지 모르겠어요"라고 말하더군요. 종려주일의 양면성을 제대로 이해했던 거지요. 축제 분위기에 이끌려 왔던 사람들은 십자가에 달리신 예수 이야기에 충격을 받습니다. 축제와 죽음이라니요! 일요일에는 메시아요 왕이라며 예수를 보고 환호하던 무리가 닷새 뒤 금요일에는 돌연 "예수를 십자가에 처형하라" 소리쳤다니, 놀랄 수밖에요. 그러나 이날은 소심해져서 잔뜩 겁에 질릴 그런 날이 아닙니다.

먼저, 누가와 다른 복음서 기자들의 증언을 들어 봅시다. 종려주일 예배의 핵심은 마태복음, 마가복음, 누가복음이 전하는 수난 기사를 읽는 일입니다. 복음서 저자들이 우리에게 전하려는 핵심 메시지에 이르는 주일이 바로 종려주일입니다. 복음서는 모두 이 절정의 순간을 향해

렘브란트, 〈십자가 처형〉

이 그림에 제목을 붙인다면 〈내가 주를 십자가에 처형했다〉 정도가 어울리지 않을까. 렘브란트는 예수를 십자가에 처형하는 무리 중 하나로 자신의 모습을 그림에 투영했다. 나 역시 그 일에 책임이 있다는 사실을 절감하노라, 웅변하는 셈이다. 이는 종려주일에 "예수를 십자가에 처형하라" 하고 소리치는 회중들의 모습을 떠올리게 한다. 종교적 감상에 젖어 있던 19세기 미국 그리스도인들은 렘브란트를 존경해 마지않았고, 그 결과 칭송 일색의 전기가 쏟아져 나왔다. 20세기 예술사가들은 이에 대한 반작용으로 렘브란트의 실체를 밝히는 일에 힘을 쏟았다. 그 시대 다른 예술가들과 마찬가지로 렘브란트도 권력자들과 후원자들의 입김에 쉬 흔들렸고, 실상은 독실한 그리스도인도 아니었다고 말이다. 그러나 양쪽 의견을 모두 고려해 보더라도, 이 그림에 담긴 영적 통찰이 그리스도를 향한 깊은 헌신 외에 다른 것에서 비롯되었다고 보기는 어렵다.

나아가지요. 예수의 생애 가운데 그분이 당하신 고난과 십자가에 처형당하신 사건을 집중적으로 조명합니다. 절대 우연이 아닙니다. 교회가 처음 시작될 때부터 예수의 삶은 '죽음'에 그 의의가 있다고들 여겼고, 사도들과 복음서 기자들은 신자들이 무엇보다도 이 죽음의 의미를 이해하기를 바라고 또 바랐습니다.[1] 여러분은 어떻습니까? '예수의 죽음'의 의미를 온전히 이해하고 싶은 마음이 여러분에게도 있습니까?

한 주간 그리스도의 수난을 묵상하며 경건하게 보내실 의향이 있습니까? 그렇다면 여러분은 예수의 고난과 죽음을 더 깊이 이해하게 될 것이고, 더 깊은 의미에서 복된 자신을 발견하게 될 것입니다. 그러나 문제는 모든 사람이 기꺼이 이 일에 헌신하지는 않는다는 데 있지요. 사도 바울의 말대로 '십자가의 말씀'은 언제나 우리 마음을 상하게 합니다. 사람들 입맛에 맞는 메시지가 절대 아니니까요. 여러분에게는 어떻습니까?

목요일에 남편에게 전화가 왔습니다. 설교에 도움이 될 좋은 예화가 있다더군요. 동네에 있는 쇼핑몰에 갔다가 선물과 카드를 파는 가게에서 "부활절을 편안하게 보내세요"라는 광고 문구를 보았다고 했습니다. 우리 가게에서는 달걀과 꽃, 카드와 토끼 인형을 한 번에 쇼핑할 수 있습니다, 뭐 그런 의도로 내건 문구였겠죠. 하지만 우리 부부는 십자가에서 최대한 멀리 도망치고 싶은 우리들의 속내를 여실히 보여 주는 것만 같아 큰 충격을 받았습니다. 사실, 많은 사람이 부활절을 맘 편해 하지요. 부활절은 누구나 좋아합니다. 반대로 세족 목요일과 성금요일에 교회에 오는 사람은 소수에 불과합니다.

종려주일을 두고 기독교 절기의 트로이 목마라고 말하는 이들도 있을 겁니다. 축제 분위기가 마음을 들뜨게 하지만, 그 전에 기나긴 수난 기사와 맞닥뜨려야 한다는 사실을 알기 때문입니다. 종려주일은 별개의 하루가 아닙니다. 고난주간으로 들어가는 문과 같은 날입니다. 그러나 안타깝게도 많은 이들이 이 사실을 제대로 이해하지 못하고 있습니다. 어쩌면 여러분 중에도 그런 분이 있을지 모릅니다. 신실한 교인들은 종려주일 예배를 과연 어떻게 생각할까, 늘 궁금했습니다.

지난해 종려주일 예배를 마친 뒤, 교회 문 앞에 서서 사람들과 악수를 나눌 때였습니다. 한 중년 여성이 허리를 숙이고는 제 귀에 이렇게 속삭였습니다. "저는 한 번도 예수를 십자가에 처형하라고 외치지 않았어요. 어떻게 그런 말을 하겠어요." 아마도 그렇게 말하며 칭찬을 기대했던 것 같습니다. 안타깝게도 핵심을 놓친 것이지요. 그 중년 여성은 자기가 보통 사람들보다 나은 사람이라 여기고 있었습니다. 의도는 선했을지라도 "나는 의인을 부르러 온 것이 아니라, 죄인을 부르러 왔다"(마 9:13) 하신 예수의 말씀을 이해하지 못했던 것입니다.

나귀를 타고 예루살렘에 들어가셨을 때, 예수께서는 오늘날 유명인들이 받는 것과 똑같은 환호를 받으셨습니다. 군중의 환호가 아주 대단했습니다. 그러나 예수께서는 군중의 환호를 마음에 두지 않으셨습니다. 자기에게 무슨 일이 일어날지 정확히 알고 계셨으니까요. 누가복음은 예수께서 이렇게 말씀하셨다고 증언합니다.

예수께서 예루살렘 가까이에 오셔서, 그 도성을 보시고 우시었다. 그리고 이렇게 말씀하셨다. "오늘 너도 평화에 이르게 하는 일을 알았더라면, 좋을 터인데! 그러나 지금 너는 그 일을 보지 못하는구나. 그날들이 너에게 닥치리니, 너의 원수들이 토성을 쌓고, 너를 에워싸고, 너를 사면에서 죄어들어서, 너와 네 안에 있는 네 자녀들을 짓밟고, 네 안에 돌 한 개도 다른 돌 위에 얹혀 있지 못하게 할 것이다. 이것은 하나님께서 너를 찾아오신 때를, 네가 알지 못했기 때문이다"(눅 19:41-44).

종려주일 예배의 목적을 아주 잘 보여 주는 성경 구절입니다. 평화에 이르게 하는 일이 무엇이고, 하나님이 찾아오신 때가 언제인지 교회가 알게 하는 것, 이것이 바로 종려주일에 예배를 드리는 목적입니다. 이상하게 들릴지 모르지만, 십자가의 고통 가운데서 교회는 비로소 평화에 이릅니다.

예수께서 우셨다는 기록은 복음서에 딱 두 번 나오는데, 그중 한 번이 바로 오늘 본문입니다.[2] 아주 특별한 표현이지요. 누가복음은 예수께서 예루살렘을 위해 우셨다고 말합니다. 그렇다면 예루살렘은 어떤 곳일까요? 예루살렘은 하나님의 거룩한 도성입니다. 마땅히 그래야 할 곳입니다. 그런데 기나긴 불순종의 역사, 실망의 역사를 간직한 곳으로 전락하고 말았습니다. 자신의 거룩한 소명을 철저히 무시했기 때문입니다. 수천 년간 하나님은 선지자들을 통해 메시아요 구세주요 구속자이신 그분을 만날 채비를 하게 하셨습니다. 그러나 마침내 그분이 오셨을 때, 예루살렘은 거짓 증거를 꾸며 그분을 잡아들였고, 한밤중에 심문하고 죽도록 매질하여 아주 잔인하게 십자가에 처형했습니다. 마치 연쇄살인범이나 폭탄 테러범을 처형하듯이 말입니다. 그러나 지금 예수께서는 그런 자신의 처지를 한탄하여 우는 것이 아니라, 자신을 그렇게 대우할 예루살렘을 위해 울고 계십니다. 이제 며칠 지나면 "예수를 십자가에 처형하라" 하고 소리칠 자들을 위해 눈물 흘리고 계십니다. 다시 말해, 예수께서는 지금 우리를 위해 울고 계십니다. 바로 저와 여러분을 위해서 말입니다.

뒤러, 〈그리스도의 예루살렘 입성〉

알브레히트 뒤러의 〈수난 목판화〉라는 작품집에 실린 이 목판화는 예루살렘 입성의 전형성이 돋보인다. 왕의 위엄을 갖춘 그리스도와 그가 탄 조그만 당나귀의 모습을 극명하게 대조시켜 보여 준다. 발이 땅에 끌리다시피 하는 모습이 아주 인상적이다.

누가 여러분을 위해 울어 준 적이 있습니까? 어머니가 여러분의 행동에 실망하여 우신 적은 없나요? 아버지가 곤경에 빠진 여러분 때문에 우신 적은 없나요? 혹시 아버지에게 학대당한 딸이 울고 있지는 않나요? 잘못한 것도 없이 아버지에게 공연히 야단맞고 속이 상한 아들이 울고 있지는 않습니까? 전쟁터에서 혹은 비행기 사고로 죽은 친구 때문에 운 적은 없습니까? 약물에 손을 댄 자식 때문에, 퇴학당한 손자 때문에 울지는 않았나요? 끔찍한 짓을 저지른 어떤 이 때문에 눈물 흘리지는 않았나요? 존즈버러에서 살해당한 아이들 때문에 우리 모두 슬픔에 잠기기도 했습니다만, 살인을 저지르고 지금 감옥에 있는 두 소년에 대해서는 어떤가요? 그들을 위해서도 우셨습니까?[3)] 이 모든 눈물과 곳곳에서 수많은 사람이 흘린 눈물이 오늘 예수께서 흘리신 눈물에 모두 녹아 있습니다. 예수께서는 우리를 위해 우십니다. 하나님의 아들이신 그분이 바로 우리를 위해 울고 계십니다.

최근, 〈60분〉이라는 TV 프로그램을 보았습니다. 알제리에서 자행된 끔찍한 학살에 관한 내용이었습니다. 진행자 크리스틴 아만푸어가 한 남자를 인터뷰했습니다. 군인들이 아내와 자식들을 학살하는 장면을 직접 목격한 남자였습니다. 가족을 구하지 못하고 학살 과정을 멍하니 지켜봐야 했던 그 남자는 학살 현장과 핏자국과 은신처를 담담한 태도로 안내했습니다. 마치 기자나 관광 가이드처럼 담담한 그의 태도에 시청자들은 모두 의아해했습니다. 남자가 이야기를 마치자 카메라는 그를 뒤로하고 다른 장면을 계속 보여 주었습니다. 그리고 몇 분 뒤 작은 탁자 앞에 고개를 숙이고 앉아 있는 그를 다시 비추었습니다. 카메라가 좀 더 가까이 다가가자 소리 없이 흐느끼는 모습이 화면에 잡혔습니다. 어떤 말도 필요하지 않았습니다. 고요한 울음 속에 무엇으로도 위로할 수 없는 슬픔과 고통이 고스란히 담겨 있었습니다. 눈물은 사람의 마음을 움직입니다. 또한, 눈물에는 호소력이 있습니다. 피고의 형량을 낮추기 전, 판사들은 피고의 눈물을 보고 싶어 합니다. 예수의 눈물에는 모든 인류의 비극이 담겨 있습니다. 그분은 지금 알제리 남자와 그의 가족을 위해 울고 계십니다. 또한, 그 사람의 가족을 학살한 자들을 위해서도 울고 계십니다. 예수의 눈물 속에는 인간의 고통을 자기 것으로 끌어안으시는 하나님의 결속과 연대가 담겨 있습니다. 물론, 인간의 죄를 끌어안으시는 결속과 연대도 함께 담겨 있습니다. 문제는 하나님이 우리를 찾아오신 때가 언제인지 우리가 알지 못한다는 점이지요. 우리는 십자가에서 죽는 메시아를 원하지 않습니다. 어떤 식으로든 부활절이 안락하고 마음 편한 날이 되길 원할 뿐입니다. 여러분은 어떻습니까? 십자가에서 죽는 메시아를 원하십니까? 부활절을 편안하게 보내길 원하십니까?

왜 우리는 십자가를 좋아하지 않을까요? 왜 우리는 성금요일을 하루빨리 건너뛰고 모든 것이 아름다운 부활절로 달려가고 싶어 할까요? 이유야 여러 가지가 있겠지만, 종려주일에 기억해야 할 분명한 사실은 독실한 신자를 자처하는 우리에게 책임이 있다는 점입니다. 예수를 십자가에 달리게 한 책임 말입니다. 우리가 수난 기사를 읽으면서 "예수를 십자가에 처형하라" 하고 소리치는 군중의 역할을 맡는 것은 바로 이 때문입니다. 예수를 십자가에 처형하라, 하고 말할 수 없다던 중년 여성의 이야기를 듣고 가슴이 아팠습니다. 그 여성은 십자가가 교회를 평화롭게 한다는 사실을 이해하지 못했으니까요. 그 여성은 예수께서 자기를 위해 우신다고 생각하기 싫었던 겁니다. 그러나 그런 태도는 십자가의 본질을 놓치는 것이고, 이는 곧 안에서부터 철저히 새로워질 기회를 놓치는 것입니다.

예수에게 부활절은 편안한 날이 아니었습니다. 예레미야 애가의 저자는 말합니다. "길 가는 모든 나그네들이여, 이 일이 그대들과는 관계가 없는가? 주님께서 분노하신 날에 내리신 이 슬픔, 내가 겪은 이러한 슬픔이, 어디에 또 있단 말인가!"(애 1:12)[4] 부활절은 역사상 가장 비싼 대가를 치른 날입니다. 기적 중의 기적은 그날이 우리에게 값없이 주어졌다는 점입니다. 우리는 어떤 대가도 치르지 않았습니다. 하나님이 모든 대가를 치르셨습니다. 우리에게 그럴 가치가 있어서가 아닙니다. 우리를 향한 조건 없는 사랑, 무한히 큰 그 사랑 때문에 하나님이 값을 치르신 것입니다. 여러분과 제가 흘리는 눈물은 대부분 감상에서 비롯된 것이지만, 예수께서 흘리신 눈물은 하나님 마음 깊은 곳에 있는 뜨거운 자비와 긍휼에서 비롯된 것입니다. 메시아는 인류의 죄를 위해 우셨습니다. 예수를 예루살렘의 손에 넘기고 예루살렘의 구원을 위해 죽게 할 바로 그 죄를 위해 말입니다. 예수를 예루살렘으로 이끈 것은 우리가 죄 가운데 공모했기 때문입니다. 광야로 내몰리는 속죄양처럼 그분이 어깨에 짊어지신 것은 바로 우리의 죄입니다. 지금 예수께서는 여러분과 저를 위해 우십니다. 주님은 우리 모두의 죄악을 그에게 지우셨습니다(사 53장).

사랑하는 성도 여러분, 서로서로 섬기는 여러분의 믿음과 수고와 사랑의 봉사와 사역을 잘 알고 있습니다. 이 아침에 제가 여러분을 믿는 이유는 "여러분의 행위를 알기 때문"입니다.[5] 한 주간 하나님이 여러분을 찾아오시는 때를 놓치고 싶어 하지 않으리란 걸 알기 때문입니다. 바로 이것이 여러분에게 평화를 가져다줄 것입니다. 평화는 도망치거나 부인하다가, 혹은 헛된 희망을 품다가 얻을 수 있는 것이 아닙니다. 평화는 오직 십자가 안에서만 찾을 수 있습니다. 어떤 짐을 지고 있습니까? 주님 앞에 내려놓으십시오. 주님이 이미 대신 지고 계십니다. 혹시 남몰래 억누르고 있는 눈물이 있습니까? 주님은 아십니다. 주님은 다 이해하십니다. 갈보리 언덕을 오르실 때 여러분의 눈물을 함께 짊어지셨습니다. 그러니 이제 "고통이나 부끄러움, 상실을 피하지 마십시오. 주님에게 십자가 지는 법을 배우십시오."[6]

── 《애틀랜틱 먼슬리》 2001년 4월 호에는 베이비붐 세대 '중산층 보헤미안'을 연구한 《낙원에 사는 보보스족 Bobos in Paradise》의 저자 데이비드 브룩스의 글이 실렸습니다. 브룩스는 "차세대 지배 계급: 오거나이제이션 키드를 만나다"라는 제목의 글에서 종교, 구체적으로 기독교에 대한 미국의 젊은 엘리트들의 태도를 분석했습니다. 브룩스가 이 글에서 인용한 프린스턴대학교 로버트 우스노우 교수에 따르면, 이들은 한 세대 전 학생들보다 '영성'에 대한 관심이 훨씬 많지만, "그들의 신앙은 특별히 낙관적인 성향을 보인다"고 합니다. 우스노우 교수는 나아가 이렇게 지적합니다. "죄와 악, 심판에 관한 이야기는 어디서도 들을 수 없다. 사랑과 성공, 행복에 관한 이야기만 들릴 뿐이다." 여러모로 염려스러운 현상입니다. 우선, 이는 사람들이 사랑에 관해 잘 알지 못한다는 뜻입니다. 참사랑(아가페)은 필연적으로 고통을 수반하기 때문입니다. 다른 한편으로 이는 많은 사람이 굶주리는 이들을 위해 분주하게 음식을 만들고 해비타트 운동을 통해 집을 지으면서도, 우리 사회 깊숙이 스며들어 수많은 이들을 가난과 학대 속에 몰아넣는 구조적 죄와 악에 관해 제대로 인식하지 못하고 있다는 뜻이기 때문입니

다. 특별히 우스노우 교수의 분석이 의미하는 바는 사람들의 영성에 십자가가 없다는 점입니다. 데이비드 브룩스는 다음과 같은 결론을 내립니다. "이것들은 학교가 반드시 제공해야 할 가장 좋은 것들일 수 있습니다. 그러나 사람들은 광적으로 행복과 성공을 추구하느라 '죄'라는 단어와 '죄와 싸우며 인격을 형성하는 것'이 무엇인지 완전히 잊어버린 사회에서 살고 있다."[7] 2001년 10월 30일에 방영된 CNN 대담 기사에서 데이비드 브룩스는 이 세대 젊은 엘리트들은 9.11 테러의 후유증 때문에 완전히 변해 버렸노라고 말합니다. 바로 이곳이 교회가 설 자리이자 새로운 기회입니다.

새로운 세계질서

기독교 절기 중 바로 오늘, 종려주일이야말로 가장 혼란스러운 날일 것입니다. 여러분은 어떻습니까? 기독교 교리를 비교적 잘 이해하는 신자들조차도 매년 종려주일에는 왜 우리가 지금 이 자리에 앉아 있는지 잊어버리는 경향이 있습니다. 처음에는 축제 분위기에 마음이 들뜹니다. 종려주일은 언제나 즐거운 날이었습니다. 승리감에 취한 개선 행렬, 신나는 음악, 종려나무 가지, '호산나! 호산나!' 하는 환호성. 이 모든 게 이날의 축제 분위기를 드러냅니다. 그러다 장엄하고 기나긴 수난 기사를 낭독하는 순서에 이르면 너나 할 것 없이 충격에 휩싸입니다. 종려주일은 고통스러운 날입니다. 승리로 시작해서 비극적 최후로 끝을 맺습니다. 신나는 파티에 참석할 요량으로 교회에 왔던 우리는 장례식에 참석하는 사람처럼 교회를 떠납니다. 기뻐하며 교회에 들어왔다가 비탄에 빠져 자리를 뜹니다. 무엇보다 종려주일은 가장 당혹스러운 날 중 하나입니다. 특히, 마음의 준비를 하지 못하고 교회에 온 이들에게는 위협적이기까지 합니다.

종려주일의 음울한 분위기를 순화하기 위해 관행처럼 '긍정적인 측면은 극대화하고 부정적인 측면은 없애려는' 시도에 매력을 느끼는 이들도 있을지 모릅니다. 많은 신자가 이런 시도를 해 왔습니다. 만약 예전禮典에 관한 고대의 지혜가 없었다면, 아마 우리는 '종려주일'과 '부활주일' 예배에 연이어 참석하면서도 나사렛 예수가 이 두 주일 사이에 있는 금요일에 보통의 범죄자처럼 버려지고 고발당하고 처형되었다는 사실을 간과했을지도 모릅니다. 그러나 예전 전통은 우리가 이런 오해를 하지 않게 해 줍니다. 초창기부터 기독교회는 이 기만적인 축제의 날에 우리가 하는 모든 행사의 중심에 수난 기사가 오게 했습니다. 사실, 이날에 적합한 이름은 종려주일이 아니라 고난주일입니다. 그래서 교회는 예수께서 십자가에 달리신 것이 이날의 주된 사건이라는 점을 모든 사람이 들을 수 있게 선포합니다. 성금요일을 거치지 않고 종려주일에서 부활절로 나아갈 길은 없습니다.

    이날 기독교회는 예수의 죽음이 갖는 의의를 선포합니다. 때때로 사람들은 어떻게 이런 주제를 이리 흔하게 접하게 되었는지 의아해합니다. 그만큼 교회가 전하는 '예수의 죽음'에 관한 선포가 충격적이기 때문입니다. 그리스도인들은 지난 2천 년 동안 수많은 이들의 믿음을 북돋워야 한다는 긴박감 속에서 이 메시지를 앞세웠습니다. 하지만 주일마다 예배에 참석하는 사람들조차 십자가가 얼마나 엄청난 메시지를 전하는지 잊어버리곤 합니다. 신약 성경에 따르면, 십자가에 달리신 예수의 죽음은 인류 역사의 전환점입니다.[8]

    1990년에 부시 대통령이 '새로운 세계질서'를 천명하자 이를 냉소하는 글이 연이어 언론 매체를 장식했습니다. 그중에는 이런 정치 만평도 있었습니다. 어떤 레스토랑에 남자 둘이 테이블을 사이에 두고 앉아 있습니다. 한 명은 팔레스타인 사람이고 다른 한 명은 이스라엘 사람입니다. 종업원인 부시 대통령은 주문을 받으려고 손에 펜과 노트를 들고 있습니다. 종업원이 손님에게 말합니다. "새로운 세계질서를 주문하시겠습니까?" 이스라엘 사람과 팔레스타인 사람은 성난 표정으로 서로를 노려보며, "나도 같은 거로 주세요"라고 대답합니다.

기독교 복음은 예수께서 십자가에 달려 죽음으로써 새로운 세계질서가 시작되었다고 천명합니다. 그런데 모든 것이 예전과 똑같아 보입니다. 신문 머리기사는 늘 그렇듯 암울하기만 합니다.

"어머니 살해 후 아이 유괴"
"걸프전 참전 용사, 디트로이트가에서 총에 맞아 사망"
"밀워키 지방 경제 호황, 저소득층 소외 심화"
"장애아동을 위한 프로그램, 심각한 예산 감축 직면"
"유엔, 이라크에서 종말을 연상시키는 참상이 벌어지고 있다고 보고"
"라이베리아 몬로비아, 끔찍한 도시 광경"

새로운 세계질서를 말하지만, 바뀌면 바뀔수록 정작 세상은 예전 그대로인 것 같습니다.[9] 종려주일의 모순이 신문과 방송에 그대로 투영되고 있습니다. 범죄, 폭력, 빈곤, 전쟁, 죽음에 관한 소식에 파묻힌 채 우리는 또 다른 유형의 머리기사를 접합니다.

"지역 교회들, 고난주간 준비로 분주"
"오르간 연주자와 합창단원, 절기 음악 준비로 분주"
"요한 바오로 2세, 엄숙한 세족 예식 참석"
"예루살렘, 고난주간에 몰려들 순례자 맞이하려 채비"

이 두 부류의 머리기사들은 어떤 관계가 있을까요? 현실 세계는 이런저런 일로 분주한데, 기독교회는 그 일들과는 무관하게 구태의연하고 유별난 방식으로 이상한 자기네 관행만 고집하고 있는 걸까요? 아니면, 종려주일의 모순이 괴이한 건 사실이지만, 호산나를 외치며 환호하다가 불과 며칠 만에 "예수를 십자가에 처형하라"하고 소리친 군중의 모습이 이 세상의 악과 고통에 어느 정도 반영된 걸까요?

최근 아프리카 기니의 아메드 세쿠 투레 대통령이 사용하던 고문실이 발견되었습니다. 수백, 수천 명이 무시무시한 고문실에서 죽임을 당했다는 사실이 그가 죽고 난 뒤에야 드러났습니다. 오랫동안 거의 모든 사람을 아주 교묘하게 우롱했던 겁니다. 그전까지 실상을 아는 이는 소수에 불과했습니다. 내막을 들여다보면 참으로 끔찍할 정도입니다. 창문 하나 없는 작은 감방에 갇혀 있던 죄수는 혈서로 감방 벽에 이렇게 썼습니다. "신이여, 나를 구하소서."

진리를 안다고 자부하는 예수 그리스도의 몸 된 교회가 오늘 이렇게 모였습니다. 오늘 우리는 세상 사람들이 지켜보는 가운데서 하나님의 아들이신 예수 그리스도가 하나님이 정하신 죽음을 온몸으로 감당하셨고, 바로 이 죽음에 하나님과 사람, 인류의 운명에 관한 진리가 온전히 드러났다고 선포합니다. 예수 그리스도의 죽음이 "신이여, 나를 구하소서" 하고 소리치는 이름 없는 희생자의 피맺힌 절규와 아무 상관이 없다면, 우리는 감히 이렇게 선포할 수도 없고 선포해서도 안될 것입니다. 형언할 수 없는 절망 속에서 고통받는 사람에게 선포할 수 없다면, 예수 그리스도에 관한 진리는 선포되어서는 안 됩니다.

'세라'라는 친구가 있습니다. 이제 겨우 30대인데 류머티스 관절염과 재생 불량성 빈혈, 그 밖에 온갖 질병을 달고 삽니다. 30년간 세라는 그 누구보다 질병과 지체 장애로 고통당했습니다. 우리는 세라를 위해 계속 기도했으나 차도가 보이지 않았습니다. 세라의 남편은 "우리가 기도하면 할수록 상태가 더 나빠집니다"라고 말하기까지 했습니다. 저는 사랑하는 이 친구를 한 번도 잊은 적이 없습니다. 만약 우리가 믿는 기독교 신앙이 이 가련한 친구에게 해 줄 말이 없다면, 그 누구에 대해서도 할 말이 없을 것입니다. 그렇다면 인류에게 무슨 소망이 있겠습니까? 상태가 계속 나빠지기만 하는 사람들에게 어떤 위로를 할 수 있겠습니까? 감방에 있던 죄수가 이 세상에서는 구원을 받지 못했다는 분명한 사실에 비추어 볼 때, "신이여, 나를 구하소서"라는 혈서 앞에 도대체 무슨 말을 할 수 있겠습니까? 만약 우리 그리스도인이 말로나 행동으로 이런 질문에 답할 수 없다면, 만약 예수 그리스도를 향한 우리의 신앙이 이런 도전 앞에 무너져 내린다면, 그런 신앙은 소유할 가치가 없지 않을까요?

마가가 전하는 수난 기사를 함께 낭독해 봅시다.

지나가는 사람들이 머리를 흔들면서, 예수를 모욕하며 말하였다. "아하! 성전을 허물고 사흘만에 짓겠다던 사람아, 자기나 구원하여 십자가에서 내려오려무나!" 대제사장들도 율법학자들과 함께 그렇게 조롱하면서 말하였다. "그가, 남은 구원하였으나, 자기는 구원하지 못하는구나! 이스라엘의 왕 그리스도는 지금 십자가에서 내려와 봐라. 그래서 우리로 하여금 보고 믿게 하여라!" 예수와 함께 십자가에 달린 두 사람도 그를 욕하였다. 낮 열두 시가 되었을 때에, 어둠이 온 땅을 덮어서, 오후 세 시까지 계속되었다. 세 시에 예수께서 큰소리로 부르짖으셨다. "엘로이 엘로이 레마 사박다니?" 그것은 번역하면 "나의 하나님, 나의 하나님, 어찌하여 나를 버리셨습니까?" 하는 뜻이다(막 15:29-34).

깊이를 측량할 수 없는 예수의 소리침, 버려짐에 대한 울부짖음이 바로 우리 믿음의 확실한 증거이자 근거입니다. 하나님의 아들이신 예수께서는 겟세마네 동산에서 "하나님이여 나를 구하소서" 하고 아버지께 울부짖으셨고, 결코 피할 길이 없다는 대답을 들으셨습니다. 분명한 사실은 이것입니다. 우리는 자신의 피조물이 겪는 고뇌와 동떨어져 계신 하나님을 선포하지 않습니다. "나의 하나님, 나의 하나님, 어찌하여 나를 버리셨습니까?"라는 부르짖음 속에서 우리는 인간이 겪을 수 있는 극한의 고통을 직접 체험하시는 메시아의 모습을 봅니다. 그분은 진정 자신의 피로 "하나님이여, 우리를 구하소서"라는 글을 쓰셨습니다. 마가는 이런 극단적인 행위를 통해 '예수가 주님이시다'라는 사실을 우리에게 보여 주려 합니다. 마가복음은 버림받은 예수의 절규와 흉측한 죽음이 절정을 이루도록 구성되어 있습니다. 철저하게 버림받은 상황에서 예수는 자신이 하나님의 아들임을 온전하고 진실되게 드러내시는 것입니다.[10]

십자가에 달리신 예수의 절규는 버려진 사람이 내뱉는 가슴 아픈 한탄이 전부가 아닙니다. 그런 측면이 없지는 않지만, 그것이 전부는 아니라는 말입니다. 예수께서는 죽음을 통해 스스로 저주받은 피조물의 처지가 되셨으나, 그것이 끝이 아닙니다. 우리는 예수의 죽음을 통해 버림받은 죄인들에게 임박한 처절한 운명으로부터 자녀들을 구원하고자 직접 나서시는 하나님의 모습을 보고 듣습니다. 세상에서 가장 기이한 가르침이 아닐 수 없습니다. 복음서 저자들과 기독교회가 증언하는 사건이 바로 이것입니다. 하나님에게 버림받아 죽게 된 상황에서 만유의 운명을 재는 저울이 정반대 방향으로 기울었고, 그리하여 이제는 죽음과 죄악과 사망이 최종 선고가 아니고, 앞으로도 그리될 수 없다는 이야기입니다.

요즘 사람들이 이 이야기를 믿을까요? 그렇다면 그 근거는 어디에 있을까요? 기독교 메시지는 새로운 세계질서를 선포하는데, 실제 데이터는 아무것도 바뀐 게 없다고 말합니다. 사람들은 예전과 똑같이 폭력, 무자비함, 보복, 죽음을 주문합니다. "신이여, 나를 구하소서"라는 혈서를 쓰는 사람들이 여전히 존재하는데, 어떻게 우리가 예수 그리스도의 구원을 말할 수 있을까요? 우리는 그저 맹목적인 신앙으로 뒷걸음칠 수밖에 없는 걸까요? 언젠가는 하나님이 모두 바로잡으실 거라고 말할 수밖에 없는 걸까요?

그렇지 않습니다. "이 악한 세대"(갈 1:4)에서도, 자신의 피로 구원을 부르짖다 죽는 이런 비참한 현실에서도 예수 그리스도라는 실체와 그분의 능력을 믿을 이유가 여전히 많다고 저는 확신합니다. 물론 이 실체와 능력은 하나님을 섬기는 종들의 연약함 안에 감춰져 있습니다.

저는 그리스도의 십자가가 하나님의 새로운 세계질서를 열었다고 믿습니다. 전에는 존재하지 않았던 무언가를 그리스도의 십자가가 이 세계에 들여왔습니다. 제가 이 사실을 믿는 이유는 그 길을 따르는 자들 때문입니다. 뉴욕 시민이자 그리스도인인 수전 렉크론은 내전이 한창인 라이베리아의 수도 몬로비아에 가서 다친 사람들을 돌보며 간호사로서 예수의 사랑을 전하고 있습니다. 그녀는 그곳에 사는 그리스도인들이 여전히 주님을 찬양하고 있노라고 제게 소식을 전해 왔습니다.[11]

시민 평등권 운동에 관한 이야기도 빼놓을 수 없지요. 자유를 얻기 위해 투쟁에 나선 이들은 어느 순간 중요한 사실을 깨달았습니다. 악에 맞서는 가장 강력한 무기는 전복적 유머라는 사실을 말입니다. 베이어드 러스틴은 그것을 이렇게 표현했습니다.

> 극우 비밀결사 KKK단이 몽고메리로 행진할 즈음, 우리는 그들이 몰려오고 있다는 사실을 알게 되었습니다. 마틴 루터 킹 목사와 나는 나란히 앉아 그 문제를 생각하다가 무릎을 치며 말했습니다. "모두 주일 예배에 참석할 때처럼 옷을 갖춰 입고 교회 층계에 서서 KKK단이 오면 박수로 맞이합시다." 이윽고 그들이 왔습니다. 세 블록을 행진하는 동안 우리를 공격하지 않고 그냥 떠났습니다. 완전히 새로운 상황을 어떻게 이해해야 할지 몰랐던 겁니다. 그런 상황에서 더는 공포심을 조성할 수 없었던 겁니다.[12]

완전히 새로운 국면이었습니다. 이것이 바로 '새로운 세계질서'입니다. 세계 곳곳에 증인이 있습니다. 새로운 세계질서의 실재와 능력을 삶으로 증언하는 사람들 말입니다. 미시시피주 맨던홀에 사는 존 퍼킨스는 이렇게 기록했습니다. "경찰관들이 나를 죽도록 팬 그날 밤, 하나님은 제게 백인을 긍휼히 여기는 마음을 주셨습니다." 나치 감옥에 갇혀 있던 디트리히 본회퍼는 교수형을 당하기 전에 드린 간절한 기도로 그 자리에 모인 이들에게 큰 감동을 줬습니다. 검은 피부에 키가 작은 투투 대주교는 원수를 사랑했고 자기를 저주하는 자들을 축복했습니다. 새 예루살렘에 대한 비전, 참으로 새로운 세계질서에 대한 비전을 통해 흑인 차별 정책과 싸울 힘을 매일 공급받았기 때문입니다.[13] 사랑하는 내 친구 세라와 그녀의 남편 샘을 빼놓을 수 없습니다.[14] 죽기 직전, 세라는 저와 함께 있었습니다. 저는 세라가 하나님이 자기를 버렸다고 생각하리라 믿었습니다. 그러나 세라는 한순간도 교회를 저버리지 않았습니다. 자기를 사랑하는 이들의 기도와 믿음을, 무엇보다 믿음이 충만했던 남편의 기도와 신앙을 한순간도 저버리지 않았습니다. 세라는 1986년 부활절에 죽었습니다. 그녀의 남편은 아내의 묘비에 이렇게 적었습니다. "행복한 아침이네요. 반가워요."

그리스도 안에서 사랑하는 형제자매여, 온 마음과 힘과 뜻을 다해 간곡히 부탁합니다. 세상은 여전히 제 갈 길로 가고 있지만, 그 의미를 이해할 줄 아는 이들에게는 이 한 주간의 존재 의미가 드러납니다. 신문 머리기사의 진정한 의미가 밝히 드러나는 때는 바로 나사렛 예수께서 홀로 그 길을 걸어가실 때입니다. 오늘 우리가 읽은 수난 기사처럼, 예수께서 최후의 만찬을 드시고 가룟 유다에게 배반당하시던 목요일 밤에, 벌거벗긴 채 십자가에 매달려 자신의 생명을 쏟아부으시던 금요일 오후에 하나님은 역사하고 계셨습니다. 한 주간 일어나는 사건 속에서 고통당하는 자들의 울부짖음을 주님이 들으십니다. 고통 가운데 있는 이들에게 '내 죽음을 통해 행복한 아침이 오리라'고 과거에도, 지금도, 미래에도 약속하실 수 있는 오직 한 분께서 그들의 울부짖음을 듣고 계십니다. 그러니 이 한 주간 그분을 따라 그분의 십자가 앞에 나아가시길 바랍니다. 함께 모여 온 마음으로 우리 주님을 바라보되, 온 세상을 위해 자신을 버리신 그분을 바라보시길 바랍니다. 다 함께 모여 마음과 힘과 뜻을 다해 믿음과 신뢰로 "참으로 이분은 하나님의 아들이시다" 하고 고백하시길 바랍니다.

갈보리로 인도하소서

현재 예루살렘에서 벌어지고 있는 사건들을 다들 뉴스로 접했을 겁니다. 혹시 그 소식들이 기독교와는 점점 더 무관해지고 있다는 사실을 눈치채셨습니까? 지난주에 꽤 괜찮은 기사를 하나 읽었습니다. 그 기사를 쓴 유대인은 예루살렘시를 동과 서로 나누어 각각 팔레스타인인과 유대인에게 나누어 주자고 제안했습니다. 정치 현실에 비추어 볼 때 상당히 설득력이 있는 제안입니다. 그러나 저는 그 기사를 읽으며 꽤 충격을 받았습니다. 여덟 쪽에 달하는 기사에서 글쓴이는 예루살렘이 그리스도인에게 어떤 의미인지 전혀 언급하지 않았습니다. 심지어 비슷한 암시조차 찾을 수 없었습니다.[15] 기독교가 처음 출현한 그 도시에 기독교는 아예 존재하지 않는 듯한 인상을 주는 글이었습니다.

    사순절이 시작되는 재의 수요일 며칠 전, 중국인이 운영하는 단골 세탁소에서 세탁물을 찾아오다가 비슷한 생각이 들었습니다. 그 세탁소는 부활절 토끼와 달걀, 행복한 부활절을 기원하는 글로 도배가 되어 있었습니다. 세탁소 주인은 이런 장식이 보통의 미국인이 부활절에 기대하는 것이라 여겼을 겁니다. 그런 장식과 글귀가 부활절의 의미와 모순

된다는 생각은 꿈에도 하지 않았겠지요. 부활절 카드를 구하러 가게를 돌아다니면서, 뭔가 잘못되었다는 생각은 더 굳어졌습니다. 일반 카드가 진열된 선반에서 부활절 카드를 찾기는 쉽지 않았습니다. 있어도 아주 극소량이었고 아예 없는 곳도 많았습니다. 심지어 어떤 기독교 서점에는 부활절 카드보다 만물이 소생하는 봄이 다시 우리 곁에 찾아온 것을 축하하는 내용의 카드가 훨씬 많았습니다. 참된 기독교는 어디에도 존재하지 않는 것 같았습니다.

오늘날 미국 사람들 입에 자주 오르내리는 그럴듯한 이야기가 주로 광고에서 들은 이야기라는 점을 지적한 글을 최근 몇 달 동안 여러 편 읽었습니다. 우리는 무의식중에 우리가 누구이고 무엇을 원하고 삶의 목표는 어때야 하는지를 광고가 규정하도록 허용했습니다. 폴로 옷을 입으면 금전적 안락함을 상징하는 랄프 로렌의 세계에 들어설 희망이 생긴다고 속삭입니다. 레인지 로버 차량을 사면 끝없는 가능성이 열린다고 말합니다. 성형수술 광고는 지난 십 년 사이에 독립적인 영역을 확보할 정도로 급성장했습니다. 이제 외과 의사의 수술용 칼이 젊음과 아름다운 외모를 결정하는 듯합니다. 물론 그것도 돈이 있어야 가능한 이야기겠지요. 이런 그릇된 인식과 이야기에 영향을 받지 않는 사람은 아무도 없습니다. 설사 그리스도인이라 할지라도, 대중매체가 던지는 메시지가 성경과 성례전이 주는 메시지를 압도할 수 있습니다. 이는 마치 기독교가 아예 존재하지 않는 것과 같습니다.

요지는 여러분이 오늘 아주 중요한 선택을 했다는 겁니다. 여러분은 성경이 제시하는 '다른 이야기'에 영향을 받는 자들로 지금 이 자리에 나와 있습니다. 2천 년 전 예루살렘에서 일어난 이상한 사건들에 관한 이야기 말입니다. 우리는 여기서 다시 한 번 중요한 사실을 배웁니다. 세속 문화가 우리에게 무어라고 하든지, 예수 이야기는 지금까지 들려온 이야기 중에서 가장 위대한 이야기이고, 언제나 그럴 거라는 점입니다. 여러분이 이 사실을 확실히 믿는다면, 혹은 믿을 수 있다면, 아니 이 사실을 믿을 가능성이 조금이라도 있다면, 여러분은 부활절의 진정한 의미를 이해하기 위해 고난주간에 열리는 모든 행사, 특별히 목요일과 금요일 행사에 참여하고 싶어질 겁니다. 오늘날 그리스도인들은 예수 이야기를 대체하는 이야기에 둘러싸여 있습니다. 그 이야기들은 대개 아주 선정적이고 매혹적입니다. 오늘 우리가 세상의 이야기와는 다른 이야기, 즉 예수 그리스도가 고난을 겪으시고 예루살렘 밖에서 처형당하신 이야기에 깊이 잠겨야 할 이유가 바로 여기에 있습니다. 이 이야기가 없다면 기독교회도, 기독 신앙도, 나아가 부활절도 존재하지 않을 터이기 때문입니다.

우리가 전하는 복음은 수천 년 전 유대 땅이라 불리던 로마제국 점령지에서 우주적 의미가 있는 특별한 사건이 일어났다고 말합니다. 유대 땅이라는 특정 지역과 우리의 관계는 역설적입니다. 이 관계는 우리의 구원 이야기의 핵심이기도 하고, 그렇지 않기도 하기 때문입니다.[16] 지정학적으로 중요한 예루살렘이라는 도시를 괴롭힌 사건은 수없이 많았지만, 예수 이야기의 의미는 하나도 변하지 않았습니다. 이스라엘을 둘러싼 정치적 문제들을 풀어낼 해법을 찾는 일이 중요하지 않다는 말이 아닙니다. 성경을 사랑하는 사람들에게 그 땅은 참으로 고통스러운 곳입니다. 시편 기자의 말처럼, 우리 그리스도인은 예루살렘에 평화가 깃들도록 간절히 기도해야 하고(시 122:6), 성금요일에 하듯이 예루살렘에 평화가 깃들도록 힘쓰고 애써야 합니다. 그러나 우리에게는 두 종류의 이스라엘이 있습니다. 하나는 지상의 이스라엘이고, 또 하나는 하나님이 승리를 거머쥐실 초월적이고 온전한 이스라엘입니다.[17] 2천 년 전 종려주일에 예루살렘은 이 땅의 예루살렘과 거룩한 예루살렘으로 나뉘었고, 이는 온 세상에 영구적인 결과를 불러왔습니다.

여러분은 갈릴리라는 보잘것없는 마을 출신의 가난한 떠돌이 설교자였던 나사렛 예수가 어떻게 해서 우스꽝스러운 행렬의 선두에 서서 예루살렘 성에 들어갔는지 잘 아시지요. 모든 일을 미리 아신 주님은 제자들에게 나귀를 데려오라 하셨습니다. 가난해서 나귀를 소유할 형편이 아니었지요. 주님은 데려온 나귀를 타고 군중의 환호를 받으며 무리와 함께 예루살렘에 들어가셨습니다. "왕 되신 우리 주께 모두 영광 돌리세!" 이 찬송을 부를 때 여러분은 가사에 대해 얼마나 생각하셨나요? 그날 예루살렘 군중은 자기 입에서 나오는 환호성에 대해 얼마나 생각했을까요? 금요일에 "예수를 십자가에 처형하라" 하고 소리치던 자들은 며칠 전 종려주일에 "호산나! 호산나!"를 외치며 환호하던 바로 그들이었습니다. 종려주일 예배는 우리가 어떻게 이 순간에는 이 말을 하고 바로 다음 순간에는 다른 말을 할 수 있는 존재인지를 보여 줍니다. 악한 인간의 본성을 보여 주지요.

종려주일은 세상을 구원하는 드라마의 마지막 회 첫 장면입니다. 고난주간의 이야기는 바로 여기서 시작됩니다. 예수께서는 자신이 최후를 맞이할 예루살렘에 들어가셨고, 정복자들이 타는 전투마 대신 스가랴가 예언했던 비천한 나귀를 타셨습니다. "도성 시온아, 크게 기뻐하여라. 도성 예루살렘아, 환성을 올려라. 네 왕이 네게로 오신다. 그는 공의로우신 왕, 구원을 베푸시는 왕이시다. 그는 온순하셔서, 나귀 곧 나귀 새끼인 어린 나귀를 타고 오신다"(슥 9:9). 이런 의도적인 행동을 통해 예수는 두 가지를 드러내셨습니다. 첫째로 그분은 정말로 선지자들이 예언한 메시아이시되, 사람들이 바라던 그런 메시아는 결코 아니었다는 점입니다. 두 번째 교훈은 빌립보서에 잘 나와 있습니다. 사도 바울은 이 모든 이야기를 두 문장으로 짧게 압축해서 들려줍니다. "여러분 안에 이 마음을 품으십시오. 그것은 곧 그리스도 예수의 마음이기도 합니다. 그는 하나님의 모습을 지니셨으나, 하나님과 동등함을 당연하게 생각하지 않으시고, 오히려 자기를 비워서 종의 모습을 취하시고, 사람과 같이 되셨습니다. 그는 사람의 모양으로 나타나셔서, 자기를 낮추시고, 죽기까지 순종하셨으니, 곧 십자가에 죽기까지 하셨습니다"(빌 2:5-8).

종려주일 예배는 이 두 가지 교훈을 아주 효과적으로 드러내는 역할을 합니다. 종려 행렬의 축제 분위기와 참혹한 십자가 이야기를 하나로 묶는 역할을 하지요. 아무 준비 없이 예배에 나온 사람이 있다면 엄청난 충격을 받으리라고 생각합니다. 우리 중 죄 없는 사람은 아무도 없으니까요. "호산나! 복되시다! 주님의 이름으로 오시는 분! 복되다! 다가오는 우리 조상 다윗의 나라여! 더 없이 높은 곳에서, 호산나!" 하고 환호하던 우리가 바로 뒤이어 "예수를 십자가에 처형하라!" 하고 소리치는 자들입니다. 누가복음의 저자는 이 점을 분명히 밝힙니다. "그러나 그들은 마구 우기면서, 예수를 십자가에 못박으라고 큰 소리로 요구하였다. 그래서 그들의 소리가 이겼다"(눅 23:23). 여기에 중요한 사실이 있습니다. 예수를 죽이라고 소리치던 자들이 '유대인'이 아니라는 점입니다. 그들은 바로 우리였습니다. 종려주일은 교회 절기 가운데 가장 중요한 주일에 속합니다. 그 이유는 종려주일만큼 우리의 악한 본성을 직시하고 대면하게 하는 날이 없기 때문입니다. 여러분은 '종려주일'이 예명에 불과하다는 사실을 이제 잘 알 겁니다. 이날의 진정한 이름은 바로 고난주일입니다. 바로 이 때문에 우리는 조금 전 "나로 잊지 않게 하시

고, 나를 갈보리로 인도하소서"라고 노래한 것입니다.[18]

"우리를 갈보리로 인도하소서."[19] 갈보리로 가는 길은 두 갈래입니다. 하나는 무슨 일이 벌어지나 구경하러 가는 길입니다. 구경꾼은 자신이 어떤 식으로든 그 일에 연루되어 있다는 사실을 생각하지 못합니다. 또 하나는 잘못을 뉘우치는 죄인의 심정으로 걷는 길입니다. 내가 그리스도의 죽음을 묵과했노라 인정하고, 내게 그리스도가 절대적으로 필요하다는 사실을 인식하는 길입니다. 이 길을 걸으려면 수난 기사에서 우리의 위치가 어디인지 이해해야 합니다. 누가가 전하는 수난 기사 한 구절을 함께 읽어 봅시다.

> 그런 다음에, 자기를 잡으러 온 대제사장들과 성전 경비대장들과 장로들에게 말씀하셨다. "너희가 강도를 잡듯이 칼과 몽둥이를 들고 나왔느냐? 내가 날마다 성전에서 너희와 함께 있었으나, 너희는 내게 손을 대지 않았다. 그러나 지금은 너희의 때요, 어둠의 권세가 판을 치는 때다"(눅 22:52-53).

"지금은 너희의 때요, 어둠의 권세가 판을 치는 때다." 이 구절을 잠시 생각해 볼까요? 복음서 저자들은 모두 우주적 권세 둘 사이에서 벌어지는 갈등의 중심에 예수 그리스도를 둡니다. 악의 세력들이 예수에게 맞서 총력전을 벌입니다. 이를 두고 C. S. 루이스는 이렇게 말했습니다. "악마의 얼굴을 보는 것은 지옥의 고통 중에서도 가장 커다란 고통에 속한다. … 악마의 얼굴, 슬쩍 보기만 해도 결코 회복될 수 없는 불행을 당하게 되는 그 끔찍한 얼굴이 온 세상 밑바닥에 깔려 있다."[20] 예수께서는 지상 사역 중에 언제나 자신의 능력을 펼쳐 보이시며 이 악마들을 내쫓으셨습니다. 그리고 이제는 자신을 그들에게 내주려 하십니다. 그러니 목요일 밤에 "내게서 이 잔을 거두어 주십시오"라고 기도하신 것은 조금도 이상하지 않습니다.

몇 달 전 서점에 갔다가 십자가에 달리신 예수의 모습을 담은 화집을 발견했습니다. 책을 사서 집에 와 처음부터 보기 시작했습니다. 예수의 지상 생애가 연대기순으로 배열되어 있었습니다. 앞쪽에 실린 그림은 대부분 전에 본 적이 있는 것이어서 특별한 느낌이 없었습니다. 다 비슷비슷해 보였습니다. 뒤로 갈수록 좀 더 현대적인 화풍의 그림이 눈길을 끌었습니다. 그중 한 그림을 잊을 수 없습니다. 너무 끔찍해서 소개하는 게 망설여질 정도입니다. 십자가 처형 장면을 그대로 재현한 듯한 그림입니다. 십자가에 달리실 때 실제로 그러셨던 것처럼 그 그림 속에서 주님은 허리에 간단한 옷조차 걸치고 있지 않으셨습니다. 전례가 없을 정도로 노골적으로 십자가형의 사악함과 잔인함을 보여 주는 그림도 있었습니다. 형언할 수 없을 정도로 잔혹한 로마 군인들의 모습이 잘 묘사되어 있었습니다. "지금은 너희의 때요, 어둠의 권세가 판을 치는 때다"라는 말씀을 생생하게 보여 주는 그림이었습니다.

우리 중에 고문으로 죽어가는 모습을 직접 목격한 이는 거의 없을 겁니다. 가능하면 앞으로도 그런 장면을 목격하는 일이 없기를 바랍니다. 그러나 우리는 누구나 예외 없이 어둠의 세력에 연루되어 있습니다. 예전 원자 폭탄 개발 지역을 관광 산업 차원에서 보존하려는 운동에 관한 글이 〈뉴욕타임스〉에 실렸습니다. 나가사키에 투하한 원자 폭탄을 만들기 위해 플루토늄을 제조했던 지역을 두고 한 상원의원은 이런 말을 했습니다. "아마도 그곳은 하루를 재미있게 보낼 만한 그런 곳은 아닐 겁니다. 오히려 유대인 학살 박물관과 같은 곳이 될 겁니다." 그러

로비스 코린트, 〈순교〉

너무도 끔찍하고 잔인한 이 그림은 십자가형의 잔혹함을 극명하게 표현한 기법에 그 가치가 있다. 십자가 처형의 실제 모습을 그대로 보여 주는 동시에, 이토록 비인간적인 십자가형을 집행할 정도로 타락한 인간성을 폭로하는 그림이다.

나 원자로박물관협회 이사장은 자신감 넘치는 목소리로 과학기술상의 업적을 이야기합니다. "원자로 앞에 서면, 여러분은 바로 이것이 인간이 할 수 있는 일이라는 점을 인식하게 될 것입니다."[21] 그렇습니다. 십자가 처형에 관한 그림을 보면, 여러분은 바로 이것이 인간이 할 수 있는 일이라는 점을 인식하게 됩니다. 아마도 로마인들은 제국의 질서를 유지하기 위해 고안해 낸 잔인한 처형 방식과 그것을 고안해 낸 자기들의 능력을 자랑스러워하며 형을 집행했을 겁니다. 끔찍하기 짝이 없지만, 위험인물을 통제할 하나의 수단으로 받아들였을 뿐입니다. 이것이 인간의 사고방식입니다. 많은 신학자와 거의 모든 문학가가 지적했듯이, 우리 인간은 변덕스러운 사망의 권세가 내뿜는 광기에 휩쓸려 살아갑니다. "지금은 너희의 때요, 어둠의 권세가 판을 치는 때다." 예수께서는 자신을 내주셨습니다. 자신의 몸과 영혼을 모두 어둠의 권세에 내주셨습니다. 악마의 얼굴을 똑바로 바라보시려고 철저히 준비하셨습니다. 우리를 얽어맨 어둠의 세력에게서 우리를 구하고자 하나님이 택하신 방법은 바로 자신을 내주는 것이었습니다. "지금은 너희의 때요, 어둠의 권세가 판을 치는 때다."

  다가오는 한 주간, 기독교회는 하나님의 아들이신 그리스도께서 어둠의 세력을 이기신 일을 기념하고 생생하게 표현할 겁니다. 성도 여러분, 여러분 마음과 생각 속에서 세상의 그 어떤 이야기도 예수 이야기를 대체하거나 압도하지 못하게 하시길 바랍니다. "우리로 잊지 않게 하시고, 우리를 갈보리로 인도하소서." 교회는 절대 여러분을 기만하려 하지 않습니다. 우리는 악을 똑바로 바라보도록 부름을 받았습니다. 주님 편에 서서 악을 직시하도록 말입니다. 우리는 인간이 무슨 일까지 할 수 있는지 보도록 초대받았습니다. 우리가 바로 주님을 배반한 가롯 유다요, 주님을 고발한 종교 지도자요, 주님을 모른다고 부인한 베드로요, "예수를 십자가에 처형하라" 하고 소리치던 군중이요, 십자가에 달린 채 주님을 모욕하고 조롱했던 강도인 걸 깨닫도록 말입니다. 누가복음의 저자는 어떤 변명도 하지 않고 하나님의 아들이신 예수 그리스도의 자비와 긍휼에 자신을 내어 맡긴 또 다른 강도처럼 자신을 바라보라고 오늘 우리를 부르고 있습니다. 누가는 다른 강도가 예수를 저주하는 소리를 듣고, 회개한 강도가 이렇게 말했다고 증언합니다. "그러나 다른 하나는 그를 꾸짖으며 말하였다. '똑같은 처형을 받고 있는 주제에, 너는 하나님이 두렵지도 않으냐? 우리야 우리가 저지른 일 때문에 그에 마땅한 벌을 받고 있으니 당연하지만, 이분은 아무것도 잘못한 일이 없다.' 그리고 나서 그는 예수께 말하였다. '예수님, 주님이 주님의 나라에 들어가실 때에, 나를 기억해 주십시오.' 예수께서 그에게 말씀하셨다. '내가 진정으로 네게 말한다. 너는 오늘 나와 함께 낙원에 있을 것이다.'"(눅 23:40-43).

우리 모두 이 강도처럼 되길 바랍니다. 우리를 사랑하셔서 우리를 위해 자신을 내주신 왕 되신 그분의 연회장으로 나아가시길 바랍니다. 주님이 우리를 영원한 예루살렘으로 부르고 계십니다. 예수 그리스도에게 힘을 다 써 버린 탓에 이제 어둠의 때는 주님이 부르신 우리를 어쩌지 못합니다.

바보들의 행렬

사람들은 우리가 지금 무얼 하고 있다고 생각할까요? 유럽 사람 전체가 종려주일의 의미를 알고 마을 전체가 행진에 참여하던 때도 있었습니다.[22] 그러나 오늘날에는 종려주일 예배에 참석하는 사람이 전체 인구 대비 소수에 불과합니다. 우리가 반주 없이 다양한 음정과 박자로 〈왕 되신 주께 영광 돌리세〉라는 찬송을 부르는 사이, 차를 몰고 우연히 교회 앞을 지나가는 사람들 대부분은 우리가 지금 무얼 하는지 알지도 못하고, 알고 싶어 하지도 않습니다. 지나가는 차 안에서는 어떤 대화가 이뤄질까요?

아이들: 아빠, 저 사람들 뭐 하는 거예요?
아빠(한때 교인): 오늘이 종려주일이거든. 나뭇가지나 종려나무 같은 걸 흔드는 시늉을 하는 거야.
아이들: 왜요?
아빠: 예수님이 저런 행렬 속에 계셨거든.
아이들: 왜요?

아빠: 기억 안 나. 엄마한테 물어봐.

아이들: 우리, 맥도날드 가면 안 돼요?

이런 말씀을 드려 죄송하지만, 혹시 여러분 중에도 종려주일 행진에 관해 잘 몰라서 조금 멋쩍으신 분은 없나요? 혹시 자녀와 함께 오늘 행렬에 참여했다면, 나름 뿌듯하실 겁니다. 이런 경험이 자녀들에게 도움이 되리라 생각하실 테니까요. 그러나 오늘 혼자 참석하신 분은 아마 이런 의구심이 들지도 모릅니다. '이게 정말 내가 원한 건가?' 어쩌면 행진 의식이 끝났기를 바라고 일부러 조금 늦게 교회에 오신 분도 있을 겁니다.

최초의 종려주일에는 상당히 많은 무리가 열성적으로 행진하며 호산나를 외쳤습니다.[23] 마태는 온 도시가 들떴다고 전하고 있습니다(마 21:10).[24] 마태는 이스라엘의 메시아가 도성에 들어가신다는 사실을 우리에게 알리고 싶어 합니다. 지금은 아무리 최선을 다해도 그때와 똑같이 극적인 분위기를 재현할 수 없겠지요. 극적인 드라마를 연출하면 안 된다는 말이 아닙니다. 예수께서 지상에서 보낸 마지막 주 첫째 날에 일어난 일을 이해하려면 특별한 노력을 기울여야 한다는 뜻입니다. 그때 상황을 재현하는 행위 정도로는 그날 있었던 일의 의미를 오롯이 이해하기 어렵기 때문입니다. 오늘 여러분은 종려나무 가지를 흔들며 나아가는 행진에 참여했을 뿐만 아니라, 마태복음 수난 기사를 함께 낭독했으니, 여러 층위의 의미를 이미 맛보았을 겁니다.

마태는 그날 일을 우리에게 이렇게 전합니다. "예수께서 이 모든 말씀을 마치셨을 때에, 자기 제자들에게 말씀하셨다. '너희가 아는 대로, 이틀이 지나면 유월절인데, 인자가 넘겨져서 십자가에 달릴 것이다'"(마 26:1-2). 이날을 잘 요약한 구절입니다. 종려 행진이 한창일 때도 전조는 있었습니다. 이를 잘 묘사한 찬송이 있습니다. 함께 불러 볼까요?

> 나귀 타고 임금이 오신다! 호산나 외치는 무리 보라.
> 나귀 타고 주 가시네, 저 종려 깔린 그 길로. 나귀 타고 임금이 오신다!
> 죽음의 길 향한 행렬. 죽음과 죄악 이기고, 곧 승리하실 우리 주.
> 나귀 타고 임금이 오신다! 저 하늘 천군 천사도 근심에 싸여 보도다.
> 속죄의 제물 보도다. 나귀 타고 임금이 오신다! 싸움은 이제 끝나고.
> 저 보좌 위의 아버지, 독생자 아들 기다려. 나귀 타고 임금이 오신다!
> 죽음의 길 향한 행렬. 숨을 거두신 영혼을, 오 하나님 받으소서.
> 나귀 타신 주님![25]

이 얼마나 역설적입니까? "인자가 죄인들의 손에 넘어"(마 26:45) 가고 있습니다. 이 사실을 가장 잘 아는 이는 바로 예수 본인입니다. 예수께서 그 길을 택하셨습니다. 겟세마네 동산에서 잡히시던 순간에 그분은 베드로에게 말씀하셨습니다. "너희는, 내가 나의 아버지께, 당장에 열두 군단 이상의 천사들을 내 곁에 세워 주시기를 청할 수 있다고 생각하지 않느냐? 그러나 그렇게 되면, 이런 일이 반드시 일어나야 한다고 한 성경 말씀이 어떻게 이루어지겠느냐?"(마 26:53-54) 천군 천사가 나서는 일은 절대 없을 겁니다. 천사들은 그저 근심에 싸여 바라볼 뿐 예수를 구출하기 위해 어떤 일도 할 수 없습니다. 위대한 화가 조토 디 본도네는 이탈리아 파도바에 있는 스크로베니 예배당에 예수의 생애를 프레스코화로 그렸습니다. 그는 예수를 보호하는 천사들의 모습을 먼저 그린 뒤, 그리스도의 시신을 묘사한 그림을 통해 극도의 슬픔에 싸여 비통해하는 천사들의 모습을 묘사합니다. 천사에게 동질감을 느낄 만한 때가 있다면, 바로 이때가 아닐까 싶습니다. 할 수 있는 일이 하나도 없어서 그저 근처를 서성일 수밖에 없는 천사들의 모습에서 우리는 고뇌에 찬 무기력함을 느낍니다. 이 그림은 손길을 거두시는 성부의 마음을 보는 이들에게 전해 줍니다. 그것은 성자의 선택이었습니다. 우리라면 절대 선택하지 않았을 방법을 하나님은 택하셨습니다. 등 뒤로 손이 묶인 채 본디오 빌라도 앞에 선 예수의 모습을 통해 우리는 이 세상의 왕국이 하나님의 왕국과 정면으로 맞서는 모습을 보게 됩니다. 밧줄에 묶인 채 아무런 대항도 하지 않는 그 모습은 충격 그 자체입니다. 힘으로 자신을 나타내는 세력이 연약함으로 자신을 나타내는 세력과 맞서고 있는 겁니다.

마태복음의 저자는 특별히 예수의 신분을 강조합니다. 그분은 고귀한 하나님의 아들이자 다윗의 자손이며 왕으로 오신 메시아라고 말입니다. 나귀를 타고 예루살렘에 입성하는 과정을 기록하면서 마태는 예수께서 왕으로서 그 모든 일을 세세히 주관하셨다고 말합니다. 종려 행진에서 가장 기이한 장면이 바로 이 부분입니다. '왕'이 보잘것없는 나귀를 타고 계시는 것도 모자라 가까이에서 그분을 따르는 무리가 하층 계급이라는 점입니다. 그들은 어부, 세리, 창녀, 노숙자 등 온갖 하층민이었습니다. 꽤 우스꽝스러운 광경이었습니다. 이 점을 애써 미화하려 하지 말고 분명히 기억해야 합니다. 예수께서는 모든 일을 계획하셨습니다. 자신이 어떤 왕인지 보여 주려고 이 방법을 선택하신 겁니다. 예수께서는 이처럼 아주 기이한 행렬을 준비하셨습니다. 자신의 왕국은 이 땅의 제국과 완전히 다르고, 세상의 화려한 행렬과는 공통점이 하나

테살로니키, 〈에피타피오스〉(위) | 조토, 〈피에타〉(아래)

두 그림은 하나님의 아들이 십자가에서 처형당한 현실이 얼마나 참혹한지 잘 전달하고 있지만, 양식은 전혀 다르다. 테살로니키의 그림 속 천사들은 성화의 양식을 충실히 따른 성스러운 모습이지만, 조토의 그림 속 천사들은 조금 더 인간다운 모습으로 우리의 정서를 자극한다. 이탈리아 르네상스 시대에 이런 사실주의 양식을 처음 시작한 이는 치마부에였으나, 이 양식이 무르익은 건 조토의 천재성을 통해서였다. 이 새로운 기법은 예술사에서 가장 중요한 발전 중 하나다. 그러나 비잔틴 양식의 성화를 칭송하는 분위기는 한동안 계속 이어졌다.

도 없다는 사실을 알려 주기 위해서 말입니다. 실제로, 그분은 남부끄러울 정도로 지독한 결핍 속에 예루살렘에 입성하셨습니다.[26] 그분은 분명 왕이십니다. 그렇다면 과연 어떤 왕이실까요?

마태는 말을 잇습니다. "예수께서 총독 앞에 서시니, 총독이 예수께 물었다. '당신이 유대인의 왕이오?' 그러나 예수께서는 '당신이 그렇게 말하고 있소' 하고 말씀하셨다. 예수께서는 대제사장들과 장로들이 고발하는 말에는 아무 대답도 하지 않으셨다. 그때에 빌라도가 예수께 말하였다. '사람들이 저렇게 여러 가지로 당신에게 불리한 증언을 하는데, 들리지 않소?' 예수께서 한 마디도, 단 한 가지 고발에도 대답하지 않으시니, 총독은 매우 이상히 여겼다(마 27:11-14). 복음서 저자들은 하나같이 심문 현장에서 예수께서 침묵하셨다고 기록하고 있습니다. 예수께서는 사람들이 자신에게 덧씌운 죄목에 대해 일일이 대응하지 않으셨습니다. 왕에 대한 선입견으로 가득 찬 인간들이 예수가 어떤 왕인지 규정하게 두지 않으셨습니다. 그리스도의 통치가 무엇을 의미하는지 드러내기 위해 이 세상 권세에 자신을 순순히 내주고 고난을 당하셨습니다. 하나님이신 그분은 자신의 신적 특권을 모두 내려놓고, 마태가 묘사한 온갖 모욕과 멸시의 길을 스스로 선택하셨습니다.

총독의 병사들이 예수를 총독 관저로 끌고 들어가서, 온 부대를 다 그의 앞에 불러모았다. 그리고 예수의 옷을 벗기고, 주홍색 걸침 옷을 걸치게 한 다음에, 가시로 면류관을 엮어 그의 머리에 씌우고, 그의 오른손에 갈대를 들게 하였다. 그리고 그분 앞에 무릎을 꿇고, "유대인의 왕 만세!" 하고 말하면서 그를 희롱하였다. 또 그들은 그에게 침을 뱉고, 갈대를 빼앗아서, 머리를 쳤다(마 27:27-30).

이 말씀을 깊이 묵상하길 원합니다. 전능하신 창조주의 아들이신 예수께서 가련한 피조물에 불과한 인간들에게 자신을 내주셨습니다. 사람들은 그런 그분에게 침을 뱉었습니다. 가장 기본적인 사람됨마저 포기한 것이지요. 무분별함과 방종에 사로잡힌 인간들은 야만성을 그대로 드러냈습니다. 그러나 예수께서는 그런 인간들을 사랑하셨고 이런 엄청난 굴욕을 기꺼이 감당하셨습니다. 공공연한 배척과 참혹한 죽음을 기꺼이 감당하셨습니다.

종려나무 가지를 흔들며 "호산나, 다윗의 자손께!" 하고 환호하던 사람들은 메시아가 오셨다고 생각했을 테지요. 며칠 뒤 금요일에는 생각이 바뀌었지만 말입니다. 나귀를 보고 뭔가 깨달았을 법도 한데, 그 깨달음은 그리 오래가지 않았습니다. 예수는 그들이 원했던 위풍당당한 지도자의 모습이 아니었습니다. 그래서 "그를 십자가에 못박으시오" 하고 소리친 것입니다(마 27:22-33). 우리도 아마 똑같이 했을 겁니다. 오늘 우리가 두 가지 역할을 모두 해 본 것도 이 때문입니다. 우리는 그날 예루살렘에 있던 사람들과 조금도 다르지 않습니다. 우리는 신의 능력과 왕의 권위를 입증할 증거를 원합니다. "그가 남은 구원하였으나, 자기는 구원하지 못하는가 보다! 그가 이스라엘 왕이시니, 지금 십자가에서 내려오시라지! 그러면 우리가 그를 믿을 터인데!"(마 27:42)

그러나 그분은 십자가에서 내려오지 않으셨습니다. 이 세상에서 우리가 아는 왕의 권한과 십자가에 달리신 예수의 상황은 달라도 너무 다릅니다. 이제 마태복음의 수난 기사는 가장 가슴 아픈 대목을 향해 달려갑니다.

낮 열두 시부터 어둠이 온 땅을 덮어서, 오후 세 시까지 계속되었다. 세

시쯤에 예수께서 큰 소리로 부르짖어 말씀하셨다. "엘리 엘리 라마 사박다니?" 그것은 "나의 하나님, 나의 하나님, 어찌하여 나를 버리셨습니까?"라는 뜻이다(마 27:45-46).

이 구절을 낭독할 때 어떠셨습니까? 십자가에 달리신 예수께서 하신 말씀 중 마태복음에 기록된 내용은 이것뿐입니다. 마가복음도 마찬가지입니다. 마태와 마가가 예수의 말씀을 완곡하게 다듬은 건 아닐까요? 이 부분을 생략한 것으로 보아 누가는 이 말이 너무 적나라하다고 생각했던 것 같습니다.[27] 그러나 마태와 마가는 가상칠언 중 이 부분을 그대로 기록했습니다. 두 사람은 버림받고 울부짖는 이 대목에 핵심이 있다고 본 듯합니다. 여기서 우리는 엄청난 모순을 발견하게 됩니다. 그 모순은 우리 신앙에 깊게 뿌리 내린 반종교적 측면을 드러냅니다. 이 부르짖음에는 아무 의미가 없습니다. 많은 사람이 여기에서 어떤 의미를 찾으려고 시도했지만, 성공한 경우는 거의 없습니다.[28] 설사 여러분이 탈진할 때까지 종교사를 연구하더라도 이와 비슷한 예를 찾아내지 못할 겁니다. 하나님이 하나님과 맞선다? 하나님이 하나님에게 버림받는다? 십자가에 처형당하신 하나님? 이 이야기를 듣고 조금도 이상하다고 생각하지 않았다면, 그리스도의 십자가를 충분히 묵상하지 않았다는 뜻입니다.[29] 이런 이유로 바울은 십자가 사건을 가리켜 '스칸달론 *skandalon*'이라 불렀습니다. '어리석은 것'이라 칭하기도 했지요. "십자가의 말씀이 멸망할 자들에게는 어리석은 것이지만, 구원을 받는 사람인 우리에게는 하나님의 능력입니다. 성경에 기록하기를 '내가 지혜로운 자들의 지혜를 멸하고, 총명한 자들의 총명을 폐할 것이다' 하였습니다. … 하나님께서는 이 세상의 지혜를 어리석게 하신 것이 아닙니까? …

하나님께서는 어리석게 들리는 설교를 통하여 믿는 사람들을 구원하시기를 기뻐하신 것입니다."(고전 1:18-21).

그러니 조금 바보 같다고 느끼는 것도 어쩌면 당연할지 모릅니다. 바울은 이런 말도 했습니다. "현자가 어디에 있습니까? 학자가 어디에 있습니까? 이 세상의 변론가가 어디에 있습니까? … 유대 사람은 기적을 요구하고, 그리스 사람은 지혜를 찾으나, 우리는 십자가에 달리신 그리스도를 전합니다. 그리스도가 십자가에 달리셨다는 것은 유대 사람에게는 거리낌 skandalon이고, 이방 사람에게는 어리석은 일입니다. 그러나 부르심을 받은 사람에게는, 유대 사람에게나 그리스 사람에게나, 이 그리스도는 하나님의 능력이요, 하나님의 지혜입니다. 하나님의 어리석음이 사람의 지혜보다 더 지혜롭고, 하나님의 약함이 사람의 강함보다 더 강합니다"(고전 1:20-25).

이 일을 어찌 말로 다 표현하겠습니까마는 우리는 할 수 있는 한 최선을 다해야 합니다. 사람들은 십자가 사건을 이런 관점에서 보려고 하지 않습니다. 이런 관점에서 십자가 사건을 바라본다면, 그렇게 쉽게 사형 제도를 지지하지는 않을 겁니다. 예수께서는 죽음을 통해 이 세상에서 희생당한 이들과 연대하셨습니다. 그러나 그것이 전부는 아닙니다. 하나님께 버림받고 울부짖는 예수의 울부짖음은 이 세상에서 고통당한 무고한 희생자들의 울부짖음일 뿐만 아니라 그들을 고문하고 고통 속에 죽게 한 자들의 울부짖음입니다. 사도 바울에게는 이 꺼림칙한 광경이 아주 중요했습니다. 그는 십자가가 그토록 과격한 이유를 알고 있었기 때문입니다. 예수께서 무고한 자들이 당한 고통만이 아니라, 고통을 가한 자들의 사악함까지 십자가에서 담당하셨다는 사실 말입니다. 이즈음에서 누가의 진술을 들어 볼 필요가 있습니다. 누가복음을 보면 예수께서 십자가에서 하신 말씀의 의미를 엿볼 수 있으니까요. "아버지, 저 사람들을 용서하여 주십시오. 저 사람들은 자기네가 무슨 일을 하는지를 알지 못합니다"(눅 23:34). 이 말은 예수께서 죽음을 통해 우리의 '고통'뿐만 아니라 우리의 '죄'와도 하나가 되셨다는 뜻입니다. 우리는 가끔은 피해자이고, 가끔은 가해자이고, 또 가끔은 피해자인 동시에 가해자이기 때문입니다. 이런 우리의 모습을 제대로 인식할 때 우리는 비로소 하나님의 나라에서 멀리 있지 않은 자들이 될 것입니다(막 12:34).

이 세상에서 가장 놀라운 간증이 있다면, 그것은 바로 피해자가 가해자를 용서하는 일일 겁니다. 이는 나빠질 대로 나빠진 세상도 인정하는 사실입니다. 미국 시민 평등권 운동의 동력도 바로 여기서 나왔습니다. 대다수가 그리스도인이었던 이 운동의 지도자들은 사람들이 백인을 증오하는 마음으로 운동에 동참하지 않도록 주의를 기울였습니다. 이 지도자들 가운데 패니 루 해머가 있습니다.[30] 패니 루 해머는 미시시피 감옥에서 만신창이가 되도록 두들겨 맞았고, 까막눈이 소작농이라는 이유로 상류층 흑인들에게 조롱을 받았고, 선거인등록운동을 진행할 때는 자원봉사자를 교육하면서 매일 목숨을 걸어야 했습니다. 누구보다 신앙심이 깊었던 패니 루 해머 여사는 그런 모진 일을 당하면서도 이렇게 말했습니다. "백인들이 나를 미워한다고 나도 그들을 증오하면 문제를 해결할 수 없습니다. 세상에는 증오가 넘쳐납니다. 흑인들이 분별력을 잃지 않게 하시는 이는 하나님뿐입니다. … 여러분, 그들(백인)을 사랑해야 합니다. 그들은 자기네가 무슨 일을 하는지 알지 못하기 때문입니다."[31]

나빠질 대로 나빠진 세상마저 이런 태도가 도덕적으로 얼마나 힘이 센지 압니다. 넬슨 만델라를 역사상 가장 훌륭한 인물로 기억하는 이유도 이 때문입니다. 생각해 봅시다. 만델라는 아무 잘못도 없이 신념 때문에 감옥에 갇혔습니다. 27년 동안이나 수감 생활을 하고도 털끝만큼의 원한이나 복수심을 드러내지 않았고, 오히려 교도소에서 자신을 감시했던 백인 교도관을 대통령 취임식에 초대했습니다. 온 세상이 만델라를 존경하는 건 바로 이 때문입니다. 들리는 말에 따르면, 수많은 국가 원수가 다른 누구보다 함께 사진 찍고 싶어 하는 인물이 만델라였다고 합니다. 남아프리카 공화국의 대주교 데스몬드 투투 역시 동일하게 존경할 만한 인물입니다. 어떤 면에서는 만델라보다 더 훌륭한 인물이지요. 투쟁의 선봉에 서서 긴 세월을 보내는 동안 갈등을 겪는 양쪽 진영 사람들에게 수없이 오해를 받고 중상모략을 당하면서도 묵묵히 참고 견뎠으니까요. 그는 그 긴 시간 동안 한 번도 비폭력과 화해를 대변하는 종교인의 역할을 포기하지 않았습니다. 《용서 없이는 미래도 없다 No Future Without Forgiveness》라는 책에서 투투 주교는 인종차별 정책 아래서 벌어진 잔악상을 만천하에 알리는 단체 진실화해위원회에 관한 이야기를 털어놓았습니다.[32] 이 위원회에 제출된 증언에는 두 가지 유형이 있었습니다. 하나는 피해자들과 그 가족들이 겪었던 비통한 일들에 관한 증언이고, 또 하나는 자신의 범법 행위를 고백하여 사면을 받으려는 가해자들의 증언입니다. 진실화해위원회는 가해자들이 회개하고 공개적으로 용서를 구하게 하는 일에 특별히 관심을 기울였습니다. 투투 주교는 책에 이렇게 썼습니다.

> 피해자들이 보여 주는 엄청난 아량과 관용에 위원회 사람들은 항상 놀랍니다. 물론 용서할 수 없다고 말하는 이들도 있습니다. 그들은 용서가 … 쉽게 얻을 수 있는 게 아니라는 중요한 사실을 제게 가르쳐 주었습니다.

진정한 화해는 거저 얻을 수 없습니다. 하나님은 진정한 화해를 위해 자기 외아들을 희생시키셨습니다.

용서한다는 건 잊어버리는 걸 의미하지 않습니다. 이미 벌어진 일이니 그냥 넘어가자는 건 용서가 아닙니다. 용서에는 가해자들을 이해하려는 노력이 포함됩니다. 그들이 그런 행동을 하게 했던 상황들, 즉 가해자들을 억누르던 당시 상황과 가해자들이 받았던 영향을 참작하여 가해자의 처지에서 생각해 보는 겁니다.

용서는 감상적인 행동이 아닙니다. … 용서는 여러분이 당한 대로 가해자에게 고스란히 되돌려 줄 권리를 포기하는 겁니다. 손해 같지만, 그렇게 손해 볼 때 피해자는 자유로워집니다.

투투 주교는 이런 말도 했습니다.

가해자가 뉘우치고 자신의 잘못을 고백해야만 용서가 시작될 수 있다고 생각합니까? … 예수께서는 자기를 십자가에 못 박은 자들이 용서를 구할 때까지 기다리지 않으셨습니다. 그들이 망치로 내려칠 때부터 자신의 아버지께 그들을 용서해 달라고 기도하실 준비가 되어 있었고, 심지어 그들은 자기들이 무슨 짓을 하는지 알지 못한다며 그들을 변호하셨습니다. 가해자가 죄를 고백할 때만 용서한다면, 피해자는 가해자의 변덕에 놀아날 것이고, 피해의 악순환에 말려들 겁니다.[33]

그렇습니다. 오늘 우리는 하나님의 어리석음을 나타내는 눈부신 예를 보고 있습니다. 진실화해위원회에 관한 투투 주교의 이야기에는 회원들이 들어야 했던 비난과 조롱이 가득하지만, 그의 책은 나귀를 타신 메시아를 따르려는 자들에게 귀한 본보기가 될 겁니다. 바로 여기에 고난주간의 핵심이 있습니다. 십자가에 달리신 주님은 저주받아 하나님께 버림받은 자들의 입장에 서 있습니다. 사형 선고를 받은 수감자들, 가족에게 버림받고 사회에서 쫓겨나 자기편이 아무도 없는 자들의 자리에 서 있습니다. 가해자들을 용서해 달라는 기도와 버림받은 예수의 울부짖음을 통해 우리는 인간 영혼의 가장 어두운 곳까지, 심지어 음부에까지 자신의 사랑을 펼치시는 하나님의 마음에 가닿습니다.

종려 행진에 참여하면서 멋쩍고 왠지 모르게 꺼림칙했나요? 바로 거기에 단서가 있습니다.

> 우리는 십자가에 달리신 그리스도를 전합니다. 그리스도가 십자가에 달리셨다는 것은 유대 사람에게는 거리낌이고, 이방 사람에게는 어리석은 일입니다. 그러나 부르심을 받은 사람에게는, 유대 사람에게나 그리스 사람에게나, 이 그리스도는 하나님의 능력이요, 하나님의 지혜입니다(고전 1:23-24).

그렇습니다. 오늘 우리의 행렬은 바보들의 행렬입니다. "호산나, 다윗의 자손께! 복되시다, 주님의 이름으로 오시는 분! 더없이 높은 곳에서 호산나!"

제2부

고난주간 월·화·수

세상 죄를 지고 가는 어린양

생명의 주인 되신 하나님, 바로 그 주님이 죽는다니, 참으로 기이한 생각이다. 홍해가 갈라지고(출 14:21), 태양이 멈춰 서고(수 10:21), 화덕을 보통 때보다 일곱 배나 더 뜨겁게 해도 타지 않고(단 3:19), 굶주린 사자가 물지 않는(단 6:22) 일도 기적과 같은 이상한 일이지만, 하나님이 죽는 건 기적 중의 기적이다. 하나님이 죽는다니, 이보다 기이하고 놀라운 일이 또 있겠는가. _존 던

고난주간 평일 설교에 관하여

2부는 고난주간의 월요일부터 수요일까지 저녁 예배에 참석한 성도들에게 전했던 설교다. 평일 저녁 집회에 참석하는 이들은 대개 설교 듣는 일을 귀하게 여겨서 자발적으로 교회에 와서 진지하게 설교를 경청하는 편이다. 특히, 이때의 집회는 긴 성만찬과 같은 예식 없이 찬송가 한두 편을 부르고 기도한 뒤 설교에 집중하는 예배였다. 그래서 여기 실린 세 편의 설교는 주일 설교보다 분량도 많고 밀도도 높은 편이다.

왕의 몸값

'토리노의 수의'에 매료된 사람이 많은데, 그 수의가 겨우 800년밖에 되지 않았다는 사실을 알면 실망이 클 겁니다. 그러나 바로 그 때문에 안도의 한숨을 내쉬는 이들도 있습니다. 로마 가톨릭교회 지도자 중에는 기적을 이루어 낼 힘이 있다며 이 수의를 경배의 대상으로 추어올리는 이들이 아직도 있습니다. 그런 현실을 고려하면 종교개혁은 아직 끝나지 않은 듯합니다. 프로테스탄트 진영에서도 방사성 탄소 연대 측정법에 따라 연대를 측정한 결과 이 세마포가 1세기 유물로 밝혀졌다고 주장하는 이들이 있습니다. 그러나 이 수의가 예수의 시신을 덮었던 세마포라는 증거는 어디에도 없습니다.[1] 예수 그리스도를 믿는 믿음은 이런 유물이 아니라 성경에 근거해야 합니다. 성경을 통해 검증하고 또 검증해야 하고, 세대에 걸쳐 숙고하고 또 숙고해야 합니다. 살아 있고 힘이 있는 하나님의 말씀(히 4:12)이 그 길잡이가 되어야 합니다.[2]

그런데 이런 유물과 중세시대에 관해 살펴보다가 저는 어느 순간 잔 다르크의 열성 팬이 되었습니다. 수년에 걸쳐 잔 다르크에 관한 자료를 많이 읽었습니다. 그중에는 재판정에서 심문을 받다가 내놓은 답변도 있었습니다. 역사 속 그 어떤 인물보다 잔 다르크에게 친밀감을 느끼게 하는 대목이었습니다. 그러나 잔 다르크의 일생에 관한 자료를 읽으면서 저는 종교개혁을 허락하신 하나님께 감사하는 마음이 깊어졌습니다. 잔 다르크는 훌륭하고 경건한 사람이었으나 글을 읽고 쓸 줄 몰랐습니다. 그러니 성경을 읽을 수도 없었지요. 신학에 관해서도 아는 게 거의 없었습니다. 프랑스 랭스 대성당에 있는 온갖 유물과 스테인드글라스가 잔 다르크에게 성경을 가르쳐 주지는 못했습니다.[3] 십자가에 달리신 예수를 묘사한 어떤 그림과 조각도 잔 다르크에게 거기 담긴 의미를 가르쳐 주지는 못했습니다. 그 안에 어떤 의미가 담겨 있는지 아는 사람이 그런 그림과 조각을 보면 마음에 깊은 울림이 있겠지만, 그렇지 않은 사람이 보면 그저 이차원적인 이미지에 불과할 뿐이니까요.

니코스 카잔차키스의 원작을 영화화한 〈그리스도 최후의 유혹〉이 개봉하자 여러 가지 비평이 쏟아졌습니다.[4] 제가 읽은 비평들은 대부분 칭송 일색이었습니다. 비평가들은 이 영화가 대단히 훌륭하고, 심오하며, 깊은 감동을 준다고 칭찬을 아끼지 않았습니다. 이 영화를 보면서 '영적 경험'을 했다고 말하는 이들까지 있었습니다.

그런데 이런 영적 경험의 '본질'은 무엇일까요? 이 경험은 어떤 것을 생각하고 느끼도록 우리 마음을 움직이나요? 우리가 무슨 일을 하도록 몰아가나요? 어떤 여성은 이 영화를 통해 예수 그리스도에게 연민을 느끼게 되었다고 말합니다. 영화가 하나의 출발점이 될 수는 있겠지요. 종려주일의 경험과 한번 비교해 볼까요? 종려주일에 우리는 예수에게 연민을 느끼는 것에 집중하지 않습니다. 종려주일 예배는 연민과 같은 사치스러운 감정을 품고 구경꾼처럼 구경하도록 마련된 게 아닙니다. 종려주일 예배는 우리를 이야기 속으로 이끌어 그 이야기에 직접 참여하게 합니다. 게다가 우리가 맡은 역할은 온화하지도 선하지도 않습니다. 우리는 예배 중에 "예수를 십자가에 처형하시오!" 하고 소리치고, "내가 주님을 십자가에 못 박았습니다" 하고 찬송을 부릅니다.

잔 다르크는 죽은 뒤 프랑스에서 성녀로 존경을 받았습니다. 프랑스 소설가 알렉상드르 뒤마는 잔 다르크를 두고 이렇게 말했습니다. "그녀는 프랑스의 그리스도입니다. 예수께서 이 세상의 죄를 속량하셨듯 왕가가 저지른 범죄를 속량했으니까요."[5] 이 말이 맞는 말입니까? 그렇지 않다면 그 이유는 뭘까요? 어디에서 이 질문의 답을 찾을 수 있을까요? 이런 발언을 과연 어떻게 평가해야 할까요? 미술관에 가서 그림을 보면 될까요? 영화관에 가서 영화를 보면 될까요? 도서관에 가서 역사책을 찾아 읽으면 될까요? 정보를 얻으러 여러분이 찾아가는 곳은 어디입니까?

신약 성경 말고는 인간 예수에 관한 정보가 어디에도 없다는 사실을 알고 계십니까?[6] 세례자 요한에 관한 정보는 초기 문헌에 조금 나와 있지만, 예수에 관한 정보는 성경 외에 당대 어떤 문헌에도 나와 있지 않습니다.[7] 성경의 증언을 떠나서는 예수에 관해 알 길이 없다는 말입니다. 그런데도 여전히 어떤 이들은 자기 입맛에 맞게 예수를 재구성하려고 헛심을 씁니다. 지난주에 식당에 갔다가 오래전 교회 성경 공부에 참석하다 그만둔 여성과 긴 대화를 나누었습니다. 〈그리스도 최후의 유혹〉을 극찬하며 저더러 꼭 보라고 권했습니다. 성경 공부에 다시 나오면 저도 영화를 보러 가겠다고 말할 걸 그랬습니다. 문제는 이런 제안이 공정하지 않다는 점이지요. 영화는 두 시간 남짓한 시간에 우리에게 많은 즐거움을 주지만, 성경은 우리에게 평생에 걸쳐 공부하고 변화되라고 요구하니까요.

고난주간이 시작되는 월요일입니다. 어제 종려주일에 시작한 일을 계속해 나갑시다. 그리스도의 십자가에 관한 이야기와 그 의미에 관해 좀 더 깊이 탐구해 나갑시다. 오늘 성경 본문에는 놀라운 이야기가 담겨 있습니다. 예수께서 자기 죽음에 관해 설명하는 내용입니다.

인자는 섬김을 받으러 온 것이 아니라 섬기러 왔으며, 많은 사람을 구원하기 위하여 치를 몸값으로 자기 목숨을 내주러 왔다(막 10:45).

'인자' 대신 '잔 다르크'를 넣어 읽어 볼까요? "잔 다르크는 프랑스를 구원하기 위하여 치를 몸값으로 자기 목숨을 내주러 왔다." 이상하지 않습니까? 어디에서 와서, 어디로 갔다고요? 프랑스 한 시골 마을에서 왔다고요? 그래서 시농으로 갔다고요? 오를레앙? 랭스? 누가 프랑스를 인질로 잡고 있었나요? 잔 다르크의 죽음이 영국에 치른 몸값이었나요? 잔 다르크의 죽음이 프랑스를 '구원'하는 데 어떤 영향을 미쳤나요? 프랑스는 정말로 잔 다르크의 죽음을 통해 구원을 받았나요? 이런 질문을 통해 우리는 얼핏 단순해 보이는 예수의 말씀이 실제로는 해석하기 쉽지 않다는 걸 알게 됩니다.

"인자는 … 많은 사람을 구원하기 위하여 치를 몸값으로 자기 목숨을 내주러 왔다." 우선, '인자'란 어떤 인물일까요?[8] 그 시대에 '인자'는 대망하던 천상의 인물을 지칭하는 신성한 칭호였습니다. 신의 능력과 특권을 지닌 메시아를 의미했습니다. 예수께서 인자가 왔다고 말씀하셨을 때, 이 말은 "메시아가 하늘에서 내려왔다"라는 말과 같은 뜻이었습니다. 베들레헴이나 나사렛 출신, 또는 프랑스 어느 시골 마을 출신이 아니라 '하나님에게' 보냄을 받았다는 뜻입니다. 예수께서 '인자'라는 단어를 사용하셨을 때 제자들은 다니엘서 7장에 나오는 인물을 떠올렸을 겁니다. 하늘 구름을 타고 오신 분, 권세와 영광과 나라를 얻어 민족과 언어가 다른 뭇 백성의 경배를 받을 분을 떠올렸을 겁니다. 한 걸음 더 나아가 천사들과 천사장들의 선두에 서서 개선 행렬을 이끄는 거룩한 인물을 떠올렸을지도 모릅니다. 그러나 예수께서 말씀하신 인자는 그런 인물이 아닙니다. 그와는 정반대되는 인물입니다. "인자는 섬김을 받으러 온 것이 아니라 섬기러 왔으며, 많은 사람을 구원하기 위하여 치를 몸값으로 자기 목숨을 내주러 왔다."

이제, '몸값'에 관해 살펴볼까요? 몸값을 치르는 목적은 뭘까요? 당연히 누군가를 구하기 위해서일 겁니다. 그러니 이 단어에는 기본적으로 이런 개념이 깔려 있습니다.

1. 어떤 사람 또는 집단이 다른 세력의 통제를 받고 있다.
2. 그 사람 또는 집단은 자유로이 행동할 수 없다.
3. 그 사람 또는 집단은 자기 힘으로는 현 상황을 벗어날 수 없음을 깨닫는다.
4. 따라서 외부 세력의 개입을 통해서만 자유를 얻을 수 있다.

요즘 시대에 비유하자면, 건물에 갇힌 인질들을 예로 들 수 있을 겁니다. 인질들은 자기 힘으로 그곳을 빠져나올 수 없습니다. 밖에 있는 대테러반이 건물 안으로 침투해야 합니다. 인자가 왔다는 예수의 말씀은 다른 지리적 장소에서 왔다는 뜻이 아니라 다른 '세력권'에서 오셨다는 뜻입니다. 나치가 점령한 유럽의 상황을 상상해 봅시다. 용맹스럽게도 이곳저곳에서 저항 운동이 일어났습니다. 그러나 나치 점령지 안에서 벌이는 운동으로는 자유를 되찾을 희망이 없었습니다. 외세의 침입이 필요했습니다. 점령군인 나치의 손아귀에서 유럽을 해방할 상륙 작전이 필요했던 겁니다. C. S. 루이스의 《나니아 연대기》도 같은 전제에서 출발합니다. 사악한 여왕의 압제를 받는 나니아 주민들에게는 여왕의 손아귀에서 벗어날 힘이 없었습니다. 그러니 강대한 사자 아슬란이 오기만 손꼽아 기다렸습니다. 아슬란이 나니아에 침입하면, 자유를 되찾으리라는 걸 알았기 때문입니다. 신약 성경이 보여 주는 상황도 이와 비슷합니다. 창조 세계 전체가 속박 아래 있습니다. 자연도 인간도 자유롭지 못합니다. 모두 다 **죄**와 **악**과 **사망**의 지배 아래 있습니다. 창조주가 직접 개입해야만 창조 세계를 구할 수 있습니다. 그래서 사도 바울은 이렇게 말합니다. "그것은 곧 피조물도 썩어짐의 종살이에서 해방되어서, 하나님의 자녀가 누릴 영광된 자유를 얻으리라는 것입니다"(롬 8:21). 바울은 모든 피조물이 함께 신음하고 있다고 말합니다(롬 8:22). 이런 상황에서 하나님의 아들이 성육신을 통해 상륙 작전을 시작하셨고, 십자가에 달려 죽으심으로써 교두보를 확보하셨습니다. 그리고 부활하심으로써 우리로 해방의 첫 열매를 보게 하셨습니다.[9]

    이것은 영화나 유물 숭배, 예수를 연구한 최신 이론에 관한 TV 다큐멘터리를 통해 배울 수 있는 게 아닙니다. 예배 공동체 안에서 들은 성경 말씀을 통해서만 속박과 해방에 관한 사실들을 배울 수 있습니다. 그리스도의 희생이 갖는 의미를 명확히 밝혀 주는 건 성경뿐입니다. 그리스도 안에 **죄**와 **사망**을 결정적으로, 확정적으로, 최종적으로 쳐부술 강력한 힘이 나타났습니다.

    그런데 지금 주제에서 벗어난 것 아닌가요? 분명히 몸값에 관해 이야기하고 있었는데, 갑자기 침입을 논하고 있으니 말입니다. 뭔가 뒤

죽박죽 섞인 것 같지 않으세요? 사실입니다. 그런데 성경은 늘 이런 식입니다. 예를 들어 볼까요? 요한복음 10장에서 선한 목자에 관해 가르치시던 예수께서는 자기가 '양의 문'이라고 말씀하십니다. 그런데 바로 몇 구절 뒤에는 자기가 '목자'라고 말씀하십니다. 히브리서는 레위기에서 속죄 제물로 언급한 숫염소와 희생 제물로 드리는 어린양을 섞어 씁니다. 유동적입니다. 뒤섞인 이미지들은 한 번에 여러 가지를 떠올리게 해 줍니다. 설교자로서는 고마운 일이지요.

상상력이 없는 사람들은 설교자들에게 어려운 상대입니다. 예수의 죽음이 사탄에게 치른 몸값이라고 생각한 초기 신학자들이 있었습니다.[10] 그러나 오늘날 보통의 그리스도인들은 '몸값'을 일종의 비유적 표현으로 생각합니다. 감리교 신학자 빈센트 테일러는 이 용어를 '반짝이는 힌트'라 여겼습니다.[11] 오늘 저녁, 우리는 이 말씀의 표면을 뚫고 내려가 그 아래 숨겨진 깊은 의미를 들여다보려 합니다. 몸값이라는 용어는 '값을 치르고 구해 냈음'을 강조합니다.[12] 베드로전서는 이 점을 명확히 보여 줍니다. "여러분은 조상으로부터 물려받은 여러분의 헛된 생활방식에서 해방되었습니다. 여러분도 아시지만, 그것은 은이나 금과 같은 썩어질 것으로 된 것이 아니라, 흠이 없고 티가 없는 어린양의 피와 같은 그리스도의 귀한 피로 되었습니다"(벧전 1:18-19). 여기에서도 이미지를 섞어 쓰는 것을 볼 수 있습니다. 몸값과 어린양을 섞어 쓰고 있지요. 이 구절에는 원죄라는 개념이 담겨 있습니다. 우리 부모와 조부모가 저지른 죄(헛된 생활방식), 거슬러 올라가면 아담이 저지른 원죄로 지금 우리가 속박 가운데 있다고 말합니다. 사도 바울은 인간이 적대 세력의 속박 아래 있다고 보고, 십자가를 구원의 순간으로 묘사합니다. 이 점을 강조하려고 고린도 교회에 보낸 편지에서는 연이어 두 번이나 이야기합니다. "여러분은 하나님께서 값을 치르고 사들인 사람입니다"라고 말입니다(고전 6:20; 7:23). 다시 말하지만, 몸값이라는 용어는 하나의 은유입니다. 어떤 대상을 구하기 위해 상응하는 값을 치렀다는 의미를 담고 있습니다.[13] 우리가 이 이야기에 참여할 열쇠가 바로 여기 있습니다. 우리는 **죄**와 **사망**에 인질로 잡혀 있었습니다. 이 두 세력은 온 힘을 다해 들고일어나 자기들이 가진 무기를 제대로 휘둘렀습니다. 그래서 모든 사람이 줄지어 하나님의 아들을 처형하는 일을 묵인하게 되었습니다. 금요일에 예수께서는 한 번에 두 가지 역할을 맡으셨습니다. 일인 대테러단이셨고, 앞으로 나아가 죽기를 자처한 인질이셨습니다. 홀로 두 가지 역할을 동시에 맡으신 겁니다.[14]

 상식적으로 말이 안 된다고 생각할지 모르지만, 사실입니다. 이성만으로는 예수께서 말씀하신 '몸값'을 제대로 이해할 수 없습니다. 유례를 찾을 수 없을 만큼 큰 희생을 치러서라도 노예가 된 자녀들을 구하고자 하나님이 직접 나섰다는 게 '몸값'에 담긴 뜻입니다. 예수께서 오셔서 우리를 해방하셨습니다. 그런데 그게 다가 아닙니다. 그분은 여태껏 상상하지 못한 방식으로 우리를 대신하셨습니다. 말라비틀어져 보잘것없는 우리 목숨이 가치를 따질 수 없을 만큼 귀한 선물이라도 되는 양 하나님의 거룩한 생명을 쏟아부으신 겁니다. 우리를 위해 극도의 굴욕을 겪으시고 음부로 걸어 들어가신 겁니다. 우리는 그리스도의 십자가를 바라볼 때 비로소 우리를 노예로 만든 세력이 얼마나 힘이 센지 깨닫습니다. 우리는 탈출했고, 대신 예수께서 희생 제물이 되셨습니다. '몸값'은 노예의 가치에 맞춰 정하게 마련입니다. 상응하는 값을 치르는 법이죠. 우리는 주님께 그만큼 가치 있는 존재입니다.

 우리는 예수를 십자가에 처형하는 일을 함께 도모했고, 주님께서는 그 행위에 대한 대가까지 이미 치르셨습니다. 인류는 사망의 지배를 받는 인질입니다. 그런데 예수께서 죽으시고 부활하심으로써 사망의 권좌를 뒤엎으셨습니다. 어둠의 세력들을 완전히 이기셨습니다. 다시는 뒤집힐 수 없는 승리를 거두셨습니다. "그는 하나님의 영광의 광채시요, 하나님의 본체대로의 모습이십니다. 그는 자기의 능력 있는 말씀으로 만물을 보존하시는 분이십니다. 그는 죄를 깨끗하게 하시고서 높은 곳에 계신 존엄하신 분의 오른쪽에 앉으셨습니다"(히 1:3).

"드디어 아슬란이 왔습니다."[15] 이제 모든 게 달라졌습니다. 싸움은 계속되지만, 우리는 아주 행복합니다. '디데이$^{D\text{-}Day}$'는 끝이 아닙니다. 2차 세계대전 당시 벌지 전투가 계속되는 필사적인 상황이었지만, 적군이 도망치고 있다는 사실을 알게 되자 승리를 자신하며 싸울 수 있었습니다. 1942년 윈스턴 처칠은 영국 국민에게 이렇게 말했습니다. "이게 끝이 아닙니다. 끝의 시작도 아닙니다. 어쩌면 시작의 끝이라고 할 수 있을 겁니다." 예수 그리스도의 십자가 처형과 부활이야말로 진정한 '끝'의 시작이라고 할 수 있습니다. 이 땅에 하나님나라가 오롯이 이루어질 때 말입니다.

소설가 플래너리 오코너는 이렇게 말한 바 있습니다. "악이 점령한 영토에서 은혜가 작용하는 것, 이것이 내가 쓰는 소설의 주제입니다."[16] 그는 거의 모든 작품에서 체제를 전복하시는 하나님의 사역을 강조합니다. 그 일은 우리가 전혀 예상하지 못한 순간에 일어납니다.[17] 사도 바울도 바로 이런 '은혜의 침입'을 이야기합니다. 그가 로마에 사는 그리스도인들에게 한 말은 2천 년이 지난 지금 우리에게도 그대로 적용됩니다.

그렇다면, 이런 일을 두고 우리가 무엇이라고 말할 수 있겠습니까? 하나님이 우리 편이시면, 누가 우리를 대적하겠습니까? 자기 아들을 아끼지 않으시고, 우리 모두를 위하여 내주신 분이, 어찌 그 아들과 함께 모든 것을 우리에게 선물로 거저 주지 않으시겠습니까? 하나님께서 택하신 사람들을, 누가 감히 고발하겠습니까? 의롭다 하시는 분이 하나님이신데, 누가 감히 그들을 정죄하겠습니까? 그리스도 예수는 죽으셨지만 오히려 살아나셔서 하나님의 오른쪽에 계시며, 우리를 위하여 대신 간구하여 주십니다. 누가 우리를 그리스도의 사랑에서 끊을 수 있겠습니까? 환난입니까, 곤고입니까, 박해입니까, 굶주림입니까, 헐벗음입니까, 위협입니까, 또는 칼입니까?(롬 8:31-35)

그리스도인의 삶을 전투로 바라보는 바울의 시선이 보이시나요? 예수에게 연민을 느끼는 게 나쁠 건 없지만, 방향이 잘못되었다고 생각합니다. 오히려 우리를 불쌍히 여기시는 예수의 마음을 강조하는 편이 더 나을 수 있습니다. 그러나 그 역시 충분한 설명은 아닙니다. 예수께서 십자가에서 보여 주신 것은 긍휼만이 아닙니다. 우리를 위해 자기 목숨을 몸값으로 내놓고 음부에 내려가심으로써, 인류를 멸망시키려는 악한 세력의 손아귀에서 우리를 구하셨습니다. 어떤 이의 죽음에서도 이와 같은 일은 일어난 적이 없습니다.

지금 전하는 메시지가 오늘 밤 여러분이 기대한 메시지는 아닐지 모릅니다. 영적 경험을 기대하고 온 분이나 좀 더 포괄적인 메시지에 관심이 있는 분이라면, 우리를 죄와 사망의 권세에서 해방하려고 예수께서 십자가에서 고통스럽게 죽었다는 이야기가 귀에 들어오지 않을 겁니다. 그러나 점령군의 손아귀에서 옴짝달싹 못 하는 자신의 연약함을 인식하는 분이 있다면, 나약함과 부패함 탓에 건강과 행복이 위태로운 상황에서 사는 게 어떤 건지 아는 분이 있다면, 자기 힘으로는 도저히 탈출할 수 없는 감옥에 갇혀 있는 것 같은 기분을 때때로 느끼는 분이 있다면, 인자는 바로 여러분을 위해 오신 겁니다.

잔 다르크 같은 위대한 인물들은 안전하고 익숙한 곳을 떠나서 위협을 무릅쓰고 사악하고 부패한 권력에 맞서 싸웠습니다. 시대를 막론하고 하나님 편에 서서 원수들과 맞서 싸운 그리스도인들이 있습니다. 비록 그 이름은 역사에 기록되지 않았어도 자유와 인류 번영에 관심이 많았던 이들입니다. 혹시 여러분 중에 본인의 삶에는 상당히 만족하지만 다른 이들에게 일어나는 일 때문에 마음이 무거운 이가 있다면, 여러분 역시 그리스도의 군대로 부름을 받은 자입니다. 여러모로 여러분과 비슷한 계층의 사람들뿐만 아니라 사회 변두리에서 살다 죽는 나머지 사람들로 말미암아 의에 주리고 목마르다면(마 5:6), 여러분은 주님이 이끄시는 지하조직에 동참할 준비가 되었습니다. 너무 거창하게 들리나요? 그런 거창한 일은 나보다 다른 사람이 더 잘하겠지, 싶은가요? 여러분이 하는 작은 행동, 조그만 공헌, 조용한 몸짓은 아무 도움이 안 될 것 같나요? 절대로 그렇지 않습니다. 위대한 일은 하늘과 땅의 주인이신 우리 주님께서 이미 이루셨습니다. 중포重砲는 주님이 들고 오셨습니다. 우리는 그저 보병으로 참여하면 됩니다. 대신 이것만 기억하십시오. 여기서 말하는 중포는 세상 사람들이 생각하는 그런 무기가 아닙니다. 그리스도의 무기는 바로 고통스러운 사랑입니다.

평범한 사람들이 하는 작은 행동들은 별 소용이 없어 보일지 모릅니다. 더 큰 승리를 거머쥐려고 우리를 지나치거나 앞지르며 내달리는 무관심하고 적대적인 세상에 맞서는 게 부질없어 보일지 모릅니다. 사도 바울의 말이 생각납니다. "성경에 기록한 바 '우리는 종일 주님을 위하여 죽임을 당합니다. 우리는 도살당할 양과 같이 여김을 받았습니다' 한 것과 같습니다"(롬 8:36). 정말 그렇습니까? 아닙니다. 바울이 아니라고 말합니다. 절대 그렇게 생각하지 마십시오. 하나님의 어린양이 이미 우리를 위해 도살당하셨기 때문입니다.

그러나 우리는 이 모든 일에서 우리를 사랑하여 주신 그분을 힘입어서, 이기고도 남습니다. 나는 확신합니다. 죽음도, 삶도, 천사들도, 권세자들도, 현재 일도, 장래 일도, 능력도, 높음도, 깊음도, 그 밖에 어떤 피조물도, 우리를 우리 주 예수 그리스도 안에 있는 하나님의 사랑에서 끊을 수 없습니다(롬 8:37-39).

성전에 이른 메시아

1세기에 예수께서 우리 가운데 오셨을 때, 그분은 특정한 역사 상황 가운데 오셨습니다. 우리가 이 점을 꼭 기억해야 하는 이유는 이것이 우리 신앙의 기본 사실 중 하나이기 때문입니다. 두 세기에 걸쳐 '역사적 예수'를 탐구하려던 다양한 시도는 막다른 골목에 부딪혔지만, 예수가 단순한 종교 인물이 아니라 로마제국에 점령당한 팔레스타인 땅에 살던 유대인이었다는 점을 상기하게 된 것은 고마운 일입니다. 우리가 이 사실을 인지하는 건 아주 중요합니다. 유대인이라면 특히 더 그렇지요. 수백 년 동안, 사람들은 고난주간이 되면 유대인에게 분노를 쏟아냈습니다. 같은 일을 반복하지 않으려면, 부끄러운 유산을 늘 마음에 깊이 새겨야 합니다.

    히브리 성경은 예수와 그의 제자들이 알고 있던 유일한 성경이었습니다. 모든 유대인이 이 성경을 마음에 새기고 매일 성경 말씀을 따라 살았습니다. 그런데 그들에게도 다른 말씀보다 더 좋아하는 말씀이 있었습니다. 그 점에서는 지금 사람들과 똑같지요. 오늘 저녁에 우리는 히브리 성경의 예언서를 관통하는 말씀을 하나 살펴보려고 합니다. 강력하면서도 사람을 불안하게 하는 내용이라서 모두가 알되 생각하고 싶어 하지는 않는 말씀입니다. 말씀을 함께 살펴보다 보면, 예수 시대 종교인들에게 그랬듯 오늘을 사는 우리에게도 똑같이 적용된다는 사실을 깨닫게 될 겁니다.

이 예언에는 두 가지 특징이 있습니다. 첫째, 하나님은 자신이 택한 백성들에게 분노하십니다. 하나님이 한없는 인내와 한결같은 사랑을 베푸시는데도, 백성들은 하나님의 의로우심보다는 예배 형식에 더 관심을 기울였기 때문입니다. 이사야의 말을 들어 볼까요?

> 주님께서 말씀하신다. "무엇하러 나에게 이 많은 제물을 바치느냐? 나는 이제 숫양의 번제물과 살진 짐승의 기름기가 지겹고, … 나는 정말로 너희의 초하루 행사와 정한 절기들이 싫다. 그것들은 오히려 나에게 짐이 될 뿐이다. 그것들을 짊어지기에는 내가 너무 지쳤다. … 너희가 아무리 많이 기도를 한다 하여도 나는 듣지 않겠다(사 1:11-15).

이사야 선지자는 백성들의 종교 행위를 비판하는 말을 거듭 반복합니다. 이는 구약 성경의 주된 주제 중 하나이지요, 이사야서에 또 다른 예가 나옵니다. "이 백성이 입으로는 나를 가까이하고, 입술로는 나를 영화롭게 하지만, 그 마음으로는 나를 멀리하고 있다"(사 29:13). 세 번째 예는 그 유명한 아모스서 본문에서 찾을 수 있습니다.

> 나는, 너희가 벌이는 절기 행사들이 싫다. 역겹다. 너희가 성회로 모여도 도무지 기쁘지 않다. … 시끄러운 너의 노랫소리를 나의 앞에서 집어치워라! 너의 거문고 소리도 나는 듣지 않겠다. 너희는, 다만 공의가 물처럼

흐르게 하고, 정의가 마르지 않는 강처럼 흐르게 하여라(암 5:21-24).

미가 선지자는 특별히 이스라엘 집에 사는 성직자들에게 하나님의 엄중한 심판이 임하리라고 경고합니다.

제사장들은 삯을 받고서야 율법을 가르치며, 예언자들은 돈을 받고서야 계시를 밝힌다. 그러면서도, 이런 자들은 하나같이 주님께서 자기들과 함께 계신다고 큰소리를 친다. "주님께서 우리와 함께 계시니, 우리에게 재앙이 닥치지 않는다"고 말한다(미 3:11).

하나님은 그저 멀찍이 서서 왜곡된 예배 행태가 마음에 안 든다고 말씀하시지 않습니다. 직접 나서서 어떤 일을 하십니다. 이것이 예언의 두 번째 특징입니다.

예를 들어, 예레미야 선지자는 하나님이 거대한 예루살렘 성전을 허물고 백성들을 하나님 앞에서 멀리 쫓아 버릴 거라고 선포합니다(렘 7:14-15). 미가 선지자는 이렇게 외칩니다.

주님께서 그 거처에서 나오시어 땅의 높은 곳을 짓밟으시니, 뭇 산이 그 발 밑에서 녹고 평지가 갈라진다. 불 앞의 밀초처럼 녹아 내리고, 비탈길로 쏟아져 내리는 급류 같구나. 이 모든 일이 일어나는 것은 야곱의 죄 때문이며, 이스라엘 집의 범죄 때문이다(미 1:3-5).

이런 성경 말씀을 읽을 때면 마음이 초조해집니다. 제가 하는 사역의 상당 부분이 피상적인 수준에 머물고 있다는 걸 잘 알기 때문입니다. 오해하지 마십시오. 겸손 떠느라고 하는 말이 아닙니다. 미가 선지자가 제사장들에게 전하는 경고는 이렇게 끝납니다. "그러므로 바로 너희 때문에 시온이 밭 갈듯 뒤엎어질 것이며, 예루살렘이 폐허더미가 되고, 성전이 서 있는 이 산은 수풀만이 무성한 언덕이 되고 말 것이다"(미 3:12). 성공회는 폐허더미가 되리라고 말하는 이들이 있습니다. 문제는 그런 말을 하는 사람들이 자기들은 안전한 곳에 서서 남들이 멸망하는 모습을 지켜보리라 착각한다는 점입니다. 사실, 우리 모두 그런 생각을 하곤 하지요. 성경에 나오는 예언을 이미 지난 일로 치부하거나 우리가 아니라 다른 사람들에게 하는 이야기라고 생각합니다. 그 순간 우리는 그리스도인으로서 우리의 소명을 잃어버리는 셈입니다. 그리스도인이 해야 할 첫 번째 일은 이 심판이 우리 모두에게 임한다는 사실을 인정하는 겁니다. 이것이 재의 수요일에 우리가 해야 할 일입니다. 베드로전서에 나와 있듯이 "하나님의 집에서부터 심판을 시작할 때가 되었기 때문입니다"(벧전 4:17). 다른 이의 집이 아니라 바로 '우리' 집에서부터 심판이 시작됩니다.

  그러나 인간은 본래 망각의 동물이라고 하지요. 예언은 곧 뒷전으로 밀려나고 맙니다. 그렇다고 예언이 사라진 건 아닙니다. 이 예언들은 소중히 기록되어 후대에 전해졌습니다. 회당에서 예배할 때 계속 낭송되었고, 사람들은 낭송되는 예언을 들었습니다. 이 오래된 전승을 중심으로 차츰 새로운 신앙 체계가 형성되었습니다. 그러다 실제로 하나님이 하늘 구름을 타고 오실 때가 이르렀습니다. 하나님이 이 세상에 보내신 대리자는 하나님의 메시아였고, 나중에는 '인자'로 지칭됩니다(단 7:13). 인자는 하나님이 찾아오실 그날에 나타나실 터였습니다. 그분은 주님의 예배를 정결케 하실 분입니다.[18]

이것은 좋은 소식일까요, 나쁜 소식일까요? 여러분 생각은 어떻습니까? 그 나쁜 소식이 내가 아닌 다른 사람에게만 해당하는 소식이 아닌 한, 사람들은 대부분 나쁜 소식은 듣기 싫어합니다. 당연하지요. 타인의 불행을 보고 좋아하는 나쁜 성향을 가리켜 독일어로 샤덴프로이데Schadenfreude라고 하는데, 이는 원죄의 편재성을 보여 주는 대표적인 사례입니다. 우리는 가능하면 나쁜 소식은 다른 사람에게 돌리려 합니다. 1세기에 팔레스타인에서 살던 대다수의 선량한 유대인들은 메시아가 와서 로마제국이라는 점령군을 타도하고, 도덕적으로도 종교적으로도 우월한 유대인의 위상을 복원해 주리라 믿었습니다. 우리라고 다를까요? 우리 역시 우리 방식이 최고라고 속으로 생각하고, 더러는 그런 생각을 밖으로 드러내기도 하지 않습니까? 입으로는 다른 이들의 방식을 존중한다고 말하지만, 우리 위치가 위태로워지면 곧장 관용은 저 멀리 내버립니다. 성공회에도 그런 전례가 있지요. 예배 방식에 관한 문제로 갈등을 겪는 교회가 많습니다. 세대 변화에 발맞춰 새로운 찬양과 기타, 영상 장비를 예배에 도입하자고 평신도 지도자들이 제안하면, 교회는 이를 허락합니다. 그러나 실제로 예배 갱신 운동이 확대되면서 사람들이 전통적인 예배를 멀리하기 시작하면, 전통을 중시하는 쪽에서는 위협을 느끼죠. 그러면 교회가 두 쪽으로 갈라져 서로 칼을 갑니다.[19] 어느 쪽 편에 서 있든, 쟁점이 무엇이든 상관없이, 우리는 죄의 지배 아래서 고집스럽게 버티며 우리 역시 뉘우칠 필요가 있다는 사실을 받아들이려 하지 않습니다. 메시아도 우리를 지지하실 게 분명하다고, 우리가 하는 일은 무엇이든 찬성하실 게 확실하다고 자신합니다. 하나님이 '우리'를 '폐허 더미'로 만드시리라는 생각은 꿈에도 하지 않습니다. 그런 일이 생긴다면, 그건 나와 우리가 아니라, 다른 이들일 게 틀림없다고 생각합니다.

　말라기 선지자는 구약 성경의 마지막 선지자들 가운데 한 명입니다.[20] 다른 선지자들과 마찬가지로, 말라기는 그 시대 종교의 부패와 타락을 신랄하게 규탄했고, 하나님이 직접 성전에 가서 모두 바로잡으시리라고 예언했습니다. 잊을 수 없는 그 예언을 바탕으로 헨델은 〈메시아〉라는 오라토리오를 쓰기도 했습니다.

　　내가 나의 특사를 보내겠다. 그가 나의 갈 길을 닦을 것이다. 너희가 오랫동안 기다린 주가, 문득 자기의 궁궐에 이를 것이다. 너희가 오랫동안 기다린, 그 언약의 특사가 이를 것이다. 나 만군의 주가 말한다(말 3:1).

　좋은 소식이 분명합니다. 오랫동안 기다린 주님의 약속입니다. 만약 그가 우리가 기다린 그분이라면, 그분은 우리가 소망하고 기대하던 분일 게 자명합니다. 그런데 말라기 선지자는 이렇게 말을 잇습니다.

　　그러나 그가 이르는 날에, 누가 견디어 내며, 그가 나타나는 때에, 누가 살아 남겠느냐? 그는 금과 은을 연단하는 불과 같을 것이며, 표백하는 잿물과 같을 것이다. 그는, 은을 정련하여 깨끗하게 하는 정련공처럼, 자리를 잡고 앉아서 레위 자손을 깨끗하게 할 것이다. 금속 정련공이 은과 금을 정련하듯이, 그가 그들을 깨끗하게 하면, 그 레위 자손이 나 주에게 올바른 제물을 드리게 될 것이다(말 3:2-3).

　헨델의 오라토리오를 좋아하신다면, 이 구절에서 화염처럼 솟아오르는 선율을 기억하실 겁니다. 그러나 가끔은 익숙하고 아름다운 선율에 가사의 의미가 묻히기도 하지요. 메시아가 오시면 다칠 것이다. 용광로에 들어간 쇠처럼 녹아내릴 것이다. 이것이 이 구절의 의미인데 말입니다. 사실, 너무나도 마음을 불편하게 하는 본문입니다. 레위 지파 제사장들이 몰래 감추지 않은 게 놀라울 정도지요.[21]

구약 성경의 이러한 배경을 염두에 두고, 지금부터는 우리가 주후 33년 예루살렘 성에 있다고 상상해 봅시다. 지금 우리가 사는 이런 도시를 생각하면 안 됩니다. 예루살렘에는 교회가 하나뿐이고, 모두 그 교회에 나갑니다. 유월절 주간이고, 사람들로 북적입니다. 예루살렘 성전은 첫 손에 꼽히는 관광 명소이자 종교의 정점입니다. 종교를 찾는 인간의 본성이 전부 드러나는 곳입니다. 성소에서는 예식용 춤을 추고, 안뜰에서는 행위 예술이 한창이고, 본당에는 흥분한 사람들이 가득합니다. 본당 앞 널찍한 복도에서는 안내 책자를, 성전의 좌우 날개 부분인 수랑袖廊에서는 요리책을, 교구실에서는 자동차 범퍼에 붙일 스티커를 살 수 있습니다. 주일학교 교육관에서는 다이어트 프로그램이, 체육관에서는 요가 수업이, 시청각실에서는 알코올 의존증 치료 모임이 진행됩니다. 지하에서는 기도 모임이, 마당에서는 꽃 전시회가, 접견실에서는 집단 심리 치료가 열립니다. 현금 인출기가 다섯 대나 있으니 편리하게 돈을 찾을 수도 있습니다. 정말 끝내주는 성전이죠? 정말 끝내주는 교회 아닙니까? 분명히 하나님도 무척 기뻐하실 겁니다.

그런데 갑자기 이 소란은 다 뭘까요? 사람들은 소리를 지르며 사방으로 뛰어가고, 짐승들은 발에 채고, 부딪치는 소리로 시끄럽습니다. 목제 가구는 쪼개져 나뒹굴고, 동전은 바닥에 쏟아져 굴러다니고, 테이블은 뒤엎어지고, 음식은 사방에 쏟아집니다. 난리도 이런 난리가 없습니다. 하나님의 이름으로 대체 무슨 일이 벌어지고 있는 걸까요? 놀란 우리는 소란의 근원지를 찾아 두리번거립니다. 성전 한가운데 우뚝 서 있는 인물이 눈에 들어옵니다. 강인한 체구의 남자입니다. 화가 나서 얼굴은 벌겋고, 격한 움직임 탓인지 아직도 숨이 거칩니다. 손에는 대충 만든 채찍을 들고 있습니다. 성전에 들어올 때는 평범한 관광객이나 예배자와 다르지 않았는데, 갑자기 바닥에 굴러다니는 노끈을 주워서 채찍을 만들더니(누구도 칼이나 곤봉을 성전에 들고 들어올 수는 없으니까), 아무 죄도 없는 상인들에게 채찍을 휘두르기 시작했다고 목격자들은 말합니다. 그 바람에 이런 난리가 벌어졌다고 말입니다.

왜 이 사람이 체포되지 않았는지는 누구도 알 길이 없습니다. 그는 마치 이런 기이한 일을 행할 권리가 있는 사람처럼 행동했습니다. 심지어 성전이 자기 아버지의 집이라고 이야기했습니다. "내 아버지의 집을 장사하는 집으로 만들지 말아라"(요 2:16). 분명히 그에게는 왕이 자기 백성을 대하는 것 같은 태도, 범접할 수 없는 분위기, 어떠한 대꾸도 망설이게 하는 통치자의 위엄이 있습니다. "너희가 오랫동안 기다린 주가, 문득 자기의 궁궐에 이를 것이다. … 그러나 그가 이르는 날에, 누가 견디어 내며, 그가 나타나는 때에, 누가 살아 남겠느냐? 그는 금과 은을 연단하는 불과 같을 것이며, 표백하는 잿물과 같을 것이다"(말 3:1-2).

종교 지도자들이 그에게 다가갑니다. 체포하지는 않고, 이런저런 질문을 하는 것 같습니다. 조금 더 가까이 가서 뭐라고 하는지 들어 볼까요? 종교 지도자들의 관심사는 이상하기 짝이 없는 그의 권위가 대체 어디서 왔는지 밝히는 것인가 봅니다. "유대 사람들이 예수께 물었다. '당신이 이런 일을 하다니, 무슨 표징을 우리에게 보여 주겠소?' 예수께서 그들에게 말씀하셨다. '이 성전을 허물어라. 그러면 내가 사흘 만에 다시 세우겠다'"(요 2:18-19).

수수께끼 같은 말로 질문에 답한 뒤, 그 이상한 남자는 사람들 사이를 지나 거침없이 발걸음을 옮기고, 덩그러니 남은 성전 관리들은 이렇게 중얼거립니다. "이 성전을 짓는 데에 마흔여섯 해나 걸렸는데, 이것을 사흘 만에 세우겠다구요?"(요 2:20)

화를 내신 것, 이것이 이날 예루살렘 성전에서 예수께서 하신 일일까요? 아닙니다. '성전 정화' 사건 운운하는 이야기를 종종 들으셨을 겁니다. "인간 예수의 모습을 좀 봐. 그도 다른 사람들과 똑같이 화를 내잖아?" 그러나 그날 예수께서 하신 일의 핵심은 그게 아닙니다. 예수께서는 자기가 성전의 주인임을 분명하게 선포하셨습니다.[22] 종교 지도자들이 불안해한 이유도 바로 여기에 있습니다. 돈 바꾸어 주는 자들의 돈을 쏟아 버리고 상을 둘러 엎으셨을 때 예수께서는 이렇게 말씀하고 계셨던 겁니다. "선지자가 말한 언약의 특사가 바로 나다."[23]

또한, "내 아버지께 드리는 예배를 정결하게 하려고 내가 왔다"라고 행동으로 말씀하신 것입니다. 선지자가 선포했던 말씀이 생각나지 않나요? "그는, 은을 정련하여 깨끗하게 하는 정련공처럼, 자리를 잡고 앉아서 레위 자손을 깨끗하게 할 것이다. 금속 정련공이 은과 금을 정련하듯이, 그가 그들을 깨끗하게 하면, 그 레위 자손이 나 주에게 올바른 제물을 드리게 될 것이다"(말 3:3). 그런데 어찌하면 좋을까요? 저도 여러분도 예수 시대 사람들처럼 이런 일을 좋아하지 않습니다. '정련공에게 정련을 받아야 할 사람은 바로 나야'라고 생각하지 않습니다. '물론, 조금 다듬을 필요는 있지. 모난 부분은 다듬고 찌그러진 부분은 평평하게 펴서 흠을 없앨 필요는 있겠지만, 그렇다고 용광로까지는 필요하지 않아'라고 생각합니다. 우리는 예수께서 오셔서 우리가 앉아 있는 의자를 뒤엎으시길 바라지 않습니다. 좀 더 정확히 말하자면, 다른 사람 의

자는 뒤엎어도 되지만 내 의자는 뒤엎으면 안 된다고 생각합니다. 우리는 우리가 옳다고 생각하는 방식대로 예배를 드리려고 무던히 공을 들였습니다. 그래서 누군가가 이 예배를 망치길 바라지 않습니다. 설사 그가 하나님의 아들이라 할지라도 말이죠.

그렇다면 우리는 이제 어찌해야 할까요? 지금 우리는 어느 편에 서 있는 걸까요? 오늘 읽은 본문이 우리에게는 모두 다 나쁜 소식일 뿐인가요? 만약 우리가 그날 예루살렘 성전에 있었다면, 우리 역시 메시아를 자처하며 소란을 일으키는 예수를 없애려고 모의했겠지요? 마음이 불편하신가요? 하나님이 우리에게 진노하고 계신다, 우리는 하나님을 기쁘게 하지 않았고 그럴 수도 없다, 이 땅에는 순결한 예배가 없다, 이게 오늘 우리가 들은 소식일까요?

고난주간에 이 어려운 말씀을 낭독하는 것은 우연이 아닙니다. '언약의 특사'는 하나님보다 교회 행사와 찬송, 헌금과 사회적 지위를 더 사랑하는 우리가 앉아 있는 의자를 뒤엎으십니다. 사순절이 시작되는 '재의 수요일'마다 우리는 사순절을 거룩하게 지키겠노라 다짐했습니다. 어떠셨나요? 여러분은 어떤지 모르지만, 저는 매번 실패했습니다. 저는 제가 정련공에게 정련을 받아야 한다는 점을 잘 알고 있습니다. 그러나 기억하십시오. 기도하는 제 책상을 뒤엎으신 바로 그분이 이 고난주간에 '나를 대신해' 배반당하고 저주받고 굴욕당하고 버림받고 죽임을 당하기 위해 뚜벅뚜벅 걸어가신 바로 그분이라는 사실을. 미가 선지자는 이 점을 아주 극명하게 표현하고 있습니다. "주님께서 그 거처에서 나오시어 땅의 높은 곳을 짓밟으시니, … 이 모든 일이 일어나는 것은 야곱의 죄 때문이며, 이스라엘 집의 범죄 때문이다"(미 1:3, 5). 하나님의 아들이 타락한 인간의 몸을 입으시려고 자기 거처에서 나오셨습니

렘브란트, 〈성전에서 돈 바꾸는 자들을 내쫓으시는 그리스도〉

렘브란트는 예수께서 성전에 들어가신 뒤 생긴 혼란과 소동을 매우 사실적으로 묘사하고 있다. 그림 하단의 움직임이 모두 왼쪽을 향하고 있다는 점에 주목하라. 그림의 주인공인 그리스도가 채찍을 휘두르며 자기 앞에 있던 것을 모두 휩쓸고 왼쪽으로 성큼성큼 나아가고 계시기 때문이다. 상이 엎어지고, 개가 짖고, 통이 나뒹굴고, 자리에 앉아 있던 사람들이 허둥대고, 놀란 송아지가 넘어진 사람들을 밟고 지나가는 모습도 보인다. 한편, 그림 윗부분에는 높은 자리에서 내려다보는 종교 지도자들의 모습이 보인다. 거만하게 아랫사람들과 거리를 두던 그들의 표정은 강렬한 적대감으로 굳어진다. 설혹 전에는 예수를 반대하지 않았던 사람이라도 이제부터는 예수를 반대하리라고 짐작할 수 있다. '소란을 일으키게 그냥 놔두마. 내일이면 여론이 완전히 뒤집힐 테니'라고 생각하는 것 같은 표정이다.

다. 하늘에서 내려오셨습니다. 영광의 자리에서, 손이 닿지 않는 높은 보좌에서 내려오셨습니다. 사흘째 되는 날, 온 세상이 새 생명을 입고 부활하게 하려고 말입니다. 성전과 교회에서 드리는 타락한 예배 대신 자기 목숨을, 자기 자신을, 자기 몸을 아버지께 드리는 순결하고 참된 예배로 내놓으셨습니다. 우리가 읽은 요한복음의 구절은 바로 그런 의미입니다.

> 유대 사람들이 예수께 물었다. "당신이 이런 일을 하다니, 무슨 표징을 우리에게 보여 주겠소?" 예수께서 그들에게 말씀하셨다. "이 성전을 허물어라. 그러면 내가 사흘 만에 다시 세우겠다." 그러자 유대 사람들이 말하였다. "이 성전을 짓는 데에 마흔여섯 해나 걸렸는데, 이것을 사흘 만에 세우겠다구요?" 그러나 예수께서 성전이라고 하신 것은 자기 몸을 두고 하신 말씀이었다. 제자들은, 예수께서 죽은 사람들 가운데서 살아나신 뒤에야, 그가 말씀하신 것을 기억하고서, 성경 말씀과 예수께서 하신 말씀을 믿게 되었다(요 2:18-22).

오늘 저녁, 메시아께서 성전에 오십니다. 육신을 입으시고 십자가에 못 박혀 죽으시고 부활하신 바로 그 예수께서 스스로 아버지께 드리는 순결한 예배가 되십니다. 정련공의 불은 예수께서 직접 겪으신 불입니다.

그렇습니다. 예수께서는 우리가 앉아 있는 의자를 뒤엎으실 겁니다. 온갖 가식과 버팀목, 변명과 가면, 우리가 섬기는 온갖 우상을 모두 폭로하실 겁니다. 하나님은 주변부로 밀어놓고 마치 우상을 숭배하듯 이런저런 관심사에 심취해서 살게 놔두지 않으실 겁니다. 그러나 좋은 소식, 기쁜 소식, 해방의 소식은 채찍을 손에 든 그 메시아가 "세상 죄를 지고 가는 하나님의 어린양"(요 1:29)이라는 점입니다. 그분은 자기 성전에 오셨고, 우리는 그분이 내뿜는 강렬한 빛을 통해 우리가 죄 많은 피조물임을 알게 됩니다. 그러나 그분은 심판하러 오신 동시에, 우리가 드리는 예배가 참된 예배가 되도록 자기 몸과 피를 제물로 내주러 오셨습니다. 메시아가 깨끗하게 정련하시도록 자신을 내맡기는 행위야말로 예수가 주님이심을, 그 주님은 우리가 자기처럼 의로워지고 거룩해지기 전까지는 우리를 그냥 놔두지 않으심을 세상에 증언하는 행위입니다. 주님은 첫 제자들과 함께 이 증언에 동참하라고 지금도 우리를 부르고 계십니다. "제자들은, 예수께서 죽은 사람들 가운데서 살아나신 뒤에야, 그가 말씀하신 것을 기억하고서, 성경 말씀과 예수께서 하신 말씀을 믿게 되었다"(요 2:22). 오늘 밤, 이 말씀이 우리에게도 똑같이 이루어지길 바랍니다.

하나님의 어린양

기독교 미술이 존재하는 곳이라면, 어느 나라에서든 어린양을 묘사한 작품을 만날 수 있습니다. 깃발을 들고 선 어린양, 깃발 옆에 누운 어린양, 책 위에 누운 어린양. 이 상징을 가리켜 라틴어로 '아뉴스 데이*Agnus Dei*'라고 합니다. 성만찬 때 부르곤 하는 오래된 찬송가 제목이기도 하지요. 바흐, 하이든, 모차르트, 베르디처럼 위대한 작곡가가 만든 미사곡에도 '아뉴스 데이'가 꼭 들어갑니다.

> 세상 죄를 지고 가는 하나님의 어린양이여,
> 우리에게 자비를 베푸소서
> 세상 죄를 지고 가는 하나님의 어린양이여,
> 우리에게 자비를 베푸소서
> 세상 죄를 지고 가는 하나님의 어린양이여,
> 우리 기도를 들으소서

유명한 19세기 설교자 알렉산더 매클래런은 이렇게 말했습니다.

"보시오, 세상 죄를 지고 가는 하나님의 어린양입니다"(요 1:29). 이 본문이 모든 기독교 설교의 핵심입니다. … 본문의 의미를 제대로 이해했다면, 같은 메시지를 반복해서 전하고 여기에 온 신경을 쏟는 것이 저와 모든 설교자가 할 일입니다. … 우리가 지금 여기 모인 이유는 딱 한 가지뿐입니다. 세상 죄를 지고 가는 하나님의 어린양을 보라고 간청하기 위해서입니다.[24]

그러나 이 본문을 제대로 이해한 이가 우리 중 몇이나 될까요? '하나님의 어린양' 어쩌고 하는 말을 듣기도 많이 듣고 하기도 많이 하면서, 정작 이 말의 뜻을 생각해 본 적이 없는 이들이 많습니다. 심지어 이 말이 아주 다양하게 해석되고, 그중에는 틀린 해석도 많다는 사실조차 알지 못합니다. 예를 들어 볼까요? 빅토리아 시대에는 예수를 어린양으로 여기는 게 일반적이었는데, 예수가 온화하고 유순하고 얌전하다고 생각했기 때문입니다. 이런 식의 문화 편향은 우리를 잘못된 길로 이끌 수 있습니다. 그런데 요즘에는 이런 감상적인 태도 때문이 아니라 부족한 성경 지식 때문에 문제가 생깁니다. 교회를 열심히 다니는 제 주변 사람들에게 물어봤더니, '하나님의 어린양'이라는 이미지가 무엇을 의미하는지 아는 사람은 극소수였습니다. 요즘 사람들은 '하나님의 어린양'이라는 말을 들어도 특별히 생각나는 게 없다고 하더군요. 그러나 신약 시대 사람들은 달랐습니다. 그 시대 사람들은 '하나님의 어린양'이라는 말을 듣자마자 머릿속에, 마음속에 생생한 이미지를 떠올렸습니다.

요한이 살던 시대의 사람들은 오늘날 우리가 알지 못하는 것을 알고 있었습니다.

첫째, 그들은 자기들이 고대하는 메시아가 온 세상을 구원하고 모든 악을 완전히 멸하실 자로서 거룩한 능력과 권위를 갖춘 분이라고 알고 있었습니다. 그리 놀랄 일은 아니지요? 우리도 이 정도는 짐작할 수 있으니까요. 그러나 우리가 잘 모르는 사실이 있습니다. 그 시대 사람들은 이 메시아를 '적을 물리치고 큰 승리를 거둘 어린양'으로 알고 있었다는 점입니다. 여러 책에 그렇게 묘사되어 있었으니까요. 이상하지 않습니까? 왜 그들은 정복과 승리를 대표하는 상징으로 그렇게 작고 별난 동물을 사용한 걸까요?

그 시대 유대 묵시문학의 일종인 에녹서를 보면, 그 이유를 이해할 수 있습니다. 이 책을 읽을 때는 당시 유대인들처럼 적에게 포위되어 위험에 처한 자신의 모습을 상상하면, 훨씬 더 흥미로울 겁니다. 에녹서는 구약 성경의 전통에 따라 하나님의 백성들을 돌봄과 보호가 필요한 양 떼에 비유합니다.[25] 양들에게 새끼가 태어납니다. 새끼 양은 새로운 세대를 상징하지요. 그러나 야수들이 새끼 양들을 죽이고 몰살하는 통에 새로운 희망이 사그라질 위험에 처합니다. 새끼들은 제발 자기들을 지켜 달라고 애처롭게 울어 대지만, 양들은 새끼들을 지키지 못합니다. 그때 새끼 중 한 마리에게 뿔이 나기 시작합니다. (성경에서 뿔은 권력과 통치를 뜻합니다.) 뿔 달린 새끼 양은 어느새 어른 양이 되고 그에게는 큰 칼이 생깁니다. 이 양은 하나님의 양우리를 침범한 모든 대적을 쳐부수고 괴멸합니다.

우리에게는 낯설지 몰라도 예수 시대와 가까웠던 그 시대 사람들에게는 아주 자연스럽고 당연한 이야기였습니다. 요한계시록을 읽어 보셨다면, 사탄과 온갖 악, 죄와 사망을 무찌르고 승리를 쟁취하는 어린양, 즉 정복하는 어린양에 관해 알고 계실 겁니다. 기독교 상징화에 나오는 어린양이 깃발, 그것도 군기軍旗를 들고 있는 이유는 바로 이 때문

입니다. 전장에서는 승자가 패자의 깃발을 빼앗는 법이지요. 메시아가 '그 깃발을 빼앗으신' 겁니다.[26]

둘째, 요한계시록은 깊이 있는 또 다른 의미에 관한 단서를 여럿 제시합니다. 계시록에 나오는 '하나님의 승리한 어린양' 역시 살육당한 표식을 지니고 있습니다. 신약 시대 그리스도인들에게 살육당한 어린양은 과연 어떤 의미였을까요?

요즘 교인들은 '피'라는 주제를 거북해하는 듯하지만, 히브리서는 "피를 흘림이 없이는, 죄를 사함이 이루어지지 않습니다"(히 9:22)라고 분명히 말합니다. 1천 년 넘게 이스라엘 자손들은 하나님에게 동물을 속죄 제물로 바쳤습니다. 제단과 땅에 피를 쏟았고 언약궤 덮개에도 피를 뿌렸습니다.[27] 더욱이 성전에서는 일 년 내내 매일 아침저녁으로 어린양을 제물로 드렸습니다. 그것은 제사장의 주 임무였습니다. 우리에게 TV 광고가 친숙하듯, 예수 시대 사람들에게는 '속죄 제물로 도살당하는 어린양'의 이미지가 친숙했습니다. 그러니 '세상 죄를 지고 가는 하나님의 어린양'이라는 표현은 따로 해석이 필요 없었지요. 그들이 궁금해한 건, 과연 나사렛 예수가 바로 그 어린양인가 하는 것이었습니다.

셋째, 더 극적인 것은 '유월절 어린양'이라는 표현입니다. 여러분이 이집트에서 노예로 살다가 어느 날 밤 홍해를 건너 도망치는 이스라엘 자손 중 하나라고 상상해 보십시오.[28] 그들이 느꼈을 흥분과 각오, 불안을 떠올려 보십시오. 어떻게 하면 짐을 줄일 수 있을까요? 뭘 가져가면 좋을까요? 가는 동안 먹기 위해 누룩을 넣지 않은 빵을 굽고, 아이들을 조용히 시켰겠지요. 곧 자유를 얻을 생각에 마음이 한껏 부풀었을 테고, 그러면서도 한편으로는 무슨 일이 닥칠지 몰라 불안했을 겁니다. 게다가 죽음의 천사가 자기들과 이집트인들 위로 지나가리라는 것도 알고 있었습니다.²⁹⁾ 날이 밝길 기다리는 동안 죽음의 천사로부터 그들을 보호해 준 건 무엇이었을까? 바로 '어린양의 피'였습니다. 전율이 느껴지지 않습니까? 출애굽기를 살펴봅시다.

모세가 이스라엘의 장로를 모두 불러서, 이렇게 말하였다. "여러분은 여러분의 가족들과 함께 먹을 양이나 염소를 준비하여, 유월절 제물로 잡으십시오. 우슬초 묶음을 구하여다가 그릇에 받아 놓은 피에 적셔서, 그 피를 상인방과 좌우 문설주에 뿌리십시오. 여러분은 아침까지 아무도 자기 집 문 밖으로 나가서는 안 됩니다. 주님께서 이집트 사람들을 치려고 지나가시다가, 상인방과 좌우 문설주에 바른 피를 보시고, 그 문 앞을 그냥 지나가실 것이며, 파괴자가 여러분의 집을 치러 들어가지 못하게 하실 것입니다. 여러분은 이 일을 여러분과 여러분의 자손이 지킬 규례로 삼아, 영원히 지키게 하십시오. 여러분은 주님께서 여러분에게 주시겠다고 약속하신 땅에 들어가거든, 이 예식을 지키십시오. 여러분의 아들딸이 여러분에게 '이 예식이 무엇을 뜻합니까?' 하고 물을 것입니다. 그러면 여러분은 그들에게 '이것은 주님께 드리는 유월절 제사다. 주님께서 이집트 사람을 치실 때에, 이집트에 있던 이스라엘 자손의 집만은 그냥 지나가셔서, 우리의 집들을 구하여 주셨다' 하고 이르십시오." 백성은 이 말을 듣고서, 엎드려 주님께 경배를 드렸다(출 12:21-27).³⁰⁾

세례자 요한이 외치는 소리를 들은 사람 중에 '유월절 어린양'이 구원을 위한 희생 제물이었다는 사실을 모르는 사람은 아무도 없었을 겁니다.³¹⁾ 따라서 예수를 가리켜 '세상 죄를 지고 가는 하나님의 어린양'이라고 한 세례자 요한의 말은 예수가 우리의 죄를 씻기 위해 피를 흘릴 희생 제물이자 우리를 구원하기 위해 바쳐질 유월절 어린양이라는 뜻입니다.[32] "여러분은 새 반죽이 되기 위해서, 묵은 누룩을 깨끗이 치우십시오. 사실 여러분은 누룩이 들지 않은 사람들입니다. 우리들의 유월절 어린양이신 그리스도께서 희생되셨습니다. 그러므로 묵은 누룩, 곧 악의와 악독이라는 누룩을 넣은 빵으로 절기를 지키지 말고, 성실과 진실을 누룩으로 삼아 누룩 없이 빚은 빵으로 지킵시다"(고전 5:7-8).[33]

그러나 이게 다가 아닙니다. 아직 네 번째가 남았습니다. 성경을 통틀어 가장 유명한 본문 중 하나인 이사야 53장에는 신비에 싸인 인물이 나옵니다. 그는 멸시를 받고, 버림을 받고, 고통을 많이 겪는 하나님의 종입니다. 우리가 겪어야 할 슬픔을 대신 겪는 슬픔의 사람, 마치 도살장으로 끌려가는 어린양과 같은 사람, 다른 사람들이 받아야 할 형벌을 자기가 짊어지는 사람입니다. 초창기 그리스도인들은 이 유명한 이미지 속에서 자기 주님을 보았고, 이사야가 계시와 믿음의 눈으로 보았던 게 무엇인지 이제야 이해했노라 여겼습니다. "보시오, 세상 죄를 지고 가는 하나님의 어린양입니다."

최악의 성향에서 스스로 벗어날 수 없는 인간의 무능, 이것이 성경의 핵심 주제 중 하나입니다. 외부 조건은 바뀌어도 인간은 바뀌지 않습니다. 성 혁명性革命이 일어나고 여성의 역할이 바뀌고 과학 기술이 발달하면서 우리 사회는 예전에는 상상조차 할 수 없었던 모습으로 바뀌었습니다. 그러나 우리는 깊이를 알 수 없는 악을 자행할 수 있는 존재가 바로 문명화된 인류라는 사실을 20세기를 통해 배웠습니다. 인간이 도덕적으로 진보하고 있다는 허황한 믿음은 아우슈비츠에서 자취를 감췄습니다. 뛰어난 사상가들은 인간 본성에 대한 낙관론이 '어리석은 자가 바치는 제물'과 같다는 사실을 압니다(전 5:1). 인간이 알아서 하게 놔

마티아스 그뤼네발트, 〈이젠하임 제단화〉 중 십자가 처형 장면

극도의 기괴한 공포와 극도의 종교적 헌신을 함께 담아낸 걸작이다. 형식상으로도 여러 면에서 독특한 작품이다. 위치에 따라 인물들의 크기를 의도적으로 왜곡해서 극심한 고통을 겪는 예수의 몸을 거대하게 그렸다. 더구나 비통해하는 막달라 마리아와 십자가에 달린 예수의 거리보다 그림을 보는 관람객과 예수의 거리가 더 가깝게 느껴진다. 어머니 마리아의 모습도 예사롭지 않다. 비록 얼굴은 사색이 되었지만, 젊고 아리땁다. 머리끝부터 발끝까지 새하얀 천을 두르고 있다. 마리아와 예수께서 사랑하시는 제자만 있다면 화폭의 균형이 맞지 않았을 텐데, 세례자 요한이 진정성 넘치는 모습으로 오른쪽에 서서 균형을 맞추고 있다. 십자가에 달린 예수와 조화를 이루도록 크게 그려진 세례자 요한은 화폭 가장자리쯤에 서 있다. 화가는 예수를 가리키는 그의 손가락도 일부러 크게 그렸다. 그는 예언서를 들고 말한다. "그는 흥하여야 하고, 나는 쇠하여야 한다"(요 3:30). 수 세기에 걸쳐 많은 설교자가 '나' 말고 저기 '저분'을 보라고 십자가에 달리신 이를 가리키는 것이 자신의 소명이라 여겼다. 세례자 요한 옆에 있는 하나님의 어린양은 자기 피로 성만찬 잔을 채우며 분명한 말로 우리에게 다시금 알려 준다. 저 십자가에서 예수께서 겪는 극심한 고통은 세상 죄를 지고 가기 위해 당하는 고통임을.

두면 결국 자멸의 소용돌이에 빨려 들어가고 만다고 성경은 증언합니다. 창세기 1-11장이 이 점을 잘 보여 주었고, 사도 바울도 로마서 1-3장에서 이 점을 생생하게 보여 줍니다. 예수께서도 "육에서 난 것은 육이요, 영에서 난 것은 영이다"(요 3:6)라고 말씀하셨습니다. 우리는 우리 자신을 구원할 수 없습니다. 오직 하나님만이 구원하실 수 있습니다.

이것이 하나님의 어린양이신 예수의 성육신과 사명 뒤에 감춰진 이야기입니다. 예수께서는 인류 역사만큼이나 오래된 종교와 제사와 의식 절차로 가득 찬 세상에 오셨습니다. 이스라엘의 하나님이 제정하신 제사를 포함하여 모든 제사에는 근본적인 문제가 내재해 있습니다. 히브리서는 이 문제를 자세히 서술합니다.

> 율법은 장차 올 좋은 것들의 그림자일 뿐이요, 실체가 아니므로, 해마다 반복해서 드리는 똑같은 희생제사로써는 하나님께로 나오는 사람들을 완전하게 할 수 없습니다. 만일 완전하게 할 수 있었더라면, 제사를 드리는 사람들이 한 번 깨끗하여진 뒤에는, 더 이상 죄의식을 가지지 않을 것이고, 따라서 제사 드리는 일을 중단하지 않았겠습니까? 그러나 제사에는 해마다 죄를 회상시키는 효력은 있습니다. 황소와 염소의 피가 죄를 없애 줄 수는 없습니다(히 10:1-4).

옛 언약 아래서는 반복해서 희생 제물을 바쳐야 했기에 제사는 죄가 계속 존재한다는 사실을 매일 떠올리게 하는 역할을 했습니다. 인류는 살아오는 내내 세계 곳곳에서 신들에게 온갖 종류의 제사를 지냈습니다. 바다에 꽃을 던지기도 하고 동물의 피를 바치기도 하고 인간의 몸을 제물로 바치기도 했지요. 살아오는 내내 인간은 세계 곳곳에서 무언가 그릇된 일을 저질렀다, 무언가를 빠뜨렸다, 누군가가 더 많은 보상 또는 위무(慰撫) 또는 속죄 제물을 원한다고 느껴 왔습니다. 그래서 지난 주에도, 이번 주에도, 다음 주에도 다시 제물을 바쳐야 했습니다. 과연 어떤 희생 제물이 '최종적으로' 죄를 없애는 효과가 있겠습니까?

이틀 뒤, 성금요일에 여러분은 하나님의 명령에 따라 아들 이삭을 제물로 바치는 아브라함의 이야기(창 22:1-19)를 읽게 될 겁니다. 십자가에 달리신 예수를 기념하는 날에는 오래전부터 이 이야기를 읽어 왔습니다. 아버지와 아들이 함께 길을 나섭니다. 어떤 생각들이 아브라함을 괴롭히는지 오직 하나님만 아셨습니다. 아무것도 모르는 아들은 묻습니다. "아버지! 불과 장작은 여기에 있습니다마는, 번제로 바칠 어린양은 어디에 있습니까?" 괴로워하던 아브라함은 대답합니다. "애야, 번제로 바칠 어린양은 하나님이 손수 마련하여 주실 것이다." 사랑하는 아들을 진정시키려고 고심 끝에 조심스럽게 지어낸 말이었습니다. 그렇게 말하면서도 그 말의 진짜 의미는 알지 못했습니다. 그러나 이제 우리는 그 말이 무슨 뜻인지 알지요.

하나님은 예수 그리스도라는 희생 제물을 마련하셨습니다. 그분은 우리 자리에 서기 위해 신적 지위를 버리고 이 세상에 오셨습니다. 무방비 상태로 죄의 저주를 받으셨습니다. 그분의 죄가 아니라 우리의 죄인데 말입니다. 그분은 세상이 시작된 순간부터 자신을 위해 마련된 곳으로 걸어가셨습니다. 직접 죄를 짊어지고 없애기 위해 하나님이 예수 안에서 행하고 계시기 때문입니다. 이삭과 달리 하나님의 아들은 다 알고 계셨습니다. 성자 하나님은 성부 하나님과 같은 뜻을 품고 행동하고 계십니다. 그분은 요한계시록에 나오는 정복하는 어린양으로서 죄를 무찌르고 몰아내고 뿌리 뽑으십니다. 또한, 유월절 어린양으로서 우리와 사망 사이에 서 계십니다.[34] 그리고 그분은 희생양으로서 죄를 단번에 영원히 씻어 낼 최종적인 제물로 피를 쏟으셨습니다. 단번에 영원히. 헬라어로는 에파팍스*ephapax*라고 합니다. 히브리서에는 이 단어가 네 번이나 나옵니다.[35] 캔터베리 대주교이자 종교 개혁가 토머스 크랜머는 그리스도 스스로 제물이 되신 이 제사의 순전하고 온전하며 최종적인 효력을 강조했습니다. "그분은 단 한 번 자신을 제물로 바치셨고, 그것은 완전하고 완벽하고 흡족한 희생 제물이었다"라고 말입니다.

그는 다른 대제사장들처럼 날마다 먼저 자기 죄를 위하여 희생제물을 드리고, 그 다음에 백성을 위하여 희생제물을 드릴 필요가 없습니다. 그는 자기 자신을 바치셔서 단 한 번에 이 일을 이루셨기 때문입니다(히 7:27).

그리스도께서는 참 성소의 모형에 지나지 않는, 손으로 만든 성소에 들어가신 것이 아니라, 바로 하늘 성소 그 자체에 들어가셨습니다. 이제 그는 우리를 위하여 하나님 앞에 나타나셨습니다. 대제사장은 해마다 짐승의 피를 가지고 성소에 들어가지만, 그리스도께서는 그 몸을 여러 번 바치실 필요가 없습니다. 그리스도께서 그 몸을 여러 번 바치셔야 하였다면, 그는 창세 이래로 여러 번 고난을 받아야 하셨을 것입니다. 그러나 이제 그는 자기를 희생 제물로 드려서 죄를 없이하시기 위하여 시대의 종말에 단 한 번 나타나셨습니다(히 9:24-26).

사람들은 이 사건이 실제로 어떤 효력이 있는지 의아해합니다. 2천 년 전에 누군가가 죽은 사건이 오늘날의 죄·사망과 무슨 상관이 있느냐고 따져 묻습니다. 여전히 **죄**는 조금도 수그러들지 않고 저리도 위세가 당당한데 무슨 소리냐고 비웃습니다. 이럴 때일수록 교회는 먼저 책임감 있는 태도를 보여야 합니다. 성직자들의 성적 타락부터 교회 차원의 노골적인 소수자 차별, 뻔뻔하다 못해 병적이기까지 한 집단 우월감과 파벌 싸움, 대량 학살 교사 혐의를 받는 신부들과 수녀들까지 교회는 자신의 행위를 돌아봐야 합니다.[36] 물론, 그리스도가 자기 몸으로 치른 희생 제사의 효력을 그리스도인의 행실로 증명할 수는 없습니다. 창조주 하나님은 앞으로 우리에게 완전히 새롭게 재창조된 세상을 주시겠다고 약속하셨습니다. 그 약속을 굳게 붙잡는 믿음을 통해서만 예수가 하나님의 어린양이라는 사실을 받아들일 수 있습니다. 계속 활개를 치는 악에 관해 묻는 이에게 만족할 만한 답을 줄 수는 없습니다. 하나님은 우리에게 정답을 주지 않으셨습니다. 대신에 하나님의 아들을 주셨습니다. "보시오, 하나님의 어린양입니다."[37] 여기서 '보시오'라는 말은 단순히 눈으로 보라는 뜻이 아닙니다. 계시의 성격이 강한 이 말은 '보고 믿으라'는 뜻입니다. 매클래런의 말이 다시금 떠오릅니다. "우리가 지금 여기 모인 이유는 딱 한 가지뿐입니다. 세상 죄를 지고 가는 하나님의 어린양을 보라고 간청하기 위해서입니다."

　설교자들은 설교를 위해 기도를 많이 합니다. 훌륭한 설교를 하게 해 달라고 기도하는 게 아닙니다. 설교를 통해 예수 그리스도가 분명히 드러나게 해 달라고 기도합니다. 예배가 끝나고 교회 문을 나서는 교인들에게 설교 좋았다고 칭찬을 듣는 게 핵심이 아닙니다. 그리스도가 바로 나를 위해 죽었음을 회중 한 사람 한 사람이 보고 믿는 게 설교의 핵심입니다. 고난주간에 모여 설교를 듣는 여러분에게 가닿는 건 설교자가 아닙니다. 예수 그리스도 안에서 여러분에게 가닿는 건 하나님의 말씀입니다. 그리스도가 자신을 희생 제물로 바치면서 없애신 건 다른 사람의 죄가 아니라 바로 우리의 죄입니다. '어린양의 피로 씻음을 받은' 자는 다른 사람이 아니라 바로 우리입니다. 하나님은 자신의 어린양을 대속물로 준비하셔서 이삭처럼 죽음을 코앞에 둔 우리를 구하셨습니다. 오늘 밤, 여러분은 하나님이 어떻게 속죄 제물이 되셨는지, 그리하여 우리가 어떻게 그리스도 안에서 새 생명과 새 의(義)를 얻었는지 들었습니다. 하나님의 어린양을 보고 믿으십시오.

제3부

세족 목요일

종의 모습을 취하시고

하나님은 원수를 갚으시는 하나님이시다. 그분은 자기 뜻대로 행하시며, 벌 받을 자에게 벌을 면해 주기도 하신다. 그렇다면 자기에게도 벌을 면해 주실까? 그러지 않으실 것이다. … 하나님은 그러지 않으실 것이다. 아니, 그러지 못하실 것이다. 그리스도의 죽음은 무엇과도 비교할 수 없을 만큼 자유롭고 자발적이고 마음에서 우러난 행위였다. 사실이다. 그리스도는 스스로 죽으셨다. 그러나 성부와 성자 사이에 맺은 언약을 고려할 때, 그 죽음은 불가피한 죽음이었다. 그리스도는 그 모든 일을 감당하셔야만 했다. 그렇다면 이 일은 언제 시작된 걸까? 이 의무, 피할 수 없는 이 일은 대체 언제 시작된 걸까? 단언하건대, 그리스도가 이 모든 걸 감당하셔야 한다는 결정은 영원 전에 이루어졌다. 그렇다면 그전에는 무엇이 있었을까? 무한한 사랑, 영원한 사랑이 있었다. 기쁜 마음으로 그 사랑을 따라가자. _존 던

세족 목요일 설교에 관하여

3부는 세족 목요일을 생각하고 쓴 세 편의 설교로 구성되어 있다. 목요일 예배 때는 말씀을 듣고 성찬식을 행한다. 세족식은 할 때도 있고 안 할 때도 있는데, 마지막에는 웅장한 '테네브리 Tenebrae'를 함께 부르고 마치는 게 관례다. 아름다운 장식을 모두 치우고, 조명도 끄고, 회중은 어둠과 침묵 속에 잠긴다. '세족 목요일 Maundy Thursday'이라는 기발한 이름은 최후의 만찬 때 하신 예수의 말씀에서 나왔다. "이제 나는 너희에게 새 계명을 준다. 서로 사랑하여라. 내가 너희를 사랑한 것 같이, 너희도 서로 사랑하여라"(요 13:31). '새 계명'은 라틴어로 '만다툼 노붐 mandatum novum'이다. 목요일 밤 예배 때 부르는 성가의 첫 소절이기도 하다. 세족식을 뜻하는 영어 단어 'maundy'는 'mandatum'에서 유래한 중세 영어다.

주님, 내 발뿐만이 아니라

지금이 주일 저녁이 아니라 평일 저녁이라는 사실을 고려하면 많은 성도가 나오신 셈이지만, 종려주일이나 부활주일 예배와 비교하면 적은 편이네요. 괜찮습니다. 최초의 세족 목요일 예배 때도 그리 많은 회중이 모였던 건 아니니까요. 아마, 오늘 밤보다 더 좋은 밤은 없을 겁니다. 여러분 한 사람 한 사람이 예수께서 사랑하시던 제자들이라고 생각해 보십시오. 여러분은 그냥 초대를 받아 온 게 아니라, 이끌려 나왔습니다. 예수께서 원하셔서 여러분 한 사람 한 사람의 손을 잡고 이곳으로 이끄셨습니다. "너희가 나를 택한 것이 아니라, 내가 너희를 택하여 세운 것이다"(요 15:16)라고 예수께서는 분명하게 말씀하셨습니다. 의무감으로, 또는 습관적으로, 또는 호기심으로 오늘 이 자리에 나왔다고 얼핏 생각할 수 있습니다. 그러나 진짜 이유는 따로 있습니다. 여러분이 오늘 여기 오신 진짜 이유는 예수께서 여러분을 이끄셨기 때문입니다. 직접 마련하고 차리신 저녁을 같이 먹자고, 함께 음식을 먹고 포도주를 마시자고 예수께서 우리를 이끄셨기 때문입니다. 젊은이들이 세족 목요일 예배에 참석한 모습을 보니, 특별히 더 마음이 훈훈합니다. 지금 이곳에 계신 우리 주 예수 그리스도께서 여러분 한 사람 한 사람을 반갑게 맞이하십니다. 예수께서는 약속하신 대로 성령의 능력으로 살아 계시며 지금 이 자리에 우리와 함께 계십니다. 최후의 만찬 때 제자들을 다락방에 불러 모으셨듯, 오늘 밤 예수께서는 우리를 식탁에 불러 모으십니다. 이는 우리가 하나님나라에서 그분과 한 식탁에 둘러앉을 그 순간을 미리 맛보는 일입니다.

그러나 알다시피 우리가 사는 세상에서 만찬 모임이 열리면 생각해야 할 문제가 한둘이 아닙니다. 누가 누구 옆에 앉을 것인가? 열두 살짜리는 어른들 식탁에 앉아야 하나, 아이들 식탁에 앉아야 하나? 만찬 장소가 식당이라면, 누가 좋은 자리에 앉고 누가 주방 근처에 앉아야 하나? 만찬 모임이 아주 큰 행사라면, A급 명단이 있고 B급 명단이 있을 겁니다. 사람들이 모이는 만찬 자리에는 늘 이렇게 경쟁이 끼어들게 마련입니다. 예수의 제자들도 다르지 않았습니다. 복음서에 따르면, 제자들 가운데 두 명이 은밀히 다가와 한 명은 예수의 오른편에, 한 명은 예수의 왼편에 앉게 해 달라고 예수께 청했다고 합니다. 그 둘은 영광스러운 자리에 앉으려고 나머지 열 명과 경쟁하고 있었던 겁니다.

물론, 다른 사람들보다 지위와 특권에 특별히 더 신경 쓰는 이들이 있지요. 하지만 식탁에서 어느 자리에 앉게 될지, 눈곱만큼도 조바심하지 않는 사람은 아무도 없습니다. 이렇듯 마음이 편치 않은 까닭에 관련 규정을 만들기까지 합니다. 어떻게 하면 좋은 자리를 확보할 수 있을까요? 돈을 조금 더 내거나, 미리 와서 기다리거나, 이런저런 위원회에서 봉사 활동을 하면 좋은 자리를 얻을 수 있을지 모릅니다. 가끔은 외모나 고급스러운 옷차림이 기준이 되기도 하고, 더러는 권력층 어디까지 인맥이 닿는지가 기준이 되기도 합니다. 최근에 대통령 사면권을 둘러싸고 벌어진 소동 가운데서 비슷한 이야기를 들으셨을 겁니다. 권력의 핵심에 줄을 댄 사람들이 사면을 얻었지요.[1)]

기독교 공동체에서는 이런 식으로 등수를 매기지 않으려고 예민하게 신경을 쓰지만, 뜻대로 되지 않을 때가 많습니다. 그게 본래 인간의 본성이니까요. 제가 섬기던 뉴욕시 교구에는 수많은 서열이 있었습니다. 기도 모임에 소속된 사람과 그렇지 않은 사람, 헌혈에 참여한 사람과 그렇지 않은 사람, 사교성이 뛰어난 사람과 그렇지 않은 사람. 세족 목요일에 처음으로 세족식을 했던 때가 생각납니다. 소란이 조금 있었습니다. 세족식을 좋아하는 이들도 있었지만, 전혀 좋아하지 않는 이들도 있었지요. 어떤 이들은 곧장 나와서 자원했지만, 어떤 이들은 하기 싫어했습니다. 아주 재미있는 장면이 연출되었죠. 사람들은 많이 초조해했습니다. 세족식을 원치 않는 사람들은 특히 더 심했죠. 그런 일을 하면 혹여 열등 시민처럼 보이지는 않을까 걱정했습니다. 성공회에서 예배 의식에 '평화의 인사'를 처음 도입할 때도 비슷한 소동이 있었습니다. 아마도 여러분은 이미 잊으셨겠지요. 상당수의 사람이 그 의식을 아주 싫어했습니다. 평화 대신에 전쟁이 벌어질까 염려될 정도였지요. '평화의 인사'를 나누길 좋아하는 사람들은 자기가 의롭다고 느꼈고, 개중에는 볼썽사납게 자기만족에 푹 빠진 이들도 많았습니다. 한편, '평화의 인사'를 좋아하지 않는 사람들은 다른 이들이 자기를 '하위 그리스도인'으로 여긴다고 생각했습니다. 마땅히 있어야 할 감정이 없고, 자의식이 강하고, 융통성이 없고, 고루한 사람 말입니다.

개중에는 얄팍한 문제도 있고, 신학적인 문제도 있습니다. 궁극적으로 진짜 문제는 하나님이 보시는 가치의 문제입니다. 버지니아주 리치먼드시에서 살 때 중증 장애가 있는 사람들의 가정을 찾아가 봉사하

프라 안젤리코, 〈최후의 만찬〉

이 잔잔한 그림은 마지막 만찬의 분위기를 재현하려고 애쓰지 않는다. 그보다는 그림을 보는 사람들, 즉 '잡히시던 밤에' 제자들에게 빵을 나누어 주실 때처럼 주님이 신자들에게 직접 빵을 건네신다는 사실을 이해하는 사람들 마음에 경외심과 헌신을 불러일으키려 애쓴다.

곤 했습니다. 당시 저는 젊은 새댁이었죠. 일주일에 한 번씩 집을 방문했습니다. 제가 찾아가는 이들 중에는 발에 심각한 장애가 있는 여성이 있었습니다. 집에 찾아갈 때면 발을 씻어 주었습니다. 거부감은 전혀 없었습니다. 그녀는 발이 아주 깨끗했고, 발을 씻어 주면 안심하는 듯했습니다. 그런데 남편 회사가 다른 지역으로 옮기게 되었고, 그 뒤로는 누군가의 발을 씻어 줄 기회가 없었습니다. 이것은 가치의 문제를 제기합니다. 저기 저 하늘에서 제 이름을 부를 때, 몇십 년 전에 발을 씻어 준 공로가 있으니 점수를 좀 딸 수 있을까요? 아니면, 발을 씻길 다른 이를 더 찾아보는 게 좋을까요? 얼마나 더러운 발을 씻어 줘야 점수를 얻을 수 있을까요? 이런 질문이 우리를 혼란스럽게 할 수 있습니다.

    이런 문제 때문에 어떤 이들에게는 세족 이야기가 늘 나쁜 소식만 같습니다. 예수께서는 제자들에게 말씀하십니다. "주이며 선생인 내가 너희의 발을 씻겨 주었으니, 너희도 서로 남의 발을 씻겨 주어야 한다. 내가 너희에게 한 것과 같이, 너희도 이렇게 하라고, 내가 본을 보여 준 것이다"(요 13:14-15). 이 말씀을 읽고 깜짝 놀랐습니다. 물론, 말 그대로 밖에 나가서 누군가의 발을 씻어 주라는 뜻이 아니라, 다른 이들을 위해 내키지 않고 힘든 일을 하라는 뜻이라는 걸 잘 알고 있습니다. 그런 일 중 몇 가지나 해야 할까요? 얼마 동안 계속해야 할까요? 아픈 사람 대신 약을 처방받아다 주는 일도 발을 씻어 주는 일로 칠 수 있을까요? 아니면 더 지저분한 일을 해야 하는 걸까요? 발을 씻어 주라는 이야기를 들으면 마음이 무거워집니다. 그래서 그냥 못 들은 척하고 싶습니다.

    그런데 놀라운 소식이 있습니다. 수 세기에 걸쳐 성경 해석자들은 세족 이야기가 예수의 죽음을 어떻게 해석해야 하는지를 알려 주는 메시지라는 데 만장일치로 동의했습니다. 잡수시던 자리에서 일어나 수건을 가져다 허리에 두르고 제자들의 발치에 무릎을 꿇으셨을 때, 주님께서 그 일을 하신 이유는 자기가 죽는 게 어떤 의미인지 제자들에게 가르치기 위해서였다는 겁니다. 제자들의 발을 다 씻긴 뒤 식탁에 다시 앉으신 주님은 이렇게 말씀하셨습니다. "내가 너희에게 한 것과 같이, 너희도 이렇게 하라고, 내가 본을 보여 준 것이다"(요 13:15). 이 말씀을 뒤로 밀어 둘 생각은 없습니다. 하지만 성경 해석자들은 하나같이 이 말씀이 예수의 행동이 의미하는 원뜻이 아니라 부차적인 뜻에 불과하다고 말합니다. 하나님의 아들이 우리의 죄를 깨끗하게 씻기기 위해 하늘 보좌에서 허리를 굽히는 것이 이 행동의 원뜻이라고 말입니다. 만유의 주인이신 주님이 죄에 오염된 우리를 정결하게 하시려고 극도의 굴욕을 감당하려 하신다. 이게 주님이 행동으로 전하려 한 첫 번째 메시지라는 말입니다. 태초에 하나님과 함께 계셨던 '말씀'은 육신이 되어 우리 가운데 사셨고 은혜와 진리가 충만할 뿐 아니라(요 13:1), 십자가에서 죽기까지 우리를 사랑하시고 섬기신다는 뜻이라고 합니다. 그래서 사도 요한은 "유월절 전에 예수께서는, 자기가 이 세상을 떠나서 아버지께로 가야 할 때가 된 것을 아시고"(요 13:1)라는 말로 이 이야기를 시작합니다. 이로써 요한은 본격적으로 이야기를 시작하기 전에 이 이야기를 어떤 문맥에서 이해해야 하는지를 보여 줍니다.

성경에는 같은 주제를 다르게 표현한 본문이 많습니다. 종려주일에 들은 말씀을 기억하십니까? 사도 바울은 이렇게 말했지요. "그는 하나님의 모습을 지니셨으나, 하나님과 동등함을 당연하게 생각하지 않으시고, 오히려 자기를 비워서 종의 모습을 취하시고, 사람과 같이 되셨습니다. 그는 사람의 모양으로 나타나셔서, 자기를 낮추시고, 죽기까지 순종하셨으니, 곧 십자가에 죽기까지 하셨습니다"(빌 2:6-8). 사도 바울이 이 말을 하면서 반복해서 사용한 단어를 주목할 필요가 있습니다. "그는 하나님의 모습*morphe*을 지니셨으나 … 종의 모습*morphe*을 취하시고." 사도 바울의 말이 극적으로 실행된 현장이 바로 지금 우리가 살펴보는 요한복음 본문입니다. 발을 씻기는 일은 종이 할 일입니다. 예수께서는 종이 되어 종이 하는 일을 하셨습니다. 역시 종려주일에 읽은 누가복음 수난 기사에서는 예수께서 직접 이렇게 말씀하셨습니다. "누가 더 높으냐? 밥상에 앉은 사람이냐, 시중드는 사람이냐? 밥상에 앉은 사람이 아니냐? 그러나 나는 섬기는 사람으로 너희 가운데 있다"(눅 22:27). 주님은 제자들의 발을 씻으시면서 이를 보여 주셨습니다. 그 행동은 자기 죽음의 의미를 설명하는 행동이었습니다.

이제 예수께서 베드로와 나눈 대화를 살펴볼까요? 우리는 베드로를 잘 압니다. 항상 가장 먼저 말하고 가장 먼저 후회하는 사람이지요. "시몬 베드로의 차례가 되었다. 이때에 베드로가 예수께 말하였다. '주님, 주님께서 내 발을 씻기시렵니까?' 예수께서 그에게 대답하셨다. '내가 하는 일을 지금은 네가 알지 못하나, 나중에는 알게 될 것이다'"(요 13:6-7). 이 대화를 통해 우리는 세족 이야기에 섬김의 본을 보인 것 이상의 의미가 있음을 알 수 있습니다. 예수께서 그들에게 한 것처럼 다른 이들에게 똑같이 하라고 제자들에게 본을 보여 준 게 전부라면, 제자들이 예수의 행동을 이해하지 못할 까닭이 없으니까요. 그런데 이 행동의 원뜻은 예수께서 죽었다가 부활한 뒤에야 명확해집니다. 그래서 늘 그렇듯 예수의 말씀을 철저히 오해한 베드로는 "아닙니다. 내 발은 절대로 씻기지 못하십니다"(요 13:8)라고 말합니다. 헬라어 학자들은 이 말이 아주 강한 거절이라고 지적합니다. 예수께서 자기 앞에 무릎을 꿇고 종처럼 발을 씻기려 하자, 베드로는 그러지 말라며 격렬하게 거절했습니다. 아마 우리가 그 자리에 있었대도 그러지 않았을까요? 그런데 예수께서는 이렇게 대꾸하셨습니다. "내가 너를 씻기지 아니하면, 너는 나와 상관이 없다"(요 13:8). 제자들의 발을 씻기신 행동이 상징하는 의미가 좀 더 명확해지는 지점입니다. 세례자 요한이 예수를 보고 했던 말이 생각나지 않나요? "보시오, 세상 죄를 지고 가는 하나님의 어린양입니다"(요 1:29). 베드로는 곧장 실수를 깨닫고 이렇게 말합니다. "주님, 내 발뿐만이 아니라, 손과 머리까지도 씻겨 주십시오."(요 13:9). (한 번도 어중간하게 말하는 법이 없는 사람이죠? 변화산에서는 초막을 셋 짓겠다고 나섰고, 주님과 함께 죽는 한이 있을지라도 절대로 주님을 모른다고 하지 않겠다더니 세 번이나 주님을 모른다고 했습니다. 그리고 오늘은 씻기는 게 어떤 의미인 줄도 모르면서 손과 머리까지 다 씻어 달라고 합니다.) 예수께서는 그런 베드로에게 말씀하십니다. "이미 목욕한 사람은 온몸이 깨끗하니, 발 밖에는 더 씻을 필요가 없다. 너희는 깨끗하다"(요 13:10).[2]

그러므로 예수 안에서 한 가족이 된 형제자매여, 서로서로 섬겨야 한다고 말하기 전에 예수께서 하신 섬김이 무슨 의미인지 좀 더 깊이 이해해야 합니다. 세족은 '하나님의 아들이 겪을 굴욕에 관한 비유'입니다.[3] 발을 씻기는 행위는 다가올 금요일에 피와 물로 씻길 것을 의미합니다.[4] 굴욕당하는 순간 그분의 영광이 드러납니다. 겉옷을 벗으신 행동은 목숨을 내놓을 것을 암시합니다.[5] 이것이 예수께서 이 땅에 사는 동안 제자들에게 하신 마지막 행동이라는 사실을 기억하십시오. 요한은 이것이 예수께서 "세상에 있는 자기의 사람들을 사랑하시되, 끝까지 사랑하"(요 13:1)신 증거라고 말합니다. 세상에 계신 동안 힘을 다해, 능력을 다해, 목숨을 다해 사랑하셨다는 뜻입니다. 그러나 그것으로 끝이 아닙니다. 세상 끝날까지, 시간이 멈출 때까지, 다시 오실 그날까지, 그분은 우리를 끝까지 사랑하십니다.

제자들이 마지막 날 밤에 그랬듯, 오늘 밤 우리는 주님과 식탁에 둘러앉았습니다. 오늘 밤 같은 날은 또 없습니다. 무엇과도 비교할 수 없는 소중한 기회가 우리에게 생겼습니다. 예수께서 우리를 위해 하신 일에 참여하라고 초대를 받았습니다. 우리는 미처 뜻을 헤아리지 못한 베드로처럼 고집을 부릴 수도 있고('누구도 나를 씻길 수 없어. 리더가 내 앞에 무릎을 꿇다니, 말도 안 돼. 그래도 씻어야 한다면, 내 방식대로 할 거야')[6], 주님이 우리를 위해 겸손하게 자기를 내주신 것을 기념하는 성찬식 때처럼 마음을 다해 주님을 받아들일 수도 있습니다. 찬송가 가사를 곰곰이 생각해 봅시다.

> 자신을 희생 제물로 내주신 주님,
> 주가 상함은 우리의 죄악을 인함이요
> 우리의 허물, 우리의 죄악, 우리의 악함 때문이라
> 오 주여, 우리 죄 때문에 왜 주님이 고초를 당해야 하나요?

오늘 밤, 조명이 하나둘 꺼지면, 우리는 주님이 어떻게 우리를 끝까지 사랑하셨는지 떠올리게 될 겁니다. 우리 죄를 자기 몸에 짊어지실 만큼 우리를 사랑하신 주님을 기억하게 될 겁니다. 우리 대신 어둠 속으로 걸어가신 예수 이야기에 빠져들게 될 겁니다. 그리고 예수께서 우리를 해방하고 정결하게 하여 영원한 가족으로 삼으시려고 종의 모습을 취하셨듯, 우리 역시 기꺼운 마음으로 어둠 속에 있는 다른 이들의 삶에 들어가 그들을 섬기게 될 겁니다. 세족 목요일과 성금요일이 와도 여러분은 조금도 두렵지 않을 테지요. 그 안에 세상이 아는 것보다 훨씬 더

디르크 바우츠, 〈주의 만찬〉

벨기에 루뱅에 있는 성베드로성당의 제단 뒤쪽 중앙에 걸린 그림이다. 떡과 포도주를 받으면서 이 그림을 올려다보는 예배자들은 첫 성찬식 때 제자들에게 떡과 포도주를 나누어 주셨듯 그리스도가 지금 자기들과 함께하신다는 사실을 떠올리며 감동할 것이다.

큰 약속이 담겨 있다는 사실을 아니까요. 오늘 밤, 우리 모두에게 세족이 필요합니다. 우리 중에 씻길 필요가 적은 이는 아무도 없습니다. 주님이 차리신 식탁에 둘러앉으면서 A급과 B급을 나누어선 안 됩니다. 하나의 식탁, 하나의 은사, 한 분이신 주님, 하나의 믿음, 하나의 세례가 있을 뿐입니다. 우리를 향한 그분의 사랑, 우리 발을 씻기시는 그분의 섬김, 우리를 정결하게 하셔서 자유롭게 하시는 그분의 은혜, 바로 지금 우리 삶을 새롭게 변화시키시는 그분의 능력에 마음을 닫은 채로 교회 문을 나서지 마십시오.

수치의 밤, 영광의 밤

오늘 밤은 교회력에서 가장 위대한 세 밤 중 하나입니다. 하지만 크리스마스이브나 부활 전야 때만큼 많은 사람이 모이지는 않습니다. 세족 목요일에 교회에 나오려고 힘쓰는 사람들은 대부분 이미 헌신적인 그리스도인이라고 보아도 될 겁니다. 따라서 설교자는 회중의 마음을 열기 위해 애쓸 필요 없이 곧장 본론으로 들어갈 수 있습니다. 목요일 밤보다 더 좋은 밤은 없습니다. 예루살렘에 있는 다락방에서 예수께서 식탁에 앉으셨던 목요일 밤, 그 자리에 함께한 이들은 측근들뿐이었습니다. 오늘 밤 이곳에 모인 여러분이 스스로 예수의 측근이라 여겨도 문제 될 건 없다고 생각합니다. 여러분이 다른 이들보다 더 가치 있는 존재라서가 아니라, 예수께서 뜻하신 바가 있어서 여러분을 이 자리로 이끄셨기 때문입니다. 오늘 밤은 숭고한 사랑의 밤입니다. 바로 이 밤에 하나님의 아들이신 예수께서는 여러분과 저를 위해 자기 목숨을 내놓을 준비가 되었다고 선언하셨습니다. 덕분에 우리는 형제자매가 되었고, 예수께서 우리를 자기 가까이 이끄셨듯 서로서로 가까워졌습니다. 그 어떤 날보다 오늘 밤 우리는 예수의 마음을 더 잘 들여다볼 수 있을 겁니다.

오늘 밤은 가족의 밤입니다. 사도 요한은 이 밤에 예수께서 "이제 나는 너희에게 새 계명을 준다. 서로 사랑하여라. 내가 너희를 사랑한 것 같이, 너희도 서로 사랑하여라"(요 13:34)[7]라고 입양 가족에게 말씀하셨다고 말합니다. 가정이 제대로 굴러가려면 부모가 헌신적인 사랑, 조건 없는 사랑으로 자녀를 사랑해야 합니다. 10대 시절에 읽은 《집에 온 세 사람 Three Came Home》이라는 책이 기억납니다. 몇 년간 일본 포로수용소에 갇혀 있다가 가까스로 살아남은 어머니와 두 자녀의 이야기인데, 아직도 생생하게 떠오르는 건 딱 한 가지입니다. 어머니가 비타민 한 병을 몰래 수용소에 들여옵니다. 병에 든 알약은 몇 개 되지 않았습니다. 어머니는 아이들에게 알약을 하나씩 나누어 줍니다. 그러면서 자기는 한 알도 먹지 않죠. 그 장면이 너무도 인상적이어서 몇십 년이 지난 지금도 기억이 납니다. 이것이 인간 부모의 모습입니다. 그렇다면 하늘에 계신 우리 아버지는 어떠실까요? 성부 하나님은 성자를 통해 우리에게 자기 목숨까지 내주셨습니다.[8] 예수께서는 하나님의 은혜를 얻기 위해 서로 사랑하라고 우리에게 명하신 게 아닙니다. 우리는 이미 하나님의 은혜를 받았습니다. 그분의 사랑은 완전하시기 때문입니다. "내가 너희를 사랑한 것 같이, 너희도 서로 사랑하여라"(요 13:34). 이 구절에서 가장 중요한 요점은 앞부분입니다. 앞부분이 있어서 뒷부분이 가능한 겁니다. "우리가 사랑하는 것은 하나님이 우리를 먼저 사랑하셨기 때문입니다"(요일 4:19). 오늘 밤 탄생하는 새 가족은 부정不貞을 저지르지도, 배신하지도, 사랑이 변하지도 않는 가정입니다. 하늘에 계신 '아버지'와 우리를 몹시 사랑해서 내일 우리 모두에게 줄 비타민을 오늘 밤 준비하고 계신 '형제'와 함께 형제자매를 이룬 가정입니다. "그리스도께서 우리를 위하여 자기 목숨을 버리셨습니다. 이것으로 우리가 사랑을 알게 되었습니다"(요일 3:16)라고 사도 요한은 말합니다.

그 어떤 날보다 오늘 밤 예식은 하나님이 예수의 피로 세우신 새로운 관계에 초점을 맞춥니다. 오늘 밤 여기 모인 모든 사람이 여러분의 형제이고 자매입니다. 기독교 복음은 개인적인 종교 체험이 아니라 그리스도의 피 안에서 탄생한 새로운 공동체를 가리킵니다. 오늘 밤, 인간관계를 이해하는 방식이 완전히 재편됩니다. 오늘 우리가 살펴볼 누가복음에서 주님은 이 점을 아주 구체적으로 묘사하셨습니다. "뭇 민족들의 왕들은 백성들 위에 군림한다"(눅 22:25). 권세를 부리는 자들은 세상이 인정하고 보상하는 방식에 따라 행동합니다. 모두 잘 아는 사실이지요. 세상은 그렇게 굴러갑니다. "그러나 너희는 그렇지 않다. 너희 가운데서 가장 큰 사람은 가장 어린 사람과 같이 되어야 하고, 또 다스리는 사람은 섬기는 사람과 같이 되어야 한다. 누가 더 높으냐? 밥상에 앉은 사람이냐, 시중드는 사람이냐? 밥상에 앉은 사람이 아니냐? 그러나 나는 섬기는 사람으로 너희 가운데 있다"(눅 22:26-27). 이것이 예수께서 하신 말씀입니다. 마가복음에서도 같은 이야기를 하는데, 뒤에 설명을 덧붙입니다. 2천 년 동안 우리의 시선을 사로잡은 신비로운 계시의 말씀을 하십니다. "그러나 너희끼리는 그렇게 해서는 안 된다. 너희 가운데서 누구든지 위대하게 되고자 하는 사람은 너희를 섬기는 사람이 되어야 하고, 너희 가운데서 누구든지 으뜸이 되고자 하는 사람은 모든 사람의 종이 되어야 한다. 인자는 섬김을 받으러 온 것이 아니라 섬기러 왔으며, 많은 사람을 구원하기 위하여 치를 몸값으로 자기 목숨을 내주러 왔다"(막 10:43-45).

"많은 사람을 구원하기 위하여 치를 몸값으로 자기 목숨을 내주러 왔다."[9] 무슨 뜻일까요? '많은'이라는 말을 '전부는 아니고 그보다 적은'의 뜻으로 오해하지 마십시오. '많은'이라는 말은 '적지 않다'는 뜻입니다. 예수의 제자는 수가 적지만, 예수의 피로 구원을 얻는 이들은 많으리라, 아주 많으리라는 뜻입니다. 예수께서 몸값을 치른 이들 속에는 2천 년 전 목요일 밤에 그곳에 없었던 이들도 포함됩니다. 오늘 밤 여기 모인 우리도 포함됩니다. 예수께서 몸값을 치른 이들 속에 여러분과 저도 포함됩니다. 그것을 어떻게 알 수 있을까요? 오늘 우리는 그분의 몸과 피, 즉 우리에게 주어진 영원한 생명의 보증인 성찬에 참여할 터이기 때문입니다. "이 잔은 너희를 위하여 흘리는 내 피로 세우는 새 언약이다"(눅 22:20). 예수께서는 그날 밤 이렇게 말씀하시며 제자들에게 잔을 건네셨고, 오늘 밤 우리에게도 잔을 건네십니다.

이제 최후의 만찬 직후에 일어난 일로 시선을 돌려 볼까요? 누가복음에 따르면, 예수는 '늘 하시던 대로' 올리브산으로 가셨고 제자들도 따라갔습니다. 아마도 두려움과 불길한 예감에 휩싸인 채 터벅터벅 예수를 따라갔겠지요. 올리브산에 도착한 주님은 제자들에게 기다리면서 기도하라고 당부하시고 그들과 조금 떨어진 곳으로 향하셨습니다. 누가복음 22장 41-44절 말씀입니다.

> 그들과 헤어져서, 돌을 던져서 닿을 만한 거리에 가서, 무릎을 꿇고 이렇게 기도하셨다. "아버지, 만일 아버지의 뜻이면, 내게서 이 잔을 거두어 주십시오. 그러나 내 뜻대로 되게 하지 마시고, 아버지의 뜻대로 되게 하여 주십시오." [그때에 천사가 하늘로부터 그에게 나타나서, 힘을 북돋우어 드렸다. 예수께서 고뇌에 차서, 더욱 간절히 기도하시니, 땀이 핏방울같이 되어서 땅에 떨어졌다.][10]

다니엘 크레스피, 〈최후의 만찬〉

이 작품은 만찬 자리에서 홀로 고립된 예수의 모습을 잘 나타낸다. 제자들은 당혹감 속에 서로 얼굴을 바라보면서 자신의 안위를 생각하느라 여념이 없다. ('주님이 말씀하신 사람이 설마 나?') 심지어 예수께 머리를 기댄 사랑하는 제자마저도 멍해 보인다. 자신에게 닥칠 운명을 생각하며 안으로 침잠하는 예수의 표정도 전혀 알아채지 못한다. 이 작품에서 특히 시선을 끄는 얼굴이 둘 있다. 자기 앞에 놓인 일을 생각하는 예수의 얼굴, 자신의 의중을 확인해 주기라도 하듯이 관람객을 직시하는 유다의 얼굴. 그림 상단 두루마리에는 "사람이 천사의 음식을 먹었다"(시 78:25)라는 성경 구절이 적혀 있다.

왜 예수께서는 죽기 전에 이토록 괴로워하고 고통스러워하셨을까요?[11] 마태복음, 마가복음, 누가복음, 히브리서 모두 예수께서 견디신 괴로움을 증언합니다. 〈필립스 성경J. B. Phillips〉은 예수께서 "두려움에 사로잡히셨고 몹시도 우울해하셨다"라고 번역합니다. 히브리서는 "예수께서 육신으로 세상에 계실 때에, 자기를 죽음에서 구원하실 수 있는 분께 큰 부르짖음과 많은 눈물로써 기도와 탄원을 올리셨습니다. 하나님께서는 예수의 경외심을 보시어서, 그 간구를 들어주셨습니다. 그는 아드님이시지만, 고난을 당하심으로써 순종을 배우셨습니다"(히 5:7-8)라고 기록하고 있습니다. 예수께서 이처럼 괴로워하신 이유가 뭐라고 생각하십니까? 죽는 게 두려워서 그랬던 건 아닙니다. 많은 사람, 심지어 야비한 범죄자들도 겁 없이 태연하게 죽음을 맞이합니다. 신약 성경 저자들이 괴로워하시던 예수에 관한 기억을 그대로 보존한 이유는 뭘까요? 생략할 수도 있었을 텐데, 생략하기는커녕 특별히 강조하기까지 하는 이유가 뭘까요?

어제 아침, 성경 공부 모임에서 이 문제를 놓고 서로 의견을 나누었습니다. 훌륭한 통찰을 보여 준 이들도 있었습니다. 어떤 사람은 이렇게 말했습니다. "우리가 심판대 앞에 설 때, 우리에게는 주님이 계십니다. 그러나 주님에게는 아무도 없었습니다." 그분을 구해 줄 이가 아무도 없었다는 말입니다. 또 어떤 사람은 예수께서 그 누구보다 큰 것을 포기하셨기 때문이라고 했습니다. 예수는 우리 가운데 오시기 위해 신성을 포기하셨습니다. 자신의 신적 특권과 능력을 포기하셨습니다. 사도 바울의 말대로 "그는 하나님의 모습을 지니셨으나, … 오히려 자기를 비워서 종의 모습을 취하"(빌 2:6-7)셨습니다. 또 어떤 사람은 예수가 그렇게 죽으면 그분이 성공리에 행하셨던 사역이 아무것도 아닌 게 되기 때문이라고 했습니다. 자연스럽게 십자가형의 본질로 논제가 바뀌었습니다. 우리 중 대다수는 십자가형이라는 처형 방식에 관해 잘 모릅니다. 여기에 관해서는 내일 성금요일 낮 예배에서 자세히 살펴볼 겁니다. 지금은 십자가형이 모멸감을 주기 위해 고안된 처형 방식이라는 점만 기억하면 됩니다. 십자가에 달린 사람이 창피를 당하도록 처형은 공공장소에서 이뤄집니다. 모두가 그를 모욕하고 멸시하는 일에 가담하는 겁니다. 이것이 십자가형의 목적입니다. 창피와 굴욕감을 안겨 주고 결국에는 '비인간화'하는 겁니다. 이 얼마나 아이러니합니까! 예수께서는 유일하게 진실로 완벽한 인간이셨으나, 십자가형은 오가는 사람들에게 십자가에 달린 이 자는 '인간도 아니다'라고 선언하고자 고안된 처형 방식이니 말입니다. 십자가형은 인간의 마음속에 도사리는 최악의 잔인성을 보여 줍니다. 하나님의 아들은 바로 이런 십자가에 달려 죽었습니다. 제자들 처지에서 보면, 십자가형은 예수의 가르침을 모조리 말살하는 것을 의미했습니다. 그동안 예수와 쌓은 추억을 깡그리 없애는 것과 같았습니다. 아무리 강조해도 지나치지 않는 사실은 그 길이 종교적 인물이 걸어갈 법한 길은 아니라는 점입니다. 십자가형은 의식을 드높이는 계몽의 길도 아니고, 따뜻하게 감싸는 영靈을 고요히 따르는 행위도 아니고, 환한 빛에 둘러싸여 더 높은 경지로 나아가는 행위도 아닙니다. 십자가형은 피, 침, 조롱, 배설물, 극한의 수모로 점철된 이루 말할 수 없는 시련입니다. 이제 다시 원래의 질문으로 돌아갈까요? 겟세마네에서 예수는 왜 그렇게 괴로워했을까요?[12]

이 질문에 완벽한 답을 제시하기는 쉽지 않습니다. 신학자들도 의견이 분분한데, 어제 성경 공부 모임에서 핵심에 근접한 의견이 나왔습니다. 죄가 하나님과 우리 사이를 갈라놓았다는 사실에 비추어 볼 때,

예수께서는 겟세마네에서 기도하고 괴로워하시며 성부 하나님과 갈라질 준비를 하고 계셨던 거라고 말입니다. 십자가형의 신비를 다 이해할 수는 없지만, 신약 성경은 예수께서 십자가에 처형되신 이유가 죄 때문이라고 반복적으로 증언합니다. 무시무시한 십자가형은 인간이 지은 죄가 그만큼 추악하다는 사실을 의미합니다.

죄는 아주 케케묵은 주제입니다. 교회에서도 죄에 관해 이야기하거나, 심지어 '죄'라는 단어를 언급하는 것조차 피하려고 안간힘을 쓰는 듯 보입니다. 죄를 언급해야 할 때조차도 최대한 가볍게 넘기고 좀 더 유쾌한 이야기로 넘어갑니다. 그러나 세족 목요일 밤에 모인 여러분은 이 주제를 다룰 준비가 돼 있다고 생각합니다. 하나님을 알지 못하는 자들에게는 **죄**라는 개념이 아무 의미가 없습니다. 아브라함과 이삭과 야곱의 하나님, 우리 주 예수 그리스도의 아버지이신 성부 하나님의 거룩하심과 의로우심을 빼놓고는 죄를 정의할 수 없습니다. 일반적인 불순종과 반항, 불량 행동이 죄가 아닙니다. 우리와 언약을 맺으신 거룩하고 의로우신 하나님이 불순종이라, 반항이라, 불량하다 보시는 행동이 죄입니다. 따라서 죄를 안다는 건 이미 은혜 안에 있다는 겁니다.

어떤 사람이 하나님 보시기에 자기가 죄인이라는 사실을 안다는 건 이미 그가 은혜 안에 있다는 뜻입니다. 예순 살이 넘은 교인들은 조금 이상하기는 해도 '총고해總告解'를 하고 스스로 '비참한 죄인'이라 칭할 때가 얼마나 좋았는지 기억할 겁니다. "죄를 고백하는 게 정말 좋아"라고 힘주어 말하는 친구가 있습니다. 하나님을 알고, 또 예수 그리스도 안에 있는 하나님의 선물을 알기 때문입니다. 재의 수요일에 읽는 시편 51편을 살펴볼까요? "나의 반역을 내가 잘 알고 있으며, 내가 지은 죄가 언제나 나를 고발합니다. 주님께만, 오직 주님께만, 나는 죄를 지었습니다. 주님의 눈 앞에서, 내가 악한 짓을 저질렀으니, 주님의 판결은 옳으시며 주님의 심판은 정당합니다"(시 51:3-4). 다윗이 하나님을 알았듯, 진실로 하나님을 아는 사람만이 이렇게 말할 수 있습니다.[13]

"주님의 판결은 옳으시며 주님의 심판은 정당합니다." 이 구절에 관해서는 내일 더 살펴볼 계획입니다. 오늘 밤 우리가 궁금해한 질문은 '예수는 왜 겟세마네에서 무릎을 꿇고 땀이 핏방울같이 되어서 땅에 떨어지도록 아버지 하나님에게 애원했는가?' 하는 것이었습니다. 이제 답을 말해 볼까요? 예수께서는 자기에게 내려질 '죄에 대한 하나님의 판결'을 받을 준비를 하고 있었기 때문입니다. 로마서 8장 3절에서 사도 바울은 이렇게 말합니다. "하나님께서는 자기의 아들을 죄된 육신을 지닌 모습으로 보내셔서, 죄를 없애시려고 그 육신에다 죄의 선고를 내리셨습니다." 그 육신에다 죄의 선고를 내리셨다, 라는 말이 무슨 뜻인지 다 이해할 수는 없지만, 겟세마네에서 괴로워하실 때 우리 주님이 육신으로 맞닥뜨린 일과 관련이 있는 것만은 분명합니다. 예수께서 그토록 괴로워하신 이유는 단순히 십자가형이 눈앞에 다가온 게 끔찍해서 그런 게 아닙니다. 그것과는 비교할 수조차 없을 정도로 더 끔찍한 일, 바로 성부 하나님과 갈라질 일이 끔찍해서 그런 겁니다. 하나님의 아들인 예수는 자기 육신에다 죄에 대한 하나님의 선고를 받으시고, 그렇게 함으로써 우리에게 내려질 하나님의 선고를 거두셨습니다. "그러므로 그리스도 예수 안에 있는 사람들은 정죄를 받지 않습니다"(롬 8:1).[14]

오늘 밤 우리는 그리스도의 희생 제사를 통해 새사람이 되어 한자리에 모였습니다. 하나님은 예수의 육신에 죄에 대한 선고를 내리셨고, 그리하여 우리는 자유인이 되었습니다. 이제 우리가 드릴 것은 '감사'뿐입니다. 그리스도인이 하는 모든 행동 뒤에는 감사가 있습니다. 감사는 개개인에게 동기를 부여합니다. 예수께서 겪으신 고난주간을 생각하면 감사가 우러납니다. 우리가 닿을 수도 없고 인간의 고통에 동요되지도 않는 빛의 영역으로 날아오르지 않으시고, 버림받은 심정으로 땅에 무릎을 꿇고, 흐느끼고, 핏방울 같은 땀을 뚝뚝 흘리고, 아버지에게 애원하며, 무방비 상태로 **죄**와 **사망**을 만나기 위해 준비하셨던 주님, 여러분과 저의 **원수**를 맞아 가장 중요한 전투를 치르려고 마음을 다잡으셨던 주님을 생각하면 마음속에서 감사가 솟아납니다. 우리 자신의 영적 투쟁으로는 죄와 사망에서 해방될 수 없습니다. 승리는 선물입니다. 하나님의 독생자이신 예수 그리스도가 고난과 죽음을 통해 우리에게 거저 주신 선물입니다.[15]

이 예배는 주님이 우리를 위해 행하신 일에 감사하는 예배입니다. 이제 찬송을 함께 부를까요? 가사를 잘 음미하시길 바랍니다. 예수께서 우리를 위해 행하신 일, 우리가 예수께 돌려 드려야 할 말이 담겨 있습니다. 기도와도 같은 후렴구 가사는 이렇습니다. "주 날 위해 자신 주셨으니, 이제 주께 나를 드리네." 어떻게 나를 주께 드릴지 염려하지 마십시오. 때가 되면 주께서 알려 주실 테니까요. 오늘 밤, 가장 중요한 건 예수께 집중하는 겁니다. 예수께, 예수의 '한결같은 사랑'에, 예수가 주신 최상의 선물에, 우리를 위해, 우리의 구원을 위해 예수께서 완수하신 일에 집중합시다. 이 찬송을 부르면 우리가 서로 얼마나 가까운 사이인지 알게 될 겁니다. 한 사람 한 사람이 고독하게 부르는 찬송이 아니라 가족 전체가 함께 부르는 찬송이기 때문입니다. 예수께서 우리를 이곳에 함께 이끄셨으니, 이제는 전과 같을 수 없습니다. 예수께서 우리에게 주신 사랑을 바로 나타내는 길은 우리가 서로 사랑하는 겁니다.

주의 피 자비 가운데 흐르고
주의 은혜로운 몸 자비 가운데 찢기니
오, 은혜로우신 주여,
한없는 주의 사랑 내게 나타나게 하소서
주 날 위해 자신 주셨으니
이제 주께 나를 드리네

주가 죽으사 내가 사나니
복되신 주, 나를 구원하러 오셨네
예수, 모든 슬픔 홀로 감당하시며
줄 수 있는 하나님의 사랑 모두 주셨네
주 날 위해 자신 주셨으니
이제 주께 나를 드리네

이마에 가시관 쓰고
창에 찔리고 못 박히고
고난과 죽음을 담당하셨으니
나 그리스도께 한결같은 사랑 구하네
주 날 위해 자신 주셨으니
이제 주께 나를 드리네.[15]

돌아서서 베드로를 똑바로 보시니

오늘 밤, 저는 여러분에게 낯선 사람입니다. 전에 이 교회에 와 본 적이 한 번도 없으니까요. 그러나 또 한편으로 저는 여러분에게 낯선 사람이 아닙니다. 여러분 역시 저에게 낯선 사람이 아니죠. 일 년 중 그 어떤 날 밤보다 오늘 밤, 우리는 한 가족이니까요. 누군가는 오늘 밤이 다른 날 밤과 뭐가 그리 다른가요, 하고 물을지도 모르겠습니다. 오늘 밤은 예수께서 처음으로 자기 가족을 초대한 밤입니다. 하나님나라에서 자기와 함께 식탁에 둘러앉자고 말입니다. 오늘 밤은 숭고한 사랑의 밤입니다. 하나님의 아들이 여러분과 저를 위해 자기 목숨을 내놓을 준비가 다 되었다고 선언하신 밤입니다. 덕분에 우리는 가장 심오한 차원의 형제자매가 되었습니다. 오늘 우리는 서로 어깨를 맞대며 식탁에 둘러앉았습니다. 예수께서 우리를 자기 가까이 이끄셨기 때문입니다. 이것이 우리가 그분을 알아 가는 방식입니다. 이번 주에는 온갖 신문과 잡지가 예수 그리스도를 표지에 실었습니다. 그러나 《타임》, 《뉴스위크》, 《U.S. 뉴스 앤 월드 리포트》에 실린 기사를 읽는다고 예수를 알 수는 없습니다. 그분의 임재하심 가운데서, 말씀과 성례 가운데서 우리는 예수를 알게 됩니다. 오늘 밤, 우리는 인간의 아들이자 하나님의 아들이신 나사렛 예수라는 한 위位 안에서 성숙해지고 완전해진 진정한 인성과 진정한 신성의 의미를 깨닫게 됩니다.

정말로 오늘 밤은 다른 모든 날 밤과 다릅니다. 종교사 어디에서도 오늘 밤과 같은 밤을 찾을 수 없습니다. 전능자이신 주님이 노예나 두르는 천을 허리에 두르고 바닥에 무릎을 꿇고 미천한 인간들의 더러운 발을 씻기셨습니다. 사회 최하층민이나 하는 일을 직접 하신 겁니다. 이해하셨습니까? 발을 씻기는 일은 노예의 몫입니다. 그런데 예수께서 그 일을 하셨습니다. "예수께서 제자들의 발을 씻겨주신 뒤에, 옷을 입으시고 식탁에 다시 앉으셔서, 그들에게 말씀하셨다. '내가 너희에게 한 일을 알겠느냐? 너희가 나를 선생님 또는 주님이라고 부르는데, 그것은 옳은 말이다. 내가 사실로 그러하다. 주이며 선생인 내가 너희의 발을 씻겨 주었으니, 너희도 서로 남의 발을 씻겨 주어야 한다. 내가 너희에게 한 것과 같이, 너희도 이렇게 하라고, 내가 본을 보여 준 것이다'"(요 13:12-15). 예수께서는 제자들에게 또 이렇게 말씀하셨습니다. "이제 나는 너희에게 새 계명을 준다. 서로 사랑하여라. 내가 너희를 사랑한 것같이, 너희도 서로 사랑하여라"(요 13:34).

정말로 이 밤은 가족의 밤입니다. 제대로 굴러가는 가정에서는 부모가 헌신적으로, 조건 없이 자녀를 사랑합니다. 아버지는 딸을 구하려고 달리는 기차를 온몸으로 막아서고, 어머니는 총격으로부터 아들을 지키려고 자기 몸을 방패로 삼습니다. 누나는 동생을 위해 자기 골수를 내줍니다. 그리고 하늘에 계신 우리 아버지는 우리에게 생명을 주려고 외아들을 보내셨습니다. 오늘 밤, 예수께서는 자신의 사랑이 얼마나 넓고 깊은지 보여 주고자 제자들의 발을 씻기셨습니다. 새로운 가족이 탄

로렌초 기베르티, 〈최후의 만찬〉

피렌체에 있는 산 조반니 세례당의 금동 문에 새긴 장식. 금동 문에 그리스도의 생애를 새긴 기베르티는 협소한 공간을 십분 활용해 뛰어난 작품을 만들었다. 다닥다닥 붙은 제자들의 모습은 예수와 교제할 때 그들이 서로 얼마나 친밀했는지를 강조한다. 그래서 나중에 그들이 자기 선생을 버리는 순간이 더 가슴 아프게 다가온다.

생했습니다. 하늘에 계신 '아버지'와 우리를 사랑하는 '형제'와 더불어 모두 한 형제자매가 되었습니다. 우리 각 사람을 향한 그분은 사랑은 이 세상에서 경험한 그 어떤 사랑보다 위대하고 아무런 조건이 없습니다.

오늘 밤 우리가 살펴볼 본문은 딱 한 문장입니다. 최후의 만찬이 끝나고 그날 밤, 예수의 가족 중 한 사람에게 벌어진 일에 관한 이야기입니다. 지금부터 세족 목요일, 예수께서 배신당한 그날 밤에 무슨 일이 있었는지 더 깊이 들어가 볼까요? "주님께서 돌아서서 베드로를 똑바로 보셨다"(눅 22:61). 이게 오늘 살펴볼 본문입니다.

예수께서 생애 마지막 날 밤을 함께했던 가족은 감동적인 모습과 거리가 멀었습니다. 제자들의 모습이 얼마나 한탄스러웠는지는 베드로의 이야기에 잘 나와 있습니다. 복음서 저자 네 명이 모두 같은 이야기를 전합니다. 누가의 증언을 들어 볼까요?

그들은 예수를 붙잡아서, 끌고 대제사장의 집으로 데리고 갔다. 그런데 베드로는 멀찍이 떨어져서 뒤따라갔다. 사람들이 뜰 한가운데 불을 피워 놓고 둘러앉아 있는데, 베드로도 그들 가운데 끼여 앉아 있었다. 그때에 한 하녀가 베드로가 불빛을 안고 앉아 있는 것을 보고, 그를 빤히 노려보고 말하였다. "이 사람도 그와 함께 있었어요." 그러나 베드로는 그것을 부인하여 이렇게 말하였다. "여보시오, 나는 그를 모르오." 조금 뒤에 다른 사람이 베드로를 보고서 말했다. "당신도 그들과 한패요." 그러나 베드로는 "이 사람아, 나는 아니란 말이오" 하고 말하였다. 그리고 한 시간쯤 지났을 때에, 또 다른 사람이 강경하게 주장하였다. "틀림없이, 이 사람도 그와 함께 있었소. 이 사람은 갈릴리 사람이니까요." 그러나 베드로는 이렇게 말하였다. "여보시오, 나는 당신이 무슨 소리를 하는지 모르겠소." 베드로가 아직 말을 채 끝내기도 전에, 곧 닭이 울었다. 주님께서 돌아서서 베드로를 똑바로 보셨다. 베드로는, 주님께서 자기에게 "오늘 닭이 울기 전에, 네가 세 번 나를 모른다고 할 것이다" 하신 그 말씀이 생각났다. 그리하여 그는 바깥으로 나가서 비통하게 울었다(눅 22:54-62).

"주님께서 돌아서서 베드로를 똑바로 보셨다." 떳떳하지 못한 인간의 실체를 폭로하는 대표적인 구절입니다. 최후의 만찬 이후에 있었던 일을 다시 떠올려 볼까요?

그들은 찬송을 부르고, 올리브산으로 갔다. 그때에 예수께서 제자들에게 말씀하셨다. "오늘 밤에 너희는 모두 나를 버릴 것이다. 성경에 기록하기를 '내가 목자를 칠 것이니, 양 떼가 흩어질 것이다' 하였다. 그러나 내가 살아난 뒤에, 너희보다 먼저 갈릴리로 갈 것이다." 베드로가 예수께 말하였다. "비록 모든 사람이 다 주님을 버릴지라도, 나는 절대로 버리지 않겠습니다." 예수께서 그에게 말씀하셨다. "내가 진정으로 네게 말한다. 오늘 밤에 닭이 울기 전에, 네가 세 번 나를 모른다고 할 것이다." 베드로가 예수께 말하였다. "주님과 함께 죽는 한이 있을지라도, 절대로 주님을 모른다고 하지 않겠습니다." 그리고 다른 제자들도 모두 그렇게 말하였다 (마 26:30-35).

여러분은 이렇게 바보 같은 말을 입 밖에 낸 적 없습니까? 아마 있을 겁니다. "저는 사람들에게 절대 거짓말하지 않겠습니다"라고 말하는 사람이 비단 정치인뿐이겠습니까? "제 말 잘 들으세요. 약속드리는데, 새로운 세금은 없습니다"(1988년 조지 부시 후보가 공화당 전당대회에서 한 말—

옮긴이)라고 장담한 정치인도 있었죠. 여러분과 저 역시 이런 말을 하고 싶니다. 엄마 아빠가 약속하고 지키지 않은 게 뭔지, 자녀들에게 한번 물어보십시오. "죽음이 우리를 갈라놓을 때까지, 기쁠 때나 슬플 때나, 부유할 때나 가난할 때나, 아플 때나 건강할 때나, 변함없이 사랑하고 보살피겠습니다"라고 약속했던 사람 중 절반이 이혼했습니다. 다음 날 아침에는 기억도 나지 않는 여자에게 사랑한다고 열렬히 고백하는 남자들은 어떻고요. 그럴 일은 절대 없다고 장담해 놓고 잘못한 일은 뭐가 있는지, 설교를 준비하는 내내 생각했습니다. 그러나 아무리 생각해도 잘 생각나지 않았습니다.

    베드로에게는 선한 의도가 있었습니다. 그런 그에게 대체 무슨 일이 일어난 걸까요? 절대 배신하지 않겠다고 장담한 지 불과 몇 시간 만에 베드로는 자기가 모시던 선생과 함께 감옥으로 끌려갈 위험에 처했습니다. 이에 꽁무니를 빼고 달아나다 망신을 당했습니다. 주께서 예언하신 그대로 말이죠. 그날 밤 베드로가 보인 반응은 복합적이었습니다. 오합지졸 같은 모략꾼들이 밤중에 예수를 체포하러 올리브산에 나타났을 때 베드로는 용감하게 맞서려 했습니다. 우리는 거침없고 충동적인 베드로의 기질에 호감을 느끼기도 하지요. 성경 인물 가운데 베드로를 좋아하는 이들이 많은 이유도 바로 그 때문입니다. 분명히 베드로는 자기가 꽤 사내답다고 생각했을 겁니다. 아마 집에서는 어머니가 특별히 아끼는 아들이었을 겁니다. 우리 모두 베드로 같은 사람들을 잘 알고 있습니다. 열성적이고 통솔력을 갖춘 괜찮은 사내지만, 얼마 지나지 않아 아내들이 무척 성가셔하는 그런 부류 말입니다. 대제사장 집 밖에 서 있다가 세 번이나 거짓말하고 세 번째는 맹렬하게 저주를 퍼붓던 사람이 바로 이 사람입니다. 자기는 예수라는 이 작자와 아무 상관이 없다면서.

바로 그때 주님께서 돌아서서 베드로를 똑바로 보셨습니다. 그 시선이 어땠을지 상상해 보십시오. 무기력한 제자의 영혼을 정통으로 찔렀겠지요. 누군가가 여러분을 그렇게 본 적 있나요? 눈빛 하나에 모든 말이 담겨 있는 그런 시선 말입니다. 베드로를 바라보는 예수의 시선은 이렇게 말하고 있었습니다. "베드로야, 내가 알고 있는 걸 이제는 너도 알겠구나. 네가 얼마나 한심한 사기꾼이자 배신자인지." 그 시선은 여러분과 제가 스스로 꽤 괜찮은 사람이라고 자신을 속이기 위해 써 왔던 이런저런 가면을 벗겨 냅니다.

저희 아버지도 가끔 그런 시선으로 저희 형제를 바라보셨습니다. 자주 있는 일은 아니었고 가끔이었지만, 꽤 무서웠습니다. 무엇보다 아버지의 시선이 무서웠던 이유는 모든 사람이 사랑하고 존경하는 분이었기 때문입니다. 저 역시 아버지를 사랑하고 존경했습니다. 시선을 피할 수도 똑바로 마주할 수도 없었습니다. 아버지의 시선은 제 마음을 찔렀습니다. 사랑하는 딸에게 실망한 아버지의 눈빛이었기 때문입니다. 오래전에 돌아가셨지만, 지금도 아버지가 제게 실망하지 않으셨으면 하는 마음으로 삽니다.

그러나 이것은 어디까지나 예수께서 베드로를 보셨을 때 일어났을 법한 일에 불과합니다. 예수의 시선은 이 세상이 만들어지기 전부터 계셨던 성삼위 하나님 안에서 나왔습니다. 우리 주님의 시선은 육신이 된 말씀의 빛을 통해 스스로 빛을 발합니다. 예배가 시작될 때 우리가 드렸던 기도에도 이 시선에 대한 인식이 담겨 있습니다. "오 하나님, 당신께 마음을 활짝 엽니다. 간절한 바람, 주님이 모두 아시니, 어떤 비밀도 주님 앞에 숨길 수 없습니다." 너무나 자주 드리는 이 기도에 관해 생각해 본 적 있습니까? 어떤 비밀도 주님 앞에 숨길 수 없다는 말이 무슨 뜻인지 잠시 생각해 볼까요? 우리는 타인뿐만 아니라 자기 자신에게 비밀을 감추느라 일생을 허비하고 있지 않나요? 그러나 하나님 앞에서는 아무것도 숨길 수 없습니다. 베드로는 숨으려 했지만, 주님은 그 시선으로 베드로를 찾아내셨습니다. 예수의 시선은 히브리서에 나온 '양날칼'처럼 베드로의 속을 꿰뚫었습니다. "하나님의 말씀은 살아 있고 힘이 있어서, 어떤 양날칼보다도 더 날카롭습니다. 그래서, 사람 속을 꿰뚫어 혼과 영을 갈라내고, 관절과 골수를 갈라놓기까지 하며, 마음에 품은 생각과 의도를 밝혀냅니다. 하나님 앞에는 아무 피조물도 숨겨진 것이 없고, 모든 것이 그의 눈 앞에 벌거숭이로 드러나 있습니다. 우리는 그의 앞에 모든 것을 드러내 놓아야 합니다"(히 4:12-13).

이렇게 사람 속을 꿰뚫는 시선 앞에 살아남을 재간이 있을까요? 없습니다. 베드로가 그랬듯, 우리 역시 살아남을 수 없습니다. 살아남으려면 우리에게 어떤 일이 일어나야 합니다. 우리에게는 과분한 어떤 일, 우리 같은 인간은 감히 기대할 수조차 없는 어떤 일이 일어나야 합니다. 이것이 사순절 동안 우리가 배우고 있는 교훈입니다. 사순절이 시작되는 재의 수요일에 우리는 무릎을 꿇고 한참 동안 죄를 고백했습니다. 주님의 시선 앞에 자신을 살피며 티끌과 잿더미 위에 앉아서 회개했습니다. 저는 사순절에 하는 이런 회개가 우리 삶에서 계속되길 바랍니다. 이것이 주님의 식탁에 둘러앉은 오늘 밤 우리가 가져야 할 마음가짐입니다.

이 밤은 가족의 밤입니다. 가정은 실수와 죄를 해결해야 하는 도가니입니다. 가정생활은 용서를 중심으로 굴러갑니다. 남편과 아내가 서로 용서를 구할 때, 부모가 자식을 용서할 때, 용서하는 부모를 보고 자식들이 용서하는 법을 배울 때, 그럴 때 비로소 가정이 건강해집니다.

잘못을 고백하고 용서를 구하는 법을 말과 행동으로 자녀에게 가르치지 못하는 부모들은 참으로 불행합니다. 자녀들이 우리를 용서해야 할 때가 반드시 올 테니까요. 이 밤은 이런 일을 생각하고 주님께 기도하기 좋은 밤입니다. 우리 죄를 용서하시는 주의 자비가 얼마나 높고 넓고 깊은지 십자가에 잘 나타나 있으니까요.

용서는 거저 이뤄지지 않습니다. 꼭 기억하십시오. 용서하려면 용서하는 사람이 그만큼 희생해야 합니다. 용서받아야 할 죄가 얼마만큼 크냐에 따라 희생의 정도도 달라지지요. 아이가 저지른 사소한 잘못을 용서하기는 어렵지 않습니다. 차 키 놓고 가는 걸 깜빡한 남편을 용서하는 건 일도 아닙니다. 잠깐 짜증이 날 뿐이죠. 그러나 잘못이 중대하다면 이야기가 다릅니다. 간통이나 알코올 의존증, 학대 같은 잘못은 용서하기 쉽지 않습니다. 수십 년 동안 이어진 방임, 무심함, 냉혹함도 용서하기 어렵습니다. 이런 잘못을 용서하려면 엄청난 희생이 따릅니다. 이런 사실을 깊이 인식해야만, 우리로 죄 사함을 받게 하려고 예수께서 겪으신 일을 짐작이라도 할 수 있습니다. 십자가에 달리신 예수를 볼 때 우리는 비로소 우리 죄를 용서하려고 얼마나 큰 값을 치렀는지 알게 됩니다. 주님께는 베드로를 구원하는 일이, 우리를 구원하는 일이 그만큼의 가치가 있는 일이었습니다.

오늘 밤 예수께서 여러분과 저를 어떤 눈빛으로 보실지 생각해 봅시다. 우리가 그동안 얼마나 나쁜 짓을 저질렀는지, 우리가 얼마나 나쁜 사람인지 주님은 다 꿰뚫어 보십니다. 우리보다 우리를 더 똑바로 보십니다. 사람들은 대부분 자기 잘못을 끊임없이 부인하며 사니까요. 예수의 시선은 진실을 전합니다. 도덕적으로 우월한 위치에 서 있는 척 꾸미려는 우리의 나약한 몸짓에 관한 진실 말입니다. 세상을 심판하시는 그

〈최후의 만찬〉
독일 나움부르크 대성당에 새긴 석각. 먹고 마시는 제자들의 모습이 아주 활기차다. 유다(실제보다 훨씬 늙은 몰골의)만 빵을 꺼내려 그릇에 손을 넣으면서 식탁보를 움켜잡으며 불안한 마음을 무심코 드러낸다.

분은 눈빛 한 번으로 우리가 사기꾼임을 드러내십니다.

그러나 예수의 눈빛은 단순히 심판하는 눈빛이 아닙니다. 만약 그랬다면, 우리는 견디지 못했을 겁니다. 예수의 눈빛은 심판하는 동시에 회복하고 재건하고 교정하는 눈빛입니다. 베드로가 망신을 당한 그 순간은 회복이 시작되는 순간이기도 했습니다. 이후 베드로의 삶이 그 증거입니다. 하나님의 심판대에 올라 부적합 판정을 받은 것, 이것이 구원의 기본 뼈대입니다. 우리는 심판을 통해 구원받았습니다. 베드로가 배신하는 바로 그 순간, 재판관이신 주님이 심판을 받고 계셨습니다.

오늘 밤 성찬에 참여하고자 제단에 모인 여러분, 이 사실을 마음에 깊이 새기시길 바랍니다. 십자가에 달리시기 전날 밤, 우리 주 예수 그리스도께서 우리를 이곳으로 이끄셨습니다. 마지막 저녁을 함께 먹으려고 지극히 인간적이고 흠이 있는 제자들을 식탁에 불러 모으셨듯, 예수께서 우리를 이 자리로 이끄셨습니다. 그분이 우리를 바라보시고, 우리 안에 있는 모든 것을 꿰뚫으십니다. 그리고 말씀하십니다. "오라, 이것은 나의 몸이요, 이것은 나의 피니, 죄를 사하여 주려고 너희를 위하여 흘리는 나의 피다." 주님은 사람 속을 다 꿰뚫으시고, 간절한 바람을 모두 아시니, 어떤 비밀도 주님 앞에 숨길 수 없습니다. 주님이 고개를 돌려 우리를 보시면, 우리가 쓰고 있던 가면은 다 벗겨지고 맙니다. 꿰뚫는 그 시선 안에서 발견된 자는 구출되고, 폭로된 자는 정결하게 되고, 심판받은 자는 구원받습니다. 바로 그 시선 안에서 베드로가, 또 우리가 구원을 얻었습니다. 오늘 밤, 정결과 축하를 상징하는 흰색을 사용하는 건 그 때문입니다. 우리가 입은 예복은 어린양의 피로 씻겨 눈부시게 빛납니다. 이것이 우리가 하나님에게 감사하는 이유입니다.

제4부

성금요일

예수가 선택한 길

정오가 조금 안 되어 빌라도가 판결을 내렸다. 형 집행을 서두른 탓에 예수는 정오쯤에 이미 십자가에 달리셨다. 십자가에 달린 신성한 몸은 산 채로 눈물과 땀으로 흠뻑 젖었고 피로 범벅이 되었다. 상처 자국이 너무도 확연하고 분명해서 보는 이마다 연민을 느낄 정도였다. 빛나던 두 눈이 그 빛을 잃자, 홀로 환히 빛나기가 부끄러웠는지 해도 모습을 감췄다. 하나님의 아들이신 예수께서는 우리에게서 태어나지 않았으나 우리의 본성을 입고 새로이 우리에게 오셔서 (아버지의 손을 놓은 적이 없는) 자기 영혼을 기꺼이 아버지 손에 내맡겼다. … 예수는 숨을 거두셨고, 하나님은 첫 번째 아담에게 숨을 불어넣으셨듯 당신 손에 들린 두 번째 아담의 영혼에 숨을 불어넣으셨다. _존 던

성금요일 설교에 관하여

4부는 총 네 부분으로 나뉘어 있다. 1장 "주님의 험한 십자가"와 2장 "내 마음에 뿌려진 피"는 세 시간에 걸쳐 드리는 낮 예배 때 기도, 찬송, 성가대 합창 뒤에 이어지는 설교를 염두에 두고 썼다. 정오부터 세 시까지 세 시간은 예수께서 십자가에 달리셨던 시간을 나타낸다. 3장 "갈보리 언덕에 나타난 세 가지 표징"은 예배 시간이 좀 더 짧은 낮 예배를 생각하고 썼다. 1장부터 3장까지는 어떻게 읽어도 좋다. 대부분 앉은 자리에서 한 편 이상을 읽기는 부담스러울 테니, 순서대로 한 편씩 차근차근 읽어도 좋고, 순서와 상관없이 한 편씩 따로따로 읽어도 좋다. 대신, 부활절 설교를 읽기 전에 성금요일 설교를 먼저 읽는 게 좋다. 4장 "경건하지 않은 사람을 위해"는 세 편의 설교로 이루어져 있다. 각각 독립된 설교로 한 시간짜리 예배를 생각하고 썼다.

주님의 험한 십자가

나는 여러분 가운데서 예수 그리스도 곧 십자가에 달리신 그분 밖에는, 아무것도 알지 않기로 작정하였습니다(고전 2:2).

바지를 입지 않은 남자

한낮에 다른 곳이 아닌 교회를 찾아오셨네요. 잘하셨습니다. 역사상 오늘 같은 날은 찾기 어렵습니다. 이전에도 없었고 앞으로도 없을 겁니다. 이른 나이에 처형당한 사람은 수없이 많지만, 온 세상의 구원과 관련이 있다고 말할 수 있는 죽음은 이 죽음뿐입니다. 오늘 이 자리에 함께함으로써 여러분은 이 주장이 사실임을 믿는다고 증명하셨습니다.

오늘 이 자리에 나오지 못한 사람이 많습니다. 아마도 평소 하던 일을 하고 있겠지요. 일하는 사람도 있을 테고, 쇼핑하는 사람도 있을 겁니다. 음식을 먹는 사람도 있고 운동하는 사람도 있을 테지요. 처리할 일이 있어서 은행에 간 사람도 있을 테고요. 평소와 똑같이 하던 일을 합니다. 예수께서 십자가에 달리셨을 때도 대다수 사람은 그런 일이 벌어지고 있는지조차 알지 못했습니다. 저마다 자기 일을 하느라 정신이 없었으니까요. 십자가에 달려 처형되는 사람들은 하찮은 사람들이었습니다. 그래서 우리는 십자가에 달려 죽은 사람의 이름을 알지 못합니다. 이 한 사람 외에는 말입니다.[1] 이 죽음은, 이 처형은 뭐가 그리 다르길래 매년 이날이 되면 선택된 소수가 평소 하던 일을 제쳐 놓고 한데 모이는 걸까요? 일부러 시간을 낼 정도로 가치 있는 메시지가 이 사건에 담긴 까닭이겠죠? 그렇다면 그 메시지는 뭘까요?

신약 성경이 그리스도의 죽음을 설명할 때 공식처럼 사용하는 표현이 있습니다. 무슨 뜻인지 생각조차 하지 않을 정도로 우리에게 익숙한 표현이지요. 우리는 습관처럼 말합니다. 그리스도가 우리 죄를 위해 죽었다고. 성경에는 그리스도의 죽음과 죄의 상관관계가 아주 단호히 영원불변하게 새겨져 있습니다. 그러니 바로 여기에서 질문을 시작하는 게 적절해 보입니다. 그러나 우리는 여기서 시작하지 않을 겁니다. 기독교의 복음은 우리와 함께 시작되는 것이 아니기 때문입니다. 기독교의 복음은 우리 또는 우리의 죄와 함께 시작되는 것이 아니라, 하나님과 그의 선하심과 함께 시작되기 때문입니다. 죄는 시작도 끝도 아닙니다. 시작과 끝은 다음과 같습니다. "주님은 은혜롭고 자비로우시며, 노하기를 더디하시며, 인자하심이 크시다. … 주님께 감사하여라. 그는 선하시며 그 인자하심이 영원하다"(시 145:8; 136:1). 이 경이로운 구절이 구약 성경에 나온다는 점에 주목하십시오. 오늘 우리는 바로 여기서 시작할 겁니다. 은혜로우신 하나님과 함께 말입니다. 여기에서 시작해야 하나님을 상대로 반역을 꾀한 인간의 이야기로 나아갈 수 있습니다.

오늘날 '죄'는 사람들이 좋아하는 주제가 아닙니다. 하나님에게 반항하는 행위, 하나님이 주신 계명을 지키지 않는 행위, 하나님과 맺은 언약을 깨는 행위, 하나님이 창조하신 세계 안에서 살아가는 다른 이들에게 잘못을 저지르는 행위를 죄로 이해하던 시대와 지금 이 시대는 거리가 멉니다. 우리는 하나님을 아는 지식을 잃었기에 '죄'라는 개념도 잃어버렸습니다. 〈나이트라인〉 앵커 테드 코펠은 졸업 연설 때 놀라운 이야기를 했습니다. 십계명은 열 가지 제안이 아니라고 말입니다. 작금의 문화에서 하나님이라는 개념은 아주 작고 쉽게 변하고 너무도 모호합니다. 우리가 지켜야 할 계명을 공표할 권한이 있는 존재가 아닙니다. 솔직히 말해서, 요즘 사람들 대부분은 이런 이야기에 잠자코 귀를 기울이려 하지 않습니다. 여러분은 그렇지 않겠지만요. 성금요일에 교회에 오는 사람들은 무언가가 잘못되었고 바로잡아야 한다는 점을 인식하고 있습니다. 그렇지 않다면 이 자리에 나오지 않았을 테지요.

그리스도인이라는 사람들 가운데 많은 이가 죄에 대한 개념이 모호해지는 현 추세를 관찰하며 죄에 대한 정의를 희석해서 대중의 입맛에 맞게 바꾸려 합니다. 최근에는 많은 교회가 '잠재력을 충분히 발휘하며 살지 않는 것'을 죄로 정의하길 좋아합니다. 이런 정의가 우리 시대의 고전이 되어 가고 있습니다. 다시 말하면, "할 수 있는 한 최고의 내가 되어야 한다"는 말입니다. 말이 됩니까? 여러분이 잠재력을 충분히 발휘하며 살았는지 그렇지 않았는지 누가 판단할까요? 결국, 여러분 스스로 판단하게 되지 않을까요? '잠재력을 충분히 발휘하며 사는 것', '할 수 있는 한 최고의 내가 되는 것' 따위를 이야기할 때 우리는 이미 피할 구멍, 예외 조항, 탈출구를 만들고 있는 겁니다. 계획에 어긋나는 일이 생기면, "이건 내가 어쩔 수 없는 일이야"라고 말하겠죠. 끊임없이 솟아나는 의구심을 막기 위해 "이 세상에 완벽한 사람은 없어"라고 말할 겁니다. 임종을 앞두고 "저는 할 수 있는 한 최선을 다했어요"라고 말한 여성이 생각납니다. 그녀는 그러면서도 '너는 최선을 다하지 않았어', '너 나름대로는 최선을 다했을지 몰라도 그걸로는 충분하지 않아'라는 비판을 그 말로 막아 낼 수 있을지 확신하지 못하는 듯했습니다.

성경은 인간의 본성에 관하여 전혀 다른 시각을 제시합니다. 거기에는 피할 구멍이나 탈출구 따위는 존재하지 않습니다. 예수께서는 "주님, 저는 최선을 다했습니다"라고 기도하라고 가르치지 않고, "아, 하나님, 이 죄인에게 자비를 베풀어 주십시오"(눅 18:13)라고 기도하라고 가르치셨습니다. 사도 바울은 "의인은 없다. 한 사람도 없다"(롬 3:10)라고 말했고, 사도 요한은 "우리가 죄가 없다고 말하면, 우리는 자기를 속이는 것이요, 진리가 우리 속에 없는 것입니다"(요일 1:8)라고 말합니다. 가장 중요한 핵심은 바울이 한 다음 말에 있습니다. "거기에는 아무 차별이 없습니다. 모든 사람이 죄를 범하였습니다. 그래서 사람은 하나님의 영광에 못 미치는 처지에 놓여 있습니다"(롬 3:22-23). 바로 여기에 열쇠가 있습니다. 우리가 하나님을 안다면, 인간의 잠재력이 아니라 하나님의 영광을 기준으로 삼을 겁니다. 예수 그리스도 안에서 구체적으로 명확하게 드러난 하나님의 영광 말입니다. "우리는 그의 영광을 보았다. 그것은 아버지께서 주신, 외아들의 영광이었다. 그는 은혜와 진리가 충만하였다"(요 1:14).

죄에 관한 성경의 진술 중 짤막하면서도 가장 흥미로운 진술은 성금요일마다 낭송하는 이사야 53장 6절입니다. "우리는 모두 양처럼 길을 잃고, 각기 제 갈 길로 흩어졌으나, 주님께서 우리 모두의 죄악을 그에게 지우셨다."[2] 우리는 각기 제 갈 길로 흩어지고 싶어 합니다. 그래서 각자 자기 뜻대로 삽니다. 다른 사람과 관계를 맺을 때도 그 관계를 통해 내가 득을 보아야 한다는 교활한 생각이 늘 머릿속을 맴돕니다. 저만 보더라도 제가 하는 모든 일에서 자기중심적인 동기를 완전히 없애기 어렵습니다. 이사야가 "우리의 모든 의는 더러운 옷과 같습니다"(사 64:6)라고 한 이유가 바로 여기에 있지 않을까요?

우리는 각기 제 갈 길로 흩어집니다. 그뿐만 아니라 함께 있을 때도 반목하기 일쑤입니다. 우리는 서로 멀어지고, 무엇보다 하나님에게서 멀어져 있습니다. 길 잃은 양은 방향을 잃은 피조물, 길에서 벗어나 돌아갈 길을 찾지 못하는 피조물을 상징합니다. 설교할 때는 흔히 양이 우둔하다고 이러쿵저러쿵 말하지만, 성경은 그렇게 말하지 않습니다. 그저 길을 잃었다고 말합니다.

사람과 사람 사이에 진정한 교제가 이뤄지면 그 모습이 어떨까요? 저 같은 뉴욕 사람들은 제멋대로 사는 데 익숙합니다. 아주 무례할 때도 있죠. 그런데 시민들 사이에 동료애가 불붙고 대의를 위해 함께 일어설 때가 있습니다. 2차 세계대전 때 독일의 공습을 받은 잉글랜드와 세계무역센터에 테러 공격을 받은 뉴욕에서처럼요. 그렇다면 응급 상황이 지나간 뒤에는 무엇이 우리를 하나로 묶어 줄까요? 서로 증오하는 집단들까지 모든 인류를 하나로 묶는 줄은 무엇일까요? 9.11 테러가 일어난 뉴욕에서처럼 온 세상이 함께 마음을 모으는 모습을 발견하기란 쉽지 않습니다. 불과 몇 주 만에 소방관과 경찰관이 실랑이를 벌이고, 기부금을 오용했다는 혐의를 받으면서 비영리 활동을 하는 단체들이 분열되었습니다.

성경은 인류를 하나로 묶는 줄이 '인간의 결핍'이라고 증언합니다. 우리는 잠재력을 충분히 발휘하는 일도, 하나님의 영광을 드러내는 일도 모두 실패합니다. 우리가 존경해 마지않는 위대한 성인들은 누구보다 먼저 이 점을 인정했습니다. 겉모습만 조금 다를 뿐, 우리는 모두 극심한 곤경에 처해 있습니다. 우리는 스스로 이 정도면 꽤 괜찮다고 자신하지만, 하나님은 우리를 보고 그렇게 생각하지 않으십니다. 우연히 두 사람이 다투는 소리를 들었습니다. 재킷과 바지에 조끼까지 제대로 갖춰 입은 상류층 남자가 다른 남자에게 성난 목소리로 말했습니다. "내 사위 놈은 감정 불구야!" 그 말을 들은 상대방은 차분하게 대꾸했습니다. "우리 모두 감정 불구지!" 지혜로운 그의 말을 듣고 사뭇 놀랐던 기억이 납니다. 그는 인간을 하나로 묶는 공통의 줄을 무심코 떠올렸습니다. 우리는 모두 각양각색의 절름발이나 다름없습니다. 모두 목발을 짚고 삽니다. 신학교에 다니던 시절, 한 학생이 건방지게도 교수를 공격했습니다. 그 교수가 종교를 '목발'로 사용한다면서요. 교수는 곧바로 이렇게 답했습니다. "자네 말이 다 맞네. 그런데 자네 목발은 뭔가?"

오늘 우리가 다른 동네, 다른 사회에 있는 어떤 교회에 가서 예배에 참석했다면, 모든 사람이 목발에 기대고 있다는 걸 한눈에 알 수 있었을 겁니다. 이곳처럼 풍요로운 공동체는 우리의 약점을 아주 잘 감추어 주죠. 오늘 이 자리에는 눈에 띄게 궁핍해 보이는 사람이 안 보입니다. 그러나 목회자를 속일 수는 없습니다. 목회자는 그럴듯한 겉모습 아래 무엇이 있는지 압니다. 자기 영혼을 들여다보고, 그 안에서 '어둠의 심연'을 본 자들만이 부르심을 받은 목회자라 할 수 있기 때문입니다.

걸프 전쟁이 한창이던 때 《더 뉴요커》라는 잡지에 조지 오웰의 글을 상기하는 기사가 한 편 실렸습니다. 스페인 내전 중에 조지 오웰은 최전선에서 자기가 목격한 사건을 글로 썼습니다. 반군인 파시스트 진영에서 한 남자가 참호에서 뛰쳐나와 무방비 상태로 흉벽을 따라 달렸습니다. 아마도 지휘관에게 메시지를 전달하려 한 모양입니다. 몸에 안 맞는 바지 하나만 달랑 걸친 그는 바지가 흘러내리지 않게 달리는 내내 한 손으로 바지춤을 움켜쥐었습니다. 오웰은 이렇게 썼습니다. "나는 그를 쏠 수 없었다. … 나는 '파시스트'를 쏴 죽이려고 여기 왔다. 그러나 바지춤을 움켜쥔 그는 '파시스트'가 아니다. 그는 분명 나와 똑같은 피조물일 뿐이다. 당신과 비슷한 사람일 뿐이다. 아마 당신이 그 자리에 있었어도 그를 쏘고 싶지 않았을 것이다."

안드레아 만테냐, 〈갈보리〉

15세기 이탈리아 화가 만테냐는 특별히 '성벽 밖에' 자리한 골고다를 묘사한다. 뒤로 보이는 성전산은 마치 닿을 수 없는 하늘처럼 멀게 느껴진다. 처형장과 성 사이에 거대한 벽이 둘러쳐져 있다. 골고다는 십자가형을 선고받은 죄수들을 신속히 처형하기 위해 마련한 곳 같다. 왼쪽에 있는 해골 더미와 십자가를 고정하려고 바닥에 만들어 놓은 구멍을 좀 보라. 만테냐는 역사적 사실을 작품에 세밀하게 반영하는 화가로 유명하다. 특히, 건축물과 의상 묘사가 아주 세밀하다. 이 그림은 효율성을 중시하는 로마제국의 특징을 가장 잔인한 형태로 드러낸다. 오른쪽에 있는 로마 군인들에게 십자가 처형은 하루 일과 중 하나일 뿐이다. 제국의 갑옷을 입은 군인들은 매력이 넘친다. 무심하고 느긋해 보이는 군인들 모습과 무기력해 보이는 죄수들 모습이 극명하게 대조된다. 비록 화가의 의도는 아니었을지 모르지만, 이 그림에는 억압받는 자들과 그들에게 자기 손에 들린 권력을 과시하는 압제자의 모습이 잘 나타나 있다. 십자가에 달린 세 사람의 모습은 확대해서 그렸다. 강도 한 명은 고통으로 몸이 굳고 다른 한 명은 몸을 버둥거리지만, 이미 숨이 끊어진 예수는 고초를 겪은 두 팔로 우주를 껴안은 듯하다. "내가 땅에서 들려서 올라갈 때에, 나는 모든 사람을 내게로 이끌어 올 것이다"(요 12:32).

우리를 보실 때 하나님은 우리의 직함이나 예금 계좌, 클럽 회원권, 외국 별장, 순 자산 따위를 보지 않으십니다. 벌거벗은 영혼을 가리려고 애쓰는, 부서지기 쉽고 상처 입기 쉬운 피조물을 보십니다. 우리 가운데 사시려고 하늘에서 내려오셨을 때, 예수께서는 그렇게 연약한 모습으로 우리 가운데 사셨습니다. 하나님의 아들이신 그분은 신의 특권을 모두 포기하고 세상에 오셔서 곤경에 처한 우리와 똑같은 피조물이 되셨습니다. 우리는 하나님의 원수였습니다. 죽어 마땅한 자들이었습니다. 그러나 하나님은 한 손으로 바지춤을 움켜잡으려고 애쓰는 우리를 보시고 원수가 아니라 친구라고 선언하셨습니다.

그래서 이사야는 말합니다. "주님께서 우리 모두의 죄악을 그에게 지우셨다"(사 53:6). 예수께서는 오늘 십자가를 향해 걸어가셨습니다. 바지조차 입지 못한 채로. 그분에게는 최소한의 품위마저도 허락되지 않았습니다. 그분은 퇴락과 수치의 세상에 오셨습니다. 바지조차 입지 못하셨습니다. 원수를 향한 사랑 때문에, 우리를 향한 사랑 때문에 수치스러운 그 길을 가셨습니다.

침을 뱉고 모욕하여도

몇 년 전, 《뉴스위크》에 '수치심'에 관한 글이 머리기사로 실렸습니다. 표지를 장식한 어린아이는 무척 불행해 보였습니다. 성적이 나쁜 아이에게 씌우는 원뿔형 종이 모자, 일명 바보 모자를 머리에 쓰고 있었습니다. 표지 사진을 보고 있기가 힘들었습니다. 기본 전제는 선할지 몰라도 어린아이에게 그런 식으로 수치심을 안겨서 얻을 수 있는 건 아무것도 없습니다. 부모와 교사가 아이에게 수치심과 굴욕감을 안기는 행위는 극악무도한 짓입니다. 아이를 사람들의 구경거리로 만드는 행위는 이제 막 움트기 시작한 인격에 큰 해를 끼칩니다. 시선을 끄는 표지인 건 맞지만, 오늘날 많은 사람이 지적하듯 우리 사회가 부끄러움을 아는 사회로 돌아가야 한다는 머리기사와는 전혀 어울리지 않는 표지였습니다.

'부끄러움' 또는 '수치심'이라는 단어를 보면 생각나는 두 가지를 먼저 살펴볼까요? 첫째는 사람의 영혼을 짓밟고 창피를 주는 행위가 생각납니다. 당연히 나쁜 짓입니다. 둘째는 자기 행동을 부끄러워할 줄 아는 마음이 생각납니다. 이때 느끼는 수치심은 가르치고 교화하는 역할을 합니다. 러셀 베이커 같은 작가들은 후자를 놓치고 있습니다. 출소한 화이트칼라 범죄자가 자신이 저지른 범죄를 진심으로 반성하는 기색 하나 없이 강연하고 책 써서 큰돈을 버는 사회가 요즘 우리 사회입니다. 자기 행동을 부끄러워할 줄 알고 잘못을 인정하는 데서 그 사람의 힘과 인격이 드러나는 법입니다. 이때 느끼는 부끄러움은 긍정적인 효과가 있습니다. 자기 잘못을 부끄러워하면서 우리는 한 걸음 더 성장하고 성숙해 갑니다. 바보 모자처럼 외부에서 주입한 수치심과는 다릅니다. 잘못을 저지른 사람이 스스로 느끼는 수치심입니다. 앞으로 나와서 스스로 벌을 받는 겁니다. 예수의 죽음을 이해하려면 두 종류의 수치심, 즉 더 힘 있는 사람이 잘못한 사람에게 강요하는 징벌적이고 파괴적인 수치심과 정직하게 자기 잘못을 돌아볼 때 느끼는 건설적인 수치심 둘 다 중요합니다.

어렸을 때 제 인생에 영향력을 행사하던 분들, 그러니까 어머니와 아버지, 할머니와 이모는 특정 상황에서 제게 이렇게 말씀하셨습니다. "부끄러운 줄 알아라." 제게는 이 말이 도움이 되었습니다. 그런 말을 들을 만한 상황이었으니까요. 아이가 긍정적인 방식으로 수치심을 느끼려면, 몇 가지 요소가 갖춰져야 합니다. 첫째, 가족들은 나를 사랑한다. 둘째, 그들은 믿을 수 있는 사람들이다. 셋째, 그들은 변덕스럽거나 난폭하지 않다. 이 사실을 아이가 알아야 합니다. 또한, 가족들이 공유하는 가치관에 흔들림이 없어야 하며, 일상에서 그 가치관을 따라 살아야 합니다. 아이의 자아가 건강해야 하고, 계속 성장해야 합니다. 부끄러운 줄 알라는 말을 들었을 때, 저는 어른들의 말이 무슨 뜻인지 알았고 그 말이 진실하다고 생각했습니다. 수치심을 올바로 이해해 나가려면 가족 또는 공동체 안에서 합의가 이루어져야 합니다. 이런 조건이 갖추어졌을 때, 나 자신이 부끄럽다고 공개적으로 인정하는 행동이 용기 있는 행동이 될 수 있습니다. 이때 느끼는 수치심은 자기연민이나 자기합리화와 거리가 멉니다. 잘만 하면, 변화를 향해 성큼 나아갈 수 있습니다. 성경에 나오는 바리새인과 세리의 비유를 보면, 예수께서는 "아, 하나님, 이 죄인에게 자비를 베풀어 주십시오"(눅 18:13)라고 기도한 자를 칭찬하십니다. 이렇게 기도한 사람을 가리켜 "의롭다는 인정을 받고서 자기 집으로 내려간 사람"(눅 18:14)이라고 말씀하셨습니다.

수치심에 이렇게 긍정적인 면이 있는데도, 우리는 문화적으로 궁지에 빠져 있습니다. 건강한 죄의식이나 건강한 죄책감과 멀어진 지 이미 오랩니다. 부끄러움을 느끼는 것 자체가 자존감을 떨어뜨린다고 생각합니다. 이런 태도는 사회에 해로울 뿐 아니라 대인 관계와 가족 관계에도 해롭습니다. "사랑하는 사람끼리는 미안하다고 하지 않는 거야." 영화 〈러브 스토리〉에 나오는 이 유명한 대사야말로 세상에서 가장 어리석은 말입니다. 사랑하는 사람끼리는 미안해할 줄도 알아야 하고, 잘못을 부끄러워할 줄도 알아야 하고, 용서를 구할 줄도 알아야 합니다. 인간관계는 자백과 용서 없이는 잘 성장할 수 없습니다. 우리는 늘 서로를 실망시키기 때문입니다.

가장 참되고 좋은 의미의 수치심은 우리가 하나님 앞에 서는 것과 관계가 있습니다. 하나님 앞에 부끄러움을 느낀다는 건 그가 은혜 안에서 성장하고 있다는 확실한 증거입니다. 잊지 못할 방식으로 이 사실을 입증한 인물이 다윗 왕입니다. 나단 선지자가 밧세바와 간음한 일로 다윗을 책망했을 때 다윗은 즉시 자기 죄를 자백하고 부끄러워했습니다. 시치미를 떼지도 변명하지도 자기연민에 빠지지도 않았습니다. 국방부 장관을 지낸 로버트 맥나마라도 회고록에서 베트남 전쟁을 떠올리며 자기 잘못을 솔직하게 자백한 바 있습니다.[3] "나는 스스로 부끄럽게 생각하며 잘못에 대한 책임을 지고 싶다." 강인한 사람만이 이렇게 말할 수 있습니다.

이제 예수의 십자가형과 관련이 있는 성경과 〈기도서〉의 핵심 구절을 몇 개 살펴보려 합니다. 먼저, 히브리서는 이렇게 말합니다. "믿음의 창시자요 완성자이신 예수를 바라봅시다. 그는 자기 앞에 놓여 있는 기쁨을 내다보고서, 부끄러움을 마음에 두지 않으시고, 십자가를 참으셨습니다"(히 12:2). 다음은 이사야서에 나오는 구절입니다. 헨델의 오라토리오 〈메시아〉의 가사이기도 하지요. "나는 나를 때리는 자들에게 등을 맡겼고, 내 수염을 뽑는 자들에게 뺨을 맡겼다. 내게 침을 뱉고 나를 모욕하여도 내가 그것을 피하려고 얼굴을 가리지도 않았다"(사 50:6). 고난주간 추천서 중 하나인 성공회 〈기도서〉는 십자가를 가리켜 '수치스러운' 죽음을 위한 도구라고 부릅니다.

먼저, 사람을 처형하는 수단으로서 십자가형이 무엇을 의미하는지 이해할 필요가 있습니다. 유쾌한 주제는 아니지만, 오늘 우리가 여기 모인 이유는 십자가를 생각하기 위해서입니다. 사람을 처형하는 방식은 다양합니다. 전기의자, 총살형, 교수형, 독극물 주사 등은 효율성이 높기로 유명한 사형 방식입니다. 엘리자베스 1세 때는 죄수의 목을 매달고 내장을 꺼내고 사지를 찢었는데, 이는 죄수에게 고통을 가하기 위해서만이 아니라 일반 대중에게 경고하기 위해서 고안한 처형법이었습니다. 고통을 가하고 고통을 최대한 오래 느끼도록 수 세기에 걸쳐 다양한 처형법이 고안되었습니다. 십자가형의 특징은 범죄를 억제할 뿐만 아니라 모멸감을 안겨 준다는 점입니다. 십자가형만큼 보는 이들에게 역겨움을 유발하는 처형법도 없습니다. 그것이 바로 십자가형의 목적입니다.[4] 고대 로마 작가가 십자가형을 언급하는 경우는 거의 없었고, 고상한 로마

시민들 역시 너무 혐오스럽다고 여겨 십자가형을 입에 올리지 않았습니다. 유대인들은 나무에 달려 죽은 자는 하나님에게 버림받고 저주받은 자라 여겼습니다.[5]

젊은 시절, 버지니아주 리치먼드에서 살 때 기독교 신앙에 의구심을 느끼는 친구와 정기적으로 만나 이야기를 나누었습니다. 그녀는 예수가 십자가에 달리신 이야기의 요점이 뭔지 모르겠다고 했습니다. 많은 사람이 그보다 더 오래 고통당하고 그보다 더 끔찍한 방식으로 죽었다면서요. 며칠씩 고통 속에 신음하다 죽은 사람들에 비하면 세 시간은 그리 긴 시간이 아니라고 했습니다. 사실입니다. 그리고 당시에 저는 이 문제를 놓고 논쟁할 만큼 아는 게 많지 않았습니다. 그러나 지금은 압니다. 철저한 경멸의 표시로서 십자가가 갖는 의미를 말입니다. 탁 트인 길가에서 십자가에 매달린다는 건 극단적인 멸시와 혐오의 대상으로서 최대한 많은 사람이 볼 수 있게 전시된다는 뜻입니다. 십자가에 달린 자를 존귀하게 여기거나 영웅시하는 일은 있을 수 없었습니다. 십자가에 달린 자를 인간 이하의 존재로 끌어내리는 게 십자가형의 본질이기 때문입니다. 알아챘는지 모르겠지만, 신약 성경의 저자들은 예수가 십자가에 달리신 이야기를 자세하게 하지 않습니다. 고통, 헐떡임, 벌거벗음, 뻰 관절, 그 밖에 십자가형의 끔찍한 측면에 관해 한마디도 하지 않습니다. 그들이 관심을 기울인 건 '수치'였습니다. 침 뱉음과 조롱, 도성 밖에 있는 처형장의 위치, 십자가를 지고 가는 과정, 밑바닥 인생을 산 도둑들과 나란히 십자가에 달리게 된 사실, 수모, 하나님에게 버려진 상황에 초점을 맞췄습니다.[6] 머리 위 명패에 '살 가치가 없는 자'라고 써도 무방했을 겁니다. 이것이 우리가 이해해야 할 십자가형의 본질입니다. 예수는 의식적으로, 의도적으로, 자발적으로 최악의 굴욕을 당하는 자리로 내려가셨습니다. 그분은 수치를 수치로 여기셨습니다. 자기에게 닥친 현실을 온전히 이해하고 받아들이셨다는 말입니다. 어떤 의미에서, 십자가 형벌은 외부에서 부여한 것이 아니었습니다. 예수께서는 "나는 스스로 원해서 내 목숨을 버린다"(요 10:18)라고 말씀하셨습니다. 예수는 자진해서 십자가에 달려 죽음으로써 자기와 전혀 상관없는 판결을 받고 사람들에게 모욕과 조롱을 받으셨습니다.

그리하여 예수는 수치를 당하셨습니다. 그것은 나쁜 종류의 수치심, 즉 힘 있는 자들이 힘없는 자들에게 강요하는 수치심이었습니다. 예수는 사람들이 침을 뱉고 자기를 모욕해도 그것을 피하려고 얼굴을 가리지 않으셨습니다. 예수는 평생 부끄러운 짓을 한 적이 없는 유일한 인간이었으나, 수치를 당하고 버려지기 위해 스스로 무력해지셨습니다. 사도 바울이 말한 대로 "그는 하나님의 모습을 지니셨으나, … 오히려 자기를 비워서 종의 모습을 취하시고, … 자기를 낮추시고, 죽기까지 순종하셨으니, 곧 십자가에 죽기까지 하셨습니다"(빌 2:6-8). 우리는 십자가 사건에서 우리와 자리를 바꾸시는 예수를 보게 됩니다. "죄는 종이 짓고, 고통은 아들이 당했네"라는 찬송을 잘 아시지요? 가사를 곱씹어 보십시오. 종은 저와 여러분이고, 아들은 예수입니다. 부끄러운 짓은 우리가 했는데, 수치를 당한 이는 주님이십니다. "우리가 받아야 할 고통을 대신 받고, 우리가 겪어야 할 슬픔을 대신 겪었다"(사 53:4). 여기에 놀라운 사실이 있습니다. 예수께서 수치라는 최악의 짐을 우리 대신 지셨기에 이제 우리에게 수치는 짐이 아니라 명예 훈장과도 같습니다. 이제 우리는 다윗처럼 부끄러워할 줄 아는 사람이 되었습니다. 예수께서 자진해서 그 길을 가셨기에, 온 세상의 수치를 그분 홀로 감당하셨기에, 이제 우리도 반듯이 서서 "미안해. 나도 내가 부끄러워"라고 진심으로 말할 수 있게 되었습니다. 하나님과 사람들 앞에서 우리의 잘못을 자백하면서 진심으로 기뻐할 수 있게 되었고, 새 삶과 자유를 찾을 수 있게 되었습니다. 사람들이 침을 뱉고 자기를 모욕해도 그것을 피하려고 얼굴을 가리지 않으신 우리 주님 덕분에 여러분과 저는 다시는 바보 모자를 쓸 필요가 없어졌습니다.

숫염소와 희생 제사

몇 년 전 메트로폴리탄 미술관에서 이탈리아 화가 카라바조의 작품을 전시했습니다. 그리스도인들에게 귀중한 통찰을 제시하는 전시였습니다. 전시 작품 중에는 십자가형을 당하는 안드레의 모습을 그린 작품도 있었습니다. 예수보다 나이 들어 보인다는 점, 십자가가 X자 형태라는 점을 제외하면, 십자가에 달려 처형당한 예수의 모습과 큰 차이가 없었습니다. 그런데도 그 작품을 보았을 때 별 감흥이 없었습니다. 그와 달리 예수의 죽음을 묘사한 작품은 제게 훨씬 큰 의미로 다가왔습니다. 이유가 뭘까요? 겉보기에 두 그림은 거의 비슷합니다. 둘의 차이점은 죽음의 '의미'에 있었습니다. 세계사에서 온 인류의 구원에 중요한 의미가 있는 죽음은 예수의 죽음뿐입니다. 어떤 그림도, 어떤 영화도, 어떤 TV 프로그램도 우리에게 이 사실을 설명해 줄 수 없습니다. 따라서 우리는 믿음으로 성경 말씀에 귀를 기울여야 합니다.

세례자 요한은 예수 그리스도를 보고 이렇게 선언했습니다. "보시오, 세상 죄를 지고 가는 하나님의 어린양입니다"(요 1:29, 36). 그리스도인이라면 누구나 잘 아는 구절이지만, 성경의 문맥 안에서 이 구절을 제대로 이해하는 이는 별로 없는 듯합니다. 마찬가지로 그리스도인이라면 대부분 성찬식 때 낭독하는 "우리들의 유월절 양이신 그리스도께서 희생되셨습니다"(고전 5:7)라는 구절을 잘 알 겁니다. 그러나 이 구절의 의미를 제대로 설명하지 못하는 사람이 많습니다. 참으로 안타까운 일입니다. 성경을 꾸준히 읽는 사람이라면 이 구절을 읽을 때 구약 성경이 떠오를 겁니다. 예수의 죽음을 이해하는 데 무척 중요한 배경이지요.[7] 알다시피 히브리인들은 기원전 수천 년 동안 희생 제사를 올렸습니다. 하나님의 백성들은 희생 제사를 통해 중요한 사실 두 가지를 이해할 수 있었죠.

첫째, 반드시 죄 없는 자가 죄 있는 자를 위해 죽어야 한다.
둘째, 피 흘림이 없는 속죄제는 없다.

구약 성경에는 이 그림을 완성하는 모티프가 셋 있습니다. 첫 번째는 속죄를 위한 피의 희생 제사입니다. 이는 레위기 4장에 잘 나와 있습니다. 만약 어떤 사람이 실수로('실수'라는 말에 주목하세요. "일부러 그런 게 아니야", "모르고 그랬어"라는 말은 핑계가 되지 않는다는 뜻입니다) 죄를 지으면, 짐승을 잡고, 제사장이 속죄를 위해 그 피를 뿌립니다. 이게 죄를 없애는 방식입니다. 이때 잡는 짐승의 피는 속죄를 위한 제물입니다.

두 번째는 속죄 염소입니다. 이는 레위기 16장에 잘 나와 있습니다. 그래서 레위기 16장에 나오는 사건을 가리켜 '구약의 성금요일'이라 부르기도 합니다. 살아 있는 숫염소를 제사장에게 끌고 갑니다. 그러면 제사장은 "살아 있는 그 숫염소의 머리 위에 두 손을 얹고, 이스라엘 자손이 저지른 온갖 악행과 온갖 반역 행위와 온갖 죄를 다 자백하고 나서, 그 모든 죄를 그 숫염소의 머리에 씌운다. 그런 다음에, 기다리고 있는 사람의 손에 맡겨, 그 숫염소를 빈 들로 내보내야 한다. 그 숫염소는 이스라엘 자손의 온갖 죄를 짊어지고 황무지로 나간다. 이렇게 아론은 그 숫염소를 빈 들로 내보낸다"(레 16:21-22). 눈치채셨나요? 피의 희생 제사와 속죄 염소가 아주 흥미로운 예언의 방식으로 한데 어우러집니다. 레위기 16장을 계속 읽어 볼까요? "속죄제물로 희생된 수소와 숫염소의 피를 가져다가, 성소에서 죄를 속하는 예식을 마친 다음에는, 그 것들을 진 바깥으로 끌어내어, 그 가죽과 살코기와 똥을 불에 태워야 한다"(레 16:27). 신약 성경은 "예수께서도 자기의 피로 백성을 거룩하게 하시려고 성문 밖에서 고난을 받으셨습니다"(히 13:12)라고 말하는데, 그 배경에 구약의 이런 예식들이 자리하고 있는 겁니다.

세 번째는 유월절*pascha* 어린양입니다. 이는 출애굽기 12장에 잘 나와 있습니다.

> 온 이스라엘 회중에게 알리어라. 이 달 열흘날 각 가문에 어린양 한 마리씩 곧 한 가족에 한 마리씩 어린양을 마련하도록 하여라. … 너희는 그것을 이 달 열나흗날까지 두었다가, 해 질 무렵에 모든 이스라엘 회중이 모여서 잡도록 하여라. 그리고 그 피는 받아다가, 잡은 양을 먹을 집의 좌우 문설주와 상인방에 발라야 한다. … 내가 이집트 땅을 칠 때에, 문설주에 피를 바른 집은, 그 피를 보고 내가 너희를 치지 않고 넘어갈 터이니, 너희는 재앙을 피하여 살아 남을 것이다(출 12:3, 6-7, 13).

이 세 모티프는 신약 성경에서 놀랍게 하나로 합쳐집니다. 피 흘림, 죄 없는 자가 죄 있는 자를 위해 죽음, 이스라엘 자손의 온갖 죄를

십자가에 달린 예수

샤르트르 대성당에 스테인드글라스를 작업한 12세기 거장들은 사람들이 멀리 서서 작품을 바라본다는 점을 잘 알았기에 이처럼 강력한 형태로 메시지를 전달할 수 있었다. 작가들은 예수의 축 늘어진 머리와 뒤틀린 흉부, 마리아와 제자 요한의 몸짓을 통해 예수께서 아주 높은 곳에 있음을 표현했다.

짊어지고 황무지로 나감, 노예 생활과 사망에서 구원받은 표징인 유월절 어린양의 피. 이 이미지들은 우리가 "세상 죄를 지고 가는 하나님의 어린양입니다"(요 1:29), "우리들의 유월절 양이신 그리스도께서 희생되셨습니다"(고전 5:7)라고 말할 때 그 말이 무슨 뜻인지 잘 보여 줍니다.

스스로 "나는 선한 목자다"라고 말씀하신 예수께서 지금 양 무리를 위해 자기 목숨을 내놓으십니다. 우리가 부르는 찬송가 가사 역시 이 점을 상기시킵니다. "오, 선한 목자, 양 무리를 위해 제물이 되셨네." 죄 없으신 그분이 죄 있는 많은 사람을 대신해 죽었습니다. 단번에 자기 몸을 드리셨습니다.[8]

성금요일이자 수난일인 오늘, 히브리서 10장 말씀을 함께 묵상합시다.

> 뜻을 따라 예수 그리스도께서 자기 몸을 단번에 드리심으로써 우리는 거룩하게 되었습니다. … 그러나 그리스도께서는 죄를 사하시려고, 단 한 번의 영원히 유효한 제사를 드리신 뒤에 하나님 오른쪽에 앉으셨습니다. … 그는 거룩하게 되는 사람들을 단 한 번의 희생제사로 영원히 완전하게 하셨습니다. … 그러므로 형제자매 여러분, 우리는 예수의 피를 힘입어서 담대하게 지성소에 들어가게 되었습니다. … 그러니 우리는 확고한 믿음을 가지고, 참된 마음으로 하나님께 나아갑시다. 우리는 마음에다 예수의 피를 뿌려서 죄책감에서 벗어나고, 맑은 물로 몸을 깨끗이 씻었습니다(히 10:10, 12, 14, 19, 22).

평범한 범죄자

예수가 하신 일을 감옥에서 전해 들은 세례자 요한은 예수에게 자기 제자들을 보내 당신이 그분이냐고 물었습니다.[9] 요한은 왜 예수가 자기가 생각했던 방식으로 메시아의 권세와 능력을 행사하지 않는지 이해할 수 없었습니다. 예수는 자기가 이러이러한 일을 했노라고 세례자 요한의 제자들에게 답하고는 "나에게 걸려 넘어지지 않는 사람은 복이 있다"(마 11:6)라고 말씀하셨습니다. 그런데 복음서는 사람들이 예수에게 걸려 넘어졌다고 반복해서 말합니다. 오늘 우리가 살펴볼 두 여인의 이야기도 그런 경우입니다.

첫 번째 여자는 편의상 '샐리'라고 합시다. 샐리는 마음에 드는 성공회 교회를 찾기가 어렵다고 말합니다. 그래서 저는 교회 몇 곳을 추천하며 한번 가 보라고 했습니다. 그러자 샐리는 정색하며 싫다고 했습니다. "그 교회에도 갈 수 없어요." 왜 그러냐고 묻자 놀랍게도 샐리는 이렇게 답했습니다. "교회에 가면 강대상 뒤에 있는 커다란 십자가를 봐야 하니까요. 그 십자가에 예수 그리스도가 달려 있는데, 그 모습을 보면 너무 화가 나니까요."[10]

두 번째 여자는 편의상 '제인'이라고 합시다. 저는 제인의 남편과 자녀들을 아주 잘 압니다. 동호회나 교회 같은 곳에서 보면 아주 쾌활한 사람 같지만, 사실 제인은 가족을 힘들게 하는 사람입니다. 교묘하게 사람들을 조종하고, 사람들 위에 군림하려 들고, 제멋대로인 데다 타인에게 관대하지 못한 사람입니다. 쾌활해 보이는 성격은 오히려 문제를 악화시켰습니다. 감언이설로 자기 방식을 밀어붙이는 데 능숙했기 때문입니다. 스스로 덕스러운 사람이라고 생각하는 탓에 자기 행동에 무슨 문제가 있는지 전혀 이해하지 못했습니다.

몇 해 전, 고난주간에 제인이 한 말은 많은 것을 시사했습니다. 우선, 설명할 게 있습니다. 수년 동안 많은 교회가 복음서에 나온 수난 기사를 연극처럼 역할을 나눠 낭독해 왔지만, 제인이 다니는 교회에서는 한 번도 그런 적이 없었다는 점입니다. 어느 해 종려주일, 제인은 난생처음 수난 기사 낭독에 참여했습니다. 소리치던 무리의 역할을 맡아 회중과 함께 "예수를 십자가에 처형하라"라고 외쳤습니다. 예배에 참석한 이들에게는 무척이나 중요한 순간입니다. 이 순간에 믿음이 불타오르거나 꺼졌던 불이 다시 타오르는 사람을 많이 보았습니다. 예배가 끝나고, 몇 사람이 둘러앉아 예배가 얼마나 감동적이었는지 이야기하고 있을 때였습니다. 사람들은 "예수를 십자가에 처형하라" 하고 소리칠 때 느꼈던 감정을 이야기했습니다. 그때 제인이 힘주어 말했습니다. "저는 도저히 그렇게 소리칠 수 없었어요. 절대 못 하죠. 어떻게 그렇게 끔찍한 말을 할 수 있어요?"

그 후 저는 이게 얼마나 서글픈 말인가 종종 생각했습니다. 완고함 탓에 철저하게 눈이 먼 제인은 자기가 우리와 같은 죄인이라는 사실을 인정할 수 없었던 겁니다. 자기 역시 악한 생각과 악의적인 행동을 할 수 있다는 사실을 인정할 수 없었던 겁니다. 그녀는 스스로 덕스럽고 독실하다고 생각했습니다. 그래서 예수가 누구이고 자기가 누구인지 이해하지 못했습니다. 베네딕트회의 한 수도사는 이렇게 말한 바 있습니다. "시편에 나오는 폭력성을 이해하지 못한다면, 당신 안에 있는 폭력성도 이해하지 못할 겁니다." 십자가의 경우에는 더더욱 그러합니다. 십자가를 볼 수 없다면, 우리 자신 역시 볼 수 없습니다.

짧은 이야기를 하나 하려 합니다. 십자가에 달린 예수상을 보고 싶어 하지 않는 샐리에 관한 이야기입니다. 샐리는 백화점에서 있었던 일을 친구들에게 이야기했습니다. 백화점에 간 샐리의 모습을 한번 상상해 보십시오. 문제의 백화점은 부유층이 애용하는 곳으로 기품이 넘칩니다. 샐리 역시 세련되고 우아하고 귀족적인 분위기를 물씬 풍겼습니다. 샐리는 값비싼 블라우스를 하나 샀습니다. 그런데 직원이 깜빡 잊고 블라우스에 달린 도난 방지 장치를 제거하지 않았습니다. 샐리가 쇼핑백을 들고 백화점을 나서려 하자 경고 벨이 울렸고 경비원들이 샐리를 에워쌌습니다. 이야기를 듣던 친구들은 "맙소사, 어쩌면 좋아!" 하고 소리쳤습니다. "너, 정말 속상했겠다. 남편에게 전화는 했어? 신분증은 있었어? 변호사는 불렀어? 백화점 사장 나오라고 하지?"

샐리는 이렇게 대답했습니다. "야, 말도 마. 그건 문제도 아니야. 신분을 증명하는 건 아무 문제가 없었어. 별로 기분 나쁜 일도 아니었고. 진짜 기분 나쁜 건 평범한 범죄자 취급을 받는 거야."

정확히 그렇게 말했습니다. 평범한 범죄자 취급을 받는 게 제일 기분 나빴다고. 이 사람이 바로 교회에 가면 십자가에 달린 예수상이 있고, 그게 보기 싫어서 교회에 갈 수 없다고 말한 그 사람입니다.

샐리는 백화점 경비원에게 자기가 누구인지는 말할 수 있었지만,

정작 자기가 누구인지 알지 못했습니다. 저는 백화점에서 느꼈던 수치심이 예수의 죽음을 이해하는 실마리가 될 수 있다고 샐리에게 설명하려 애썼습니다. 일반 범죄자처럼 체포되고, 일반 범죄자처럼 사람들 앞에 전시되고, 일반 범죄자처럼 처형당한 예수의 죽음을 설명하려 노력했습니다. 그러나 소득이 없었습니다. 샐리는 자기에게 죄가 있다고 생각하지 않았습니다. 부당한 취급을 받았다는 점은 인정했습니다. 오해받고 무시당했다는 점도 인정했습니다. 불완전하다는 점도 받아들였습니다. 그러나 양심의 가책을 느끼지는 않는다고 했습니다. 자기에게 죄가 있다는 건 절대 인정할 수 없다고 했습니다. 샐리는 자기가 '착한' 사람이라 믿었습니다. 자기는 상점에서 물건을 훔치는 것과 같은 작은 죄도 절대 저지를 수 없는 사람이라고 믿었습니다. 그래서 평범한 범죄자처럼 죽은 예수와 자신이 어떤 관련이 있는지 이해하지 못했습니다.

샐리는 성금요일의 메시지를 듣지 못했습니다. 제인도 그랬습니다. 그러나 오늘 이곳에 모인 여러분은 다릅니다. 여러분 자신뿐만 아니라 그들에게 전하는 메시지를 들을 수 있습니다. 수치스러운 십자가에 매달린 예수 그리스도를 묵상할 때 여러분은 인간의 죄가 얼마나 깊고 무거운지 이해하게 됩니다. 불이 났을 때 화재 규모를 어떻게 가늠합니까? 화재 진압을 위해 투입된 소방수와 소방차 수효를 통해 가늠하지 않습니까? 병이 얼마나 중한지 어떻게 측정할 수 있습니까? 의사들이 얼마나 위험한 항생제를 처방하고 얼마나 위험한 수술을 단행하는지를 보면 알 수 있습니다. 우리 죄가 얼마나 큰지는 어떻게 알 수 있을까요? 그에 비할 수 없을 만큼 우리를 향한 하나님의 사랑이 광대하다는 건 또 어떻게 알 수 있을까요? 하나님이 예수 안에서 우리를 위해 얼마나 엄청난 일을 하셨는지를 보면 알 수 있습니다. 우리를 위해, 우리

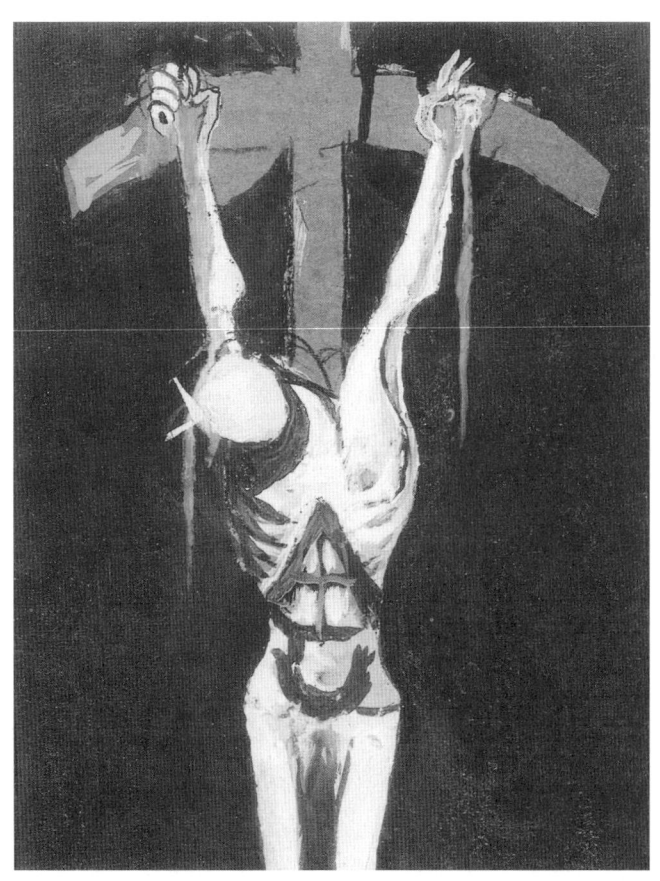

그레이엄 서덜랜드, 〈십자가 처형〉
2차 세계대전 이후의 다른 화가들과 마찬가지로 서덜랜드는 성스러운 표현은 모두 치우고, 십자가형을 당한 예수를 고통스럽게 죽어 간 이름 없는 희생자들과 똑같이 묘사했다.

를 대신해 예수께서 일반 범죄자와 같아지셨습니다.

예수의 조건 없는 사랑과 용서를 제대로 깨달을 때, 여러분은 자신이 죄에 얼마나 깊이 빠져 있는지 알게 될 겁니다. 그리고 그 순간, '우리 주 예수 그리스도 안에 있는 구원'이라는 복된 소식의 실재와 기쁨과 환희를 제대로 알게 될 겁니다.

누군가는 값을 치러야 한다

성금요일에는 상당히 많은 주제가 하나로 합쳐집니다. 유월절과 출애굽의 이야기, 속박에서 벗어나는 성경의 구원 사건들이 '정복자 그리스도'라는 주제 안에서 재현되지요. 우리는 구약 성경 속 속죄에 관해, 희생 제물이 흘린 피를 통해 속죄가 이루어지는 방식에 관해 듣게 됩니다. 언약궤와 속죄판, 뿌린 피에 관한 이야기도 듣습니다. 오직 하나님만이 무찌르실 수 있는 사망의 왕국 앞에 항복하신 우리 주님의 모습을 상상해 보기도 합니다. 유월절 어린양, 독생자의 희생, 자기 몸을 제물로 바치는 고난받는 종, 아주 오래된 저주와 이 세상의 죄를 짊어지느라 고개가 꺾인 예수 등 대속의 이미지를 떠올립니다. 이 가운데 몇 가지를 조금 더 자세히 들여다보려 합니다. 먼저, 바울이 고린도 교회 교인들에게 쓴 편지를 살펴볼까요?

> 하나님께서는 죄를 모르시는 분에게 우리 대신으로 죄를 씌우셨습니다. 그것은 우리가 그리스도 안에서 하나님의 의가 되게 하시려는 것입니다 (고후 5:21).

대단히 중요한 구절입니다. 우리는 이 구절을 통해 십자가에서 예수에게 일어난 일이 어떤 일이었는지 깨닫게 됩니다. 바울이 말을 조금 덜 꼬고 조금만 더 명확하게 이야기해 주었으면 좋으련만, 하고 생각하는 이들도 있겠지만, 이 구절은 십자가에 달려 죽은 예수의 죽음을 이해하는 데 특별한 의미가 있습니다.

"하나님께서는 죄를 모르시는 분에게 우리 대신으로 죄를 씌우셨습니다." 이 문장에는 죄, 죄를 모르는 예수, 십자가에 달려 죽은 예수의 죽음, 이 세 가지가 떼려야 뗄 수 없게 서로 얽혀 있습니다. 이 구절에는 십자가가 구체적으로 언급되어 있지 않기 때문에 혹자는 이 구절이 십자가와 무슨 상관이 있느냐고 물을지도 모릅니다. 이 질문에 우리는 이렇게 답할 수 있습니다. 생애를 통틀어 예수께서 "나의 하나님, 나의 하나님, 어찌하여 나를 버리셨습니까?"라고 울부짖던 순간 외에 하나님이 그에게 '죄가 있게' 하신 시기가 전혀 없다고 말입니다.

심지어 '예수 세미나'를 주창했던 이들, 즉 복음서에 나오는 예수의 말씀 중 약 90퍼센트가 '비역사적'이라고 주장했던 이들마저도 예수께서 실제로 이렇게 울부짖으셨다는 점을 인정합니다. 누군가가 지어냈을 리 만무하고, 예수의 입에서 나오지도 않은 울부짖음을 교회가 이제껏 귀중하게 간직해 왔을 리도 만무합니다. "나의 하나님, 나의 하나님, 어찌하여 나를 버리셨습니까?" 주님은 왜 이렇게 말씀하셨을까요?

제가 볼 때 만족할 만한 답이 있다면, 그것은 바로 그 순간에 하나님의 아들이신 그분이 죄인이 되셨다는 것뿐입니다. 소름 끼치는 죄가 그분을 짓눌렀습니다. 그 순간, 그분은 처음이자 마지막으로 성부 하나님과 분리되는 경험을 했습니다. 우리가 받아야 할 선고를 그분이 받으신 겁니다.

이런 이야기를 들으면 늘 마음이 상합니다. 그리고 이런 일은 대를 이어 반복됩니다. 우리는 우리 자신이 심판받아 마땅한 존재라는 사실을 믿고 싶어 하지 않으니까요. (다른 사람이라면 몰라도 나는 절대 아니라고 생각하지요.) 그런데 속죄 이야기를 들으며 사람들이 마음 상해하는 또 한 가지 이유는 속죄를 크게 오해하고 있기 때문입니다. 일부 설교자들과 교사들은 혐오스러운 용어를 써 가며 무고하게 희생된 아들에게 유죄를 선고하는 진노한 아버지의 모습을 묘사하곤 합니다. 이런 잘못된 묘사는 맹렬히 거부해야 합니다.[11]

하나님의 아들을 속죄 제물로 바치는 신비의 핵심은 아버지와 아들의 뜻이 하나라는 점입니다. 이 일은 어디까지나 아버지와 아들이 함께 한 일입니다. "아버지, 만일 아버지의 뜻이면, 내게서 이 잔을 거두어 주십시오. 그러나 내 뜻대로 되게 하지 마시고, 아버지의 뜻대로 되게 하여 주십시오"(눅 22:42). "나는 선한 목자이다. 선한 목자는 양들을 위하여 자기 목숨을 버린다. 삯꾼은 목자가 아니요, 양들도 자기의 것이 아니므로, 이리가 오는 것을 보면, 양들을 버리고 달아난다.—그러면 이리가 양들을 물어가고, 양떼를 흩어 버린다.—그는 삯꾼이어서, 양들을 생각하지 않기 때문이다. 나는 선한 목자이다. 나는 내 양들을 알고, 내 양들은 나를 안다. 그것은 마치, 아버지께서 나를 아시고, 내가 아버지를 아는 것과 같다. 나는 양들을 위하여 내 목숨을 버린다. 나에게는 이 우리에 속하지 않은 다른 양들이 있다. 나는 그 양들도 이끌어 와야 한다. 그들도 내 목소리를 들을 것이며, 한 목자 아래에서 한 무리 양떼가 될 것이다. 아버지께서 나를 사랑하신다. 그것은 내가 목숨을 다시 얻으려고 내 목숨을 기꺼이 버리기 때문이다. 아무도 내게서 내 목숨을 빼앗아 가지 못한다. 나는 스스로 원해서 내 목숨을 버린다. 나는 목숨을 버릴 권세도 있고, 다시 얻을 권세도 있다. 이것은 내가 아버지께로부터 받은 명령이다"(요 10:11-18).

다양한 저자들이 다른 각도에서 이 이야기를 전합니다. 성공회 〈기도서〉에 있는 토머스 크랜머의 유명한 성만찬 기도도 그중 하나입니다. 그리스도께서는 "온 세상의 죄를 위해 온전하고 완벽하고 충분한 희생제사와 봉헌과 만족"을 이루셨습니다. 오늘날 많은 성경학자가 '만족'이라는 개념을 피하려 합니다. 이 개념이 지나치게 추상화되고 형식화되어 온 건 사실입니다. 그러나 여기에는 위대한 진실이 담겨 있습니다. 토머스 크랜머는 그리스도의 십자가를 이해하려면 죄의 심각성을 참작해야 한다고 말합니다.[12] 구약 시대에 속건 제사를 지낼 때는 속건 제물에 어느 정도 가치를 부여할지 정하기 위해 제물의 무게를 재야 했습니다. 그러니 우리는 십자가의 무게, 즉 예수께서 치르신 값이 얼마인지 헤아려야 합니다. 십자가에 달려 죽은 예수 그리스도를 바라볼 때야 비로소 처절하게 낮아져서 하나님에게 버려진 예수를 볼 수 있고, 비로소 죄의 본질을 깨닫게 됩니다.[13]

죄를 용서하려면 무언가를 해야 했습니다. 보상이, 만족이 이루어져야 했습니다. 만족satisfaction은 중세 시대 특유의 추상적 관념이 아닙니다. 인간 존재에 관한 기본 인식입니다. 1990년대 초, 뉴저지주 티넥에서 흑인 소년이 경찰이 쏜 총에 맞아 죽었습니다. 두 손을 들고 저항하지 않겠다는 의사를 표현했는데 말입니다. 소년의 아버지는 "누군가는 값을 치러야 한다"며 울부짖었습니다. 정의가 실현되어야 하고, 정의가 실현되었음이 만천하에 드러나야 한다는 말입니다. 캔터베리의 안셀무스는 오래전에 이렇게 썼습니다. "하나님의 정의가 반드시 충족되어야 한다." 여기서 말하는 당위성은 엄격한 논리적 당위가 아니라 도덕 질서를 지키는 사건으로서의 당위를 말합니다. 그리스도의 십자가 안에서 정의는 실제로 실현되었습니다. 어떤 이들이 수년 동안 주장해 온 '법적 간주'(법원에서 사실로 간주하나 실제로 사실은 아닌 것을 지칭하는 영미법 내 법률 용어―옮긴이)를 의미하는 게 아닙니다. 하나님은 십자가를 통해 일반 사면을 선포하신 게 아닙니다. 범죄자를 제외하고 일반 사면으로 만족할 사람은 아무도 없을 겁니다. 십자가에서 일어난 일은 일반 사면 그 이상의 일입니다.

굳이 하나님의 정의를 언급하지 않고 인간의 정의감만 생각하더라도, 누군가가 큰 잘못을 저질렀을 때는 선고된 액수만큼 배상금을 내야 하고, 선고된 형만큼 감옥에서 복역해야 합니다. 요즘 우리는 '종결'을 이야기합니다. 외부에서 어떤 조처가 이뤄져야 치유가 된다고 보는 것이죠. 심지어 인간인 우리도 종결을 요구하는데, 정의로우시고 의로우신 하나님은 어떻겠습니까! '온 세상 죄'를 배상하려면 외부의 개입이 필요합니다. 누군가가 죄에 대한 값을 치러야 한다는 말입니다.

풍족하게 사는 사람들보다 일평생 구조적 불의를 견디며 사는 빈곤층과 유색 인종이 예수께서 죄에 대한 값을 치르셨다는 가르침을 더 잘 이해하는 듯합니다. 교외 주택에서 사는 교인들은 대개 질병이나 이혼, 중독, 세대 갈등, 금전 문제와 같은 개인적인 문제로 고민하는 경향이 있습니다. 그래서 불의와 압제를 이겨 내야 한다는 생각보다는 지원책이나 치유책을 찾아야 한다는 생각을 더 많이 합니다. 아프리카계 미국인들은 정의가 실현되길 바란다고 말할 때 특별히 기독교 용어를 자주 씁니다. 〈거기 너 있었는가?〉라는 찬송도 흑인 공동체에서 나왔습니다. "때로 그 일로 나는 떨려, 떨려, 떨려"라는 후렴구는 단순히 십자가형의 고통만을 가리키지 않습니다. 여기에는 수많은 의미가 담겨 있습니다. 예수가 겪은 고통과 흑인들이 겪는 고통의 관련성, 예수가 당한 악행과 흑인들을 억압한 노예제도의 유사성, 원수들을 용서하신 예수를 본받아 백인들을 용서하는 흑인들의 모습 등. 그러나 무엇보다도 값을 치른다는 맥락에는 마틴 루터 킹 목사를 비롯해 수많은 사람이 동참한 시민 평등권 운동이라는 성경 신학이 자리하고 있습니다.[14] 그들이 끊임없이 주창했던 정의관에는 도덕 질서 안에서 하나님이 이미 강력하게 결정적으로 이루셨고 그래서 다시 멈출 수 없는 어떤 일에 대한 인식이 깊게 배어 있습니다. "도덕적 세계의 아크는 길고 길지만 결국 정의를 향해 휜다"라고 말했을 때 마틴 루터 킹 목사는 단순히 멋진 생각을 밖으로 표현한 게 아닙니다. 비폭력 투쟁을 이어가는 가운데 그를 굳건히 붙들어 준 신앙은 하나님이 이미 값을 치르셨으니 언젠가는 우리가 승리하리라는 믿음이었습니다.[15]

"누군가는 값을 치러야 한다." 이것이 사형제를 둘러싼 논쟁 기저에 깔린 생각입니다. 삶이 파탄 나서 복수하고 싶어질 때 우리 마음속에 치미는 감정입니다. 이스라엘 사람들이 팔레스타인 사람들을, 팔레스타인 사람들이 이스라엘 사람들을 끝없이 죽이고 또 죽이게 하는 요인입니다.

그러나 끝없이 계속되지는 않습니다.[16] 폭력의 악순환, 불의의 악순환, 보복의 악순환은 예수의 몸 안에서 끊겼습니다. **죄**와 **사망**이 왕 노릇을 하던 옛 세계는 십자가에서 끝났습니다. 따라서 그리스도인은 이렇게 선언해야 합니다. "하나님이 값을 치르셨다." 만약 여러분이나 제가 하나님이었다면, 아마 우리는 값을 치르기 위해 다른 누구, 즉 비난받아 마땅한 어떤 인물을 택했을 겁니다. 그러나 하나님은 값을 치르기 위해 다름 아닌 자기 자신을 택하셨습니다. 비난받을 이유가 없는 분,

그런데도 우리를 대신해 죄를 짊어지기 위해 담대하게 앞에 나서실 분 말입니다. "하나님께서는 죄를 모르시는 분에게 우리 대신으로 죄를 씌우셨습니다. 그것은 우리가 그리스도 안에서 하나님의 의가 되게 하시려는 것입니다"(고후 5:21).

주님, 그런데 대체 어디에 계십니까? 얼마나 더 기다려야 합니까? "진리와 사랑의 날이 임하게 하시고 악의 밤을 끝내소서!"[17] 그날이 오려면 아직 멀었습니다. 이 때문에 우리의 믿음은 아주 혹독한 시련을 겪습니다. 그러나 우리 앞에는 수많은 증인이 있습니다. 마틴 루터 킹 목사와 자유 행진에 참여한 사람들, 오스카르 로메로 주교와 순교한 엘살바도르 수녀들, 투투 주교와 인종 분리에 반대하는 남아프리카 여성 단체 회원들의 삶과 증언을 통해 우리는 하나님이 치르신 값이 그 효력을 발휘하는 모습을 이미 지켜보았습니다.[18] 십자가에 못 박히신 예수의 몸 안에서 악의 고리가 끊어졌노라고 말과 행동으로 증언할 수 있도록 하나님께서 우리 각자에게 은혜를 베푸시길 간절히 바랍니다. 또한, 오실 그분의 찬란한 빛으로 말미암아 드디어 악의 밤이 막을 내릴 그날까지 우리가 이 진리를 삶으로 실천할 수 있기를 간절히 바랍니다.

저주를 받은 사람이 되심으로써

오늘 살펴볼 본문은 갈라디아서 3장 10-13절입니다. 내용이 난해한 탓인지, 감당하기 버거운 탓인지, 이 본문을 풀어내는 설교를 접하기 쉽지 않습니다. 그러나 갈라디아서 3장은 십자가에 달려 죽은 예수의 죽음을 이해하는 데 꼭 필요한 본문 중 하나입니다.[19] 바울 서신에 나오는 많은 구절이 그렇듯, 아래 구절은 대단히 창의적인 동시에 성금요일에 일어난 일의 핵심을 파고듭니다.

> 율법의 행위에 근거하여 살려고 하는 사람은 누구나 다 저주 아래에 있습니다. 기록된 바 "율법책에 기록된 모든 것을 계속하여 행하지 않는 사람은 다 저주 아래에 있다" 하였습니다. … 그리스도께서 우리를 위하여 저주를 받은 사람이 되심으로써, 우리를 율법의 저주에서 속량해 주셨습니다. 기록된 바 "나무에 달린 자는 모두 저주를 받은 자이다" 하였기 때문입니다(갈 3:10-13).

"율법의 행위에 근거하여 살려고 하는 사람은 누구나 다 저주 아래에 있습니다." 잠시 이 문장을 들여다봅시다. 율법의 행위란 무엇일까요? 율법의 행위란 기본적으로 하나님이 명하신 일을 말합니다. 이를테면, 경건한 행위, 도덕적인 행동, 의로운 행동, 우리가 생각할 수 있는 가장 좋은 행동 말입니다. 우리는 이런 일을 가리켜 흔히 '선행'이라고 하지요. "율법의 행위에 근거하여 살려고 하는 사람은 누구나 다 저주 아래에 있습니다." 바울의 이 발언은 역사상 가장 급진적인 발언이고, 갈라디아서는 역사상 가장 급진적인 저술입니다. 이유는 짐작하실 겁니다. 하나님이 정하신 계명에 의지하여 살려는 자는 저주 아래에 있다는 게 정말로 바울이 하려는 말의 진의라면, 도덕은 어찌 될 것이며 경건은 어찌 되겠습니까? 종교는 또 어떻고요?

당시 갈라디아 교회에는 율법의 행위를 통해서만 의롭다 여김을 받을 수 있다고 설교하고 가르치는 자들이 많았습니다. '칭의justification'라는 단어의 뜻을 아십니까?[20] 가까이하기 어려운 전문용어처럼 들리지만, 그렇지 않습니다. 사실, 요즘 사람들도 이 단어를 곧잘 사용합니다. '방금 네 행동을 어떻게 정당화할래justify?'라고 묻곤 하지요. '네가 옳다는 걸 어떻게 증명할래?' 하는 뜻입니다. 이것이 갈라디아 교인들과 우리에게 주어진 화두입니다. 여러분은 어떻습니까? 여러분이 가치 있는 사람이라는 사실을 자신과 타인에게 증명하기 위해 여러분이 의지하는 대상은 무엇입니까? 때때로 우리는 양심의 가책을 받습니다. 때로는 수십 년 전에 돌아가신 부모님이 마음속에 찾아와 꾸짖기도 하시죠. 또, 때로는 동료들과 가족들, 장성한 자식들이 우리를 재단합니다. 무엇보다 하나님의 최종 판결이 우리를 기다리고 있습니다. 이 수많은 재판정에서 자신이 괜찮은 사람임을 증명하기 위해 여러분이 의존하는 대상은 무엇입니까? 무엇을 근거로 여러분이 옳다는 걸 증명하겠습니까?

어떤 사람들은 직장 생활로 얻은 사회적 지위와 서열을 증거로 내 밉니다. 어떤 사람들은 잘 키운 자식들(특히 신뢰하기 어려운 기준이지요)을 증거로 제시합니다. 어떤 사람들은 직장이나 집에서 자기 마음대로 부릴 수 있는 사람들 수를 증거라며 들이밉니다. 명성과 좋은 평판을 내밀 며 이만하면 꽤 괜찮은 사람 아니냐고 말하는 이들도 있습니다. 생활 방 식을 기준으로 스스로 괜찮은 사람이라 여기는 이들도 있습니다. 몸매 가 좋고, 건강하고, 날씬하고, 부유층이 애용하는 장소에 드나들고, 고급 식당에서 밥을 먹으니까, 이 정도면 나도 꽤 괜찮은 사람이라고 생각합 니다. 무엇보다도, 우리는 자신이 어떤 부류인지를 기준으로 자신을 정 당화하려고 애씁니다. '나는 이러이러한 유형의 사람'이라는 확신을 통 해 자신이 '꽤 괜찮은 사람'이라고 생각합니다. 나는 누구보다 도덕적이 니까, 누구보다 섬세하니까, 누구보다 사랑스러우니까, 누구보다 영리 하니까, 누구보다 사려 깊으니까, 누구보다 애국심이 넘치니까, 누구보 다 공동체 의식이 강하니까, 누구보다 사회에 대한 인식이 높으니까 나 는 괜찮은 사람이라고 생각합니다. 반대의 경우도 있지요. 누구보다 박 해를 많이 받았으니까, 누구보다 혹사를 많이 당했으니까, 누구보다 오 해를 많이 받았으니까, 누구보다 오래 참고 견뎠으니까 나는 괜찮은 사 람이라고 생각합니다. 한마디로 우리는 다른 사람들보다 자신을 높이는 방식으로 교묘하게 혹은 대놓고 '나는 괜찮은 사람'이라고 여깁니다.

그렇다면 하나님 앞에서는 어떨까요? 하나님 앞에서 우리는 어떻 게 자신을 정당화할까요? 하나님이 주신 계명을 지킴으로써? 그렇다면 계명이란 대체 무엇일까요? 자, 두 계명이 있습니다. "첫째는 이것이다. '이스라엘아, 들어라. 우리 하나님이신 주님은 오직 한 분이신 주님이시 다. 네 마음을 다하고, 네 목숨을 다하고, 네 뜻을 다하고, 네 힘을 다하

렘브란트, 〈십자가에 달린 그리스도〉

14-15세기 화가들은 십자가에 달린 예수를 그릴 때 배경을 정교하게 묘사하고 주변 인물로 화면을 가득 채웠다. 이와 달리 렘브란트와 프란시스코 고야는 배경과 주변 인물을 배제한 채 오로지 십자가에 달린 예수만을 그렸다. "나의 하나님, 나의 하나님, 어찌하여 나를 버리셨습니까?" 하고 예수께서 부르짖는 순간을 그린 듯하다.

프란시스코 고야, 〈십자가 처형〉

여, 너의 하나님이신 주님을 사랑하여라.' 둘째는 이것이다. '네 이웃을 네 몸 같이 사랑하여라.' 이 계명보다 더 큰 계명은 없다"(마 12:29-31). 어떻습니까? 하나님의 보좌 앞에서 "음, 때때로 이 중 몇몇 계명을 지켰습니다"라면서 자신을 정당화할 수 있을까요? 언젠가 저는 같은 동네에 사는 여성에게 옷감 고르는 일을 도와 달라고 부탁했습니다. 옷감 색깔과 무늬에 관해 이야기할 때는 아무 문제가 없었습니다. 하지만 그녀와 신앙에 관해 이야기하기는 쉽지 않았습니다. 자기에게는 굳이 교회가 필요하지 않다는 걸, 그녀는 내가 알아주길 바랐습니다. "그러니까 종교란 게 뭐예요? 당신이 대접받기 원하는 대로 남에게 대접하라. 그거잖아요? 그 점에 관한 한 나는 교회에 갈 필요가 없는 사람이에요." 그때 그녀를 똑바로 보면서 어떻게 그렇게 자신할 수 있느냐고 물을 배짱이 있었으면 좋았을 텐데, 그러지 못했습니다. 사실 그녀는 자기가 대접받고 싶은 대로 남에게 대접하기는커녕, 자기중심적이고 늘 자기 하고 싶은 대로 한다고 소문이 자자한 사람이었습니다.

 바울은 자기 말에 힘을 실으려고 율법서 한 구절을 인용합니다. "이 율법 가운데 하나라도 실행하지 않는 자는 저주를 받는다"(신 27:26). 이만하면 꽤 괜찮은 사람이라며 자기를 과시하려 애쓰는 우리를 보고 하는 말 같습니다. 그렇다면 우리는 전능하신 하나님의 재판정에서 어떻게 살아남을 수 있을까요? 바울은 우리에게 방법이 없다고 말합니다. 우리가 무엇에 기대 **스스로** 꽤 괜찮은 사람이라 여기든 중요하지 않습니다. 모두 쓸데없으니까요. 언젠가 남편에게 우리가 아는 어떤 사람이 외간 여자와 '동거하고 있다 living in sin'라고 말했습니다. 그러자 남편은 "우리 모두 죄 가운데 살고 있지"라고 하더군요. 이게 핵심입니다. 우리는 저주 아래 있습니다. **죄**의 권세에 묶여 있어서 선을 행하고 싶을 때조차도 선을 행할 수 없기 때문입니다. 사도 바울이 말한 대로지요. "나는 내가 원하는 선한 일은 하지 않고, 도리어 원하지 않는 악한 일을 합니다"(롬 7:19).

이제 오늘 본문 중 아주 중요한 구절을 살펴볼 차례입니다. "그리스도께서 우리를 위하여 저주를 받은 사람이 되심으로써, 우리를 율법의 저주에서 속량해 주셨습니다." 저주란 무엇일까요? 제가 가르치는 성경 공부 모임에서 젊은 여성이 이렇게 물었습니다. "저주란 게 뭐죠? 저주는 욕이잖아요. 그리스도께서 욕을 먹는 사람이 되었다는 게 도무지 이해가 안 돼요." 성경에서 말하는 저주는 그런 뜻이 아닙니다. 성경에서 저주와 축복은 자신의 궁극적인 목적을 이루시는 하나님의 능력을 의미합니다. 복을 내릴 수도 있고, 정죄할 수도 있는 하나님의 능력 말입니다. 우리가 율법의 지배 아래 살았더라면, 우리는 다 정죄를 받았을 겁니다.

"그리스도께서 우리를 위하여 저주를 받은 사람이 되심으로써." 알다시피, 그리스도인이 되기 전에 바울은 열성적으로 그리스도인을 핍박했습니다. 맹렬히 타오르는 적개심으로 그리스도인을 핍박했습니다. 바울이 그토록 격분한 이유는 뭘까요? 랍비가 되기 위해 공부를 많이 한 정통 유대인으로서 바울은 하나님이 이스라엘 백성에게 오래전에 약속했고, 그래서 이스라엘 백성이 오랫동안 고대했던 '하나님의 메시아'가 하나님에게 심판을 받아 죽었다는 생각을 도저히 받아들일 수 없었기 때문입니다.[21] 그렇다면 바리새인이었던 바울이 그렇게 생각한 이유는 뭘까요? 신명기에 그 답이 있습니다. "나무에 달린 사람은 하나님께 저주를 받은 사람이기 때문입니다"(신 21:23). 경건한 사람들은 공개적으로 매달아 둔 주검은 하나님에게 버림받았다 여겨 몹시 싫어했습니다.[22] 그런데 그리스도인들이 하나님의 메시아가 하나님에게 저주를 받아 죽었다고 주장한 겁니다. 열성적인 바리새인이었던 바울은 그런 주장을 도저히 용납할 수 없었습니다. 그래서 어디서든 기독교를 뿌리 뽑을 심산으로 다마스쿠스로 향했습니다. 그다음에 무슨 일이 일어났는지는 잘 아실 겁니다. 말에서 떨어져 사흘간 앞을 보지 못했고, 부활하신 예수 그리스도를 만난 뒤 완전히 다른 사람이 되었습니다.

그래서 바울은 성경으로 돌아가 밝혀야 했습니다. 대체 왜? 하나님의 메시아가 대체 왜 하나님에게 버림을 받고 저주를 받아 죽어야 했는가? 많고 많은 처형법 가운데 대체 왜 가장 수치스러운 십자가형이어야 했는가? 예수를 생각하면서 신명기 구절을 읽던 바울의 눈에 불꽃이 튀었을 겁니다. 비로소 이해하게 된 겁니다. 하나님이 우리에게 주신 의로운 계명에 대항하는 우리의 타고난 본성 때문에 우리에게 임한 저주를 예수께서 자기 몸에 짊어지셨다는 사실을 말입니다.

이는 곧 하늘에서도 땅에서도 이제 우리를 정죄할 수 없다는 뜻입니다. "그리스도께서 우리를 위하여 저주를 받은 사람이 되심으로써, 우리를 율법의 저주에서 속량해 주셨습니다." 저주를 받아야 할 사람은 우리인데, 예수께서 우리 대신 저주를 받으셨습니다. "그러므로 그리스도 예수 안에 있는 사람들은 정죄를 받지 않습니다"(롬 8:1).

가까운 지인 중에 어머니에 대한 기억으로 괴로워하는 여성이 있습니다. 어머니는 여생을 딸과 함께 살고 싶어 했지만, 딸은 그럴 수 있을 것 같지 않았습니다. 딸은 어머니를 잘 보살피기 위해 노력하며 자주 찾아뵈었습니다. 그래도 자기가 어머니를 실망하게 했다는 생각을 떨치지 못했습니다. 한번은 제게 어머니 이야기를 꺼내면서 괴로운 마음을 토로했습니다. "어머니가 나를 용서하실지 모르겠어요." 그러다 이렇게 말했습니다. "아마 그러시겠죠." 너무도 자신 없는 목소리였습니다. 확신이 전혀 없었습니다. 그녀는 용서를 확신하지 못하고 계속 가책을 느끼며 괴로워했습니다. 이 친구를 위해 어떻게 기도하면 좋을까요? 우리가 받아야 할 저주를 예수께서 자기 몸에 짊어지시고 율법의 저주에서 우리를 속량해 주신 사실을, 십자가에 달리신 예수께서 우리에게 자비를 베푸신 사실을 부디 그녀가 깨달았으면 좋겠습니다. 어머니가 그녀를 용서하실지는 부활 때까지 알 수 없을지 모릅니다. 그러나 예수께서는 바로 지금 우리를 용서하십니다. 아마 그러실 거라고요? 아닙니다. 우리는 이 사실을 추측하는 게 아니라 정확히 알고 있습니다. 그분은 우리를 용서하실 뿐만 아니라, 우리를 의롭다 하십니다. 인쇄공이 인쇄되는 행 사이를 정돈할 때도 'justify'라는 단어를 씁니다. 지금은 온전히 이해할 수 없어도, 하나님은 우리를 용서하시면서 또한 우리를 의롭다 하십니다. 우리를 휘게 하지 않으시고 곧게 하십니다. 이런 일이 십자가에서 벌어지고 있습니다. 우리 힘으로 할 수 있는 일이 아닙니다. 오직 주님만이 우리를 위해 이 일을 하실 수 있습니다. 오직 주님만이 우리를 위해 이 일을 하셨습니다. 〈만세 반석 열리니〉라는 찬송가 가사 그대로입니다.

> 내가 공을 세우나 은혜 갚지 못하네
> 쉼이 없이 힘쓰고 눈물 근심 많으나
> 구속 못 할 죄인을 예수 홀로 속하네.[23]

갈기갈기 찢어진 마음

오늘 살펴볼 성경 구절에 주의를 기울이시길 바랍니다. "내 마음이 근심에 싸여 죽을 지경이다. 너희는 여기에 머물러서 깨어 있어라"(막 14:34). 예수께서 생애 마지막 날 밤에 겟세마네로 가시면서 제자들에게 하신 말씀입니다. 헬라어 원문을 보면 아주 강한 어투인데, 사람들은 이 구절을 다음과 같이 번역합니다.

　　지금 나는 괴로워 죽을 것 같다.
　　내 마음이 슬픔에 짓눌려 죽을 지경이다.
　　내 마음이 갈기갈기 찢어질 듯하다.

　　오늘 함께 살펴볼 구절이 하나 더 있습니다. "비방이 나의 마음을 상하게 하여 근심이 충만하니 불쌍히 여길 자를 바라나 없고 긍휼히 여길 자를 바라나 찾지 못하였나이다"(시 69:20, 개역개정).
　　오늘 본문을 읽을 때 상상력을 발휘해서 예수가 느낀 슬픔에 조금 더 가까워졌으면 합니다. 세상에서 가장 사랑하는 사람이 우리에게 "마음이 갈기갈기 찢어지는 것 같아"라고 하면, 우리 기분은 어떨까요? 아마 우리 마음도 갈기갈기 찢어질 겁니다. 예수가 느낀 비통함은 그 독특함 때문에 이루 말로 다 표현할 수 없을 정도입니다.

예수의 마음이 갈기갈기 찢어진 이유는 뭘까요? 자기가 죽을 것을 알고 있었던 까닭일까요? 절대 그렇지 않습니다. 지극히 평범한 사람들조차도 씩씩하고 태연하게 죽음을 맞는 예가 드물지 않다는 사실을 우리는 잘 압니다. 그렇다면 하나님의 아들이 토머스 모어나 마리 앙투아네트나 디트리히 본회퍼나 심지어 차분하게 독극물 주사를 맞으러 가는 범죄자들보다 더 죽음을 가슴 아파한 이유는 뭘까요? 복음서 저자들은 겟세마네 동산 이야기를 전하면서 예수의 고뇌를 강조합니다. 이유가 뭘까요?

대답은 간단합니다. 간단하지만, 제대로 이해하려면 믿음이 필요합니다. 믿음과 믿음에 바탕을 둔 상상력이 필요합니다. 오늘 교회에 오신 분들에게는 아주 작은 믿음이라도 믿음이 있으리라 믿습니다. 그렇지 않다면 지금 여기에 있지 않을 테니까요. 아무리 작은 믿음이라도 괜찮습니다. 예수께서는 겨자씨처럼 작은 믿음이라도 자라서 큰 나무가 되리라고 약속하셨습니다. 이런 이야기를 오늘 처음 듣는 분이 있다면, 여러분 안에 있는 믿음의 씨앗이 오늘부터 싹을 틔우고 자라게 하십시오.

예수께서 겟세마네에서 가슴 미어지게 슬퍼하신 이유는 곧 죽게 될 터이기 때문이 아니라, 자신이 십자가에서 온 세상의 죄를 짊어질 것을 아셨기 때문입니다. 개인적으로 예수께서는 이전에 죄의 무게를 느껴 본 적이 없었습니다. 인간의 죄악을 보시고, 탄식하시고, 용서하신 적은 있지만, 죄에 무릎을 꿇은 적도 개인적으로 죄에 짓눌린 적도 없었습니다. 이제껏 이 세상에서 살았던 사람 중에 그분만 유일하게 죄인이 아니셨기 때문입니다. 그런 그분이 여태껏 쌓이고 쌓인 온 세상의 죄를 어깨에 짊어지려 하십니다. 그 기분이 어떨지 우리는 그저 상상만 할 뿐입니다. 그 누구도 이런 일을 겪어 본 적 없으니까요.

사랑하는 사람이 고통당하는 모습을 지켜보는 건 너무도 괴롭습니다. 우리가 사랑하는 이가 우리가 한 일 때문에 고통당한다고 생각하면 견딜 수 없지요. 이제껏 살았던 모든 인간의 죄 때문에 예수께서 고통당하실 때 그 고통이 어땠을지 이 세상 말로는 표현할 길이 없습니다. 그래서 복음서 저자들도 시도조차 하지 않았습니다. 마태와 마가는 예수께서 "나의 하나님, 나의 하나님, 어찌하여 나를 버리셨습니까?"라고 부르짖으셨다고만 기록했습니다. 고개를 떨구시고 우리 대신 저주를 받으실 때 어떤 일이 일어났는지를 예수의 입을 빌려 기록한 겁니다. 고린도후서의 한 구절이 이 사실을 이렇게 기록하고 있습니다. "하나님께서는 죄를 모르시는 분에게 우리 대신으로 죄를 씌우셨습니다. 그것은 우리가 그리스도 안에서 하나님의 의가 되게 하시려는 것입니다"(고후 5:21).

다음으로 '비방'이 무엇인지 이해해야 합니다. 여기서 말하는 비방은 성부께서 성자를 책망한다는 뜻이 아닙니다. 예수가 겪으실 죄에 대한 책망, 사형 선고, 악행에 대한 정죄를 가리킵니다. 성경은 성부와 성자가 이 일을 함께 이루신다는 점, 두 분의 뜻이 같다는 점을 분명히 합니다. 죄에 대한 하나님의 진노를 예수께서 짊어지셔야 한다는 것은 성부와 성자의 공통된 뜻입니다. 우리를 너무도 사랑하시는 성부와 성자께서 우리가 죄로 멸망하지 않게 뜻을 모으신 겁니다.

몇 주 전에 설교를 들었는데, 그날 설교자는 이오섬 전투에 참전

했던 군인들 모임에 갔다 왔노라고 했습니다. 설교자는 사순절 설교를 하면서 적진에서 날아온 수류탄을 자기 몸으로 감싸 동료들을 구한 군인을 예로 들었습니다. 설교는 감동적이었고 예화도 제 역할을 했습니다. 그러나 흡족한 예화는 아니었습니다. 예수께서 하신 일은 거기에 비할 바가 아닙니다. 그분의 죽음은 영웅답지도 영광스럽지도 않았습니다. 수치심과 모멸감이 뒤범벅된 죽음이었습니다. 예수의 죽음은 동료들을 구하기 위한 죽음도 아니었습니다. 그들은 모두 예수를 버렸으니까요. 그분의 죽음은 친구들뿐만 아니라 '원수들'을 구하기 위한 죽음이었습니다. 실제로 친구들이 원수가 되었으니까요. 우리는 이토록 수치스러운 자들입니다. 결국, 예수께서는 최초의 성금요일에 우리 대신 십자가를 지심으로써 **사망**뿐만 아니라 **죄**의 결과로 말미암아 찢기셨습니다.[24]

  예수께서 어떤 값을 치르셨는지 알아야 비로소 그 가치를 이해할 수 있습니다. 그리스도의 십자가라는 값을 바라볼 때 비로소 죄에 대한 심판의 무게를 깨닫게 되고, 우리가 그분에게 얼마나 가치 있는 존재인지 깨닫게 됩니다. 신약 성경이 여러 번 반복하는 진술, 예수께서 '우리 죄를 위해 죽었다'라는 진술의 의미를 이해해야 합니다. 이것이 예수께서 그토록 가슴 아파하신 이유입니다. 이것이 예수의 죽음이 다른 죽음과 다른 점이고, 예수의 고뇌가 다른 이의 고뇌와 다른 점이고, 예수의 슬픔이 다른 이의 슬픔과 다른 점입니다. "길 가는 모든 나그네들이여, 이 일이 그대들과는 관계가 없는가? 주님께서 분노하신 날에 내리신 이 슬픔, 내가 겪은 이러한 슬픔이, 어디에 또 있단 말인가!"(애 1:12) 예수의 슬픔과 같은 슬픔은 어디에도 없습니다. 죄에서 우리를 구원하시기 위해 예수께서 무엇을 견디셔야 했는지 깨닫기 전에는 **죄**의 짐이 얼마나

렘브란트, 〈십자가에서 내려지심〉

예수의 수난과 죽음을 묘사한 작품 가운데 무덤에 묻혀 인간적인 소망이 산산이 부서지는 장면을 묘사한 작품보다 그분의 낮아지심을 적나라하게 표현한 작품도 없다. 시신을 내리기 위해 사용한 흰색 천이 왼쪽 위에서 길게 늘어지며 시작된 대각선은 횃불처럼 들린 손에 강조점을 찍고 일련의 얼굴들을 가로질러 거침없이 아래로 이어진 다음, 어둑어둑한 얼굴과 형상에 둘러싸인 어둠을 향해 내려오다가 무덤이 있는 곳에서 끝난다. '음부로 내려가심'이라고 부를 만한 장면이다.

무거운지 우리는 알지 못합니다. 예수께서는 죄에 사로잡힌 자들에게 뒤따르는 유죄 선고 아래 고개를 떨구셨습니다. 우리를 위해 그렇게 하셨습니다. 여러분과 제가 그만한 가치가 있다고 보신 겁니다. 여러분이 오늘 교회를 나가서 전과 똑같이 살 수 없는 이유가 여기 있습니다.

어젯밤 예배 때는 이 장면을 극적으로 표현했지요. 제단 장식을 모조리 치우고, 촛불을 모두 끄고, 서서히 조명을 끄고, 세상이 끝날 것처럼 오르간 소리만 무겁게 퍼져 나갔습니다. "이런 극적 상황을 연출하는 이유는 예수가 십자가에 처형되는 순간 하나님의 구원 계획이 실패한 듯 보이고 어둠의 세력이 명명백백히 승리한 듯 보이는 장면을 상징적으로 보여 주기 위함입니다."[25]

여러분이 예수의 제자라고 상상해 보십시오. 제자들이 지금 어떤 상황일지 상상해 보십시오. 그러면 부활절을 이전과는 전혀 다르게 이해하고 축하하게 될 겁니다. 지금은 성금요일 새벽 3시입니다. 이 순간을 기억하십시오. 성금요일에서 부활절로 넘어가는 이 순간을 기억하십시오. 예수가 죽었습니다. 암흑과 절망뿐입니다. 예수께서 하신 일이 얼마나 엄청난지 느껴지십니까? 그리스도께서는 우리를 위해 음부로 내려가셨습니다. 사탄이 자기 뜻대로 했습니다. 인간적인 소망은 산산이 부서졌습니다. 오래 기다렸던 메시아가 가장 비천한 범죄자들처럼 수치스럽게 처형당했습니다. 우리에게는 그분을 다시 살릴 방법이 없습니다. 이 세상에 있는 온갖 봄꽃, 햇빛, 부활절 달걀, 축하 카드, 긍정적 사고를 다 동원해도 그분을 다시 살릴 수 없습니다. 우리는 잔해 속에, 어둠 속에, 침묵 속에 남겨졌습니다. 그 누구도 이 잔해를 재건할 수 없습니다. 그 누구도 이 어둠을 밝힐 수 없습니다. 그 누구도 이 침묵을 깰 수 없습니다. 오직 하나님만 하실 수 있습니다.

내 마음에 뿌려진 피

그러므로 예수께서도 자기의 피로 백성을 거룩하게 하시려고 성문 밖에서 고난을 받으셨습니다(히 13:12).

멸시와 버림을 받고

요즘 사람들은 대체로 독실하거나 완전히 세속적이거나 둘 중 하나입니다. 성경에 입각한 정통 기독교는 그리 멋져 보이지 않습니다. 교인들은 성경 지식과 교리를 점점 더 등한시합니다. 그래서 기독교가 단순히 여러 종교 가운데 하나가 아니고, 요가와 타로 카드, 자기 계발, 천사 숭배를 기독교에 넣고 버무리면 더 거대하고 더 신성한 종교가 나오는 게 아니라는 사실을 이해시키기가 점점 더 어려워지고 있습니다.

기독교에 이것저것 섞으면 안 되는 이유가 뭐냐고요?

그 이유는 예수 그리스도가 십자가에 못 박혀 죽었기 때문입니다. 오늘 여기 모인 여러분은 이 사실을 이미 알고 계실 겁니다. 여러분은 예수 그리스도의 죽음이 종교사에서 유례를 찾을 수 없는 독특한 사건이자 경외심을 품고 오롯이 집중해야 할 사건임을 어렴풋하게나마 알고 계실 겁니다. 십자가에 못 박혀 죽은 예수께서 오늘 이 시간 말씀을 전하는 저와 말씀을 듣는 여러분 마음에 성령으로 함께하시길 간절히 빕니다. 이전과는 전혀 다른 삶을 살게 하는 능력이 예수의 십자가에서 나오기 때문입니다.

그는 사람들에게 멸시를 받고, 버림을 받고, 고통을 많이 겪었다. 그는 언제나 병을 앓고 있었다. 사람들이 그에게서 얼굴을 돌렸고, 그가 멸시를 받으니, 우리도 덩달아 그를 귀하게 여기지 않았다(사 53:3).

전에는 그의 얼굴이 남들보다 더 안 되어 보였고, 그 모습이 다른 사람들보다 더욱 상해서, 그를 보는 사람마다 모두 놀랐다(사 52:14).

헨델의 오라토리오 〈메시아〉 가사로 유명한 성경 구절입니다. 기독교를 믿든 안 믿든 전 세계 많은 성악가가 이 곡에 감명을 받고, 이 곡을 부르는 것을 영광스럽게 생각합니다. 오늘 본문에서 이사야 선지자는 메시아를 가리켜 멸시받고 무시당하며 고난을 아는 사람, 고통을 몸소 겪은 사람이라고 말합니다. 그를 보면 사람들이 고개를 돌렸다고 합니다. 너무 흉해서 보고 있을 수가 없었다는 뜻입니다. 알아볼 수 없을 만큼 망가진 얼굴은 사람의 모습이 아니었습니다.

멸시를 받고, 버림을 받았다. 아주 지독한 말입니다. 언제 이런 표현을 쓰는지 아십니까? 남편이 젊은 여자와 눈이 맞아 집을 나갈 때 아내는 자기가 버림받았다고 느낍니다. 일하고 싶은 직장에 지원했다가 "지원해 주셔서 고맙습니다. 연락하지 마세요. 필요하면 저희가 연락할 겁니다"라는 말을 들었을 때도 비슷한 기분이 들지요. 조합이나 동아리 가입을 거절당하고 기분 좋은 사람은 없습니다. 작가들은 종종 출판 불가 통보를 받을 때 이런 고통을 느낍니다. 젊은이들은 거절당하는 걸 특히나 고통스러워합니다. 이성에게 고백했다가 거절당하거나 동아리 가입을 거절당하고 실의에 빠진 청소년들 이야기가 종종 들립니다. 심지어 교회 안에서도 이런 일은 일어납니다. 고개를 돌려 주변을 살펴보십

장 포예, 〈갈보리 가는 길〉

채색 사본에서 발견된 이 작품에는 내밀한 감정이 짙게 배어 있다. 예수가 느꼈을 지독한 고립감과 굴욕감을 이 작품보다 잘 묘사한 그림도 없을 것이다. 적들에게 에워싸인 채 철저히 혼자가 된 예수는 손이 묶인(도망치거나 저항할 방도가 있기라도 한 양) 상태로 형틀이 준비되길 기다리고 있다.

시오. 구석을 서성이는 사람이 보일 겁니다. 누구도 그에게 말을 걸지 않고, 옆에 앉지도 않습니다. 이런 게 버림받은 사람들의 모습입니다. 그런데 메시아는 '멸시를 받고' 버림을 받았다고 합니다. 단순히 버림받은 게 아니라 멸시까지 당했답니다. 이 두 가지가 합쳐진 모습을 생각해 내려면 더 열심히 둘러보아야 합니다. 이사야에 따르면 '고난받는 종'은 극한의 고통을 경험하는 인물입니다.

보통 종교계 인물은 '멸시'나 '버림'과는 어울리지 않습니다. 사람들은 자기가 경배하는 대상이 행복을 안겨 줄 수 있는 눈부신 존재이길 바랍니다. 그런데 기독교 신앙에서 가장 흥미로운 논거는 기독교 신앙 한가운데 자리한 **십자가**입니다. 인간의 상상력으로는 그런 이미지를 만들어 낼 수 없었습니다. 멸시를 받고 버림을 받는 메시아를 예상하고 기대할 사람은 아무도 없습니다. 기독교 신앙 한가운데는 모순이 있고, 우리는 여기에 주목해야 합니다. 화학 약품을 실은 트럭에 '위험 물질·고농도 염증성 화물·취급 주의'라는 문구를 붙이듯, 주의 문구라도 써 붙여야 할 만큼 주의가 필요합니다.

《뉴스위크》는 1999년 3월 29일자 표지에 예수의 그림을 실었습니다. 기사 제목은 "예수의 2천 년"이었습니다. 이 기사를 쓴 케네스 우드워드는 잡지사에서 일하는 동안 기독교 신앙을 전파하기 위해 많은 글을 쓴 그리스도인입니다. 그러나 그가 이야기를 포장하는 방식에는 실망스러운 점이 몇 가지 있었습니다. '십자가형의 고통'은 "고난의 구속 능력의 상징"이라는 글귀가 삽화 밑에 쓰여 있었습니다. 말도 안 되는 소리입니다. 소설가 플래너리 오코너가 메리 맥카시에게 말했듯, "만약 그게 상징이라면, 없애는 게 낫지 않겠습니까?"[26] 예수가 십자가에 못 박혀 죽은 건 상징이 아니라 실제 사건입니다. "고난의 구속 능력"이라는 표현은 마틴 루터 킹 목사가 자주 썼던 표현입니다. 심오한 진리가 담긴 표현입니다. 그러나 우리가 오늘 다루는 고난은 단순한 고난이 아니라, 하나님의 아들이 겪는 독특한 고난으로서 세상을 변화시키는 고난입니다. "고난의 구속 능력"이라는 표현만으로는 이런 의미를 다 담아낼 수 없습니다. 그리스도의 종들은 고난을 통해 그리스도의 고난에 참여합니다. 따라서 그리스도의 종들이 겪는 고난에도 구속의 성격이 있습니다. 무엇보다 **십자가**의 의미를 드러내는 것은 육체적 고통이 아닙니다. 예수께서는 사람들에게 멸시를 받고 버림을 받으셨습니다. 바로 이 점을 이해해야 합니다.

십자가에 달리신 예수를 깊이 생각하는 것으로 오늘 성금요일 예배를 시작했으면 합니다. 우리는 상상도 할 수 없는 심한 거절을 경험했을 뿐만 아니라 극도의 공포를 경험하셨을 예수 그리스도를 깊이 생각합시다. 십자가에 달리신 예수께서 하신 말씀 중 복음서 저자 두 명이 기록한 말씀은 이 한마디입니다. "나의 하나님, 나의 하나님, 어찌하여 나를 버리셨습니까?" 이는 예수께서 십자가에 달리셨을 때 실제로 무슨 일이 벌어졌다는 걸 암시합니다. 다른 차원에서 무슨 일이 벌어지고 있었던 것이죠. 전 우주적인 하나님과 인간의 드라마가 예루살렘 밖 골고다에서 절정에 이르렀던 겁니다. 무슨 일이 벌어졌던 걸까요? 하나님의 아들이 버려져 멸시를 당하고 거절당한 이유는 뭘까요? 예수에게 어떤 끔찍한 공격이 쏟아졌던 걸까요?

2천 년 전 오늘 예수에게 일어난 일을 지금 우리가 다 이해할 수 있다는 말이 아닙니다. 성경이 우리에게 제시하는 건 과학적 해설이 아니라 이미지와 은유입니다. 그러나 우리가 확실하게 알고 있는 게 하나 있습니다. 신약 성경의 저자들은 예수의 죽음이 죄 때문이라고 거듭 말

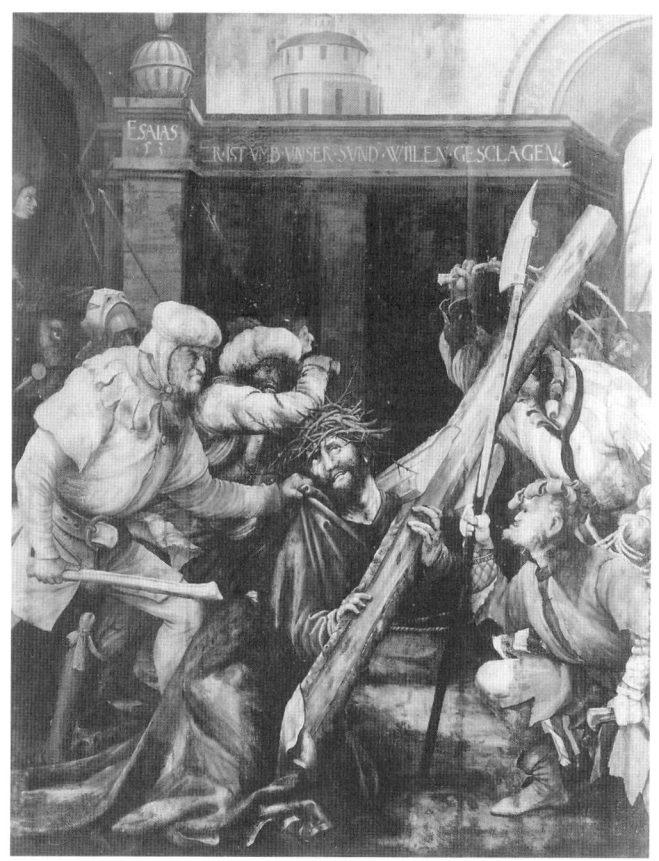

마티아스 그뤼네발트, 〈십자가를 지고 가는 그리스도〉

마티아스 그뤼네발트는 예수께서 얼마나 비인간적인 취급을 받았는지 강조하기 위해 공을 들였다. 고문하는 자들의 일그러진 표정과 난폭한 몸짓에서 인간의 타락상이 고스란히 드러난다.

합니다. 그분은 극한의 수치와 굴욕을 경험하셨습니다. 예수께서는 치명적인 **죄**의 세력과 우리 사이에 끼어드셨습니다. 그분의 죽음이 유례없이 끔찍했던 이유가 바로 여기에 있습니다. 십자가형이라는 수치스러운 처형 방식을 택한 이유는 인류가 저지른 죄가 그만큼 수치스러웠기 때문입니다. 십자가를 지러 가는 예수에게는 눈곱만큼의 너그러움도 허락되지 않았습니다. 얼굴을 가리지도, 옷을 걸치지도 못했습니다. 마지막 식사도 사제의 기도도 허락되지 않았습니다. 십자가형은 인간의 체면과 사생활, 존엄성을 모조리 빼앗기 위해 특별히 고안한 처형법입니다. 우연이 아닙니다. 모두 외면 바로 아래 있는 인간의 타락과 연결되어 있습니다. 옛날 옛적에는 '그렇지 않다'고 둘러댈 수 있었을지 모르지만, 지금은 인터넷과 대중 매체가 인간의 악행을 매일 폭로합니다. 하나님의 아들이 당한 고문과 괴롭힘은 인간이 어떤 짓까지 할 수 있는지 고스란히 보여 줍니다. 메시아가 당한 멸시와 거절은 우리가 어떤 존재인지를 보여 줍니다.

그러므로 그리스도의 죽음은 기독교 복음과 일반 종교를 구별 짓는 사건입니다. 십자가는 우리 신앙을 재는 가장 내밀한 기준입니다. 십자가가 없었다면, 부활절도 없었겠지요. 어디 그뿐입니까? 기독교 자체가 존재하지 않았을 겁니다. 멸시를 받고 버림을 받은 메시아의 마지막, 그리스도가 당한 수난의 불경스럽고 사악한 측면, 예수가 당한 죽음의 비인간적이고 극악한 성질을 붙들고 씨름하지 않으면, 예수 이야기가 다른 이야기와 뭐가 다른지 이해하지 못합니다.

오늘 우리가 살펴본 본문은 이사야 53장입니다. 성경 본문 중에 이보다 더 시선을 끄는 구절도 없고, 이보다 더 이해하기 어려운 구절도 없습니다. 성금요일에 이 본문을 읽는 이유는 삼위일체 하나님이 태초부터 이 모든 일을 작정하셨다는 사실을 우리에게 알리기 위해 그리스도가 오시기 500년 전에 이사야 선지자에게 이 환상을 보여 주셨다고 믿기 때문입니다.

그는 사람들에게 멸시를 받고, 버림을 받고, 고통을 많이 겪었다. 그는 언제나 병을 앓고 있었다. 사람들이 그에게서 얼굴을 돌렸고, 그가 멸시를 받으니, 우리도 덩달아 그를 귀하게 여기지 않았다. 그는 실로 우리가 받아야 할 고통을 대신 받고, 우리가 겪어야 할 슬픔을 대신 겪었다. 그러나 우리는, 그가 징벌을 받아서 하나님에게 맞으며, 고난을 받는다고 생각하였다. 그러나 그가 찔린 것은 우리의 허물 때문이고, 그가 상처를 받은 것은 우리의 악함 때문이다. 그가 징계를 받음으로써 우리가 평화를 누리고, 그가 매를 맞음으로써 우리의 병이 나았다. 우리는 모두 양처럼 길을 잃고, 각기 제 갈 길로 흩어졌으나, 주님께서 우리 모두의 죄악을 그에게 지우셨다(사 53:3-6).

찬송가를 함께 부르며 예배를 마치려 합니다. 가사를 묵상하면서 가슴에 깊이 새기시길 바랍니다.

오 주님, 희생 제물 되어
홀로 죽으러 가시네
무심히 지나치는 우리
그 슬픔 알아채지 못하네

주가 짊어지신 죄, 우리의 죄니

그 슬픔 알아채고
안타까움과 부끄러움으로
사랑의 호소에 사랑으로 답하게 하소서

주의 십자가로
기쁨과 부활의 능력 누리니
함께하는 이 시간
고난에 참여하게 은혜 베푸소서.[27]

예수에게 죄를 씌우다

오늘 함께 살펴볼 말씀은 시편 22편입니다. 시편 22편은 이렇게 시작합니다. "나의 하나님, 나의 하나님, 어찌하여 나를 버리십니까?" 예수가 이 세상에 오시기 수백 년 전에 쓰인 이 시편에는 십자가에 처형당한 예수의 죽음에 관한 세부 사항이 놀라울 정도로 많이 담겨 있습니다. 성금요일에 이 시편을 읽음으로써 우리는 부활 직후 초대교회가 했던 경험과 비슷한 경험을 하게 될 겁니다.

나의 하나님, 나의 하나님, 어찌하여 나를 버리십니까? 어찌하여 그리 멀리 계셔서, 살려 달라고 울부짖는 나의 간구를 듣지 아니하십니까? 나의 하나님, 온종일 불러도 대답하지 않으시고, 밤새도록 부르짖어도 모르는 체하십니다. 그러나 주님은 거룩하신 분, 이스라엘의 찬양을 받으실 분이십니다. 우리 조상이 주님을 믿었습니다. 그들은 믿었고, 주님께서는 그들을 구해 주셨습니다. 주님께 부르짖었으므로, 그들은 구원을 받았습니다. 주님을 믿었으므로, 그들은 수치를 당하지 않았습니다 (시 22:1-5).

여러분이 예수의 제자들이라고 상상해 보십시오. 제자들은 지금 자기들에게 일어난 엄청난 일을 이해하려고 애쓰고 있습니다. 어떻습니까? 십자가 처형을 그저 악몽 같았던 일화 정도로, 이제 예수께서 부활하셨으니 없었던 일로 제쳐 놓고 싶으신가요? 끔찍했던 지난 일은 접어 두고 행복한 결말에만 초점을 맞추고 싶으신가요? 우리는 성경의 저자들이 십자가 처형에 관해서는 최대한 적게 이야기하고, 부활의 영광으로 곧장 넘어가기를 기대합니다. 그게 인간의 본성이지요. 그러나 복음서 저자들은 우리의 기대와 달리 사복음서 중심에 수난 기사를 배치합니다.

예수께서 부활하신 뒤, 제자들은 십자가 사건이 구약 성경에 예언되어 있었다는 사실을 가장 먼저 깨달았습니다. 예전 성도들은 시편을 늘 가까이했습니다. 오늘날에도 예배 때마다 시편을 낭송하는데, 이는 유대교와 기독교의 관행에 따른 것입니다. 예수와 그의 제자들은 하루에도 몇 번씩 시편을 읽으며 기도했습니다. 몸에 밴 습관이었죠. 예수께서 부활하신 뒤, 시편을 읽다가 십자가 사건을 발견한 제자들의 모습을 상상해 보십시오. 정말 짜릿하지 않았을까요? 부활의 찬란한 빛 아래서 시편을 읽으며 기도하던 초기 그리스도인들은 사람들 다 보는 데서 온갖 고초를 겪다 죽은 예수의 죽음이 태초에 시작된 하나님의 계획이었다는 사실을 깨달았습니다. 그날 갈보리에서 벌어진 모든 일이 시편에 예시되어 있었습니다. 십자가 처형은 끔찍한 실수가 아니었습니다. 그들의 선생은 헛되이 '이 세상의 쓰레기처럼' '만물의 찌꺼기처럼' 취급받으며 굴욕과 멸시를 당한 게 아니었습니다.[28] 예수가 당한 고난에는 구원이라는 목적을 위해 하나님이 생각해 두신 의미가 있었습니다. 선지자들의 예언이 모두 이루어졌습니다. 익숙한 성경 말씀을 완전히 새로운 시각으로 꼼꼼히 읽다가 이 사실을 발견했을 때 얼마나 짜릿했을지 상상해 보십시오.

시편 22편은 가장 놀라운 본문 중 하나입니다. 다시 한 번 자기들에게 일어난 놀라운 일을 이해하려고 애쓰는 제자들의 모습을 상상해 보십시오. 여러분이라면, 지금은 죽은 자들 가운데서 부활하셔서 여러분의 변화된 삶을 다스리고 계신 주 예수께서 이 땅의 인간쓰레기 같은 범죄자들과 함께 십자가에 매달렸었다는 사실을 어떻게 설명하시겠습니까? 특히, 십자가에 매달린 채 "나의 하나님, 나의 하나님, 어찌하여 나를 버리셨습니까?" 하고 울부짖던 예수를 어떻게 이해하고 사실 겁니까? 예수께서는 정말로 하나님이 자기를 버렸다고 생각하셨던 걸까요? 그렇다면 어떻게 그분이 거룩한 하나님의 아들일 수 있단 말일까요?

시편은 예수의 기도서였습니다. 우리는 상상도 할 수 없는 극한의 고통과 괴로움 속에서도 그분은 시편 구절로 기도했습니다. 헬라어 원문에 따르면 그분은 십자가에서 필사적으로 비명을 지르며 울부짖으셨습니다. 그러나 가장 깊은 절망 속에서도 예수께서는 하나님을 계속 신뢰하셨고, 그 마음을 하나님에게 전하셨습니다. 시편 88편은 분노와 절망이 폭발하듯 길게 쏟아집니다. 그래서 저는 하나님에게 화가 잔뜩 난 사람들에게 시편 88편을 읽어 보라고 권합니다. 위로나 격려의 말은 한마디도 없습니다. 그러나 여기에는 놀라운 사실이 있습니다. 시편 88편은 하나님에게 말을 겁니다. "주님, 나를 구원하신 하나님, 낮이나 밤이나, 내가 주님 앞에 부르짖습니다"라는 구절로 시작되지요. 우리 모두 이 시편을 묵상할 필요가 있습니다. 도저히 기도할 수 없을 때조차도 기도할 수 있다는 사실을 우리에게 가르쳐 주기 때문입니다. 머릿속에 어둡고 끔찍한 생각뿐이라도 그 생각을 하나님에게 토로하면 됩니다. 하나님은 우리가 말하기 전에 먼저 아십니다. 예수의 죽음에 관해 성경이 하는 말을 보면 하나님이 어떤 분인지 알 수 있지요.

"나의 하나님, 나의 하나님, 어찌하여 나를 버리셨습니까?" 이 말씀을 여러 해 동안 깊이 묵상하면서 많은 해석을 읽었습니다. 해석을 읽다가 실망할 때도 더러 있었습니다. 마태와 마가가 피하지 않은 내용을 애써 피하려 하고, 완곡하게 돌려 말하지 않은 내용을 완곡하게 돌려 말하려 애쓰는 것 같았기 때문입니다. 이 외에도 신약 성경에는 우리의 반응이 올바른지 확인할 수 있는 구절이 많습니다. 히브리서와 바울 서신들도 마태복음이나 마가복음과 마찬가지로 십자가에 달리신 예수께서 버림받았다는 절망감으로 괴로워하셨다고 말합니다.

고린도후서에는 아주 중요한 문장이 나옵니다. "하나님께서는 죄를 모르시는 분에게 우리 대신으로 죄를 씌우셨습니다. 그것은 우리가 그리스도 안에서 하나님의 의가 되게 하시려는 것입니다"(고후 5:21).[29] 이 구절은 십자가 사건을 해석하는 데 특별히 중요한 의미가 있습니다. "나의 하나님, 나의 하나님, 어찌하여 나를 버리셨습니까?"라는 울부짖음을 이해할 열쇠를 이 구절에서 찾을 수 있기 때문입니다. 하나님은 죄를 모르시는 예수에게 우리 대신으로 죄를 씌우셨습니다. 문법은 맞지 않지만, 아주 심오한 문장입니다.

그리스도의 십자가를 이해하려면 죄의 심각성을 고려해야 합니다. 구약 시대에는 속죄제를 드릴 때 제물의 무게를 재야 했습니다. 그래야 그에 맞는 값어치를 부여할 수 있으니까요. 이는 레위기에 잘 나와 있습니다(레 5:15-16). 우리는 예수께서 치르신 값, 즉 십자가의 무게를 재야 합니다. 값이 비쌀수록 죄가 큰 겁니다. 예수께서 십자가에서 하나님에게 버림을 받았다면, 그것은 곧 죄의 무게가 엄청나게 무겁다는 뜻입니다. 바울은 고린도 교인들에게 보내는 편지에 이 둘의 상관관계를 분명히 밝혔습니다. 예수 그리스도의 십자가를 바라보면, 그분이 어떻게 버려지고 얼마나 비천해졌는지, 어떻게 "사람들에게 멸시를 받고 버림을 받았는지" 알게 되고, 죄의 무게와 그 심각성을 알게 됩니다. 주님이 치르신 값은 인간의 악함과 비례합니다. 예수께서 십자가에서 멸시를 받고 버림을 받으신 이유는 하나님에게 멸시를 받고 버림을 받은 모든 사람의 짐을 대신 지셨기 때문입니다. 우리를 위해 그렇게 하셨습니다. 주님 덕분에 우리는 어깨가 가벼워졌습니다. 그런데 우리 대신 짐을 지신 순간 주님은 어떤 일을 겪으셨습니다. 겟세마네 동산에 계실 때까지도 예상하지 못했던 일이었습니다. 겟세마네에서 기도를 마치셨을 때 예수께서는 두려움을 극복하셨습니다. 악한 **세력**에 맞서 싸우셨고, 아버지의 뜻을 받아들이셨습니다. 그러나 예수께서는 그때도 죄를 대신 지는 게 어떤 건지 온전히 알지 못했습니다. 그분은 '죄를 모르는 분'이셨기 때문입니다. 예수는 우리와 같지 않으셨습니다. 매 순간 아버지와 끊임없이 교제하며 사셨습니다. 우리처럼 이기심에 휘둘린 적이 한 번도 없었습니다. 평생 하나님을 위한 사람이자 타인을 위한 사람으로 사셨습니다.[30] 그런데 난생처음 하늘에 계신 아버지와 교제가 끊어졌습니다. 단순히 하나님이 곁에 안 계신 상태를 말하는 게 아닙니다. 예수께서는 **죄**와 **사망**과 **악**이라는 사악한 삼총사에 대한 하나님의 정죄와 심판의 무게를 오롯이 짊어져야 했습니다. 이는 여러분과 제가 아는 그 어떤 일보다 훨씬 더 끔찍한 일이었습니다.

이쯤에서 또 다른 시편 구절이 도움이 될 겁니다.

주님께서 노하시므로, 나의 살에는 성한 곳이 없습니다. 내가 지은 죄 때문에, 나의 뼈에도 성한 데가 없습니다. 내 죄의 벌이 나를 짓누르니, 이 무거운 짐을 내가 더는 견딜 수 없습니다(시 38:3-4).

이제 여러분도 아실 겁니다. 원래 이 시편을 쓰고 부른 목소리는 인간의 목소리였습니다. 제 목소리였고 여러분의 목소리였습니다. 우리는 "이 무거운 짐을 더는 견딜 수 없나이다", "우리 중에는 성한 이가 아무도 없나이다"라고 고백하지요.[31] 이 고백 역시 시편에서 나왔습니다. "내가 지은 죄 때문에, 나의 뼈에도 성한 데가 없습니다"라고 말하는 이 사람은 그리스도 안에 계신 하나님이 보시는 사람입니다. 하나님은 우리를 보셨습니다. 멀찍이 떨어져서가 아니라 우리 가운데 오셔서 우리를 보셨습니다. 몸부림치는 우리를 위에서 가만히 내려다보지 않으시고 우리 가운데 내려오셨습니다. 죄에 짓눌리고 짓밟히고 삼켜지는 우리를 보셨습니다. "내 죄의 벌이 나를 짓누르니, 이 무거운 짐을 내가 더는 견딜 수 없습니다." 십자가에 달려 우리와 함께 이렇게 토로하기 전에, 정확히 말하자면 우리 대신 이렇게 토로하기 전에, 그분은 이미 우리 가운데 들어와 계셨습니다. 우리 주 예수 그리스도는 이런 지고한 사랑으로 우리를 사랑하셨고, 그래서 견딜 수 없이 무거운 짐을 마치 자기 짐인 양 우리 대신 지기로 하셨습니다. 고개를 떨구고 어둠의 **세력**에 자신을 내주셨습니다. 영혼이 파괴되고 지구가 멈추고 불이 꺼지는 그 순간, 어둠의 세력은 그분을 제압했습니다. "나의 하나님, 나의 하나님, 어찌하여 나를 버리셨나이까?" 하나님은 우리가 그리스도 안에서 하나님의 의가 되게 하시려고 죄를 모르시는 분에게 우리 대신으로 죄를 씌우셨습니다.

온유하신 예수, 주께 보답할 길 없네

주를 사랑하며, 영원토록 주께 기도하겠네

주의 긍휼과 변함없는 사랑을 생각하네

나, 그 사랑 받을 자격 없네.[32]

성문 밖에서

몇 년 전, 남편과 함께 집을 떠나 조금 멀리 있는 교회에 종려주일 예배를 드리러 갔습니다. 역할을 나누어 수난 기사를 낭독하며 언제나처럼 극에 깊이 빠져들었습니다. 종려주일은 교회 절기 가운데 가장 엄숙한 순간 중 하나로 꼽힙니다. 수난 기사를 함께 낭독하는 회중을 보고 늘 깊은 감명을 받습니다. "예수를 십자가에 처형하라" 하고 외치면서 회중은 자기 안에 뭔가 심상치 않은 일이 벌어지고 있다는 사실을 알아챕니다.

감동의 여운을 느끼며 낭독을 마치고 자리에 앉았습니다. 예배당에는 잠시 침묵이 흘렀습니다. 사제가 강단에 올라왔습니다. 우리는 그가 종려주일에 어울리는 무거운 말씀을 전하리라 예상했습니다. 예상은 빗나갔습니다. 그는 고등학교 때 했던 축구 경기에 관해 이야기했습니다. 이야기를 재밌게 하려고 애를 썼습니다. 정말 재밌다고 생각한 사람도 있었을지 모릅니다. 그 교회 교인들이야 처음 방문한 우리보다 이해하기 쉬웠겠지요. 하지만 제가 느끼기에는 웃음을 강요하는 듯했습니다. 웃고 싶지 않은데 예의상 웃어 주는 분위기였습니다. 설교자는 경기에 진 축구팀이 느낀 패배감을 예수께서 십자가에 달리셨을 때 제자들이 느꼈던 패배감과 연결 지으려 애썼습니다. 종려주일과 어울리는 예화는 아니었습니다.

제가 처음 참석한 장례식은 어머니와 가장 가까웠던 친구의 장례식이었습니다. 루지 부인은 저도 참 좋아하던 분이었습니다. 비교적 젊은 나이인 50대에 암으로 세상을 떠났습니다. 어머니만큼이나 마음이 상했던 저는 깊은 상실감에 빠졌습니다. 장례식이 끝나고 집으로 돌아왔습니다. 가족과 친구들이 한자리에 모였습니다. 남부 지방 관행에 따라 다과를 넉넉히 준비했고 참석자 수도 적지 않았습니다. 그런데 누구도 고인에 관해 이야기하지 않았습니다. 미식축구를 포함해 세상 돌아가는 일에 관해서만 이야기했습니다. 너무 속상했습니다. 루지 부인에 관해서 누군가가 이야기해 주길 바랐습니다. 생전에 얼마나 쾌활하고 지적이었는지, 얼마나 명랑한 사람이었는지, 나 같은 젊은 친구들에게 얼마나 관심을 많이 쏟으셨는지, 누군가가 이야기해 주길 바랐습니다. 그러나 아무도 그녀를 입에 올리지 않았습니다. 다들 침묵하기로 모의한 것이죠. 회피한다는 게 이런 거구나, 그때 처음 알았습니다.

지난주에 부활절 카드를 사러 기독교 서점에 들렀습니다. 젊은 여성이 친구와 함께 서점에 들어왔습니다. 보아하니 주일학교 보조 교사 같았습니다. 그 교사는 교장실에 불려 갔었다며 친구에게 툴툴거렸습니다. 자기가 부활절에 아이들에게 한 이야기를 듣고 교장이 못마땅해했답니다. 그 교사는 아이들이 들으면 속상할까 봐 예수가 죽었다는 사실을 차마 말할 수 없었다고 했습니다. 계산대에 있던 직원은 그 교사에게 본인이 확신하지 못하는 것 아니냐고 물었습니다. 자기도 주일학교에서 아이들을 가르쳐 봤는데, 아이들은 속상해하는 게 아니라 궁금해할 뿐이라고 했습니다. 서점 직원은 현명한 사람이었습니다. 그녀는 이렇게 말했습니다. "그건 어른들이나 하는 걱정이에요. 아이들은 그런 걱정 안 해요."

몇 해에 걸쳐 부활절 카드를 조사했습니다. 죽음을 언급한 카드는 한 장도 없었습니다. 조금만 발품을 팔면 "그리스도가 부활하셨습니다"라는 문구에 십자가가 장식된 카드를 구할 수 있습니다. 하지만 죽음을 언급한 카드는 눈을 씻고 찾아도 찾을 수 없습니다. '홀마크 카드'라는 유명한 회사에서 카드 문구를 작성하는 사람들에 관한 글을 읽은 적이 있습니다. 그들이 카드에 넣을 문구를 작성할 때 절대 사용하면 안 되는 단어가 '죽음'이라고 합니다. 설사 그 카드가 조문용 카드라고 해도 절대 죽음을 언급하면 안 된다고 합니다.

제가 무슨 말을 하려는지 눈치채셨을 겁니다. 회피와 부정은 불편한 상황에서 인간이 보이는 전형적인 반응입니다. 사람들은 그런 상황에서 말하지 않는 게 도움이 되리라고, 진심으로 믿습니다. 까다로운 주제를 놓고 가족이 함께 논의하지 않는 가정에서 자란 사람들은 다시 배워야 합니다. 그래야 삶을 지금보다 잘 일구어 나갈 수 있습니다. 언젠가 자살 충동을 느끼는 사람들을 돕는 법을 함께 고민하는 워크숍에 참석한 적이 있습니다. 그때 강사가 한 말을 잊을 수 없습니다. "고통을 향해 나아가십시오." 우리 중 대부분은 정확히 그 반대로 해야 한다고 생각하지요. 돕고 싶으면 "고통을 향해 나아가십시오"라고 그 강사는 말했습니다.

2주 전, 부활절 카드를 보고 깜짝 놀랐습니다. 버지니아주에 있는 작은 마을을 방문했을 때였습니다. 어머니가 살고 계시고 제가 자란 곳입니다. 그 마을에서 교회에 출석하는 교인들은 대부분 아프리카계 미국인이었습니다. 슈퍼마켓에 갔더니 카드를 한가득 진열해 놓았더군요. '바오바브'라는 아프리카에서 유명한 나무의 이름을 딴 회사에서 제작한 카드였습니다. 꽤 근사했습니다. 백인을 염두에 두고 만든 카드는 아니었지만, 몇 장을 사서 집에 왔습니다. 그런데 카드 하나에 이런 글귀가 적혀 있었습니다.

> 이 부활절에 사랑의 복음이 전하는 그분의 선하심이,
> 우리가 더 풍성한 삶을 살게 하시려고 그분이 겪으신 고난에 관한 기억이,
> 그분의 부활에 관한 반가운 약속이
> 당신 마음속에 늘 살아 숨쉬길 바랍니다.[33]

이 카드는 '그분이 겪으신 고난'이라는 표현을 써서 예수의 고난을 명확하게 언급했습니다. 정말 깜짝 놀랐습니다. 백인들에게 파는 카드에서는 이런 표현을 한 번도 본 적이 없었으니까요. 그 카드에는 왜 이런 문구가 적혀 있다고 생각하십니까? 흑인들에게는 늘 고난이 삶의 일부였기 때문입니다. 회피하거나 부정하는 선택지는 애초에 존재하지 않았습니다. 아프리카계 미국인들이 다니는 교회에서는 십자가를 상기하려고 '피'라는 용어를 선뜻 사용한다는 점과 그것이 우리에게 의미하는 것을 곰곰이 생각하다가 문득 떠오른 기억이 있습니다. 25년 전, 세 시간짜리 성금요일 예배를 인도하기 위해 플로리다주에 있는 교회에 갔습니다. 예배가 시작되기 직전에 관할 사제는 제게 이렇게 말했습니다. "오늘 말씀을 전하실 때 '피'에 관해서는 언급하지 않으셨으면 합니다." 당시에는 자신도 없고 경험도 부족해서 이의를 제기하지 못했습니다. 그런데 최근 여동생과 사우스캐롤라이나주에 있는 흑인 침례교회

예배에 참석했을 때 그때 일이 생각났습니다. 성가대가 흥겨운 찬양을 불렀습니다. "내 마음에 그 피가 뿌려졌네. 그의 이름에 영광 있으라!"

히브리서 기자는 말합니다. "그러므로 예수께서도 자기의 피로 백성을 거룩하게 하시려고 성문 밖에서 고난을 받으셨습니다"(히 13:12). 우리 주님은 회피하지 않으셨습니다. 그분이 겪으신 수난이 이를 잘 보여 줍니다. 예수께서는 자기 앞에 닥친 고통과 배신, 채찍질과 조롱, 십자가형과 죽음을 그대로 견디셨습니다. 고통을 피하는 대신 고통 속으로 걸어 들어가셨습니다. 그분은 "성문 밖에서 고난을 받으셨습니다." 이 말이 무슨 뜻인지 아실 겁니다. 그분은 쫓겨났습니다. 어떠한 보호도 받지 못했습니다. 시민이라는 신분, 경건한 유대인이라는 특권, 어엿한 인간이라는 지위를 모두 부정당했습니다. 히브리서 저자는 이렇게 말을 잇습니다. "그러하므로 우리도 진영 밖으로 나가 그에게로 나아가서, 그가 겪으신 치욕을 짊어집시다. 사실, 우리에게는 이 땅 위에 영원한 도시가 없고, 우리는 장차 올 도시를 찾고 있습니다"(히 13:13-14). 장차 올 도시, 하나님나라, 그리스도 안에 있는 영생에 이르려면 고난을 통과해야 합니다. 고난을 피하는 우회로로는 목적지에 다다를 수 없습니다. "그러니 우리는 예수로 말미암아 끊임없이 하나님께 찬미의 제사를 드립시다"(히 13:15)라고 히브리서 기자는 권면합니다. 이제 우리는 예수로 말미암아 전에는 절대 할 수 없다고 생각했던 일을 할 수 있습니다. 병문안하러 갈 때는 조금 겁이 나곤 합니다. 그럴 때는 방에 들어가기 전 잠시 걸음을 멈추고 주께서 함께해 주시길 기도합니다. 주님이 그러셨듯 고통을 피하지 않고 공감할 수 있게 도와 달라고 기도합니다.

미국에는 벽을 둘러친 공동체가 가득합니다. 코네티컷주에 있는 그리니치라는 마을은 '성곽 도시'로 불립니다. 이 시골길을 따라 차를 몰면, 우거진 녹색 이파리 대신 수백만 달러를 들여 8피트 높이로 쌓은 돌벽이 눈 앞에 펼쳐집니다. 이제는 외부인의 출입을 통제하는 주택 단지에서 사는 사람이 많습니다. 아마 여러분 중에도 그런 곳에서 사는 사람이 있겠지요. 그렇지는 않더라도, 비교적 풍족한 우리는 사회적 약자들의 궁핍이나 투쟁과는 멀찍이 거리를 두고 삽니다. 예수께서는 그러지 않으셨습니다. 그분은 진영 밖으로, 성곽 밖으로, 보호용 출입문 밖으로 나가셨습니다. 고통을 향해 나아가셨습니다. 지금 우리가 새사람이 되고 자유인이 된 까닭은 예수께서 그렇게 하셨기 때문입니다. 우리는 예수로 말미암아 희생하는 삶을 살 수 있게 되었습니다. 다른 이의 고통을 나누기 위해 작은 일이라도 할 수 있게 되었습니다. 고통을 나눔으로써 위로할 수 있게 되었습니다. 우리가 하는 작은 일이 누군가의 인생에는 아주 큰 일일 수 있습니다.[34] "그러니 우리는 예수로 말미암아 끊임없이 하나님께 찬미의 제사를 드립시다. 이것은 곧 그의 이름을 고백하는 입술의 열매입니다. 선을 행함과 가진 것을 나눠주기를 소홀히 하지 마십시오. 하나님께서는 이런 제사를 기뻐하십니다"(히 13:15-16).

> 이 부활절에 사랑의 복음이 전하는 그분의 선하심이,
> 우리가 더 풍성한 삶을 살게 하시려고 그분이 겪으신 고난에 관한 기억이,
> 그분의 부활에 관한 반가운 약속이
> 당신 마음속에 늘 살아 숨쉬길 바랍니다.

내 마음에 그 피가 뿌려졌네. 그의 이름에 영광 있으라!

십자가를 멀리하는 사람들

성금요일은 심약한 사람들에게는 어울리지 않는 날입니다. 오늘 이 자리에 나오다니, 참 용감하십니다. 몇 해 전, 노스캐롤라이나주 헨더슨빌에 있는 카누가 콘퍼런스 센터에서 학생들을 가르칠 때 전에는 없던 새로운 조각상에 눈길이 갔습니다. 그 조각상은 호수와 보트 창고로 내려가려면 누구나 지나야 하는 길에 서 있었습니다. 나무를 깎아 만든 예수상이었습니다. 십자가상을 보자마자 문제가 생기리라 직감했습니다. 아니나 다를까, 며칠 뒤 불만을 토로하는 소리가 들려왔습니다. 어떤 사람은 그 조각상을 보면 기분이 울적해진다고, 그래서 호수에도 가지 않는다고 했습니다.[35]

    그리 새로운 일은 아닙니다. 그리스도가 십자가에 달려 죽은 이후 십자가는 늘 문제가 되었습니다. 사도 바울은 십자가 사건을 너무 우울하게 여기는 사람들로 말미암아 어려움이 많았습니다. 고린도 교회 교인들은 십자가 사건이 너무 우울하다고 생각했습니다. 그래서 그 이야기는 듣고 싶어 하지 않았습니다. 그런 고린도 교회 교인들에게 바울이 한 말은 성금요일에 강단에 서는 설교자들에게 시사하는 바가 큽니다. "나는 여러분 가운데서 예수 그리스도 곧 십자가에 달리신 그분 밖에는, 아무것도 알지 않기로 작정하였습니다"(고전 2:2). 복음 전도자에게는 더할 나위 없이 좋은 좌우명입니다. 바울은 고지식한 사람입니다. 그는 십자가가 "유대 사람에게는 거리낌이고, 이방 사람에게는 어리석은 일"(고전 1:23)이라는 걸 잘 알면서도, 믿는 자들에게는 십자가가 "하나님의 능력이요, 하나님의 지혜"(고전 1:24)라고 힘주어 말합니다. 그래서 저 역시 오늘 이 자리에 나온 여러분을 한 치의 망설임 없이 격하게 환영합니다. 세상은 무심히 지나치고 각자 자기 일로 바쁘지만, 여러분만은 있어야 할 자리에 있습니다. 오늘 우리는 평소 몰두하던 일을 제쳐 놓고 역대 가장 중요한 사건에 오롯이 집중하려 합니다. 우리는 그리스도인이니까요.

모두가 십자가의 의미를 아는 건 아닙니다. 사람들은 십자가가 우울하다고 생각합니다. 이날을 '성금요일Good Friday'이라고 부르는 이유를 잘 모르는 이들이 많습니다. 요즘 말로 도무지 이해가 안 간다고 하지요. 그 이유를 이해하려면, 성경의 관점으로 사건을 바라보아야 합니다. 가장 먼저, '우리 자신'을 성경의 관점에서 바라보아야 합니다. 성경은 이렇게 말합니다. "나는 사람이 판단하는 것처럼 그렇게 판단하지는 않는다. 사람은 겉모습만을 따라 판단하지만, 나 주는 중심을 본다"(삼상 16:7). '사람'은 어떻게 봅니까? 우리는 서로 어떻게 보나요? 공보 비서관이 왜 그렇게 바쁜지 아십니까? 성형외과 의사들이 그렇게 많은 돈을 버는 이유는 뭘까요? 광고 매체가 파는 건 무엇입니까? 젊음과 아름다운 용모인가요, 아니면 세월이 상으로 준 주름인가요? 방종과 과시적 소비인가요, 아니면 긍휼과 너그러움인가요? 요즘 정치인들이 파는 건 무엇입니까? 실체인가요, 이미지인가요? 우리는 모두 이미지에 집착하는 문화에 영향을 받고 있습니다. '사람'은 이미지를 봅니다.

히브리 선지자들이 우리를 볼 때는 무엇을 볼까요? 예레미야 선지자는 이렇게 말합니다. "사람은 누구나 어리석고 지식이 모자란다. 은장이는 자기들이 만든 신상 때문에 모두 수치를 당한다. 그들이 금속을 부어서 만든 신상들은 속임수요, 그것들 속에는 생명이 없기 때문이다. 그것들은 허황된 것이요, 조롱거리에 지나지 않아서, 벌을 받을 때에는 모두 멸망할 수밖에 없다"(렘 10:14-15). 이사야는 이렇게 말합니다. "그러므로 나의 백성은 지식이 없어서 포로가 될 것이요, 귀족은 굶주리고 평민은 갈증으로 목이 탈 것이다. … 그래서 천한 사람도 굴욕을 당하고 귀한 사람도 비천해지며, 눈을 치켜 뜨고 한껏 거만을 부리던 자들도 기가 꺾일 것이다"(사 5:13, 15). 착각하지 마십시오. 다른 사람들 이야기가 아니라 여러분과 저의 이야기입니다. "그러므로 서 있다고 생각하는 사람은 넘어지지 않도록 조심하십시오"(고전 10:12).

대다수 사람은 십자가를 비관적이고 불쾌한 메시지로 여기고, 듣지 않으려 합니다. 그러나 십자가가 속속들이 나쁜 소식이라면, 우리는 왜 교회에 와서 죄를 고백하는 걸까요? 왜 강인한 어른들이 무릎을 꿇고 "제 욕심과 욕망을 따라 사느라 주님의 거룩한 말씀을 어겼습니다"라고 기도합니까? 왜 우리는 "마땅히 해야 할 일을 하지 않고, 마땅히 하지 말아야 할 일을 했습니다"라고 고백합니까?[36] 십자가가 나쁜 소식이라면, 왜 우리는 이렇게 고백할까요? 오늘이 불길한 금요일이라면, 우리는 왜 오늘 교회에 온 걸까요? 나쁜 소식도 좋은 소식의 일부라는 것, 이것이 기독교 신앙의 놀라운 점입니다. 세상의 눈으로 볼 때 크게 성공한 한 남성은 제게 이렇게 말했습니다. "저는 죄를 고백하는 게 정말 좋아요." 이 말이 무슨 뜻인지 잘 압니다. 예수께서 뭐라고 하셨습니까? "나는 의인을 부르러 온 것이 아니라, 죄인을 불러서 회개시키러 왔다"(눅 5:32)라고 하셨습니다.

주님이 우리를 보실 때는 무엇을 보실까요? 주님은 우리가 다른 사람들에게 보이려고 애쓰는 대로 보시지 않습니다. 하나님은 우리를 보실 때 직함이나 은행 통장이나 클럽 회원권이나 별장이나 순 자산 따위를 보시지 않습니다. 그저 불쌍한 죄인들을 보고 계실 뿐입니다. 힘 있는 척, 성공한 척, 이런저런 일의 달인인 척하는 불쌍한 죄인들 말입니다. 당연히 자기는 좋은 쪽이라고 믿고 세상을 좋은 사람과 나쁜 사람으로 나누려고 기를 쓰는 우리를 보고 계십니다. 보통의 인간들, 특별히 교회에 다니는 우리들은 곤경에서 빠져나오는 기술을 지니고 있습니다. 우리는 우리가 보잘것없는 죄인이라는 점에는 동의해도 정말로 자기가 죄인이라고는 생각하지 않습니다. 약간 흠이 있는 사람과 정말 나쁜 사람은 구분해야 한다고 생각합니다. 그리고 정말 나쁜 사람들은 죽어 마땅하다고 생각합니다. 요즘 사형 제도를 지지하는 사람이 많은 이유도 이 때문입니다. 우리는 적당히 나쁜 사람과 정말 나쁜 사람을 나누고, 자기는 당연히 좋은 쪽이라고 생각합니다.

분명히 합시다. 십자가에 달리신 예수는 정말 나쁜 사람 중 하나로, 혐오와 경멸을 받던 사람 중 하나로, 이 세상의 쓰레기로 죽었습니다. 이 점을 이해하려고 노력해야 합니다. 십자가를 종교적 상징물로 쓰는 게 너무도 기괴하다고 생각하는 사람들은 십자가를 전기의자에 비유하곤 합니다. 적절한 비유는 아닙니다. 이론상으로만 보자면 전기 처형은 빨리 끝납니다. 사람들 다 보는 데서 형을 집행하지도 않습니다. 그러나 비슷한 점이 하나 있긴 합니다. 둘 다 가장 보잘것없는 사람들을 처치하는 데 쓰입니다. 둘 다 사회에 부적합하다고 판단한 사람들을 없애기 위해 국가가 사용하는 처형 방식입니다. 우리 가운데 사시려고 하늘에서 내려오셨을 때 예수께서는 바로 이렇게 보잘것없는 존재로 사셨습니다. 하나님의 아들인 그분은 범죄자를 처형하는 방식과 똑같은 방식으로 범죄자들과 함께 처형되기 위해 신적 특권을 모두 내려놓고 이 세상에 오셨습니다.

주제의 성격상 오늘 하는 이야기를 누구나 쉽게 받아들이지는 못하리란 걸 잘 압니다. 고린도 교회 교인들처럼 십자가를 외면하는 사람들도 있습니다. 십자가에 달린 예수를 묘사한 그림이나 조각상을 보고 속상해하는 이들도 있습니다. 성금요일에 교회에 나오지 않으려는 사람들도 있습니다. 사회에 부적합한 사람들과 자기들을 나누는 벽을 둘러치고 자기는 당연히 옳은 쪽에 있으니, 하나님의 도움은 필요하지 않다고 생각하는 사람들도 있습니다. 무엇보다 놀라운 사실은 고통받는 자들 곁에 갈 생각도 의지도 없는 사람 중에, 그리스도를 위해 치욕과 손해를 감수할 생각이 전혀 없는 사람 중에 그리스도인을 자처하는 이들이 많다는 점입니다. "우리는 십자가에 달리신 그리스도를 전합니다. 그리스도가 십자가에 달리셨다는 것은 유대 사람에게는 거리낌이고, 이방 사람에게는 어리석은 일입니다. 그러나 부르심을 받은 사람에게는, 유대 사람에게나 그리스 사람에게나, 이 그리스도는 하나님의 능력이요, 하나님의 지혜입니다"(고전 1:23-24). 바울의 말입니다. 여러분이 오늘 이 자리에 나오신 이유는 성령께서 하나님의 능력과 지혜 가운데로 이끄셨기 때문입니다.

여러분 중에는 성금요일 예배에 처음 나오신 분도 있을 겁니다. 십자가에 달려 죽은 그리스도의 메시지가 나와 무슨 상관인지 아직 모르겠다는 분도 있을 겁니다. 오늘은 우리가 조심스럽게 쌓아 올린 '이미지'를 내려놓는 날입니다. 주님은 이런 조잡한 방어벽을 꿰뚫고 중심을 보십니다. "주님은 사람 속을 다 꿰뚫으시고, 간절한 바람을 모두 아시니, 어떤 비밀도 주님 앞에 숨길 수 없습니다."[37] 주님은 우리의 참모습을 보십니다. 가면이 벗겨진 우리를 보실 때 주님 눈에 비친 우리 모습은 어떨까요?

주님이 보는 우리는 주님이 사랑하는 사람입니다. 주님이 보는 우리는 주님이 목숨보다, 영광보다, 권세보다, 부유함보다, 신성神性보다 더 사랑하는 사람입니다. 사도 바울이 고린도 교회 교인들에게 말한 대로죠. "여러분은 우리 주 예수 그리스도의 은혜를 알고 있습니다. 그리스도께서는 부요하나, 여러분을 위해서 가난하게 되셨습니다. 그것은 그의 가난으로 여러분을 부요하게 하시려는 것입니다"(고후 8:9). 왜 그러셨을까요?

여러분을 사랑하시기 때문입니다. 저를 사랑하시기 때문입니다. 주님은 속이고 실수하는 우리를 보십니다. 우리의 연약함과 유한함, 물질적 허세와 영적 빈곤, 취약성과 위선을 총체적으로 보시고, 그런 우리를 사랑하십니다. 주님은 우리의 가면과 겉 포장, 교활한 말과 자기 잇속만 챙기는 행동을 꿰뚫어 보시고, 그런데도 우리를 사랑하십니다. 주님은 우리를 보십니다. 우리의 비겁함과 태만과 기만을 보시고, 그런데도 우리를 사랑하십니다. 바울은 로마인들에게 이렇게 말했습니다. "그러나 우리가 아직 죄인이었을 때에, 그리스도께서 우리를 위하여 죽으셨습니다. 이리하여 하나님께서는 우리들에 대한 자기의 사랑을 실증하셨습니다"(롬 5:8). 그 십자가에서 예수는 무얼 하고 계십니까? 십자가가 우울합니까? 십자가가 무섭습니까? 십자가가 슬픕니까? 십자가가 추합니까? 네, 맞습니다. 십자가는 우울하고 무섭고 슬프고 추합니다. 바로 그래서 예수의 십자가가 역사상 가장 위대한 이야기인 게 아닐까요? 무시무시한 이 날을 '성금요일$^{Good Friday}$'이라고 부르는 이유가 바로 여기에 있습니다.

> 나 무슨 말로 주께 다 감사드리랴
> 끝없는 주의 사랑 한없이 고마워
> 보잘것없는 나를 주의 것 삼으사
> 주님만 사랑하며 나 살게 하소서.[38]

저주와 대속

알다시피 코소보에 거주하는 알바니아 민족은 대부분 이슬람교도입니다.[41] 뉴스 보도에 따르면, 세르비아 정교회를 믿는 무장 단체의 일원들은 성호를 긋지 않으면 이슬람교를 믿는 코소보 주민들을 죽이겠다고 위협했습니다. 이 사건은 깊이 생각해 볼 필요가 있습니다. 이보다 더 하나님을 모독하는 행위도 없을 겁니다. 십자가에서 자신을 제물로 내주신 예수의 행동과 정반대되는 행동입니다.

　미군 세 명이 유고슬라비아에서 포로로 잡혔을 때 미국인들의 이목은 텔레비전 화면에 집중되었습니다. 포로로 잡힌 미군들이 TV 화면에 나오자 사람들은 격분했습니다. 제네바 협정을 위반한 행동이었기 때문입니다. 예수께서 사시던 시대에는 제네바 협정 같은 것도 없었지만, 예수의 재판이야말로 인간이 생각할 수 있는 기본 원칙을 모조리 위반한 사례가 아닐까요? 이른바 '재판'은 광대극에 불과했고, '증거'는 존재하지도 않았고, '변호'는커녕 그 비스름한 것도 없었습니다. 교회와 국가가 종교 당국(말하자면 교회 다니는 착한 사람들)과 손을 잡고 예수를 로마 총독에게 넘기기로 모의했으니 결론은 뻔했습니다. 하나님의 아들을 위해 노란 리본을 단 사람은 아무도 없었습니다. 고향에서도 예수를 위해 밤을 새워 기도하지 않았습니다. 대통령이 그의 어머니에게 전화하지도 않았습니다. 외교부에서 나서지도 않았습니다. 소송에 참여한 모든 사람이 예수를 죽이기로 결의했습니다. 예수는 혼자였습니다. 그를 위해 싸우는 이 하나 없었습니다. 심지어 아버지이신 하나님마저도 그를 버리신 듯했습니다.

〈귀하신 예수 정죄당하심은〉이라는 찬송을 함께 불렀으면 합니다. 부디 가사에 집중하십시오. 고난주간에 부르는 찬송가 중에서도 이 찬송이 단연 으뜸이 아닐까 싶습니다.

거룩하신 예수여, 당신이 무슨 죄를 지으셨길래
이토록 혹독한 판결을 받으셨나이까?
원수들에게 멸시받고, 하나님께 버림받으시니
아, 괴로워라

뉘 잘못인가? 누가 주께 이리했나?
아아, 내가 지은 반역죄로 예수께서 이리되셨네
주 예수여, 내가, 내가 주를 부인했나이다
내가 주를 십자가에 못 박았나이다

보라, 양 떼를 위해 선한 목자가 제물 되셨다
죄는 종이 짓고 고난은 아들이 당하네
우리는 속죄에 아무 관심도 없을 때
하나님이 우리를 위해 나서셨네[40]

"죄는 종이 짓고 고난은 아들이 당하네"라는 가사에 집중하시길 바랍니다. 종(여러분과 저)과 아들(예수). 부끄러운 짓은 우리가 했는데, 책임은 예수께서 지셨습니다. "주님께서 우리 모두의 죄악을 그에게 지우셨다"(사 53:6). 목요일 밤, 성가대가 하나님이 하신 일에 관한 찬송을 불렀지요. 그 찬송에 담긴 심오한 뜻을 이 자리에서 다 풀어낼 수는 없으나 그중 한 부분을 인용할까 합니다.

> 자신을 희생 제물로 내주신 주님,
> 주가 상함은 우리의 죄악을 인함이요
> 우리의 허물, 우리의 죄악, 우리의 악함 때문이라
> 오 주여, 우리 죄 때문에 왜 주님이 고초를 당해야 하나요?[41]

우리가 종려주일에 낭독한 마태복음의 수난 기사에 따르면, 대제사장은 사람들에게 이렇게 말합니다. "그가 하나님을 모독하였소. 이제 우리에게 이 이상 증인이 무슨 필요가 있겠소? 보시오, 여러분은 방금 하나님을 모독하는 말을 들었소. 여러분의 생각은 어떠하오?" 기억나십니까? 사람들은 소리쳐 "그는 사형을 받아야 합니다"라고 했습니다(마 26:65-66). 중요한 대목입니다. 이 낭독극에 참여함으로써 우리는 '유대인'이 예수를 죽였다는 생각을 단호하게 물리치기 때문입니다. "주가 상함은 우리의 죄악을 인함이요. 우리의 허물, 우리의 죄악, 우리의 악함 때문이라." 다른 사람이 아니라 '우리'가 한 짓입니다. 예수께서는 '유대인' 때문에 십자가에 달리신 게 아닙니다. '우리 모두' 때문에 그리 되셨습니다.

아래 갈라디아서 본문을 곰곰이 생각해 봅시다.[42] 짧지만 난해하고 이해하기 쉽지 않습니다.

율법의 행위에 근거하여 살려고 하는 사람은 누구나 다 저주 아래에 있습니다. 기록된 바 '율법책에 기록된 모든 것을 계속하여 행하지 않는 사람은 다 저주 아래에 있다' 하였습니다. 하나님 앞에서는, 율법으로는 아무도 의롭게 되지 못한다는 것이 명백합니다. '의인은 믿음으로 살 것이다' 하였기 때문입니다. 그러나 율법은 믿음에서 생긴 것이 아닙니다. 오히려 '율법의 일을 행하는 사람은 그 일로 살 것이다' 하였습니다. 그리스도께서 우리를 위하여 저주를 받은 사람이 되심으로써, 우리를 율법의 저주에서 속량해 주셨습니다. 기록된 바 '나무에 달린 자는 모두 저주를 받은 자이다' 하였기 때문입니다. 그것은, 아브라함에게 내리신 복을 그리스도 예수 안에서 이방 사람에게 미치게 하시고, 우리로 하여금 믿음으로 말미암아 약속하신 성령을 받게 하시려는 것입니다(갈 3:10-14).

"율법의 행위에 근거하여 살려고 하는 사람은 누구나 다 저주 아래에 있습니다." 무슨 뜻일까요? 바울이 인용한 신명기서에서 하나님은 거룩하고 의로운 하나님의 계명을 지키는 자들에게는 복을 주시겠다고 약속하시고, 계명을 지키지 않는 자들에게는 저주가 임하리라고 경고하십니다. 따라서 모든 인류는 저주를 받을 위험에 처해 있습니다. 하나님의 계명을 지키지 않았기 때문입니다. 사실 우리는 하나님에게 순종하거나 하나님의 계명을 온전히 지킬 수 없는 자들이기 때문입니다. 그러나 이 말에 모두가 동의하는 건 아닙니다. 이만하면 하나님의 계명을 상당히 잘 지키며 산다고 자부하는 사람들도 많고, 하나님의 계명에 전혀 관심이 없는 사람들도 많습니다. 자신이 기대치에 못 미친다는 사실을

마르크 샤갈, 〈하얀 십자가〉, 1938
© Marc Chagall / ADAGP, Paris - SACK, Seoul, 2020 Chagall ®

기독교회는 예수가 유대인이라는 사실을 잘 모르는 그리스도인이 많고, 심지어 이 사실을 교회가 일부러 숨겼다는 점을 2차 세계대전 이후에야 뒤늦게 인정했다. 샤갈은 1938년에 그린 이 작품을 통해 교회의 잘못을 바로잡으려 했다. 유대인 남자가 아침 기도 때 어깨에 걸치는 '탈리스'를 허리에 두른 그리스도를 보면 1930년대에 유럽 전역에서 고통당한 유대인이 생각난다.

알고 있다면, 여러분은 이미 하나님의 사람입니다. 자신이 선하신 하나님의 마음을 아프게 한 '비참한 죄인'이라는 사실을 알고 있다면, 여러분은 이미 은혜 안에 있는 겁니다. 오늘 이 자리에 나온 것도 바로 그 때문일 겁니다.

잠시 바울의 마음속에 들어가 봅시다. 바울은 구약 성경에 관해 생각하고 있었습니다. 구약은 당시 그가 가진 유일한 성경이었습니다 (바울은 자기가 신약 성경을 쓰고 있다는 걸 알지 못했습니다). 바울은 예수의 십자가형에 관해, 십자가형이 주는 공포에 대해 생각했습니다. 아무래도 이상했습니다. 그래서 신명기 구절을 다시 읽었습니다. "주검을 나무에 매달아 둔 채로 밤을 지내지 말고, 그날로 묻으십시오. 나무에 달린 사람은 하나님께 저주를 받은 사람이기 때문입니다"(신 21:23). '나무에 달린 사람은 하나님에게 저주를 받은 자다. 예수는 나무에 달렸다. 그렇다면 예수는 저주를 받은 자가 분명하다'라고 바울은 생각했습니다. 그러나 예수는 저주를 받을 수 없는 분이었습니다. 이 땅에 오셔서 죄 없이 사람들 속에 사셨기 때문입니다. 그렇다면 예수는 다른 누군가에게 임한 저주를 대신 받으신 게 분명했습니다. 이것이 갈라디아서 3장 10절, "율법의 행위에 근거하여 살려고 하는 사람은 누구나 다 저주 아래에 있습니다"에 담긴 뜻입니다. 우리는 본래 하나님의 율법을 계속 지키며 살 수 없는 자들이기 때문입니다. 그런데 일이 벌어졌습니다. 우리와 하나님의 준엄하신 뜻 사이에 하나님이 끼어드셨습니다. "그리스도께서 우리를 위하여 저주를 받은 사람이 되심으로써, 우리를 율법의 저주에서 속량해 주셨습니다. 기록된 바 '나무에 달린 자는 모두 저주를 받은 자이다' 하였기 때문입니다"(갈 3:13). **십자가**의 의미를 알고 싶어 하는 사람들에게 이 난해하고 어색한 문장이 그 의미를 밝혀 줍니다. 저는 오래전부터 십자가에 관해 설교하고 글을 써 왔습니다. 20년 넘게 성금요일마다 어느 교회 강단에 섰습니다. 예수께서 십자가에서 우리 대신 우리를 위해 하신 일에 관하여 가장 간결하고 설득력 있는 시각을 제시하는 성경 본문이 갈라디아서 3장 10-14절이라는 생각이 매해 더 선명해졌습니다.

여기서 우리가 꼭 알아야 할 사실은 노기등등한 아버지가 무고한 아들에게 화풀이한 게 아니라는 점입니다.[43] 안타깝게도 여러 해 동안 성금요일 설교에서 성부 하나님을 이런 식으로 묘사하는 설교자들이 더러 있었습니다. 아들은 아버지를 전혀 의심하지 않았다고 암시하는 듯한 고리타분한 예화가 이런 설교를 뒷받침하곤 했습니다.[44] 신약성경에서 이런 암시를 엿볼 수 있는 구절은 하나도 없습니다. 성부와 성자는 한뜻으로 함께 인류의 구원을 이루어 가십니다. "곧 하나님께서 사람들의 죄과를 따지지 않으시고, 화해의 말씀을 우리에게 맡겨 주심으로써, 세상을 그리스도 안에서 자기와 화해하게 하신 것입니다"(고후 5:19). 예수께서 죄를 향한 하나님의 진노를 온몸으로 받아 내신 이유는 성부와 성자가 '함께' 그리하기로 하셨기 때문입니다. "하나님께서 세상을 이처럼 사랑하셔서 외아들을 주셨으니, 이는 그를 믿는 사람마다 멸망하지 않고 영생을 얻게 하려는 것이다"(요 3:16). 바울은 십자가 사건이 삼위일체 안에서 성부와 성자가 함께 하신 일임을 우리에게 일깨웁니다. "하나님께서는 우리를 진노하심에 이르도록 정하여 놓으신 것이 아니라, 우리 주 예수 그리스도로 말미암아 구원을 얻도록 정하여 놓으셨습니다"(살전 5:9).

이 사실을 제대로 이해하면, 이 사실이 마음에 깊이 새겨지면, 감사가 넘칠 겁니다. 이날 하나님이 우리를 위해 무슨 일을 하셨는지 제대로 이해하면, 감사하고 찬양하고 싶은 열망이 차오를 겁니다. 이것이 성금요일에 우리가 할 일입니다.

> 만민의 왕 여기 계시니
> 세상이 만들어지기 전부터
> 빛나는 보좌에 앉아 계셨네
> 육신을 입으시고
> 우리 죄를 위해 십자가에 달려 죽었으니
> 오 신비로운 낮아지심! 오 버림받은 숭고한 분!
> 하나님이 직접 인류의 모든 고통을 짊어지셨네.[45]

하나님에게 버려진 하나님

코소보에 거주하는 알바니아 민족을 '인종 청소'로부터 구하려고 나토 NATO가 구출 작전을 펼치는 와중에 보기 드문 일이 일어났습니다. 로마 가톨릭 교황, 그리스 정교회 총대주교, 세계교회협의회 WCC, 침례교회, 성공회 세계연합, 그 밖의 개신교회들, 그리고 미국 가톨릭교회 추기경 여덟 명 전원이 한자리에 모였습니다. 그리고 나토군에는 부활주간에 폭격을 중단해 달라고 요청하고, 세르비아에는 인종 청소를 멈추고 협상을 재개하라고 촉구했습니다. 어떤 대의를 위해 이 단체들이 한데 모이는 경우는 정말 드뭅니다. 세르비아 대통령 슬로보단 밀로셰비치가 여기에 감명을 받으리라고 생각한 사람은 아무도 없었습니다. 여기서 중요한 건 전 세계 그리스도인들이 차츰 마음을 하나로 모으고 있다는 점입니다. 21세기에는 폭탄을 대량으로 쏟아붓는 방식보다 더 정교하고 더 다면적이고 더 장기적인 해결책이 필요하다는 사실을 모두 인정한 겁니다.[46]

성금요일은 이 일과 상관이 있습니다. 그렇지 않다면 그 무엇과도 상관이 없을 겁니다. 성금요일은 이 세계와는 상관없이 개개인의 마음에 일어난 개인적인 사건이 아닙니다. 부대장이 거들떠보지도 않는 후미진 숲속이나 산 위에서 부대원이 독자적으로 예수를 십자가에 처형한 게 아닙니다. 국무부에서 관련성을 부인하는 소규모의 '추악한 전쟁'도 아니었습니다. 십자가형은 국가가 지원하는 처형법이었습니다. 사도 바울이 아그립바에게 말했듯, 그 일은 '어느 한구석에서' 일어난 일이 아니었습니다(행 26:26). 정부에서 승인한 일이었습니다. 로마 황제가 허락한 일이었습니다. 어찌 이보다 더 합법적일 수 있겠습니까?

오늘, 합법성에 대한 세상의 생각이 완전히 뒤집혔습니다. 성금요일에 일어난 일은 상상도 못 할 일이었고, 인간의 평소 범주를 벗어난 일이었습니다. 이 일을 이해하려면 먼저 강조점이 무엇인지부터 알아야 합니다. 알다시피, 우리는 피비린내 나는 사건에 섬뜩한 매력을 느낍니다. 목을 길게 빼고 구경하는 습성이 없는 사람은 거의 없습니다. 십자가형을 자세히 설명하면 청소년들이 얌전히 앉아 귀를 쫑긋 세운다는 사실을 젊은 시절에 청소년 사역을 하며 배웠습니다. 그러나 수난 기사는 십자가형을 자세히 언급하지 않는다는 점에 주목해야 합니다. 복음서 저자들은 우리가 육체적 고통을 마음에 새기길 바라지 않습니다. 그들은 우리가 수치에 초점을 맞추길 바랍니다.[47] 이사야 선지자는 사람들이 그에게서 얼굴을 돌렸다고 말합니다(사 53:3). 이 말을 할 때 이사야가 염두에 둔 건 소름 끼치는 몰골이 아니라 비인간화였습니다. 이사야는 "전에는 그의 얼굴이 남들보다 더 안 되어 보였고, 그 모습이 다른 사람들보다 더욱 상해서, 그를 보는 사람마다 모두 놀랐다"(사 52:14)라고 말합니다.[48] 주님은 속속들이 우리 중 하나가 되는 것이 자기 운명인 줄 아시고 수난을 받아들이셨습니다. 단순한 신체 조건만이 아니라 하나님이 보시기에 창피하고 수치스러운 영혼의 상태까지 말입니다. 오늘 성금요일 예배를 마치면서, 예수께서 철저하게 우리와 하나가 되어 이루신 일을 되새겨 보았으면 합니다.

최근 〈월스트리트 저널〉에 "온라인상의 하나님"이라는 기사가 실렸습니다. 이제 우리는 인터넷에서 필요한 정보를 얻습니다. 그리스도인들도 열성적으로 이 대열에 합류했습니다. 멋지게 활용할 수 있는 애플리케이션도 많습니다. 예수와 십자가에 관한 정보도 찾을 수 있습니다. 그러나 기독교 신앙을 실천하는 장은 가상의 공간이 아니라 현실 세계에 존재하는 인류 공동체입니다.[49] 우리는 예수 이야기를 전하는 증인들 덕분에 서로 신뢰를 쌓고, 신뢰하기에 서로 사랑합니다. 신뢰 관계는 인터넷상이 아니라 예배 공동체 안에서 형성됩니다. 두세 사람이 주님의 이름으로 모이는 자리에 하나님은 늘 함께하십니다. 지금 이 자리에도 하나님이 함께 계십니다. 지금 우리는 그리스도의 이름으로 모여 함께 교제하고 성경의 증언을 들으며 신뢰를 재차 확인하고 있습니다. "그러므로 이제부터 여러분은 외국 사람이나 나그네가 아니요, 성도들과 함께 시민이며 하나님의 가족입니다"(엡 2:19). 고난주간과 부활주간에 나누는 교제를 통해 우리는 "사도들과 예언자들이 놓은 기초 위에 세워진 건물"이 되고, "그리스도 예수가 그 모퉁잇돌이 되십니다"(엡 2:20). 복음 메시지는 증언하는 증인들이 얼마나 신뢰할 만한 인물인가가 중요합니다. "십자가의 말씀이 … 구원을 받는 사람인 우리에게는 하나님의 능력입니다"(고전 1:18)라고 사도 바울이 말할 때 우리는 그의 말을 신뢰합니다. 저는 20년 넘게 바울 서신을 가르쳤고, 바울이 믿을 만한 사람이라는 걸 압니다. 저는 일평생 요한복음을 사랑했으며, 요한복음을 신뢰합니다. 유행을 따르는 학자들은 계속 복음서를 의지하면 지적 절름발이나 다름없다고 말하지만, 저는 그들의 말보다 복음서를 훨씬 더 신뢰합니다.

바울은 "나는 여러분 가운데서 예수 그리스도 곧 십자가에 달리신 그분 밖에는, 아무것도 알지 않기로 작정하였습니다"(고전 2:2)라고 고린도 교회 교인들에게 말합니다. 신앙과 사역의 궁극적인 기준을 제시한 것입니다. '종교' 담론을 들을 때는 주의를 기울여야 합니다.[50] '종교'는 인간의 필요와 갈망과 바람에서 생기는 법입니다. 그러나 저는 메시아가 십자가에 달려 죽는다는 개념이 바울이나 요한이나 다른 누군가의 머릿속에서 나왔다고 생각하지 않습니다. 만약 사도들이 종교적 술수로 십자가와 부활 사건을 지어냈다면, 고의든 아니든 기독교의 모든 역사는 사기에 기초하고 있는 셈입니다. 저는 종교 사기에 동참하고 싶지 않습니다. 십자가 사건은 기독교에만 있습니다. 종교사에서 이와 비슷한 사건은 한 번도 없었습니다. 기독교 메시지는 이전이나 이후에 한 번도 본 적 없는 방식으로 만유를 향한 하나님의 뜻이 예수 그리스도의 죽음을 통해 드러났다고 선언합니다. 예수께서는 인류의 미래와 하나님 자신을 드러내기 위해 이 땅에 와서 죽었습니다.

인류와 하나님이 지으신 모든 피조 세계의 미래는 유행을 만들고 선도하는 자들이 영향력이 있다거나 성공했다고 여기는 사람들의 것이 아닙니다. 바울은 유행에 민감한 고린도 교회 교인들에게 이 점을 상기시킵니다.

형제자매 여러분, 여러분이 부르심을 받을 때에, 그 처지가 어떠하였는지 생각하여 보십시오. 육신의 기준으로 보아서, 지혜 있는 사람이 많지 않고, 권력 있는 사람이 많지 않고, 가문이 훌륭한 사람이 많지 않았습니다. 그런데 하나님께서는, 지혜 있는 자들을 부끄럽게 하시려고 세상의 어리석은 것들을 택하셨으며, 강한 것들을 부끄럽게 하시려고 세상의 약한 것들을 택하셨습니다. 하나님께서는 세상에서 비천한 것들과 멸시받는 것들을 택하셨으니 곧 잘났다고 하는 것들을 없애시려고 아무것도 아닌 것들을 택하셨습니다. 이리하여 아무도 하나님 앞에서는 자랑하지 못하게 하시려는 것입니다(고전 1:26-29).

'세상에서 비천한 것들과 멸시받는 것들'을 언급할 때 바울이 생각한 건 무엇보다도 그리스도의 십자가였습니다. 세상이 성공으로 여기는 모든 게 십자가에서 완전히 뒤집혔습니다. 오해하지 마십시오. 하나님에게 힘이 없다는 말이 아닙니다. 하나님의 길은 능력의 길입니다. 배반당하신 날 밤 올리브산에서 제자 한 명이 자기 선생을 지키려고 칼을 들자 주님은 제자들에게 이렇게 말씀하셨습니다. "너희는, 내가 나의 아버지께, 당장에 열두 군단 이상의 천사들을 내 곁에 세워 주시기를 청할 수 있다고 생각하지 않느냐? 그러나 그렇게 되면, 이런 일이 반드시 일어나야 한다고 한 성경 말씀이 어떻게 이루어지겠느냐?"(마 26:53-54) 나약한 사람이 하는 변명이 아닙니다. 여러분, 576억짜리 스텔스 폭격기가 세다고 생각하십니까? 하나님의 능력에 비하면 아무것도 아닙니다. 더욱이 하나님의 능력은 세상이 이해하지 못하는 방식으로 드러납니다. 겸손과 희생, 비폭력, 자기를 비우는 사랑을 통해 드러납니다. 그런 점에서 하나님의 아들이 육신을 입고 이 땅에 내려오신 사건이야말로 진정한 스텔스 폭격기입니다. 창조주가 위장 전술을 펼친 사건이니까요. 말하자면, 예수는 레이더망을 피해 이 땅에 오셨습니다. 그리스도의 십자가는 누구도 예상하지 못한 방식으로, 누구도 이해할 수 없는 방식으로, 세상의 가르침과 상충하는 방식으로 하나님의 능력을 우리에게 드러냅니다. 그리스도의 십자가는 고통받는 사랑의 능력을 우리에게 드러냅니다. 결국, 우리에게 중요한 사랑은 이 사랑뿐입니다. 사도 바울의 말대로 "사랑은 모든 것을 덮어 주며, 모든 것을 믿으며, 모든 것을 바라며, 모든 것을 견딥니다"(고전 13:7). 문제가 생길 조짐이 한두 가지, 또는 두세 가지 보이자마자 황급히 달아나는 사랑은 사랑이 아닙니다. 셰익스피어의 말처럼 세상 끝까지 함께 가는 사랑이 진정한 사랑입니다.

최근 예수를 공격하며 갖가지 논란을 만드는 이들이 많지만, 우리는 자신 있게 말할 수 있습니다. 2천 년이 넘는 세월 동안 그런 관심을 받은 사람은 아무도 없습니다. 인간의 본성상, 예수의 생애가 갖는 의미를 놓고 다양한 해석이 나오는 건 당연합니다. 그러나 신약 성경은 다음과 같은 기본 사실을 분명히 밝힙니다.

첫째, 예수께서 십자가에 달려 죽음으로써 성경의 말씀이 이루어졌습니다. 십자가 사건은 처음부터 하나님의 계획과 목적에 따라 이루어졌다는 말입니다.

둘째, 예수께서 십자가에 달려 죽은 건 죄 때문입니다. 속죄를 위해서, 죄의 세력을 이기기 위해서 십자가에 달리셨다는 말입니다.

셋째, 예수께서는 우리를 위해 십자가를 지셨습니다. 우리가 변화되도록, 우리를 위해, 우리 대신 십자가를 지셨습니다.

'성경에 따라', '죄 때문에', '우리를 위해', 이 세 가지가 십자가의 의미를 이해하는 열쇠입니다. 오늘은 있어도 내일이면 사라질 학술 이론을 대체 왜 믿어야 합니까?[51] 언론이 좋아하는 이런 이론들은 새로운 사상처럼 치장하지만, 이미 전에도 무대에 오른 적이 있는, 새로울 것 하나 없는 케케묵은 이론입니다. 반면에 성경의 증언은 2천 년 동안 수많은 사람이 신뢰해 왔습니다. 그리고 그 안에 모든 세대를 위한 새 삶과 새 언약이 가득하다는 사실을 많은 이가 깨달았습니다. 오늘 이 자리에 오신 여러분의 존재 자체가 그리스도의 십자가 사건이 시작이요 끝이고, 알파요 오메가이고, "지금도 계시고 전에도 계셨고 앞으로 오실"(계 1:8) 하나님의 속성을 드러내는 세계 역사의 핵심 사건임을 증명합니다.

요한복음과 요한 서신에서 강조하듯이, 하나님이 그리스도의 십자가 안에서 우리를 위해 이루신 일은 사랑의 완성이었습니다. 그러나 이 사랑은 감상적인 서구 문화를 지배하는 보드라운 솜털 같은 사랑이 아닙니다. 이 사랑은 전쟁터로 나가는 사랑입니다. 싸워야 할 싸움이 있다는 사실을 우리는 신약 성경을 읽어 알고 있습니다. 죄와의 전쟁, 악과의 전쟁, 사탄과의 전쟁, 사망과의 전쟁이 우리 앞에 있습니다.[52] 무기는 외아들 예수를 십자가에 내주신 하나님의 사랑입니다. 하나님의 사랑은 골고다에서 그 모습을 드러냈습니다. 지금껏 본 적 없는 과격한 사랑 고백이었습니다. 얼핏 보면 그날은 사랑이 소멸하고, 생명이 전멸하고, 선(善)이 절멸하고, 하나님이 완전히 자취를 감추신 듯했습니다. 그날 예수께서 하신 일을 제대로 이해하려면, 철저하게 제자들 처지에서 생각해야 합니다. 하나님의 메시아가 수치스러운 십자가에 달려 죽으리라고는 누구도 생각하지 못했습니다. 사람들이 그를 멸시하고 혐오하고 불신할 게 뻔했습니다. 예수께서 여러 번 제자들에게 직접 경고하셨지만, 제자들은 자기 선생의 사명이 완전히 무너져 내릴 때 어찌해야 할지 전혀 대비하지 못했습니다. 하나님이 전장에서 물러나신 것처럼 보였습니다.

하나님이 일하시는 방식은 정말 이상합니다. 선지자 이사야의 말을 들어 볼까요? "주님께서는 계획하신 일, 그 신기한 일을 하시려고,

브라심산에서 싸우신 것처럼 싸우실 것이다. 작정하신 일, 그 신비한 일을 하시려고, 기브온 골짜기에서 진노하신 것처럼 진노하실 것이다"(사 28:21). 마르틴 루터는 이를 가리켜 하나님의 '낯선 행위 opus alienum'라 불렀습니다. 기독교 신앙을 붙들고 살기 가장 힘들 때는 하나님이 안 계신 것처럼 보일 때, 더 나아가 하나님에게 악의가 있는 것처럼 보일 때입니다. 명백한 이유 없이 주변 사람들과 가족들에게 불행이 연거푸 찾아올 때, 아예 영원한 거처로 삼기라도 한 것처럼 계속해서 곤경이 닥쳐올 때 말입니다. 구약 성경에는 이런 처지를 한탄하는 소리로 가득합니다. "살려 달라고 부르짖어도 듣지 않으시고, '폭력이다!' 하고 외쳐도 구해 주지 않으시니, 주님, 언제까지 그러실 겁니까?"(합 1:2) 하나님은 이 질문에 만족할 만한 답을 주지 않으셨습니다. 답 대신 외아들을 주셨습니다. 오늘 우리는 하나님의 드라마를 보고 있습니다. 이 드라마에서 왕은 죽어야 합니다. 모든 이야기는 하나님의 아들이 굴욕당하는 이야기로 집약됩니다. 하나님의 위격 안에서 하나님이 하나님에게 버림받은 것, 이것이 십자가 사건의 역설입니다. 십자가에 달려 죽은 이는 하나님 자신이십니다.[53] 세상의 이치에는 맞지 않지만, 이것은 어둠 속에서도 우리가 견딜 수 있게 해 주는 '낯선 행위'입니다. 정오에 갈보리에 내려앉은 어둠 속에서 하나님은 보이지 않게 일하고 계셨습니다. 하나님은 온 세상이 놀라서 복종하도록 휘황찬란한 빛 가운데 일하지 않으십니다. 하나님이 하신 일은 무덤의 어둠 속에서 드러납니다.

오늘 십자가 아래 모인 모든 사람에게 주님은 말씀하십니다. 하나님에게 버림받는 기분이 어떤지 안다면, 사실은 기독교 신앙이 날조된 엉터리는 아닌지 의문이라면, 필요할 때 나타나지 않는 신을 믿을 만큼 어리석은 사람들에게 고통과 외로움은 잔인한 농담이라 느낀다면, 성금요일은 여러분을 위한 날입니다. '세상과 육신과 악마'가 벌인 최악의 일에 자신을 내주는, 상상도 할 수 없는 행동을 통해 성부와 성자가 성령의 능력 안에서 함께 구원 사역을 완수하셨습니다. "다 이루었다"(요 19:30). 패배한 것처럼 보이는 순간에 그리스도의 사역이 온전히 다 이루어졌다는 소식을 들을 귀가 있고 볼 눈이 있는 사람은 복이 있습니다. 예수의 무기는 자기 몸입니다. 몸에 난 상처는 승리의 징표입니다. "죽임을 당하신 어린양은 권세와 부와 지혜와 힘과 존귀와 영광과 찬양을 받으시기에 합당하십니다"(계 5:12). 인간적인 고통이 몰려오는 밤의 어둠 속에서 우리는 영원한 날에 대한 약속을 믿으며 그분과 함께합니다. 바울은 말합니다. "이제부터는 아무도 나를 괴롭히지 마십시오. 나는 내 몸에 예수의 상처 자국을 지고 다닙니다"(갈 6:17).

갈보리 언덕에 나타난 세 가지 표징

어느덧 낮 열두 시쯤 되었는데, 어둠이 온 땅을 덮어서, 오후 세 시까지 계속되었다. 해는 빛을 잃고, 성전의 휘장은 한가운데가 찢어졌다(눅 23:44-45).

정오의 어둠

이번 주에 나온 대표 시사 주간지 세 개에 '예수 세미나'와 '예수 비판자'에 관한 표지 기사가 실렸습니다. 그들은 매년 부활절마다 복음서에 나온 이야기는 대부분 날조된 것으로 신뢰하기 어렵다고 주장합니다. 우리더러 성경 말씀 대신 다양한 현대 학자들의 말을 믿으라고 청하는 꼴입니다. 그들은 주일마다 교회에서 말씀과 성찬으로 자신을 알리시는 살아 계신 주님보다 자기들이 해석한 예수를 더 좋아하는 부류입니다. 성경의 증인들은 바로 이런 상황에서 자기가 보고 들은 바를 알리고 이해시켰습니다. 성경은 거의 예외 없이[54] 예배 공동체에서 큰소리로 낭독하도록 기록되었습니다. 이런 상황에서 신자들은 "나는 길이요, 진리요, 생명이다" 하신 주님의 말씀을 입에서 입으로 전했습니다.

오늘 우리는 수난 기사에 나온 세 가지 표징을 함께 묵상하려 합니다. 바로 여기에 믿음의 선언이 담겨 있기 때문입니다. 학자들은 수난 기사가 구약의 성경 구절에 의존하고 있다고, 초대교회에 필요해서 지어냈다고, 그런 일은 과학적으로 불가능하다고 비판합니다. 수난 기사에 나온 표징들이 우리에게 말하는 바를 이해하는 게 오늘 우리의 과제입니다. 이 표징들이 십자가의 의미와 하나님의 목적을 드러내기 때문입니다. 예수가 죽을 때 갈보리 언덕에서 일어난 일을 설명하면서 마태, 마가, 누가가 우리에게 가르치려 한 게 뭔지 주의 깊게 살펴봅시다. 세 사람은 예수가 죽을 때 나타났다는 세 표징에 관해 이야기합니다.

먼저 누가는 이렇게 말합니다. "어느덧 낮 열두 시쯤 되었는데, 어둠이 온 땅을 덮어서, 오후 세 시까지 계속되었다. 해는 빛을 잃고, 성전의 휘장은 한가운데가 찢어졌다"(눅 23:44-45). 이런 일이 실제로 일어났을까요? 그렇다면 왜 다른 문헌에는 이에 관한 기록이 없을까요? 이 질문은 잘못된 질문입니다. 복음서 저자들이 우리에게 하려는 말을 이해하려면, 히브리 성경으로 돌아가 어둠의 의미를 알아내야 합니다. 어둠에는 최소한 세 가지 의미가 있습니다.

우선, 하나님이 우주를 창조하기 전에는 혼돈과 어둠뿐이었다는 창세기 말씀이 떠오릅니다. 하나님이 빛과 질서를 만들기 전에는 오직 어둠과 무질서뿐이었습니다. "태초에 하나님이 천지를 창조하셨다. 땅이 혼돈하고 공허하며, 어둠이 깊음 위에 있고, 하나님의 영은 물 위에 움직이고 계셨다. 하나님이 말씀하시기를 '빛이 생겨라' 하시니, 빛이 생겼다"(창 1:1-3). 하나님이 빛을 창조하셨습니다. 하나님이 말씀하시자 오직 어둠뿐이던 곳에 빛이 생겼습니다. 빛은 만물 중에 하나님이 가장 먼저 창조한 피조물입니다.

우리는 방금 창세기 첫머리에 나오는 구절을 읽었습니다. 이제 요한복음의 서두를 장식한 구절을 읽어 봅시다. "태초에 '말씀'이 계셨다. 그 '말씀'은 하나님과 함께 계셨다. 그 '말씀'은 하나님이셨다. 그는 태초에 하나님과 함께 계셨다. 모든 것이 그로 말미암아 창조되었으니, 그가 없이 창조된 것은 하나도 없다. 창조된 것은 그에게서 생명을 얻었으

외젠 들라크루아, 〈십자가 처형〉

복음서 저자들이 강조한 천체의 동요를 잘 묘사한 그림이다. 옆구리를 창으로 찌른 병사는 달아나려는 말을 진정시키려 애쓴다. 예수의 허리에 두른 천과 막달라 마리아의 머리칼이 바람에 나부낀다. 옆에서는 어머니 마리아가 쓰러지고, 그 바람에 두르고 있던 겉옷이 흐트러진다. 바람을 타고 새까만 먹구름이 몰려오는 사이 폭풍이 빠르게 다가온다. 예수의 머리에 그림자가 진 데다 십자가가 화면과 아주 가까워 보이는 탓에 그림을 보는 이들은 막달라 마리아처럼 자기가 사건 현장에 있는 것 같은 기분이 든다.

니, 그 생명은 사람의 빛이었다. … 참 빛이 있었다. 그 빛이 세상에 와서 모든 사람을 비추고 있다"(요 1:1-4, 9). 또한, 요한복음은 예수께서 이런 말씀을 하셨다고 기록합니다. "나는 세상의 빛이다. 나를 따르는 사람은 어둠 속에 다니지 아니하고, 생명의 빛을 얻을 것이다"(요 8:12).

이 말씀을 모두 종합하면, 예수께서 십자가에서 죽어 갈 때 세상의 빛이 사라지고 있었던 겁니다. 런던 세인트 폴 대성당에 걸린 홀먼 홀트의 〈세상의 빛〉이라는 그림을 잘 아실 겁니다. 무척 유명한 그림이지만, 머리를 둥근 빛으로 단장한 모습은 성경의 진술에 비해 지나치게 연약하고 감상적입니다. 예수가 세상의 빛인 이유는 빛이 그분의 머리를 두르고 있었기 때문이 아닙니다. 예수께서 세상의 근원이시기 때문입니다. 그분을 통해 세상이 창조되었습니다. 어둠뿐이던 곳에 빛이 생겼고 빛이 어둠을 갈랐습니다. 요한은 그 빛이 예수에게서 나왔다고 말합니다. 골고다 언덕을 뒤덮은 어둠 속에서 피조 세계는 조물주를 애도했습니다. 자연의 질서를 만드신 분이 그 질서를 뒤집으셨습니다. 모범적인 인간이 죽어서 해가 빛을 잃은 게 아닙니다. 그날 골고다 언덕을 뒤덮은 어둠은 전능하신 창조주 하나님, 해와 달의 주인, 자기가 만든 세상을 구원하려고 자신을 내준 성자 하나님이 인간의 모습으로 그곳에 계셨음을 의미합니다. 예수가 자기 목숨을 내놓자 세상의 빛이 꺼졌습니다.

어둠의 두 번째 의미를 이해하려면 선지자들이 했던 예언에 귀를 기울여야 합니다. 구약의 선지자들은 하나같이 주님이 진노를 쏟으실 날, 하나님이 단번에 죄와 악을 심판하실 날이 오리라고 예언했습니다. 먼저, 이사야 선지자는 이렇게 말했습니다.

주님의 날이 온다. 무자비한 날, 진노와 맹렬한 분노의 날, 땅을 황폐하게 하고 그 땅에서 죄인들을 멸절시키는, 주님의 날이 온다. 하늘의 별들과 그 성좌들이 빛을 내지 못하며, 해가 떠도 어둡고, 달 또한 그 빛을 비치지 못할 것이다. "내가 세상의 악과 흉악한 자들의 악행을 벌하겠다. 교만한 자들의 오만을 꺾어 놓고, 포학한 자들의 거만을 낮추어 놓겠다"(사 13:9-11).

예레미야 선지자도 이렇게 예언했습니다.

내가 이 땅의 모든 성문 앞에서, 내 백성들을 키질하여 흩어 버리겠다. 모두들 자식을 잃고 망할 것이다. 그들이 그릇된 길에서 돌이키지 않으려 하기 때문이다. 내가 이 백성 가운데서 과부를 바닷가의 모래보다도 더 많게 하겠다. 내가 대낮에 침략군을 끌어들여 갑자기 그들을 치게 하고, 젊은이들과 그들의 어머니들을 치게 하고, 모두들 놀라고 두려워하며 떨게 하겠다. 아들을 일곱이나 둔 여인도 아들을 잃고 기절할 것이다. 그 여인에게 대낮은 이미 칠흑 같은 밤이다. 그 여인은 비천한 신세가 될 것이다. 살아 남은 자식들은, 원수들이 보는 앞에서 칼에 맞아 죽게 하겠다. 나 주의 말이다(렘 15:7-9).

아모스 선지자도 이렇게 예언했습니다.

나 주 하나님이 하는 말이다. 그날에는 내가 대낮에 해가 지게 하고, 한낮에 땅을 캄캄하게 하겠다. 내가 너희의 모든 절기를 통곡으로 바꾸어 놓고, 너희의 모든 노래를 만가로 바꾸어 놓겠다. 내가 모든 사람에게 굵은 베 옷을 입히고, 머리를 모두 밀어서 대머리가 되게 하겠다. 그래서 모두들 외아들을 잃은 것처럼 통곡하게 하고, 그 마지막이 비통한 날이 되게 하겠다(암 8:9-10).

인간의 죄를 벌하시겠다는 하나님의 약속이 십자가에서 이루어졌습니다. 이것이 골고다 언덕을 뒤덮은 어둠의 두 번째 의미입니다. 어둠은 하나님이 지금 골고다 언덕에서 악한 세상을 심판하고 계심을 의미합니다. 이는 정말로 무서운 사건입니다. 그래서 우리는 재의 수요일과 성금요일마다 온 세상을 대신해 회개하고자 앞으로 나아가 죄를 고백합니다. "하나님의 집에서부터 심판을 시작할 때가 되었기 때문입니다"(벧전 4:17). 오늘 우리는 '하나님의 거룩한 계명을 지키지 않은 불순종'과 '거짓 신들을 좇은 불신앙'과 '조건 없는 사랑으로 자기를 제물로 내주신 예수에게 무관심했던 일'과 '우리 사회의 탐욕과 불의를 벌하시는 하나님의 공의로운 심판을 모독했던 일'을 되돌아보아야 합니다. 옛 선지자들은 이스라엘 백성들에게 회개하라고 촉구했고, 갈보리 언덕을 뒤덮은 어둠은 하나님의 백성인 우리에게 십자가 아래서 죄를 고백하라고 촉구합니다.

어둠의 세 번째 의미는 예수가 하신 말씀에 잘 나타나 있습니다. 누가는 겟세마네에서 잡히시던 날 예수께서 하신 말씀을 이렇게 전합니다.

그런 다음에, 자기를 잡으러 온 대제사장들과 성전 경비대장들과 장로들에게 말씀하셨다. "너희가 강도를 잡듯이 칼과 몽둥이를 들고 나왔느냐? 내가 날마다 성전에서 너희와 함께 있었으나, 너희는 내게 손을 대지 않았다. 그러나 지금은 너희의 때요, 어둠의 권세가 판을 치는 때다"(눅 22:52-53).

예수가 체포되고 배신당하고 고난받고 죽는 순간, 이 세상의 악한 세력들이 제멋대로 날뛰었습니다. 혼돈과 어둠이 권세를 잡았습니다. 부활절에 즐겨 부르는 찬송가 가사처럼 "사망의 세력이 최악의 짓을 저질렀습니다."[55] 이것이 어둠의 세 번째 의미입니다. 악의 세력들은 자기들이 할 수 있는 가장 심한 짓을 저지릅니다. 사탄은 하나님의 외아들과 싸웁니다. 어둠이 내려앉은 그 시간, 사탄은 예수를 다시 찾아와 속삭입니다. "이제 알겠어? 내가 옳았고, 넌 실패했어. 그러게 내 말을 들었어야지. 말했잖아, 누구도 네 말을 듣지 않을 거라고. 너를 따르던 자들은 다 어디 갔니? 네가 치료했던 자들과 네가 많은 시간을 함께했던 세리들, 창녀들, 어부들은 지금 어디 있니? 네 메시지를 전할 사람이 아무도 없네? 이제 다 끝났어. 넌 실패했어. 이제 세상은 내 수중에 있다. 하나님은 널 버렸어."

사탄은 하나님이 기름 부으신 메시아에게 마지막 공격을 퍼부었습니다. 이를 통해 우리는 죄와 어둠과 사망의 세력이 무슨 짓까지 할 수 있는지 알게 됩니다.

찢어진 성전 휘장

지난여름 홀리라는 젊은 여성에게 대학 시절 이야기를 들었습니다. 그녀는 신입생 때 클럽 가입 심사를 받았다고 했습니다. 지극히 피상적인 기준에 따라 여학생 클럽의 회원이 될 자격이 있는지를 판단하는 야만적인 절차입니다. 홀리는 멋지게 심사를 통과했고, 수준 높은 여학생 클럽의 회원이 되었습니다. 그러나 고학년이 된 홀리는 클럽 가입 심사에 염증을 느끼고 더는 심사에 참여하지 않기로 맹세했습니다. 대신에 상담자 역할을 자처했습니다. 4학년 때 홀리가 상담한 여학생은 열한 명이었습니다. 그중 열 명은 클럽 가입 심사를 한 번도 통과하지 못했다고 했습니다. 다들 충격에서 헤어나지 못했습니다. 한 명은 자살을 시도하지 않을까 걱정될 정도로 상태가 좋지 않았습니다.

누군가는 최종 명단에 들고 누군가는 탈락합니다. 우리 삶은 이런 일들의 연속이죠. 자기가 무얼 하는지도 모른 채 우리는 함께 어울리기에 적합한 사람과 적합하지 않은 사람을 나눕니다. 그런데 판단 기준이 그 사람의 본질과는 아무 상관이 없을 때가 많습니다. 사는 동네, 혈연, 직장, 운동 실력, 옷차림, 피부색, 사교 클럽 회원 여부 등등을 근거로 누군가는 끼워 주고 누군가는 안 끼워 줍니다. 햄프턴 외곽 롱아일랜드에 사는 뉴욕 주민들은 이제 막 이사 온 걸 누구도 알지 못하게 제대로 된 지역 번호를 얻으려고 필사적으로 애씁니다.

그리스도인의 삶에서 가장 큰 문제 중 하나는 잘못인 줄 알면서도 이런 행동을 계속한다는 점입니다. 정치적으로 올바른, 관용과 포용이라는 제단 앞에 머리를 조아리고는 곧장 특정 계층에만 한정된 클럽과 특권층만 사는 동네와 백인으로만 구성된 교회로 돌아갑니다. 이 문제를 어떻게 해결해야 할지 막막합니다. 다른 이들과 마찬가지로 저도 이 시스템에 한몫하고 있습니다. 모임이 있어서 식당에 갈 때면 주방 옆에 앉기 싫습니다. 돈을 기부할 때면 기부자 명단에 제 이름이 먼저 나오길 바랍니다. 기차를 탈 때면 특실을 끊습니다. 하지만 비행기를 탈 때는 상황이 다릅니다. 항상 일반석을 끊거든요. 넓은 좌석에 앉아 다리를 쭉 뻗고 음료를 마시는 일등석 승객들 곁을 기내용 가방을 끌고 지나가면서 좁은 수납공간에 가방을 어떻게 집어넣을지 걱정합니다. 가장 치욕스러운 일은 그다음에 일어납니다. 모든 승객이 자리에 앉자마자 커튼이 쳐집니다. 그 커튼은 내게 당신보다 높은 계층의 사람들이 이 비행기에 타고 있고, 당신은 그들을 쳐다볼 수 없다고 선언합니다.

오늘은 예수께서 십자가에 달려 죽을 때 골고다 언덕에 나타난 세 가지 표징 중 두 번째 표징을 살펴보려 합니다. 마가복음은 이렇게 말합니다. "예수께서는 큰 소리를 지르시고서 숨지셨다. (그때에 성전 휘장이 위에서 아래까지 두 폭으로 찢어졌다)"(막 15:37-38). 이 사건의 의미를 이해하려면 예루살렘 성전에 관해 알아야 할 게 있습니다.

예루살렘 성전은 여러 개의 뜰로 이루어져 있습니다. 이방인의 뜰에는 누구나 들어갈 수 있습니다. 유대인 여성이라면, 이방인의 뜰을 지나 여인의 뜰에 들어갈 수 있습니다. 유대인 남성이라면 여인의 뜰을 지나 남자의 뜰에 들어갈 수 있습니다. 여기까지가 보통 사람이 들어갈 수 있는 영역입니다. 그 이상은 제사장들만 들어갈 수 있습니다. 제사장의 뜰에 성전이 있고, 성전은 여러 개의 방으로 이루어져 있습니다. 가장 안쪽에 있는 방을 지성소라고 부릅니다. 지성소 안에는 언약궤가 있습니다. 하나님의 보좌라 부르는 속죄판이 언약궤를 덮고 있는데, 바로 그곳에서 죄를 용서받습니다. 이방인과 여자, 남자, 제사장을 불문하고 누구도 지성소에는 들어갈 수 없습니다. 딱 하루만 예외인데, 일 년에 한 번 '욤 키푸르'라 부르는 속죄일에 대제사장 혼자 희생 제물의 피를 가지고 지성소에 들어갑니다. 대제사장이 이 피를 속죄판에 뿌리면 이스라엘 백성들은 죄를 씻고 또 한 해를 살아갑니다. 그런데 여기에 아주 중요한 세부 사항이 있습니다. 지성소 앞, 속죄판이라는 금지 구역에 크고 두껍고 무거운 커튼(성전 휘장)이 쳐져 있다는 점입니다. 대제사장 외에는 누구도 휘장 안쪽에 들어갈 수 없습니다. 일 년에 딱 한 번, 중재자인 대제사장 외에는 누구도 이 장벽을 넘을 수 없습니다.

보다시피, 계층에 따라 출입할 수 있는 구역이 정해져 있습니다. 하나님에게 가까이 가고 싶으면, 명단에 들고 싶으면, 선택받은 자가 되고 싶으면, 최상위 계층이 되고 싶으면, 대제사장이 되어야 합니다. 최소한 제사장이 되어야 합니다. 여자나 이방인이면 안 됩니다. 이 구조는 차별에 바탕을 둔 구조입니다. 집단과 집단을 구분하여 속죄판 접근을 제한하는 구조이지요. 그런데 예수께서 십자가에 달려 죽는 순간 이런 차별이 모두 사라졌습니다. 하나님의 아들이 죽자 거룩한 속죄판에 그분의 피가 뿌려지고 성전 휘장이 위에서 아래까지 두 폭으로 찢어졌습니다. 경건한 자와 경건하지 않은 자의 구분이 없어졌습니다. 일등석과 일반석을 구분하는 커튼은 이제 존재하지 않습니다. 모델, 운동선수, 가수를 뚱뚱한 사람, 유행에 뒤처진 사람, 멋없는 사람과 구분하는 줄은 이제 존재하지 않습니다. 지성소로 향하면서 다른 사람들을 내려다보던 재미도 없어졌습니다. 사도 바울은 로마인들에게 이렇게 말합니다. "거기에는 아무 차별이 없습니다. … 우리가 아직 약할 때에, 그리스도께서는 제 때에, 경건하지 않은 사람을 위하여 죽으셨습니다"(롬 3:22; 5:6). 이것이 복음의 핵심입니다. 신앙의 업적을 무용지물로 만드는 말이니, 그 어떤 말보다 급진적인 발언이 아닐 수 없습니다. "우리가 아직 약할 때"라는 구절은 "하나님은 스스로 돕는 자를 돕는다"라는 미국인들이 좋아하는 격언을 무색하게 합니다. "우리가 아직 약할 때에, 그리스도께서는 제 때에, 경건하지 않은 사람을 위하여 죽으셨습니다." 너무도 획기적인 말이라 뭐라 덧붙일 말이 없습니다. 신앙과 하나님에 관해 나름 안다는 사람들은 그리스도가 의로운 사람들, 경건한 사람들, 고결한 사람들을 위해 죽었다고 믿으려 합니다. 그러나 주님은 이렇게 말씀하십니다. "나는 의인을 부르러 온 것이 아니라 죄인을 부르러 왔다"(막 2:17). 예수는 줄 바깥쪽에 있는 사람들, 성전 밖에 있는 사람들, 빈민 주거 지역에 사는 사람들을 위해서 죽었습니다. 그러니 바울이 "유대 사람도 그리스 사람도 없으며, 종도 자유인도 없으며, 남자와 여자가 없습니다. 여러분 모두가 그리스도 예수 안에서 하나이기 때문입니다"(갈 3:28)라고 말한 건 놀랄 일이 아닙니다.

누군가는 이 소식을 좋아하지 않을지도 모릅니다. "누구나 들어갈 수 있다면, '델타 델타 델타' 같은 최상류층 사교 클럽 회원이 되는 게 무슨 재미가 있어요?"[56] 뒤쪽에 앉은 불행한 사람들과 우리를 가르는 커튼이 없어진다면, 일등석에 앉아 가는 게 뭐가 즐겁겠어요?" 이렇게 말하는 이들도 있겠지요.

그러나 이것이 나쁜 소식이 아니라 좋은 소식인 이유가 여기에 있습니다. 하나님이 경건함, 의로움, 도덕성, 신앙심 등을 근거로 구원받을 사람을 정하셨다면, 저와 여러분은 탈락했을 테니까요. 최상류층 사교 클럽에는 들어가지 못해도 이 시험은 통과하는 이가 있을지 모르지만, 그게 우리는 아닐 겁니다. 신디 크로퍼드는 스물세 살이던 1989년에 아주 날카로운 말을 했습니다. "저는 지금이 모델로서 황금기입니다. 시간이 지날수록 실력은 좋아지는 법이죠. 그러나 모델의 생명은 끝나고 맙니다. 알다시피 저는 나이를 먹을 겁니다. 이게 저들의 복수죠."[57] 이 폭로성 발언을 통해 우리는 다음과 같은 사실을 알 수 있습니다. 정상의 자리는 비좁습니다. 정상에 올랐다고 해서 느긋하게 쉴 수도 없습니다. 정상에서 내려오는 건 피할 수 없는 일이고, 성공한 사람들에게는 시기와 험담이 뒤따르게 마련입니다. 그리고 정상에 있던 사람이 퇴보하면 사람들은 내심 기뻐합니다. 계속 커튼 안쪽 자리를 지키기란 여간 불안하고 위태로운 일이 아닐 수 없습니다.

누구나 안고 있는 이 문제를 어떻게 해결해야 할지 막막하다고 말씀드렸지요. 그러나 사실은 그렇지 않습니다. 저는 답을 알고 있습니다. 여러분 중에도 답을 아는 사람이 많을 겁니다. 우리는 정답을 알고 있습니다. 이 이야기를 계속하는 게 답입니다. 우리는 이 이야기가 살아 숨쉬는 기독교 공동체와 계속 교제합니다. 이 공동체에 여러분과 저 같은 죄인들과 위선자들이 가득한데도 말입니다. 우리는 성전 휘장이 위에서 아래까지 두 폭으로 찢어졌다는 이야기를 계속합니다. 주님의 속죄소로 가는 길이 모든 인간에게 열렸습니다. 그리스도는 '경건하지 않은 사람', 바로 여러분과 저를 위해 죽었습니다. 서로서로 이 이야기를 계속하면, 어쩌면 우리는 배척하고 구분하는 행동을 중단하고 뭇사람을 돕는 상담사가 될 수 있을지 모릅니다. 인종, 피부색, 관습, 계층이 다른 사람들을 더욱 존중하는 길로 나아갈 수 있을지 모릅니다. 어쩌면 행복을 맛보게 될지도 모릅니다. 남들에게 없는 것을 가져서가 아닙니다. 남들은 오르지 못한 자리에 올라서가 아닙니다. 경건하지 않은 우리 각 사람을 위해 자기 목숨을 내줌으로써 휘장을 영구히 찢으신 우리 주 예수 그리스도 안에 있는 풍성한 삶을 다른 이들이 함께 누리는 모습을 볼 수 있어서 행복해질 겁니다.

그러므로 형제자매 여러분, 우리는 예수의 피를 힘입어서 담대하게 지성소에 들어가게 되었습니다. 예수께서는 휘장을 뚫고 우리에게 새로운 살 길을 열어 주셨습니다. 그런데 그 휘장은 곧 그의 육체입니다. … 서로 마음을 써서 사랑과 선한 일을 하도록 격려합시다(히 10:19-20, 24).

〈음부의 문을 걷어차는 그리스도〉

이 특이한 이미지는 업신여기듯 사망과 지옥의 문을 걷어차는 그리스도의 모습을 보여 준다. 마치 "이제 내가 너를 얼마나 쉽게 이기는지 봐라" 하고 말하는 듯하다. 예수는 값을 치르셨다. 발에 난 못 자국이 이를 말해 준다.

열린 무덤들

예수가 죽은 그날 나타난 세 번째 표징은 마태복음에 잘 나와 있습니다.

> 예수께서 다시 큰 소리로 외치시고, 숨을 거두셨다. 그런데 보아라, 성전 휘장이 위에서 아래까지 두 폭으로 찢어졌다. 그리고 땅이 흔들리고, 바위가 갈라지고, 무덤이 열리고, 잠자던 많은 성도의 몸이 살아났다. 그리고 그들은, 예수께서 부활하신 뒤에, 무덤에서 나와, 거룩한 도성에 들어가서, 많은 사람에게 나타났다. 백부장과 그와 함께 예수를 지키는 사람들이, 지진과 여러 가지 일어난 일들을 보고, 몹시 두려워하여 말하기를 "참으로, 이분은 하나님의 아들이셨다" 하였다(마 27:50-54).

이 기이한 사건들은 무엇을 의미할까요? 마태는 병사들이 땅이 흔들리고 무덤이 열리는 모습을 보고 예수가 하나님의 아들이라고 고백했다고 말하는데, 왜 그런 걸까요?

먼저, 지진을 설명하는 '동사'에 주목해야 합니다. 헬라어 원문에는 세 개의 수동태가 나옵니다. 바위가 '갈라지고' 무덤이 '열리고' 잠자던 많은 성도의 몸이 '일으켜졌습니다.' 이런 현상을 일으킨 영靈과 강한 팔에 대한 인식이 강하게 묻어나는 표현입니다.

바위가 스스로 갈라진 게 아닙니다. 하나님이 하신 일입니다. 사탄은 예루살렘 밖에 있는 갈보리 언덕에서 자기가 상황을 주도하고 있다고 생각했을 테지만, 그런 기분은 그리 오래가지 않았을 겁니다. 이 모든 작전을 주관한 장본인은 성부와 성자였습니다. 마태가 놀라운 표징들을 수동태로 기록한 이유는 이 사실을 보여 주기 위해서였습니다.

마태는 역사가 갈보리 언덕에 집중하고 있다는 사실을 최대한 생생하고 매력적인 방식으로 이야기합니다. 신약학자 폴 미니어도 《골고다 지진The Golgotha Earthquake》이라는 책에서 이 점을 지적했습니다.[58] 나사렛 예수께서 십자가에 달려 죽자 말 그대로 땅이 흔들렸습니다. 세상이 멈췄습니다. 더는 예전과 같을 수 없게 되었습니다. 땅이 흔들리고 바위가 갈라지고 해가 빛을 잃게 하심으로써 하나님은 본인이 한 일을 온 창조 세계가 증언하게 했습니다. 우주는 축을 벗어나 반대 방향으로 돌았습니다. 시대가 바뀌었습니다.

신약을 이해하려면 기본적으로 '이전 시대'와 '오는 시대'라는 시대 개념을 이해해야 합니다.[59] 이전 시대는 우리가 주변에서 보는 것들입니다. 옛 시대는 출생, 사망, 정치, 의료, 노동, 돈, 성공, 실패, 스포츠, 전쟁, 세금, 선거, 파업, 공장, 신문, 국무부, 대법원, 의회, 텔레비전, 인터넷, 생명 보험, 부동산의 세상입니다. 우리는 이것을 '현실 세계'라고 부릅니다. 어떤 사람을 가리켜 "현실 세계와 동떨어져 있다"라고 할 때 그 말은 칭찬이 아닙니다. "저 설교자는 세상 물정을 몰라도 너무 몰라"라는 말을 듣는다면, 정말 끔찍하지 않을까요? 이것이 이른바 '현실 세계'인데, 신약 성경은 이를 가리켜 '이전 시대', '악한 세대', '사라지는 세대'라고 부릅니다. 사도 바울은 "이 세상의 형체는 사라집니다"(고전 7:31)라고 말하고, 요한은 "이 세상도 사라지고, 이 세상의 욕망도 사라지지만, 하나님의 뜻을 행하는 사람은 영원히 남습니다"(요일 2:17)라고 말합니다.[60] 신약 성경은 '오는 시대'를 '이전 시대'와 대조하여 그립니다. 의미상, 이전 시대는 사라지는 시대입니다. 이와 아주 대조적으로, 하나님의 시대는 '오는' 시대입니다. 잠시 여러분의 삶과 이력에 대해 생각해 봅시다. 여러분은 이러이러한 부모님 밑에서 유년 시절을 보내고 이러이러한 사람으로 자랐고, 이제 예전보다 나이가 들었습니다. 갈수록 지금보다 더 나이가 들 테고, 조만간 인생이 끝나고, 죽게 되겠지요. 우리 머릿속에서 시간은 늘 과거에서 현재로, 현재에서 미래로 흐릅니다. 오늘 내가 하는 일은 어제 일어난 일에 영향을 받고, 내일 일어날 일에 영향을 끼치겠지요. 그런데 이 흐름이 바뀌면 어떻게 될까요? 과거의 방식으로 미래를 바라보는 대신에 미래를 통해, 다시 말해 하나님이 미래에 하실 일을 통해 과거와 현재를 판단하고 평가하는 겁니다.

나사렛 예수가 마지막 숨을 고통스럽게 내뱉을 때 예루살렘 밖 갈보리 언덕에서 바로 그런 일이 일어났습니다. 세상의 근간을 흔들고 오랫동안 봉인되었던 무덤에서 죽은 자들을 일으키는 능력으로 '오는 시대'가 '이전 시대'에 쳐들어오고 있었습니다. 이후로 우주는 과거-현재-미래로 흐르는 익숙한 옛 방식이 아니라, 하나님의 미래가 '이 악한 세대'에 쳐들어오는 완전히 낯선 뜻밖의 방식으로 그 의미를 찾습니다. 요즘 하원 의장이 입에 달고 사는 '미래지향적 사고'를 말하는 게 아닙니다.[61] 미래지향적 사고는 지난 시대의 사고방식을 새롭게 포장한 것에 지나지 않습니다. 미래에 대한 예측은 모두 현재의 예상에서 나오니까요. 성금요일 사건들이 입증한 '오는 시대'는 틀을 완전히 벗어난 시대로서 "죽은 사람들을 살리시며 없는 것들을 불러내어 있는 것이 되게 하시는 하나님"(롬 4:17)에게서 오는 시대입니다. 현재를 결정하는 것은 바로 하나님의 미래입니다. 땅이 흔들리고 바위가 갈라진 것은 그날 사건 현장에 하나님이 나타나셔서 죽음과 소멸의 소용돌이에 빨려 들어가는 창조 세계를 멈춰 세우셨음을 뜻합니다. 하나님은 창조 세계가 자멸하게 놔두지 않으셨습니다. 예수 그리스도 안에서 하나님은 자멸을 향해 내달리는 이 세상을 막아서서 그 행로를 바꾸셨습니다. 과거에서 현재로, 현재에서 미래로 흐르는 옛 시대의 흐름이 이제 더는 확정적이지 않습니다. T. S. 엘리엇이 "내 끝에 시작이 있다"라고 말한 것도 그 때문입니다.[62] 우리는 지금까지의 우리 모습이 아니라 하나님의 은혜로 변화될 모습에 익숙해질 겁니다.[63] 마태는 예수가 죽을 때 일어난 세 가지 놀라운 사건에 관해 이야기합니다. 마태에 따르면, 오는 시대의 특징은 죽은 자의 부활입니다. "무덤이 열리고, 잠자던 많은 성도의 몸이 살아났다"(마 27:52).

일으켜진 죽은 자들은 그냥 아무나가 아니었습니다. 그들은 바로 '성도'였습니다. 하나님의 약속이 이루어지리라는 믿음과 소망 가운데 죽은 구약의 신자들이었습니다. 부활은 마구잡이로 주어진 게 아닙니다. 부활은 예수 그리스도의 죽음을 통해 주어졌습니다. 오늘 이 자리에 나온 우리는 얼마나 운이 좋은지 모릅니다. 부활절에만 교회에 오는 사람들은 하나님이 십자가에서 일으킨 반전을 온전히 이해하지 못할 겁니다.

물론, 모든 사람이 십자가에 달려 죽은 이를 보고 싶어 하는 건 아닙니다. 고린도 교회 교인들이 대표적이지요. 그들은 부활절은 좋아했지만, 성금요일은 싫어했습니다. 그런 그들에게 바울은 "나는 여러분 가

안드레아 만테냐, 〈지옥 하강〉

만테냐는 이 장면을 여러 번 그렸는데, 매번 부활하신 그리스도의 뒷모습을 묘사했다. 신실한 구약의 망자들을 부르시는 예수는 손에 승리의 깃발을 들고 계신다. 이 장면을 묘사한 만테냐의 작품 중 저승 문 앞에 선 구세주를 보고 기뻐서 어쩔 줄 모르는 이스라엘 장로의 몸짓을 묘사한 그림은 이 작품이 유일하다. 왼쪽에 서 있는 아담과 하와는 경외심으로 그 자리에 얼어붙었다(아담과 하와 사이에 있는 인물의 신원은 불분명하다). 아담은 수천 년 동안 보지 못했던 하늘을 경탄하며 올려다보고, 하와는 부활한 남자가 동굴 밖으로 발걸음을 옮기자 기도하듯 고개를 돌려 동굴 쪽을 응시한다. 남자가 주님에게 손을 뻗을 때 바람이 불어와 몸에 두른 천이 위로 흩날린다. 오른쪽에 서 있는 장로도 크게 기뻐하며 주님을 반갑게 맞이한다.

운데서 예수 그리스도 곧 십자가에 달리신 그분 밖에는, 아무것도 알지 않기로 작정하였습니다"(고전 2:2)라고 말했습니다. 예수의 죽음을 통해 죽은 자들이 생명을 얻었습니다. 마태 역시 우리 가운데 있는 '고린도인들'에게 같은 메시지를 전합니다. 무덤이 열린 건 예수께서 부활하신 아침이 아니라 마지막 숨을 내뱉으신 순간이었습니다. 사망 권세는 자기가 할 수 있는 최악의 짓을 저질렀으나 그분을 가두어 두지 못했다고 마태는 말합니다.

열린 무덤과 살아난 성도들이 의미하는 바는 무엇일까요? 예수 그리스도는 우리에게 선하고 담대한 죽음의 본을 보이기 위해서 죽은 게 아닙니다. 죽은 자들 가운데서 살아 돌아오려고 죽은 것도 아닙니다. 감옥 문을 열고 우리를 풀어 주려고 죽은 겁니다. 여러분을 가둔 감옥은 어떤 감옥입니까? 실패에 대한 두려움, 주류에 들지 못할지도 모른다는 두려움, 더 착하게 살지 못한 것에 대한 두려움이 여러분을 옥죄나요? 실연의 고통, 거절과 실망의 감정이 여러분을 옥죄나요? 사람들이 여러분을 무시하고 소중히 여기지 않는 것 같아서 괴롭나요? 시기심, 옹졸한 생각, 원망이라는 감옥에 갇혀 있지는 않나요? 자식들이나 배우자와 멀어질까 두려운가요? 나이 드는 것, 신체적 매력을 잃는 것, 생명과 소망이 사그라지는 것에 대한 두려움이 여러분을 옥죄지는 않나요? 이런 것들은 모두 죄와 사망이 왕 노릇하던 이전 시대의 표징입니다. 갈수록 약해지고 퇴화하고 잃는 게 많아지는 건 죽음을 향해 가는 정상적인 삶의 과정입니다. 오늘, 그리스도 안에 있는 모든 사람은 새로운 방향을 따라 삽니다. 예전과는 정반대로 죽음을 통해 생명으로 나아갑니다. 우리를 위해 마지막 피 한 방울까지 십자가에서 다 쏟으신 예수의 조건 없는 사랑이 모든 것을 바꾸었습니다. 예수의 죽음이 우리를 해방했습니다. 의심과 절망에서 해방되었고, 죄와 죄책에서 해방되었고, 어둠과 영원한 죽음에서 해방되었습니다. 오늘 여러분과 저, 온 창조 세계를 새롭게 하신 우리 하나님을 경배하고 예배하고 영화롭게 하도록 해방되었습니다. 이 끔찍한 날을 좋은 날, 성금요일 Good Friday이라고 부르는 이유가 여기에 있습니다.

경건하지 않은 사람을 위해

우리가 아직 약할 때에, 그리스도께서는 제 때에, 경건하지 않은 사람을 위하여 죽으셨습니다(롬 5:6).

영광의 시간

오늘 밤, 우리는 그리스도의 십자가 아래 모였습니다. 성금요일에 그리스도인이 있어야 할 곳이 바로 여기니까요.

오늘 우리는 사도 요한이 들려주는 수난 기사를 함께 낭독하고 살펴보려 합니다. 본문을 자세히 들여다보기 전에 짚고 넘어갈 게 있습니다. 전통적으로 성금요일에는 요한복음의 수난 기사를 낭독하는데, 사도 요한은 예수의 원수들을 언급할 때 반복적으로 '유대인'이라는 단어를 씁니다. 그래서 어떤 이들은 2차 세계대전 때 기독교 사회였던 유럽의 심장부에서 유대인들에게 벌어진 일을 떠올리며 요한복음에 의구심을 품곤 합니다. 따라서 우리는 예수에게 일어난 일이 '유대인'의 소행이 아니라 모든 인류의 소행이라는 점을 분명하게 알고 이해해야 합니다. 한 가지 이유는 요한이 '종교 지도자들'을 가리킬 때 '유대인'이라는 단어를 쓰곤 하기 때문입니다. 요한의 기준에 따르면, 우리 중 많은 이가 유대인인 셈입니다. 게다가 사람들을 십자가에 처형한 이들은 유대인이 아닙니다. 십자가형은 로마제국에서 제정한 형벌입니다. 그러나 오늘 밤 예배에서 가장 중요한 건 예수의 죽음이 갖는 보편적 의미입니다다. 설교가 끝난 뒤 함께 부를 찬송가 가사를 음미하는 게 큰 도움이 될 겁니다. 고난주간에 부르는 찬송가 중 으뜸으로 꼽을 만한 곡입니다. 이 찬송에는 이런 가사가 있습니다. "주 예수여, 내가, 내가 주를 부인했나이다. 내가 주를 십자가에 못 박았나이다."[64]

"내가 주를 십자가에 못 박았나이다." 이 구절이 핵심입니다. '유대인'이 한 짓이 아닙니다. 우리가 한 짓입니다. 목요일 밤에 성가대가 찬양했듯이 "주가 상함은 우리의 죄악을 인함이요. 우리의 허물, 우리의 죄악, 우리의 악함 때문"입니다. 아직도 마음에 의심이 남아 있다면, 종려주일에 낭독한 수난 기사를 떠올리며 의심을 쫓아내십시오. 종려주일에 "예수를 십자가에 처형하라"라고 소리친 사람은 바로 우리였습니다.

이제 본격적으로 요한복음의 중요한 구절들을 함께 살펴봅시다. 첫 번째로 살펴볼 구절은 서두에 나오는 구절입니다. 세례자 요한은 예수를 처음 보고 이렇게 외쳤습니다. "보시오, 세상 죄를 지고 가는 하나님의 어린양입니다"(요 1:29). '하나님의 어린양'이라는 표현은 사복음서 중 요한복음에만 나오는 독특한 표현이나, 성찬식 때마다 낭독하는 바울 서신에 같은 표현이 나옵니다. "우리들의 유월절 양이신 그리스도께서 희생되셨습니다"(고전 5:7). 교회를 열심히 다니는 사람들 가운데도 유월절 어린양이신 그리스도가 우리를 위해 희생 제물이 되셨다는 말이 무슨 뜻인지 제대로 이해하지 못하는 이들이 많을 겁니다. 세례자 요한은 예수가 죽는 이유가 세상의 죄를 없애기 위해서라고 말합니다. 우리 힘으로는 죄를 없앨 수 없습니다. 예수께서 요한복음 8장에서 말씀하셨듯, 우리는 죄의 종이기 때문입니다. "내가 진정으로 진정으로 너희에게 말한다. 죄를 짓는 사람은 다 죄의 종이다. 종은 언제까지나 집에 머물러 있지 못하지만, 아들은 언제까지나 머물러 있다. 그러므로 아들이 너희를 자유롭게 하면, 너희는 참으로 자유롭게 될 것이다"(요 8:34-36).

우리는 이 말씀의 의미를 이해하고 있을까요? 우리는 '자기 계발'을 대단히 중요하게 생각합니다. 그러나 자기 계발은 죄의 감옥 안에서 이뤄지기에 기껏해야 우리를 여기까지 이끈 게 전부입니다. 예수께서는 우리를 이 감옥에서 구해 내시고 자유인에게 어울리는 새로운 삶을 선물하셨습니다. 신약 성경이 말하는 자유는 우리가 선택한 것은 무엇이든 할 수 있는 것을 의미하지 않습니다. 죄의 속박에서 벗어나는 것, 하나님과 우리를 갈라놓는 모든 것에서 벗어나는 것을 의미합니다. 몸에 밴 버릇, 성격 결함, 위험한 열망, 남몰래 키워 온 원한, 마음속에서 곪아 터진 분노 때문에 하고 싶지만 할 수 없었던 일을 전부 떠올려 보십시오. 이런 상황을 잘 묘사한 시편이 있습니다.

> 이루 다 헤아릴 수도 없이 많은 재앙이 나를 에워쌌고, 나의 죄가 나의 덜미를 잡았습니다. 눈앞이 캄캄합니다. 나의 죄가 내 머리털보다도 더 많기에, 나는 희망을 잃었습니다(시 40:12).

성금요일에 즐겨 낭독하는 이 시편 구절에는 미묘한 측면이 있습니다. 너무 미묘해서 누군가가 귀띔해 주지 않으면 알아채지 못할 가능성이 크지요. 시편의 특징 중 하나는 화자가 항상 같지는 않다는 점입니다. 인간이 말할 때도 있고, 하나님이 말씀하실 때도 있습니다. 화자가 누구인지는 우리 스스로 파악해야 합니다. 화자가 왔다 갔다 하는 이런 화법은 그리스도의 사역을 해석하는 데 큰 도움이 됩니다. 시편 40편을 다시 살펴볼까요? 처음부터 끝까지 평범한 인간이 이야기하는 것처럼 보입니다. "내가 간절히 주님을 기다렸더니, 주님께서 나를 굽어보시고, 나의 울부짖음을 들어 주셨네"(시 40:1) 등등. 그러나 성금요일에 낭독할 때는 예수가 이 시편의 화자가 됩니다.

주님께서는 내 두 귀를 열어 주셨습니다. 주님은 제사나 예물도 기뻐하지 아니합니다. 번제나 속죄제도 원하지 않습니다. 그때에 나는 주님께 아뢰었습니다. "나에 관하여 기록한 두루마리 책에 따라 내가 지금 왔습니다. 나의 하나님, 내가 주님의 뜻 행하기를 즐거워합니다. 주님의 법을 제 마음 속에 간직하고 있습니다"(시 40:6-8).

성금요일에 이 시편을 읽으며 화자가 누구인지 의문이 든다면, 히브리서가 답을 해 줄 겁니다.

그러므로 그리스도께서 세상에 오실 때에, 하나님께 이렇게 말씀하셨습니다. "주님은 제사와 예물을 원하지 않으셨습니다. 그래서 나에게 입히실 몸을 마련하셨습니다. 주님은 번제와 속죄제를 기뻐하지 않으셨습니다. 그래서 내가 말하였습니다. '보십시오, 하나님! 나를 두고 성경에 기록되어 있는 대로 나는 주님의 뜻을 행하러 왔습니다'"(히 10:5-7).

성금요일에 시편 40편을 읽을 때 우리는 이렇게 말씀하시는 예수의 음성을 듣습니다.

이루 다 헤아릴 수도 없이 많은 재앙이 나를 에워쌌고, 나의 죄가 나의 덜미를 잡았습니다. 눈앞이 캄캄합니다. 나의 죄가 내 머리털보다도 더 많기에, 나는 희망을 잃었습니다(시 40:12).

시편 38편을 읽을 때도 이와 같은 과정을 거치게 됩니다. 같은 생각이 다른 말로 표현되고, 다시 예수께서 이 시편의 화자가 됩니다. "내 죄의 벌이 나를 짓누르니, 이 무거운 짐을 내가 더는 견딜 수 없습니다"(시 38:4).

오늘 예배를 마칠 때 부를 찬송은 시편 130편에서 나왔습니다. "주님, 주님께서 죄를 지켜 보고 계시면, 주님 앞에 누가 감히 맞설 수 있겠습니까?"(시 130:3) 우리 같이 평범한 인간이 할 법한 질문입니다. 질문 안에 답이 있습니다. 아무도 그럴 수 없다고 말입니다. 주께서 죄를 지켜보시면, 아무도 주님 앞에 맞설 수 없습니다. 세족 목요일 예배 때 배웠듯이 주께서 씻어 주지 않으시면 누구도 하나님 앞에 설 수 없습니다. 그 주님이 오늘 '하나님의 어린양'이 되셨습니다. 오늘 예수가 짊어지신 죄는 자신의 죄가 아닙니다. 그분에게는 죄가 없었으니까요. 예수께서 십자가에 짊어지고 가신 죄는 바로 우리의 죄입니다. 따라서 성금요일만큼은 이 시편의 화자, 견딜 수 없는 무거운 짐을 진 자가 다름 아닌 예수입니다. 최후의 만찬 때 이 무거운 짐이 그분을 덮치기 시작한 듯합니다. 예수께서는 가룟 유다를 포함한 제자들의 발을 씻기시면서 이렇게 말씀하셨습니다. "내가 너를 씻기지 아니하면, 너는 나와 상관이 없다"(요 13:8). 요한은 예수께서 제자들의 발을 씻기고 자리에 앉은 뒤에 괴로워하셨다고 말합니다. "마음이 괴로우셔서"(요 13:21)라는 표현을 너무 고지식하게 이해하고 싶지 않은 게 우리 마음입니다. 그런데도 예수께서 제자들을 씻기실 때 씻겨 나온 죄가 예수에게 전가된 것처럼 보입니다. 평생 죄를 모르셨던 예수께서 죄의 감옥에 들어가려 합니다. 오직 예수만이 이 감옥 문을 열 열쇠를 가지고 있습니다. "내가 진정으로 진정으로 너희에게 말한다. 죄를 짓는 사람은 다 죄의 종이다. 종은 언제까지나 집에 머물러 있지 못하지만, 아들은 언제까지나 머물러 있다. 그러므로 아들이 너희를 자유롭게 하면, 너희는 참으로 자유롭게 될 것이다"(요 8:34-36).

요한복음은 예수께서 자기 죽음을 세계사의 전환점으로 이해했다고 전합니다. 예수께서는 이 점을 아주 명확하게 밝히셨습니다. 이런 이유로 12장은 요한복음의 전환점이라 할 수 있습니다. 예수께서는 "지금은 이 세상이 심판을 받을 때이다"(요 12:31)라고 선언하십니다. 그분의 '시간'은 **죄**와 **사망**의 권세를, 사탄이 다스리는 영역을 심판하는 시간입니다. 예수는 이렇게 말을 잇습니다. "'이제는 이 세상의 통치자가 쫓겨날 것이다. 내가 땅에서 들려서 올라갈 때에, 나는 모든 사람을 내게로 이끌어 올 것이다.' 이것은 예수께서 자기가 당하실 죽음이 어떠한 것인지를 암시하려고 하신 말씀이다"(요 12:31-33). 이 말씀을 통해 우리는 스스로 속죄 제물이 되신 주님이 악과 사망의 권세를 무찌르고 승리하셨음을 알게 됩니다. 하나님의 아들이 '이 세상의 통치자'로 의인화된 악의 세력에게 자기를 내줌으로써 악의 세력을 무찌르셨다는 것, 이것이 기독교 신앙의 역설입니다. 예수께서는 **사망**의 세력권 안에 들어가셔서 이 세상의 통치자를 쫓아내셨습니다.

역설적이게도 요한복음은 십자가에 달리신 사건을 예수께서 영화롭게 되는 시간이라 부릅니다. 17장에서 주님은 아버지에게 직접 이야기합니다. "예수께서 이 말씀을 마치시고, 눈을 들어 하늘을 우러러보시고 말씀하셨다. '아버지, 때가 왔습니다. 아버지의 아들을 영광되게 하셔서, 아들이 아버지께 영광을 돌리게 하여 주십시오. 아버지께서는 아들에게 모든 사람을 다스리는 권세를 주셨습니다. 그것은 아들로 하여금 아버지께서 그에게 주신 모든 사람에게 영생을 주게 하려는 것입니다"(요 17:1-2). 성부가 성자에게 **사망**의 세력권에 들어갈 권세를 주셨습니다. 그리스도께서 빌라도에게 말씀하신 대로입니다. "위에서 주지 않으셨더라면, 당신에게는 나를 어찌할 아무런 권한도 없을 것이오"(요 19:11). 수난 기사에서는 권세와 권세가 서로 맞서는데, 이 권세들은 동등하지 않습니다. 하나님이 아들이신 그리스도에게 주신 권세가 **죄와 사망**의 권세보다 훨씬 큽니다. 서로 통치권을 손에 넣으려고 다툰다고 생각하면 이해하기 쉬울 겁니다. 플래너리 오코너의 소설에는 사탄이 자주 등장합니다. 그 이유를 묻자 작가는 이렇게 답했습니다. "우리는 악마, 그러니까 일반화된 악을 지칭하는 악마가 아니라 지배권을 손에 쥔 악한 영靈을 무찔러야 구원받습니다. … 저는 악마를 이런저런 심리적 성향으로 받아들이지 않고, 확실하게 악마(마귀)로 인지하기를 바랍니다."[65] 예수 그리스도가 고난받는 동안 펼쳐진 지배권 다툼은 마귀, 그러니까 골고다 언덕에서 처음이자 마지막으로 완전히 고삐가 풀린 마귀를 무찔러야 우리가 구원받을 수 있다는 사실을 보여 줍니다. 따라서 십자가에 달린 그 순간은 성자께서 모든 악을 무찌르고 영화롭게 되는 순간입니다. 예수께서 "지금은 이 세상이 심판을 받을 때이다. 이제는 이 세상의 통치자가 쫓겨날 것이다"라고 말씀하신 이유가 여기에 있습니다.

    누가와 요한은 십자가 위에서도 다스리는 왕이자 주님이신 예수의 모습을 보여 줍니다. 예수께서는 자기를 박해하는 자들을 용서하셨습니다. "아버지, 저 사람들을 용서하여 주십시오. 저 사람들은 자기네가 무슨 일을 하는지를 알지 못합니다"(눅 23:34). 그리고 회개한 자가 하나님나라에 들어갈 수 있게 하셨습니다. "너는 오늘 나와 함께 낙원에 있을 것이다"(눅 23:43). 희생자가 할 법한 행동이 아닙니다. 인류의 미래를 지휘할 권세가 있는 지휘관의 행동입니다. 그런가 하면 예수께서는 어머니와 제자를 이어 주며 새로운 인류 공동체를 만드셨습니다. "어머니, 이 사람이 어머니의 아들입니다"(요 19:26). "자, 이분이 네 어머니시다"(요 19:27). 그다음에 예수께서는 "목마르다"라고 말씀하셨습니다. 괴로운 상황 탓에 하신 말씀이 아닙니다. 영원 전에 하나님이 이 모든 일을 작정하셨음을 알리기 위해 하신 말씀입니다. 요한은 이렇게 증언합니다.

> 그 뒤에 예수께서는 모든 일이 이루어졌음을 아시고, 성경 말씀을 이루시려고 "목마르다" 하고 말씀하셨다. 거기에 신 포도주가 가득 담긴 그릇이 있었는데, 사람들이 해면을 그 신 포도주에 듬뿍 적셔서, 우슬초 대에다가 꿰어 예수의 입에 갖다 대었다. 예수께서 신 포도주를 받으시고서, "다 이루었다" 하고 말씀하신 뒤에, 머리를 떨어뜨리시고 숨을 거두셨다(요 19:28-30).

"다 이루었다*tetelestai*." 마가는 이렇게 증언합니다. "예수께서는 큰 소리를 지르시고서 숨지셨다"(막 15:37). 마가는 크게 소리를 질렀다고만 기록했지만, 요한은 뭐라고 소리를 지르셨는지 기록했습니다. "다 이루었다"라는 말씀은 승리를 알리는 외침이었습니다. 어렸을 때는 '다 이루었다'라는 말씀을 '다 끝났다'라는 뜻으로 이해했습니다. 그러나 '다 끝났다'라는 표현으로는 말씀의 의미를 온전히 전달하지 못한다는 걸 이제 다들 아실 겁니다. "다 이루었다"라고 하는 게 맞지요. 라틴어 성경에는 "*Consummatum est*"라고 번역되어 있습니다. 죽음이 우리 주님을 집어삼키는 그 순간에도 주님은 승리를 거둔, 성부 하나님의 아들이었습니다. 아버지의 뜻이 다 이루어졌습니다.

'역사적' 예수는 요한복음에 나온 그 어떤 말도 한 적이 없다고 언론에 떠들길 좋아하는 성서학자들이 있습니다. 최근 한 성공회 교회에서 열린 장례식에 참석했습니다. 그런데 관할 사제가 회중에게 이렇게 말하더군요. "나는 부활이요 생명이다, 라고 예수께서 '말씀하셨다고들' 합니다." 기독교에서 하는 이야기가 사실이라면, 살아 계신 우리 주 예수께서는 자기가 한 말과 하지 않은 말을 성령을 통해 교회에 알리실 겁니다. 《뉴스위크》의 케네스 우드워드는 몇 년 전 부활절에 '예수 연구'에 관한 기사를 썼습니다. 이 기사에서 그는 성경 진리를 믿는다는 건 "지금 그리스도의 임재 가운데 사는 자들과 2천 년 전 부활 소식을 맨 처음 전한 자들의 유대가 깊다는 걸 의미한다"라고 썼습니다.[66] 이 둘의 유대감은 요즘 시사 잡지와 종교 기사의 관계 못지않게 긴밀합니다.

그러나 신뢰에 바탕을 둔 이 유대감은 잡지 기사나 인터넷이 아니라 '지금 그리스도의 임재 가운데 사는' 예배 공동체에서 형성됩니다. 지금 여러분과 제가 속한 바로 이 공동체 말입니다. 우리는 성경 증언에 대한 믿음을 재차 확인하고자 한자리에 모였습니다. 요한은 요한복음 끝부분에서 이렇게 말합니다.

> 예수께서는 제자들 앞에서 이 책에 기록하지 않은 다른 표징도 많이 행하셨다. 그런데 여기에 이것이나마 기록한 목적은, 여러분으로 하여금 예수가 그리스도요 하나님의 아들이심을 믿게 하고, 또 그렇게 믿어서 그의 이름으로 생명을 얻게 하려는 것이다(요 20:30-31).

제자들과 마지막 식사를 마칠 무렵 예수께서는 이렇게 기도하셨습니다.

아버지, 때가 왔습니다. 아버지의 아들을 영광되게 하셔서, 아들이 아버지께 영광을 돌리게 하여 주십시오. 아버지께서는 아들에게 모든 사람을 다스리는 권세를 주셨습니다. 그것은 아들로 하여금 아버지께서 그에게 주신 모든 사람에게 영생을 주게 하려는 것입니다. 영생은 오직 한 분이신 참 하나님을 알고, 또 아버지께서 보내신 예수 그리스도를 아는 것입니다(요 17:1-3).

그리스도 안에서 사랑하는 성도 여러분, 믿으십시오. 예수께서 여러분을 자기 마음에 들이시고 영생을 얻게 하셨듯, 예수를 여러분의 마음과 삶에 영접하십시오.

수많은 문제가 여러분을 괴롭게 합니까? "아들이 너희를 자유롭게 하면, 너희는 참으로 자유롭게 될 것이다"(요 8:36)라는 말씀을 기억하십시오.

죄가 여러분을 짓누릅니까? "세상 죄를 지고 가는 하나님의 어린 양"(요 1:29)을 바라보십시오.

마음이 자꾸 약해집니까? "하나님께서 세상을 이처럼 사랑하셔서 외아들을 주셨으니, 이는 그를 믿는 사람마다 멸망하지 않고 영생을 얻게 하려는 것이다. … 그를 맞아들인 사람들, 곧 그 이름을 믿는 사람들에게는, 하나님의 자녀가 되는 특권을 주셨다. … 그 말씀은 육신이 되어 우리 가운데 사셨다. 우리는 그의 영광을 보았다. 그것은 아버지께서 주신, 외아들의 영광이었다. 그는 은혜와 진리가 충만하였다. … 율법은 모세를 통하여 받았고, 은혜와 진리는 예수 그리스도로 말미암아 생겨났다"(요 3:16; 1:12, 14, 17)라는 말씀을 기억하십시오. "아버지께서 나를 사랑하신 것과 같이, 나도 너희를 사랑하였다"(요 15:9)라고 하신 주의 말씀을 기억하십시오. 오직 주님만이 부활이요 생명이시니, 주의 사랑 안에 거하십시오(요 11:25).

위대한 거래

2000년 3월 27일 자 《뉴스위크》 지에는 "예수를 보는 시각: 유대인, 이슬람교도, 힌두교도, 불교도는 예수를 어떻게 생각하나"라는 표지 기사가 실렸습니다.[67] 미국 문화가 얼마나 많이 변했는지 보여 주는 제목입니다. 25년, 30년 전만 해도 미국 그리스도인들은 다른 종교가 예수를 어떻게 생각하는지 관심이 없었습니다. 그런데 지금은 상황이 다릅니다. 고대 인도의 전통 치유과학인 아유르베다와 현대 의학을 접목하여 '심신의학'이라는 독특한 분야를 창안한 디팩 초프라와 티베트 승려 달라이 라마가 쓴 책이 불티나게 팔립니다. 우리 문화와 사회는 변하고 있습니다. 어떤 이들에게 예수는 일반적인 종교계 인물 중 한 명에 불과합니다. 그러나 우리에게는 유일무이한 구세주이자 주님이십니다. 신약 시대 이후 이 둘의 차이를 이해하는 게 지금처럼 중요했던 때도 없습니다. 따라서 성금요일에 교회에 나오는 건 중요한 의미가 있습니다. 모든 사람이 성금요일의 특이성을 이해하는 건 아닙니다. 그랬다면, 모두가 이 자리에 있겠지요. 여러분은 전위대前衛隊요 선견대先遣隊입니다. 우리 문화가 성경이라는 계류장을 떠나 표류할수록 여러분 같은 사람이 더 많이 필요할 겁니다. 기독교는 여러 종교 중 하나가 아닐뿐더러 요가, 점성술, 천사 숭배, 자기 수양 같은 것들을 섞어서 더 크고 더 좋은 종교 혼합물을 만들 수 없다는 사실을 이해시키기가 점점 더 어려워지고 있습니다.

《뉴스위크》 표지 기사를 쓴 사람은 종교부 편집자로 오래 일한 케네스 우드워드입니다. 자기 신앙을 확고히 지키고 실천하는 동시에 다른 신앙에 대해서도 공정한 태도를 잃지 않는 가톨릭 신자입니다. 우드워드는 표지 기사에서 여러 다른 종교가 예수를 이해하는 다양한 방식에 대해 논의합니다. 그중 몇 문장을 여러분에게 소개하려 합니다.

> 예수와 부처의 차이를 가장 잘 나타내는 것은 바로 죽음이다. 부처는 고요하고 평온하게 죽음을 맞았다. 윤회에서 벗어나는 고요한 죽음이었다. … 이와 달리 예수는 하나님에게 버림을 받고도 하나님의 뜻에 따라 십자가에 달려 고통스럽게 죽었다.
>
> 기독교가 말하는 예수와 다른 이들이 말하는 예수는 바로 이 십자가에서 갈린다. 유대교에서는 메시아가 죽은 선례가 없다. 하물며 예수가 그랬듯 범죄자처럼 죽는 건 상상도 할 수 없는 일이다. 이슬람교에서는 알라에 대한 모독이라 여겨 예수의 죽음에 관한 이야기를 배척한다. 힌두교에서는 평화로운 삼매三昧에 든 예수, 즉 죽음의 나락에서 벗어난 수행자 예수만을 인정한다. 불교 승려 틱낫한은 십자가에 달린 예수상은 "너무도 고통스러운 이미지다. 여기에는 기쁨이나 평화가 전혀 없고, 예수에 대한 정당한 평가라고 보기 어렵다"라고 말한다.
>
> 이 세상 사람 대부분이 십자가의 예수를 받아들이지 못한다는 사실은 하나도 놀랍지 않다. … 예수는 늘 그랬듯 지금도 '비방 받는 표징'이다.

십자가는 여러 이유로 '비방의 표징'입니다. 우선, 십자가 처형은 하나의 종교 사상이 아니라 실제 사건이었습니다. 이 점이 매우 중요합니다. 구약 시대 히브리인들이 믿는 종교는 주변의 그 어떤 종교와도 달랐습니다. 오로지 그들의 종교만 역사에 기초하고 있었기 때문이지요. 하나님은 자신을 계시하시되, 요즘 유행하는 개인의 '영적' 여정과 탐구를 통해서가 아니라 세상의 사건들에 개입하시는 방식으로 계시하십니다. 광야에 혼자 있다가 '부드럽고 조용한 소리'를 들은 엘리야는 동굴에서 은둔하며 명상하는 삶을 살지 않고 아합이 사는 궁궐로 돌아가 왕에게 맞서며 죄를 책망했습니다. 열왕기하 2장에 나오는 엘리사의 이야기는 국가와 제도의 상호작용과 긴밀하게 얽혀 있습니다. 《하나님의 정치The Politics of God》라는 제목을 단 주해서가 있을 정도입니다.[68] 다른 종교에 비하면 구약 성경은 놀랄 만큼 현세적입니다. 우리는 예수께서 본디오 빌라도에게 고난을 받으사 십자가에 못 박혀 죽으셨다고 신앙을 고백합니다. 이상하지요? 대체 왜 신앙 고백서에 유명하지도 않은 지방 관료의 이름을 적어 넣은 걸까요? 이러한 특성이 기독교 신앙을 이해하는 데 매우 중요하다는 점은 오래전부터 많은 사람이 인정했습니다. '우리와 우리의 구원을 위해' 하나님의 아들이 태어나고 죽고 부활한 사건은 계절이 바뀔 때마다 매해 반복되는 일이 아닙니다. 확실히 규명하고 연대를 추정할 수 있는 특정 시간과 장소에서 하나님이 역사에 개입하신 중요한 사건입니다. 기독교는 고대 근동 지방의 신비주의 종교에서 유래한 게 아닙니다.[69] 독특한 특성이 있는 유대교에서 나왔습니다. 유대교는 신화가 아니라 역사에 기반하고 있으며, 순환적이지 않고 직선적이며, 세상을 부정하지 않고 긍정하는 특성이 있습니다. 출애굽과 예수의 성육신이 없었다면, 세계의 종교사는 지금과 완전히 달랐을 겁니다. 행동의 주체는 갈망과 욕구, 바람, 소망을 지닌 인간이 아닙니다. 행동의 주체는 하나님입니다. "그 말씀은 육신이 되어 우리 가운데 사셨다"(요 1:14).

세계사에서 예수가 갖는 의의 외에도 예수의 삶에는 다른 모순적인 특성이 있습니다. 특히, 그의 죽음이 그렇지요. 유명한 사람의 순교는 얼마든지 받아들일 수 있습니다. 어떤 사람이 순교하면 그 사람의 위상이 높아지게 마련입니다. 케네디 형제와 마틴 루터 킹 목사만 떠올려 봐도 금방 분명해지지요. 그러나 영웅들은 보통 망신이나 수치, 굴욕과 얽히지 않습니다. 이건 종교계 명사들도 마찬가지입니다. 우리는 우리가 예배하는 대상이 찬란하고 평온하고 따뜻하고, 이상한 일에 연루되지 않기를 바랍니다. 《뉴스위크》 기사가 암시하듯, 메시아가 십자가에 달려 죽은 사건이 반박의 여지가 없는 역사적 사실이라는 점이야말로 기독교의 가장 강력한 메시지입니다. 십자가 사건은 인간의 종교적 상상력이 지금까지 만들어 낸 모든 것과 배치되는 수치스러운 일이지요. 사도 바울이 "그리스도가 십자가에 달리셨다는 것은 유대 사람에게는 거리낌이고, 이방 사람에게는 어리석은 일입니다"(고전 1:23)라고 말한 이유도 이 때문입니다. 요즘 말로 하자면, 십자가 처형은 독실한 사람과 세속적인 사람 모두에게 불쾌감을 안겨 주는 '아주 고통스러운 이미지'입니다.

그렇다면 우리는 수난 기사의 핵심, 십자가를 신앙의 상징으로 인정하는 보편적인 태도, 예수께서 "십자가에 못 박혀 죽으시고 장사되셨다"는 점을 강조하는 유서 깊은 신앙 고백을 어떻게 이해해야 할까요?

성금요일에 일어난 일을 우리가 이생에서 모두 이해할 수 있다고 말할 생각은 없습니다. 성경이 주는 힌트와 암시가 우리가 가진 전부이니까요.[70] 그러나 한 가지는 분명히 압니다. 거듭 말하지만, 신약 성경의 모든 저자는 예수가 죄 때문에 죽었다고 말합니다. 예수의 죽음이 유례없이 끔찍한 이유는 이 때문입니다. 처형법의 하나였던 십자가형의 수치스러운 성질은 인류가 저지른 수치스러운 짓과 직접적인 관계가 있습니다. 당시 로마 정부는 잔인하고 비인간적인 형벌이 문제가 되지는 않을까 전혀 걱정하지 않았습니다. 십자가형은 최대한 잔인하고 비인간적이어야 했습니다. 그것이 십자가형의 목적이었으니까요. 요즘 사람들은 이 점을 이해하기가 쉽지 않을 겁니다. 다행히도 지금은 국가의 승인 아래 공공연히 계획적으로 고문하는 문화가 없습니다. 사람들이 다 보는 데서 십자가형을 집행하다니, 우리로서는 상상할 수 없는 일입니다. 미국에서는 엄격한 통제 아래 집행되는 독물 주사 사형을 사형수 가족이 볼 수 있게 허용할지를 놓고 의견이 분분합니다. 사법부는 사형을 선고받은 죄수들에게 교회사(教誨士)를 배정합니다. 사형수를 형장으로 안내할 때도 거칠게 밀치거나 욕하거나 조롱하지 않습니다. 우리 안에 있는 악한 본능과 대면하지 않게 우리 자신을 보호하는 겁니다.[71] 이와 대조적으로, 십자가형은 최악의 행동을 허용할 뿐만 아니라 모욕하고 조롱하도록 행인들을 부추겼습니다. 십자가형을 선고받은 죄수에게는 사형 집행인을 배정하지도 않았습니다. 죄수는 어쩔 수 없이 스스로 사형을 집행해야 했습니다.[72] 십자가에 달려 숨을 헐떡이는 동안 몸이 뒤틀려 질식하고 맙니다.

　　지난해 조지타운대학교는 현대 미술가와 조각가에게 새로 지은 강의실에 걸 십자가상의 설계 및 제작을 의뢰했습니다. 찰스 맥컬러라는 미술가는 십자가상을 제작했던 경험을 돌이켜 보며 이렇게 말했습니다. "예수의 십자가상을 그리고 색칠하고 조각하는 일은 정말 끔찍했

페테르 파울 루벤스, 〈십자가에서 내려지심〉

이 멋진 그림은 근육질의 우람한 예수를 십자가에서 내리기 위해 체격이 건장한 사람들 여럿이 분투하는 모습을 보여 준다. 같은 제목의 렘브란트 그림(192쪽)처럼 시선이 무덤 쪽을 향하는 구도를 택하지 않고, 그리 슬퍼 보이지 않는 두 여인을 향하는 구도를 택했다. 강인하게 생긴 요한이 사다리 위에 조심스럽게 버티고 서서 다정하게 시신을 받아 든다. 연민과 온기로 가득한, 대단히 인간적인 이 그림은 부활의 씨앗이 인류에게 있음을 암시한다. 양차 세계대전 가운데 그리스도의 죽음을 암울하게 묘사한 20세기 작품들과 상반된다.

막스 베크만, 〈십자가에서 내려지심〉
예수의 십자가형을 묘사한 20세기의 많은 작품과 마찬가지로 1차 세계대전 중에 그린 이 현대적인 그림은 고문으로 인한 죽음이 얼마나 추하고 무의미한지를 가차 없이 표현한다. 사후 경직이 진행된 시신은 이미 살아나길 바랄 수도, 살아나도록 도울 수도 없는 상태다.

습니다. 고문해서 죽이는 이 사형법이 얼마나 잔인한지는 아무리 강조해도 지나치지 않습니다. 십자가형이 추상적인 개념의 죽음이 아니라 국가가 저지른 살인이라는 점을 표현하는 것이 중요하다고 생각합니다."[73] 하나님의 아들을 처형하기 위해 인간이 사용한 방법이 얼마나 독특하고 섬뜩한지 돌아보게 하는 말입니다. 당시 로마제국은 인간이 이룬 최고의 업적이었습니다. 또한, 예수를 십자가에 매달기 위해 로마인과 손을 잡은 자들의 종교 역시 고대 세계에서 가장 수준 높고 뛰어난 종교였습니다. 기독교의 모체인 유대교는 아브라함과 이삭과 야곱의 하나님이 계시하신 종교였으니까요. 그런 점에서 십자가 사건은 하나님의 메시아를 처형하기 위해 가장 우수한 정부와 종교가 함께 도모한 음모였습니다. 그 후 이런 식의 공모가 세계사에서 계속 재연되었습니다. 특별히 유대인만 관련된 일이 아니라, 타락한 인간의 대변자라 할 수 있는 교회와 국가가 관련된 일입니다. 이 순간에도 가톨릭과 성공회 신부들과 수녀들, 심지어 주교들이 르완다에 사는 투치족을 학살하기 위해서 후투족과 결탁했으며, 교회 건물에서도 학살을 자행했다는 증거가 속속 드러나고 있습니다. 아마도 여러분은 '나는 절대 그런 일 못 해'라고 생각할 겁니다. 그러나 그 현장에 서 보기 전에는 장담할 수 없는 일입니다. 오늘, 온 인류는 하나님의 심판 아래 있습니다. 그런데 성자 하나님이 육신을 입고 인류의 대표자가 되어 온 인류를 두 팔로 끌어안으셨습니다. 이로써 모든 게 달라졌습니다.

예수에게 일어난 일은 독보적이었습니다. 국가가 승인한 고문이었기 때문만이 아니라, 지금부터 살펴볼 또 하나의 대단한 이유 때문입니다. 가사에 집중하면서 함께 찬송합시다.

보라, 양 떼를 위해 선한 목자가 제물 되셨다
죄는 종이 짓고 고난은 아들이 당하네
우리는 속죄에 아무 관심도 없을 때
하나님이 우리를 위해 나서셨네[74]

종(여러분과 저)과 아들(예수). 부끄러운 짓은 우리가 했는데, 책임은 예수께서 지셨습니다. 영국의 시인 W. H. 오든은 이것을 세상에서 가장 '위대한 거래'라 칭했습니다. 바울은 이렇게 말합니다. "하나님께서는 죄를 모르시는 분에게 우리 대신으로 죄를 씌우셨습니다. 그것은 우리가 그리스도 안에서 하나님의 의가 되게 하시려는 것입니다"(고후 5:21). 예수의 죄 없음을 우리의 죄와 바꾸고, 예수의 의를 우리의 불의와 바꾸었습니다. 베드로의 증언도 표현만 조금 다를 뿐 내용은 같습니다. "그는 우리 죄를 자기의 몸에 몸소 지시고서, 나무에 달리셨습니다. 그것은, 우리가 죄에는 죽고 의에는 살게 하시려는 것이었습니다. 그가 매를 맞아 상함으로 여러분이 나음을 얻었습니다"(벧전 2:24). 예수의 완벽한 건강 상태를 우리의 죽을병과 바꾼 겁니다.

마태복음에 따르면 대제사장은 사람들에게 이렇게 말합니다. "그가 하나님을 모독하였소. 이제 우리에게 이 이상 증인이 무슨 필요가 있겠소? 보시오, 여러분은 방금 하나님을 모독하는 말을 들었소. 여러분의 생각은 어떠하오?"(마 26:65-66) 그러자 사람들이 대답합니다. "그는 사형을 받아야 합니다"(마 26:66). 사형 제도가 우리 세대에 전해 내려왔을 때 우리가 한 말과 같습니다. "자업자득이지"라고 우리는 말합니다. 하지만 십자가는 뭐라고 말합니까? 십자가에 달릴 이유가 없는 분이 십자가에 달렸다고 말합니다. 그리고 또 이렇게 말합니다. "그분 대신 우리가 십자가에 못 박혔어야 했어." 이것이 바로 위대한 거래가 의미하는 바입니다. 그분 대신 우리가 그곳에 있어야 했습니다. 바울이 로마인들에게 말했듯, 죄의 삯은 죽음이기 때문입니다(롬 6:23). 죽음은 우리를 향한 하나님의 선하신 뜻을 거역한 죄로 우리가 마땅히 치러야 할 삯입니다. 죽음은 에덴동산에서 아담에게 부과된 삯입니다. 겟세마네 동산에서 예수는 우리 때문에 죽음이라는 삯을 청구받으시고 홀로 받아들이셨습니다.

W. H. 오든은 이렇게 썼습니다.

> 육신은 갈수록 약해지고, 말씀은 갈수록 강해지니
> 이 땅에서 위대한 거래가 이루어졌도다.[75]

"육신은 갈수록 약해지고." 오늘날에는 오든이 알고 이해했던 성경 말씀을 제대로 알고 이해하는 이가 거의 없습니다. 오든은 바울이 '육신*sarx*'이라는 단어를 사용한 의도를 잘 알았습니다. 요한은 "그 말씀은 육신이 되어 우리 가운데 사셨다"(요 1:14)라고 말합니다. 삼위 하나님의 두 번째 위격이신 성자께서 '인성'을 입으셨다는 말입니다. 그런데 바울은 '육신'이라는 단어를 써서 육신이 인성, 특별히 '타락한' 인간의 본성을 의미하도록 개념을 확장했습니다. 인간은 단순히 육체적으로나 성적으로만 타락한 게 아니라 전적으로 무능한 상태가 되었습니다. 바울은 다음과 같은 말로 이러한 곤경을 표현했습니다. 생각이 깊은 그리스도인들이 항상 인식하고 토로하는 말이지요.

나는 내가 하는 일을 도무지 알 수가 없습니다. 내가 해야겠다고 생각하는 일은 하지 않고, 도리어 해서는 안 되겠다고 생각하는 일을 하고 있으니 말입니다. 내가 그런 일을 하면서도 그것을 해서는 안 되겠다고 생각하는 것은, 곧 율법이 선하다는 사실에 동의하는 것입니다. 그렇다면, 그와 같은 일을 하는 것은 내가 아니라, 내 속에 자리를 잡고 있는 죄입니다. 나는 내 속에 곧 내 육신 속에 선한 것이 깃들여 있지 않다는 것을 압니다. 나는 선을 행하려는 의지는 있으나, 그것을 실행하지는 않으니 말입니다. 나는 내가 원하는 선한 일은 하지 않고, 도리어 원하지 않는 악한 일을 합니다. 내가 해서는 안 되는 것을 하면, 그것을 하는 것은 내가 아니라, 내 속에 자리를 잡고 있는 죄입니다(롬 7:15-20).

"육신은 갈수록 약해지고." 죄는 너무도 강합니다. 죄는 단순히 여기서 저지르는 악행, 저기서 저지르는 실수를 의미하지 않습니다. 죄는 온 인류를 손아귀에 쥐고 있는 **세력**입니다. 왜 우리는 전쟁 대신 평화를 택하지 않을까요? 죄 때문입니다. 나와 다른 인종을 증오하는 대신 여러 인종이 서로 조화를 이루며 살면 좋을 텐데, 그러지 못하는 이유가 뭘까요? 죄 때문입니다. 어린아이들이 가난에 시달리고, 학대당하고, 방치당하고, 영양실조에 걸리고, 오염된 물을 먹고 병에 걸리는 이유가 뭘까요? 죄 때문입니다. 우리가 이기심, 착취, 무관심, 탐욕, 복수심의 악순환에 빠져 있기 때문입니다. 나는 아니라고요? 그렇다면 보편적인 인간의 모습을 떠올려 보십시오. 20세기가 우리에게 가르쳐 준 게 있다면, 이른바 선진 문명의 심장부에서 상상할 수 없는 규모로 형언할 수 없는 잔혹 행위를 저지를 수 있는 존재가 바로 우리 인간이라는 사실입니다. 우리는 고칠 수도 돌이킬 수도 없는 철저한 무능력자라서 스스로 치료할 수 없습니다. 하나님이 역사 밖에서 역사 안으로 들어오셨다는 소식을 기독교 메시지 한가운데 보존해야 하는 이유가 여기에 있습니다. "말씀은 갈수록 강해지니." 자기의 능력으로 우리의 무능을 대신하고, 자기의 의로 우리의 불의를 대신하고, 자기의 자격으로 우리의 무자격을 대신하기 위해 예수께서 우리 가운데 오셨습니다.

우리는 다른 사람에 대해 말하기를 좋아합니다. "자업자득이야"라고 말이죠. 십자가는 정반대로 말합니다. "우리가 아직 약할 때에, 그리스도께서는 제 때에, 경건하지 않은 사람을 위하여 죽으셨습니다"(롬 5:6). 또한, 이렇게 말합니다. "우리가 아직 죄인이었을 때에, 그리스도께서 우리를 위하여 죽으셨습니다. 이리하여 하나님께서는 우리들에 대한 자기의 사랑을 실증하셨습니다"(롬 5:8). 예수께서는 경건한 사람과 의로운 사람과 독실한 사람과 도덕적인 사람을 위해서가 아니라, 경건하지 않은 사람과 의롭지 않은 사람과 독실하지 않은 사람과 도덕적이지 않은 사람을 위해 죽었습니다. 사형 제도에 반대하는 사람들이 제시하는 이유는 다양하지만, 그리스도인이 내놓을 수 있는 이유는 하나뿐입니다. 십자가가 우리에게 전하는 바에 따르면, 우리는 모두 죽어 마땅한 자들이었으나 예수께서 우리를 대신해 죽었기 때문입니다. 예전에도 지금도 그럴 가치가 없는 우리를 위해서 말입니다. 그러므로 그리스도인은 "자업자득이지"라고 말하면 안 됩니다. "하나님의 은혜가 없었다면 나도 저렇게 되었을 거야"라고 말해야 합니다.

이 말씀을 정말로 이해하고 가슴 깊이 새기면, 다른 사람이 굴욕당하는 모습을 절대로 보고 싶어 하지 않을 겁니다. 다른 사람이 자기가 행한 그대로 되돌려 받는 모습을 절대로 보고 싶어 하지 않을 겁니다. 여러분과 제게 은혜가 임했듯이 모든 사람에게 은혜가 임하길 바랄 겁니다. 가사를 곰곰이 생각하면서 함께 찬송합니다. 이 가사가 우리의 고백이 되기를 기원합니다.

온유하신 예수, 주께 보답할 길 없네
주를 사랑하며, 영원토록 주께 기도하겠네
주의 긍휼과 변함없는 사랑을 생각하네
나, 그 사랑 받을 자격 없네.

우리가 아직 약할 때

성금요일에는 기독교의 복음이 아주 명료하게 드러납니다. 그런 의미에서 성금요일은 기독교 신앙과 일반 종교를 구분 짓는 날입니다. 타 종교를 부정하고 배척하는 발언으로 오해할 수 있지만, 제 의도는 그게 아닙니다. 그리스도의 십자가가 갖는 특이성에 주목했으면 하는 마음에서 하는 말입니다. 고대 세계 사람들은 십자가형의 섬뜩한 현실을 너무도 잘 알았지만, 우리는 그 현실과 동떨어져 있습니다. 그래서 불쾌하고 혐오스러운 십자가형의 실체를 상상도 하지 못하고, 십자가를 숭배하거나 경배하는 대상으로 삼는 게 얼마나 부적절한지 이해하지도 못합니다. 십자가는 그 어떤 고문 도구보다 반종교적인 성격이 강합니다. 그러나 독일의 신학자 위르겐 몰트만의 말처럼, 십자가는 "기독교 신학의 내적 기준"입니다.[76] 뭇사람들 눈에 바람직해 보이도록 불쾌한 부분을 제거한 기독교는 진정한 기독교가 아니라는 말입니다. 미국에 있는 일반적인 기독교 서점에 가면, 눈부시게 아름다운 장면이 사방에 펼쳐집니다. 깨끗한 호수에 깔리는 석양, 쓰레기 하나 없는 눈 덮인 봉우리, 산성비 걱정 따위 없는 빽빽한 숲, 드넓은 평야 위에 물결치는 황금빛 밀. 우리가 거기서 사는 축하 카드와 매주 나누어 주는 주보 표지, 성경 구절이 들어간 달력은 모두 평온하고 아름다운 위로의 메시지를 전합니다. 형언할 수 없는 추악함이 기독교 이야기의 핵심에 자리하고 있다는 사실을 절대 알 수 없습니다. 그래서 성금요일 예배에 참석하는 사람이 이렇게 적은 건 아닐까요? 그런 의미에서 오늘 예배에 참석한 10대들을 특별히 환영합니다. 오늘 예배에 참석한 건 여러분이 그만큼 성숙했다는 증거입니다. 오늘은 성인 남자와 소년을 나누고, 성인 여자와 소녀를 나누는 날이기 때문입니다. 여론 조사에 따르면 미국인 대다수가 하나님을 믿는다고 하는데, 그 말은 별 의미가 없습니다. 정말 중요한 질문은 이겁니다. "당신은 십자가에 달려 죽은 그리스도를 어떻게 생각합니까?"

고난주간에 기나긴 수난 기사를 두 번이나 낭독하는 이유는 국가가 승인한 잔혹 행위로 숨진 이 죽음의 의미를 이해하기 위해서입니다. 우선, 분명한 사실은 성금요일은 우리가 본보기로 삼고 흉내 내다가 어느 날 승부를 겨룰지도 모를, 죄 없는 영웅의 고난을 묵상하는 날이 아니라는 점입니다. 혹시라도 이런 준거 틀에 말려들면, 예수가 당한 것보다 더 끔찍한 고난을 더 오랫동안 이를 악물고 견딘 사람이 있다고 하면 할 말이 없어질 겁니다. 성경 저자들은 이 문제에 대해 되도록 말을 삼감으로써 이런 식의 논의를 사전에 막았습니다. 그들의 관심은 다른 데 있었습니다. 수난 기사에서 가장 중요한 논제는 육체적 고통이 아닙니다. 복음서 저자들은 이 사건의 내적 의미에 관심을 기울입니다. 마가는 하나님에게 버려진 그리스도를 묘사하지만, 그렇게 버려진 바로 그 순간에 그분이 성부 하나님의 외아들임을 공개적으로 처음 고백합니다. 마태 역시 그리스도가 버려지고 조롱받은 사실을 강조하지만, 버림받은 사실이 무엇을 의미하는지 증명해 주는 강력한 계시적 표징을 제시하면서 '다윗의 자손'이자 '이스라엘의 메시아'라는 높은 직함으로 그리스도를 설명합니다.[77] 누가는 십자가상에서도 인간의 영원한 운명을 결정할("너는 오늘 나와 함께 낙원에 있을 것이다") 권한을 가지고 다스리는 왕의 모습으로 예수를 묘사합니다. 요한은 예수의 수난과 죽음을 어린양의 승리로, 다시 말해 사망과 마귀를 무찌르고 승리하신 '영광의 시간'으로 해석합니다. "지금은 이 세상이 심판을 받을 때이다. 이제는 이 세상의 통치자가 쫓겨날 것이다. 내가 땅에서 들려서 올라갈 때에, 나는 모든 사람을 내게로 이끌어 올 것이다"(요 12:31-32). 신약 성경의 저자들이 관심을 기울이는 주제는 바로 이런 것들입니다.

수난 기사에 나오는 제자들과 그 밖의 인물들은 아주 대조적으로 행동합니다. 선생이 재판과 고문을 받고 죽어 가는 동안, 이 이야기에 등장하는 모든 사람은 자신의 안위만 생각합니다. 유다와 베드로, 본디오 빌라도, 그리고 예수를 따르던 자들은 예수가 아니라 자기의 결백을 입증할 방법을 고민합니다. 바로 이것이 예수와 우리의 차이점입니다. 자력갱생은 미국의 복음입니다. 자기만족, 자기방어라고 바꿔 말하기도 하지요. 우리는 우리가 그동안 쌓아 올린 것들을 안전하게 지키고 보호하는 데 많은 시간을 씁니다. 우리가 벌거나 상속받은 것들, 이를테면 회사, 가족, 동호회, 자유기업제도, 미국의 우월성 같은 것들을 지키는 데 힘을 쏟습니다. 교회마저도 우리가 지키려 애쓰는 우상이 될 때가 많습니다. 이제 교회는 우리의 유산, 우리의 생활 방식, 사회 꼭대기를 차지한 우리의 위상을 상징합니다. 그 결과, 십자가마저도 자기희생을 촉구하는 소환장이 아니라 패권의 상징이 되었습니다. 보스니아에서는 세르비아 정교회가 이슬람교도에게 세르비아의 패권을 인정하는 의미로

성호를 그으라고 강요하는 충격적인 사건이 있었습니다.[78] 변덕스럽기로 유명한 발칸 반도 사람들의 기질 탓이라고 치부해서는 안 됩니다. 미국에서도 수많은 이민자 집단이 "당신네 교회에나 가라"라는 말을 듣는 실정입니다.

"하나님은 스스로 돕는 자를 돕는다." 이것이 미국인의 신조이지요. 그래서 이 신조를 근거로 우리는 우리의 태도를 변명합니다. 사실, 이 신조는 십자가에 달린 예수를 조롱하기 위해 당시 사람들이 했던 말을 따라 한 것에 지나지 않습니다.

> 지나가는 사람들이 머리를 흔들면서, 예수를 모욕하여 말하였다. "성전을 허물고, 사흘만에 짓겠다던 사람아, 네가 하나님의 아들이거든, 너나 구원하여라. 십자가에서 내려와 보아라." 그와 같이, 대제사장들도 율법학자들과 장로들과 함께 조롱하면서 말하였다. "그가 남은 구원하였으나, 자기는 구원하지 못하는가 보다! 그가 이스라엘 왕이시니, 지금 십자가에서 내려오시라지! 그러면 우리가 그를 믿을 터인데!"(마 27:39-42)

우리는 이 현장과 멀리 떨어져 있으니 증오에 찬 이런 저주와 거리를 두기가 쉽습니다. 그러나 여기에는 우리에게 익숙한 논리가 깔려 있습니다. 우리는 '뿌린 대로 거두는 법', '자업자득', '행운은 스스로 만드는 법', '자기 힘으로 일어서기'를 기대합니다. "길 가는 모든 나그네들이여, 이 일이 그대들과는 관계가 없는가?"(애 1:12) 전통적으로 십자가에 달린 예수와 연결 짓는 구절입니다. 어디선가 "네, 우리와는 아무 관계가 없습니다"라는 대답이 튀어나올 것 같지 않습니까? 이것이 성금요일을 그냥 지나치는 사람들의 태도입니다. 노숙자들에게 눈길 한 번 주지 않고 익숙한 듯 발걸음을 재촉하는 도시 생활자들의 태도입니다. "자기들이 선택한 거잖아요." 이렇게 이야기하는 사람이 많습니다. "자기 스스로 구원해야죠"라는 뜻입니다. 오늘 성금요일의 경험에 더 깊이 들어가면, 하나님의 아들이 어떻게 스스로 구원할 수 없는 자들과 무방비 상태인 자들과 죽어 마땅한 자들의 처지가 되셨는지 이해하게 될 겁니다. 예수께서는 자청해서 그리되셨습니다. 목요일 밤, 겟세마네에서 그분은 사형이라는 형벌을 면할 수 있는지 아버지께 물었습니다. 그러나 자기 앞에 놓인 그 길을 세상이 시작되기도 전에 자기가 선택했다는 걸 알기에 기도를 마치고 자리에서 일어나셨습니다. 그날 밤, 겟세마네에서 예수께서는 자기에게 당치않은 그 형벌을 피하려 했습니다. 그러나 너무도 연약한 제자들과는 차마 나눌 수 없었던 고통 속에서 씨름하면서, 그분은 우리 대신 형벌을 받기로 하셨습니다. 그래서 우리가 그 형벌을 피할 수 있었습니다. 예수께서는 체포와 재판과 처형을 위해 나아가셨습니다. 우리 대신 재판받는 '재판장'이 되셨습니다.[79] 예수께서는 자기 피로 우리에게 내려진 사형 선고문을 쓰셨습니다. 그리하여 우리가 영원히 형벌을 면하게 하셨습니다.

바울은 주님이 우리를 위해 하신 일을 에베소 교인들에게 이렇게 설명합니다.

> 여러분도 전에는 허물과 죄로 죽었던 사람들입니다. 그때에 여러분은 허물과 죄 가운데서, 이 세상의 풍조를 따라 살고, 공중의 권세를 잡은 통치자, 곧 지금 불순종의 자식들 가운데서 작용하는 영을 따라 살았습니다. 우리도 모두 전에는, 그들 가운데에서 육신의 정욕대로 살고, 육신과 마음이 원하는 대로 행했으며, 나머지 사람들과 마찬가지로 날 때부터 진노

의 자식이었습니다. 그러나 하나님은 자비가 넘치는 분이셔서, 우리를 사랑하신 그 크신 사랑으로 말미암아 범죄로 죽은 우리를 그리스도와 함께 살려 주셨습니다. 여러분은 은혜로 구원을 얻었습니다(엡 2:1-5).

그러므로 여러분은 지난날에 육신으로는 이방 사람이었다는 사실을 명심하십시오. 손으로 육체에 행한 할례를 받은 사람이라고 뽐내는 이른바 할례자들에게 여러분은 무할례자들이라고 불리며 따돌림을 당했습니다. 그때에 여러분은 그리스도와 상관이 없었고, 이스라엘 공동체에서 제외되어서, 약속의 언약과 무관한 외인으로서, 세상에서 아무 소망이 없이, 하나님도 없이 살았습니다. 여러분이 전에는 하나님에게서 멀리 떨어져 있었는데, 이제는 그리스도 예수 안에서 그분의 피로 하나님께 가까워졌습니다(엡 2:11-13).

위 구절들은 성경 말씀 가운데 가장 놀라운 말씀에 속하지만, 듣기 거북해하는 이들이 많습니다. 우리는 '진노의 자식'이나 '불순종의 자식'으로 불리는 걸 좋아하지 않습니다. 시대마다 곤경에 처한 인간의 처지를 묘사하는 고유한 방식이 있습니다. 에베소서의 저자는 그것들을 모두 고려한 게 분명합니다. 어떤 세대는 죽음을 두려워했습니다. "여러분도 전에는 … 죽었던 사람들입니다"(엡 2:1). 청교도 시대에는 죄책을 강조했습니다. "그때에 여러분은 허물과 죄 가운데서 … 살았습니다"(엡 2:2). 20세기에는 소외가 중요한 화두였습니다. 바울은 이것까지 염두에 두었습니다. "그때에 여러분은 그리스도와 상관이 없었고, 이스라엘 공동체에서 제외되어서, 약속의 언약과 무관한 외인으로서, 세상에서 아무 소망이 없이, 하나님도 없이 살았습니다"(엡 2:12). 위대한 소설은 이런저런 형태로 이런 주제에 관심을 기울입니다. 그래서 그 소설들이 위대한 것이지요. 위대한 소설들은 모두 인간 존재의 비극을 다룹니다. 상실에 대한 두려움, 노쇠에 대한 두려움, 실패에 대한 두려움, 실체가 폭로되지는 않을까 하는 두려움. 인류 역사 내내 우리에게는 늘 이런 두려움이 있었습니다. 조지프 콘래드의 소설 《로드 짐Lord Jim》에 나오는 주인공 짐은 젊었을 때 했던 비겁한 행동을 평생 뇌리에서 떨치지 못합니다. 그래서 자기가 '좋은 사람'이라고 확신하지 못하죠. 성경은 인간의 이런 염려를 '진노의 자식', '불순종의 자식'으로 요약합니다.

그런데 이 구절에는 문장의 전환을 알리는 단어가 둘 있습니다. "그러나 하나님은…." 이 두 단어를 들을 때마다 우리는 일어서서 머리를 듭니다. 우리의 구원이 가까워지고 있기 때문입니다(눅 21:28). 신약성경에서 '그러나 하나님은'과 '그러나 이제는'이라는 표현은 항상 복음의 기쁜 소식이 들려오리라고 우리에게 알려 줍니다. 우리는 진노의 자식이었고, 불순종의 자식이었고, 죄로 죽었던 사람이었고, 육신의 정욕대로 살던 사람이었고, 세상에서 아무 소망이 없는 사람이었습니다. "그러나 하나님은 자비가 넘치는 분이셔서, 우리를 사랑하신 그 크신 사랑으로 말미암아 범죄로 죽은 우리를 그리스도와 함께 살려 주셨습니다"(엡 2:4-5). 우리는 약속의 언약과 무관한 외인이었습니다. 그러나 "이제는 그리스도 예수 안에서 그분의 피로 하나님께 가까워졌습니다"(엡 2:13).

거의 모든 사람이 이 에베소서 구절을 복음의 요약본으로 생각합니다. 이 구절에는 '그리스도의 피'가 분명하게 언급되어 있습니다. 그런데도 사람들은 이 구절을 성금요일과 연결 지어 생각하지 않습니다. 여러분은 그러지 않으리라 생각합니다. 예수의 섬뜩한 죽음이 갖는 의미가 '진노의 자식'과 '불순종의 자식'이라는 표현에 잘 드러나 있습니다. 예수가 죽은 그날의 어둠은 인간 마음의 어둠과 일치합니다.

그리스도의 죽음이 갖는 의미를 더 깊이 파고들수록 우리의 내면 생활이 그와는 전혀 걸맞지 않는다는 사실을 더 깊이 깨닫게 됩니다. 누구나 타인에게 상처를 줄 수 있고, 탐욕에 눈이 멀어 타인을 착취할 수 있고, 이기심 때문에 타인의 고통에 무관심할 수 있고, 악한 시스템에 부역할 수 있습니다. 그러나 너무도 많은 사람이 자신의 내면을 직시하지 않고 살아갑니다. 그 사람들은 여기 없습니다. 여러분이 그들 대신 여기 있지요. 여러분은 자기 자신뿐만 아니라 타인을 위해 여기 나와 있습니다. 그러므로 여러분은 아주 중요한 의미에서 그리스도가 하신 일과 비슷한 일을 하는 겁니다. 세상이 무심하게 지나치는 동안 우리 대신 십자가에 달리신 구세주를 본받아 그분의 마음으로 살아가는 겁니다.

오늘 우리는 이 자리에 모여 타락과 구속 이야기를 재연하고 있습니다. 단순히 이야기에 귀를 기울이는 게 아니라, 이야기 안에 들어가 있습니다. 그리함으로써 이 자리에 없는 사람들을 대신하고 있습니다. 그들은 우리가 처한 곤경에서 우리 스스로 빠져나올 수 있다고 생각합니다. 우리 인간이 인간을 구원할 수 있다는 생각은 엄청난 기만입니다. 그럴 수 없다는 걸 알기에 오늘 우리는 여기 모였습니다. 오늘 우리는 구세주의 눈으로 우리 자신을 바라봅니다. 예수께서는 우리를 보십니다. 그리고 우리가 우리 자신을 어쩔 수 없다는 사실을 잘 아십니다. 예수께서는 이 땅에 사시는 동안 만났던 인간들을 보던 눈과 같은 눈으로 오늘 우리를 보십니다. 곤경에 처한 우리의 처지를 한없이 슬퍼하시며, 우리를 향한 사랑을 억누르지 못하시며, 어떤 대가를 치러서라도 정죄와 죽음에서 우리를 구하겠다는 확고한 의지를 다지며 우리를 바라보십니다. 자력갱생은 그리스도와 함께 십자가에 못 박혔습니다. 사도 바울의 말대로 "우리가 아직 약할 때에, 그리스도께서는 제 때에, 경건하지 않은 사람을 위하여 죽으셨"(롬 5:6)기 때문입니다.

그래서 우리는 오늘도 크게 기뻐합니다. 특별히, 오늘 더 기뻐합니다. 이제 우리는 '진노의 자식'이라는 표현을 두려워하지 않습니다. 이제 더는 진노의 자식이 아니란 걸 알기 때문입니다. "어둠 가운데 행하였다"는 말도 두려워하지 않습니다. 이제는 빛 가운데 행하는 걸 알기 때문입니다. '허물과 죄로 죽었던 사람'이라는 말도 두려워하지 않습니다. 이제는 죽은 자가 아니란 걸 알기 때문입니다.

> 그러나 하나님은 자비가 넘치는 분이셔서, 우리를 사랑하신 그 크신 사랑으로 말미암아 범죄로 죽은 우리를 그리스도와 함께 살려 주셨습니다. 여러분은 은혜로 구원을 얻었습니다. … 여러분이 전에는 하나님에게서 멀리 떨어져 있었는데, 이제는 그리스도 예수 안에서 그분의 피로 하나님께 가까워졌습니다(엡 2:4-5, 13).

마지막으로, 바울이 로마서에서 한 위대한 이야기를 들어 봅시다.

> 우리가 아직 죄인이었을 때에, 그리스도께서 우리를 위하여 죽으셨습니다. 이리하여 하나님께서는 우리들에 대한 자기의 사랑을 실증하셨습니다. 그러므로 지금 우리가 그리스도의 피로 의롭게 되었으니, 그리스도로 말미암아 하나님의 진노에서 구원을 얻으리라는 것은 더욱 확실합니다. 우리가 하나님의 원수일 때에도 하나님의 아들의 죽으심으로 말미암아 하나님과 화해하게 되었다면, 화해한 우리가 하나님의 생명으로 구원을

얻으리라는 것은 더욱더 확실한 일입니다(롬 5:6-10).

자비가 넘치는 하나님에게 겸손한 마음으로 감사합시다. 십자가 앞에 나아가, 우리가 아직 약할 때 경건하지 않은 우리를 위해 죽은 주님을 찬양합시다. 우리의 유일한 구세주요 주님이신, 주 예수 그리스도께서 "약한 자들을 도우시네. 오 주여, 우리와 함께하소서."[80]

제5부

부활주일

밤과 어둠

야수적 아름다움과 용기와 행동, 오 자태, 자랑, 위용이 여기서
하나가 되었구나! 해서 그대에게서 쏟아지는 불은
천만 배나 더 아름답고 위험하구나, 오, 나의 기사여!
_ 제라드 맨리 홉킨스, 〈황조롱이: 우리 주 그리스도께〉

부활주일 설교에 관하여

5부는 부활 전야와 부활주일을 염두에 둔 설교 두 편으로 구성되어 있다. 동이 트기 전, 어둠 속에서 드리는 부활 전야 예배는 교회 묘지에서 시작되어 교회 안에서 계속 이어진다.

한밤중인 사망의 왕국

매사추세츠주 스톡브리지 북부 에덴 언덕에 폴란드 가톨릭의 수도원이 자리하고 있습니다. 언덕 꼭대기에는 작은 묘지가 길쭉길쭉한 상록수림에 둘러싸여 있습니다. 부모들과 형제들이 죽으면 여기 묻힙니다. 묘석은 하얀 십자가로 다 똑같습니다. 묘석만 보아서는 누가 누구보다 지위가 높았는지 알 수 없습니다. 죽음 앞에서는 모두 평등하달까요. 그런데 다른 십자가보다 높이 솟은, 아주 커다란 십자가가 하나 있습니다. 묘석이 아니라 묘지 한가운데 세워 둔 장식물입니다. 그 십자가에는 라틴어로 성경 구절이 새겨져 있습니다. *Qui credit in me, etiam si mortuus ferit, vivet.* "나는 부활이요 생명이니, 나를 믿는 사람은 죽어도 살고"(요 11:25). 죽었다 살아난 나사로 이야기에 나오는 구절입니다. 마르다는 무덤에 도착한 예수에게 다가가 말을 겁니다. 그리고 나사로가 죽게 놔뒀다며 예수를 원망합니다. 그러자 주님은 마르다에게 이렇게 되묻습니다. "나는 부활이요 생명이니, 나를 믿는 사람은 죽어도 살고, 살아서 나를 믿는 사람은 영원히 죽지 아니할 것이다. 네가 이것을 믿느냐?"(요 11:25-26)

여러분은 이 말을 믿습니까? 정말로요? 이 묘지에서 지금 우리는 무얼 하는 걸까요? 차를 타고 이 옆을 지나가는 사람들은 이 어둠 속에서 우리가 무얼 한다고 생각할까요? 존 베렌트의 《선악의 정원Midnight in the Garden of Good and Evil》에 나오는 부두교 주술사처럼 으스스한 비밀 의식이라도 치르고 있다고 생각할까요? 부활 전야 예배는 그런 주술 의식과 어떻게 다를까요?

요한복음에는 밤과 어둠의 상징이 가득합니다. 하나님의 말씀이 육신을 입고 세상에 왔으며 "그 빛이 어둠 속에서 비치니, 어둠이 그 빛을 이기지 못하였다"(요 1:5)라는 선언으로 요한복음은 시작합니다. 니고데모는 사람들이 자기를 알아보지 못하도록 밤에 예수를 찾아왔고, 예수께서는 그에게 "사람들이 자기들의 행위가 악하므로, 빛보다 어둠을 더 좋아하였다"(요 3:19)라고 경고하셨습니다. 요한복음에서 예수는 자기가 세상의 빛이라고, 자기가 없으면 세상은 밤이라고 반복해서 가르칩니다(요 3:20-21; 9:4-5; 11:9-10; 12:25-26, 46). 이런 말씀도 하셨습니다. "예수께서 다시 그들에게 말씀하셨다. '나는 세상의 빛이다. 나를 따르는 사람은 어둠 속에 다니지 아니하고, 생명의 빛을 얻을 것이다'"(요 8:12). 또한, 요한은 이 땅에서 보낸 예수의 마지막 밤에 관하여 설명하면서 예수께서 괴로워하시며 "너희 가운데 한 사람이 나를 팔아 넘길 것이다"(요 13:21)라고 말씀하셨다고 전합니다. 그런 다음 예수께서는 빵 조각을 적셔서 시몬 가룟의 아들 유다에게 주셨습니다. 그 뒤의 일에 관해 요한은 이렇게 기록했습니다. "그가 빵조각을 받자 사탄이 그에게 들어갔다. … 유다는 그 빵조각을 받고 나서, 곧 나갔다. 때는 밤이었다"(요 13:27-30).

"때는 밤이었다." 밤은 죄와 사망이 다스리는 시간입니다. 예수께서도 말씀하셨지요. "지금은 너희의 때요, 어둠의 권세가 판을 치는 때다"(눅 22:53). 세족 목요일 예배를 기억하시지요? 우리는 제단 장식을 치우고, 촛불을 모두 끄고, 조명까지 껐습니다. 예수께서 죽는 순간 모든 인간의 소망도 사라졌음을 보여 주기 위해서였습니다. 어둠의 왕국이 승리한 듯 보입니다. 메시아에게 남은 건 무덤뿐입니다. 아리마대 사람 요셉이 십자가에 달린 예수의 시신을 거두게 해 달라고 빌라도에게 부탁했습니다. '전에 예수를 밤중에 찾아갔던' 니고데모는 전통적으로 시신의 부패를 막기 위해 사용해 왔으나 쓸모없는 짓으로 밝혀진 향료를 가지고 왔습니다. 그들은 '유대 사람의 장례 풍속대로' 예수의 시신을 향료와 함께 삼베로 감았습니다. 그리고 아리마대 사람 요셉이 소유한 새 무덤에 시신을 모셨습니다(요 19:38-42). 이때가 금요일 늦은 오후였을 겁니다. 예수의 시신은 그날 밤과 안식일 내내 무덤 안에 있었습니다. 안식일에는 무덤을 찾는 일을 포함해 모든 일이 금지되어 있었습니다. 예수께서 친히 하신 말씀이 생각납니다. "우리는 나를 보내신 분의 일을 낮 동안에 해야 한다. 아무도 일할 수 없는 밤이 곧 온다. 내가 세상에 있는 동안, 나는 세상의 빛이다"(요 9:4-5).

예수께서 **사망**의 왕국에 들어가셨습니다. 그리스·로마 신화에도 그런 내용이 있지요. 사람이 죽으면 스틱스강의 검은 강물을 건너서 다시는 돌아올 수 없는 어둠의 왕국으로 향한다고요.[1] 하나님의 아들은 스스로 밤의 왕국에 자신을 내주셨습니다. 그분이 가셨던 곳이 바로 밤의 왕국입니다. 우리는 사도신경을 암송할 때 예수께서 장사되어 지옥에 내려가셨다고 고백합니다. 지옥을 다스리는 자는 사망입니다. 사탄입니다.[2] 예수의 시신이 24시간, 아니 30시간, 34시간 동안 그곳에 있었습니다. 밤이었습니다.

마티아스 그뤼네발트, 〈부활〉

이 장엄한 그림은 앞에서 본 십자가 처형 장면과 극명한 대조를 이룬다. 그리스도가 한밤중에 무덤을 열고 나오셨다. 환하게 변모된 얼굴에서 뿜어져 나온 듯한 눈부신 황금빛이 그리스도를 감싸고 있다. 예수께서 몸을 일으키시자 몸에 둘렸던 천이 바람에 부풀어 올라 위로 솟구친다. 병사들은 속수무책으로 나자빠진다. 안쪽에서 빛을 내뿜는 듯 부활하신 그리스도의 피부가 밝게 빛난다. 십자가 처형 장면을 그린 그뤼네발트의 작품 속 고문당해서 찢기고 악취가 나던 예수의 몸과 극명하게 대조된다.

장례를 지내본 경험이 있습니까? 아직 없대도 언젠가는 하게 될 겁니다. '죽음의 차가운 악수'가 뭔지 알게 될 겁니다. 여러분의 세상이었던 사람이 죽어서 그의 시신을 똑바로 바라보아야 할 때, 그때 비로소 여러분은 그것이 뭔지 알게 될 겁니다. 우정의 죽음, 경력의 죽음, 젊음의 상실, 건강의 상실, 행복의 죽음, 꿈의 죽음 등등 여러분은 수많은 방식으로 죽음을 경험하게 될 겁니다. 여러분 눈에 비친 죽음은 소망의 무덤처럼 보일 겁니다. 이것이 요한복음에서 말하는 '밤'의 의미입니다.

요한복음 20장 첫머리에서 요한은 이렇게 말합니다. "안식 후 첫날 일찍이 아직 어두울 때에 막달라 마리아가 무덤에 와서 돌이 무덤에서 옮겨진 것을 보고"(요 20:1, 개역개정).

"아직 어두울 때." 아직 밤입니다. 인간의 소망이 사라진 밤입니다.

마리아는 왜 거기 갔을까요? 우리는 왜 묘지에 가나요? 장례 풍속과 상관없이 상징하는 바는 같습니다. 화장한 유해를 바다에 뿌리든, 땅에 묻든, **사망**의 통치는 냉혹하고 무자비하고 돌이킬 수 없습니다. 딸을 잃은 친구가 있습니다. 유가족은 유해를 해변에 뿌리기로 했습니다. 제 친구는 그 결정에 무척 상심했습니다. 친구가 애원하자 가족들은 소량의 유해를 땅에 묻는 데 동의했습니다. 그 친구는 조금이라도 남겨 둬서 딸을 보러 갈 수 있으니, 딸과 함께할 수 있으니 감사하다고 했습니다. 슬픔과 상실에 대처하는 가장 나은 방법은 이런 작은 위안을 얻는 것입니다. 제 친구는 해변을 걷고, 무덤 옆에 앉아 위안을 얻겠지요. 이것이 우리 역시 사라지기 전에 **사망**의 아가리에서 낚아챌 수 있는 작은 위안입니다. 사뮈엘 베케트의 희곡 《고도를 기다리며》에 나오는 유명한 대사가 생각납니다. "인간들은 무덤 위에 걸터앉아 아이를 낳는 거지, 해가 잠깐 비추다간 곧 다시 밤이 오는 거요."

"일찍이 아직 어두울 때에 막달라 마리아가 무덤에 와서." 왜 우리는 묘지에 가나요? 딸을 잃은 제 친구는 꽃을 놓고, 추억하고, 연결고리를 찾고, 위안을 얻으려고 딸의 무덤에 갑니다. 어떤 이들은 비문에 무어라 적혀 있는지 읽고, 그곳에 묻힌 이들의 삶을 상상해 보려고 묘지를 방문합니다. 스릴감을 좇는 젊은이들, 자기들은 영원히 늙지도 죽지도 않을 줄 아는 젊은이들은 망령들과 유령들이 안겨 주는 전율과 오한을 느끼려고 밤에 묘지를 찾아갑니다. 저는 스톡브리지에 있는 묘지를 종종 찾는데, 묘석에 적힌 예수의 말씀을 읽으러 갑니다. 죽은 자가 몸을 일으켜 걸어 나오길 기대하고 무덤을 찾는 사람은 아무도 없습니다. 스릴감을 좇는 10대들도 머리카락이 쭈뼛 설 만한 생각이지요.

왜 마리아는 아직 날도 어두운데 무덤에 갔을까요? 한 가지 확실한 건 부활을 기대하고 가지는 않았다는 점입니다. 지중해 전역에 명멸하는 신은 많았지만, 그중 역사에 실존했던 인물은 하나도 없었습니다. "본디오 빌라도에게 고난을 받아 십자가에 못 박혀 죽은" 신은 말할 것도 없고요. 명멸하는 신은 허다했습니다. 그들은 식물의 생장 주기를 따라 매년 나타났다 사라졌습니다. 실제 사람이 죽었다가 살아나리라고 기대한 이는 아무도 없었습니다. 막달라 마리아가 어두울 때 무덤에 왔다가 돌이 치워진 것을 보고, 베드로와 다른 이들에게 뛰어가서 예수의 시신을 누가 가져갔다고 전한 이유가 여기에 있습니다. 그것 말고 무덤이 빈 이유를 설명할 길이 뭐가 있었겠습니까?

그러자 사람들이 자기 눈으로 직접 보려고 달려왔습니다. 정말로 시신을 누가 훔쳐 갔는지 보려고 달려갔습니다.[3] 그런데 어떤 일이 벌어졌습니까? 요한의 증언을 들어 봅시다.

베드로와 그 다른 제자가 나와서, 무덤으로 갔다. 둘이 함께 뛰었는데, 그 다른 제자가 베드로보다 빨리 달려서, 먼저 무덤에 이르렀다. 그런데 그는 몸을 굽혀서 삼베가 놓여 있는 것을 보았으나, 안으로 들어가지는 않았다. 시몬 베드로도 그를 뒤따라 왔다. 그가 무덤 안으로 들어가 보니, 삼베가 놓여 있었고, 예수의 머리를 싸맸던 수건은, 그 삼베와 함께 놓여 있지 않고, 한 곳에 따로 개켜 있었다. 그제서야 먼저 무덤에 다다른 그 다른 제자도 들어가서, 보고 믿었다. 아직도 그들은 예수께서 죽은 사람들 가운데서 반드시 살아나야 한다는 성경 말씀을 깨닫지 못하였다(요 20:3-9).

부활은 상상도 할 수 없는 일이었습니다. 요한복음의 저자가 우리에게 말하고 싶었던 건 바로 이겁니다. 베드로와 요한은 무덤에 도착하기 전까지 무슨 일이 벌어졌는지 알지 못했습니다. 생각지도 못한 일이 일어났다는 사실을 그들에게 알려 준 건 예수의 시신을 싸맸던 천이었습니다. 이 세상의 그 어떤 도굴꾼도 시신을 싸맨 천을 풀려고 일부러 시간을 들이지는 않을 테니까요. 예수께서 몸을 싸맸던 천을 풀고 나오신 겁니다.[4]

부활은 '밤'에 일어났습니다. 예수께서 부활하셨을 때 거기에는 아무도 없었습니다. 여자들과 제자들이 도착했을 때 그분은 없었습니다. 예수께서는 **사망**의 왕국에서 일어나 전리품을 챙기셨습니다. 그분이 이미 쟁취하신 승리를 떠오르는 해가 환히 드러냈습니다.

부활하셔서 지금도 살아 계시며 다스리시는 그리스도께서 마르다에게 말씀하셨듯 이 밤에 우리에게 말씀하십니다. "나는 부활이요 생명이니, 나를 믿는 사람은 죽어도 살고, 살아서 나를 믿는 사람은 영원히

죽지 아니할 것이다. 네가 이것을 믿느냐?"(요 11:25)[5]

우리도 마르다처럼 대답합시다. "예, 주님! 주님은 세상에 오실 그리스도이시며, 하나님의 아들이심을, 내가 믿습니다"(요 11:27). 예수가 그리스도요 하나님의 아들이심을 믿고, 그의 이름으로 영원한 빛과 생명을 얻읍시다(요 20:30-31).

할렐루야! 그리스도께서 부활하셨도다!
주님이 부활하셨도다! 할렐루야! 할렐루야!

얼굴과 얼굴을 마주하여

캔터베리 대주교가 최근 이메일과 인터넷에 관한 자신의 견해를 밝혔습니다. 그는 인터넷의 위력과 유용성을 인정하면서도, 얼굴과 얼굴을 맞대지 않으면 진정한 관계가 형성될 수 없는 법인데 이메일을 통해 진정한 관계를 맺고 있다고 생각하는 이들이 많다고 지적했습니다. 저도 인터넷에서 만난 커플을 아는데, 그들은 인터넷을 통해 진정한 관계를 맺는 게 정말 가능하다는 점을 꼭 이야기해 달라고 제게 신신당부했습니다.

"나는 '몸'의 부활을 믿습니다." 사도신경의 한 구절입니다. 우리는 아침 기도와 저녁 기도 때 사도신경을 암송합니다. 그런데 니케아 신조에 따라 '죽은 자들의 부활'을 믿는다고 너무 오랫동안 낭송해 온 탓에 사도신경에 '몸의 부활'이라는 구절이 있다는 사실조차 잊어버린 사람도 많습니다. '죽은 자들의 부활'도 비길 바 없는 진술이지만, '몸의 부활'만큼 명쾌하게 요점을 전달하지는 못합니다. 바울은 고린도 교회에 보낸 편지에서 이 문제를 정면으로 다룹니다. 사랑을 이야기한 유명한 장에서 사도 바울은 미래의 어느 날에 대해 말합니다. 우리가 주님을 알고, 서로를 알게 될 날이 오리라고, '거울로 영상을 보듯이 희미하게' 보지 않고 '얼굴과 얼굴을 마주하여' 볼 날이 오리라고 말합니다. "지금은 내가 부분밖에 알지 못하지마는, 그때에는 하나님께서 나를 아신 것과 같이, 내가 온전히 알게 될 것입니다"(고전 13:12).

바울이 세우고 양육한 고린도 교회 교인들은 '몸의 부활'에 관한 기독교의 혁명적 선언에서 멀어지고 있었습니다. 그 대신 '영혼 불멸'이라는 훨씬 더 익숙한 종교 사상으로 돌아가고 있었습니다. 사실, 고린도 교인들은 자기들이 이미 불멸을 얻었다고 생각했습니다. 부활을 영적인 의미로만 해석하고, 몸이 부활하리라고는 생각하지 않았습니다. 그래서 바울은 그들에게 편지를 썼습니다. 그런 식으로 부활을 해석하면, 결국 기독교 신앙의 토대를 포기하게 된다고 설명했습니다. "죽은 사람의 부활이 없다면, 그리스도께서도 살아나지 못하셨을 것입니다. 그리스도께서 살아나지 않으셨다면, 우리의 선포도 헛되고, 여러분의 믿음도 헛될 것입니다. 우리는 또한 하나님을 거짓되이 증언하는 자로 판명될 것입니다. 그것은, 죽은 사람이 살아나는 일이 정말로 없다면, 하나님께서 그리스도를 살리지 아니하셨을 터인데도, 하나님께서 그리스도를 살리셨다고, 하나님에 대하여 우리가 증언했기 때문입니다. 죽은 사람들이 살아나는 일이 없다면, 그리스도께서 살아나신 일도 없었을 것입니다. 그리스도께서 살아나지 않으셨다면, 여러분의 믿음은 헛된 것이 되고, 여러분은 아직도 죄 가운데 있을 것입니다"(고전 15:13-17).

예수와 사도들이 살던 헬레니즘 세계에서 영혼불멸설은 아주 보편적인 신념이었습니다. 유대교의 사상은 아니었지만, 영혼불멸설을 듣고 놀라는 유대인은 아무도 없었을 겁니다. 마찬가지로 요즘 우리는 갱생, 사후세계, 개인의 불멸, 환생, 그 밖의 온갖 종교적 신념을 당연한 일처럼 이야기하는 소리를 듣습니다. 그러나 몸의 부활을 이야기하는 건 기독교뿐입니다. 마가복음에 나오는 천사가 여전히 닫혀 있는 무덤 밖에 서서 여자들에게 "네 선생의 영혼은 살아 있다" 또는 "예수의 영혼은 죽지 않고 하늘나라로 갔다"라고 말했다고 가정해 봅시다. 어쩌면 여자들은 그 말에 위안을 얻었을지도 모릅니다. 그 말에 힘을 얻어 삶을 추슬렀을지도 모릅니다. 정말 그럴 수도 있다는 생각과 신앙심으로 가슴이 따듯해졌을지도 모릅니다. 하지만 골고다 언덕에서 직접 눈으로 본 게 있는데, 과연 그런 말이 여자들에게 위안이 되었을까요? 그렇지 않았을 겁니다. 어쨌거나 마가의 증언은 전혀 다릅니다.

> 그 여자들은 무덤 안으로 들어가서, 웬 젊은 남자가 흰 옷을 입고 오른쪽에 앉아 있는 것을 보고 몹시 놀랐다. 그가 여자들에게 말하였다. "놀라지 마시오. 그대들은 십자가에 못박히신 나사렛 사람 예수를 찾고 있지만, 그는 살아나셨소. 그는 여기에 계시지 않소. 보시오, 그를 안장했던 곳이오. 그러니 그대들은 가서, 그의 제자들과 베드로에게 말하기를 그는 그들보다 먼저 갈릴리로 가실 것이니, 그가 그들에게 말씀하신 대로, 그들은 거기에서 그를 볼 것이라고 하시오." 그들은 뛰쳐 나와서, 무덤에서 도망하였다. 그들은 벌벌 떨며 넋을 잃었던 것이다. 그들은 무서워서, 아무에게도 아무 말도 못하였다(막 16:5-8).

마가복음은 이렇게 끝납니다. 아주 특이한 끝맺음입니다. 나중에 몇 개의 구절이 추가되었지만, 대부분의 성경 해석가들은 마가가 이런 식의 끝맺음을 의도했다고 생각합니다.[6] 부활 소식을 접한 여자들은 황급히 뛰어갔습니다. 아침 해를 쪼이며 경건하고 평화롭게 무릎을 꿇은 여자들의 이미지보다 이 이미지가 마가의 메시지를 훨씬 잘 전달합니다. 빈 무덤을 보고 놀라서 허둥대는 여자들의 모습을 담은 부활절 카드가 가장 훌륭한 카드가 아닐까 싶습니다. 실제로 올해 저는 이런 이미지를 담은 부활절 카드를 보았습니다. 과테말라 화가가 소박한 화풍으로 그린 그림이었습니다. 그림 속 여자들은 천사의 말에 생생하게 반응했습니다. 한 여자는 전기 충격을 받은 사람처럼 머리칼이 쭈뼛 서 있었습니다. 또 한 여자는 머리에 이고 있던 항아리가 방사능에 오염되었다는 소식을 듣기라도 한 것처럼 항아리를 허공에 내던졌습니다. 또 한 여자는 코사크 무희가 도약하듯 팔다리를 사방으로 벌렸습니다. 마태복음도 정말로 믿기 힘든 충격적인 일이 일어났음을 알립니다. "그런데 갑자기 큰 지진이 일어났다. 주님의 한 천사가 하늘에서 내려와 무덤에 다가와서, 그 돌을 굴려 내고, 그 돌 위에 앉았다. 그 천사의 모습은 번개와 같았고, 그의 옷은 눈과 같이 희었다. 지키던 사람들은 천사를 보고 두려워서 떨었고, 죽은 사람처럼 되었다"(마 28:2-4). 이것은 영혼의 불멸에 관한 이야기가 아닙니다.

　　무덤은 비어 있었습니다. 시신은 거기 없었습니다. 사복음서 모두 그렇게 기록하고 있습니다.[7] 어떤 의미에서는 부활절 설교야말로 일 년 중 가장 어려운 설교입니다. 부활에 관해 직접 이야기할 수 없기 때문입니다. 복음서에 나온 설명이 서로 일치하지 않는다고 지적하는 이들도 많습니다. 신자인 우리는 이런 차이가 완전히 다른 의미의 질서에 속할 정도로 초월적인 사건인 부활의 형언할 수 없는 본질을 반영하는 거로 생각합니다. 천사 및 증인의 숫자와 이름은 달라도, 복음서 저자들은 하나같이 무덤이 비어 있었다고 말합니다. 시신은 어디에서도 발견되지 않았습니다. 시신을 싸맸던 천만 무덤에 남아 있었습니다. "그제서야 먼저 무덤에 다다른 그 다른 제자도 들어가서, 보고 믿었다."[8]

　부활을 증언하는 복음서의 설명에는 전혀 예상하지 못한 일이 일어났다는 느낌이 강하게 배어 있습니다. 전례가 없는 일, 불가해한 권능에 깜짝 놀라 망연자실할 수밖에 없는 일이 일어났다는 느낌이 강합니다. 예수의 부활은 몸의 부활이었습니다. 물론, 그 몸은 뭔가 달랐습니다. 문을 그냥 통과했고, 항상 눈에 띄지도 않았고, 선택받은 소수에게만 나타났습니다. 그러나 그 몸은 물고기를 먹고(눅 24:42-43), 아침을 준비하고(요 21:12), 못 자국이 있는(요 20:27) 진짜 몸이었습니다. 부활하신 주님은 육신을 떠난 영혼이 아니었습니다. 얼굴과 얼굴을 마주하며 제자들과 계속 교제하시는 진짜 몸이었습니다. 이 점은 베드로와 나눈 대화에 잘 나타나 있습니다. "그들이 아침을 먹은 뒤에, 예수께서 시몬 베드로에게 물으셨다. '요한의 아들 시몬아, 네가 이 사람들보다 나를 더 사랑하느냐?' 베드로가 대답하였다. '주님, 그렇습니다. 내가 주님을 사랑하는 줄을 주님께서 아십니다.' 예수께서 그에게 말씀하셨다. '내 어린 양 떼를 먹여라.' 예수께서 두 번째로 그에게 물으셨다. '요한의 아들 시몬아, 네가 나를 사랑하느냐?' 베드로가 대답하였다. '주님, 그렇습니다. 내가 주님을 사랑하는 줄을 주님께서 아십니다.' 예수께서 그에게 말씀하셨다. '내 양 떼를 쳐라'"(요 21:15-16). 같은 대화가 세 번 반복됩니다. 이는 베드로가 십자가에 달린 예수를 세 번 부인한 일과 일맥상통합니다. 용서와 회개, 회복이 이루어지는 만남, 이렇듯 인간적이고 친밀한 만남은 몸이 없이는 이루어질 수 없습니다.[9]

　바울은 고린도 교회 교인들에게 아주 날카롭게 지적합니다. "죽은 사람의 부활이 없다면, 그리스도께서도 살아나지 못하셨을 것입니다"(고전 15:13). 만약 지금 우리가 말하는 부활이 영혼의 불멸을 의미한다면, 사도들이 예수 그리스도에게 일어났다고 증언한 모든 일이 다 거짓인 셈입니다. "그리스도께서 살아나지 않으셨다면, 우리의 선포도 헛되고, 여러분의 믿음도 헛될 것입니다"(고전 15:14). 만약 여러분이 죽은 뒤에도 영혼은 불멸한다고 믿는 영원불멸설로 돌아가길 원한다면, 그리스도의 십자가가 주는 혜택을 모두 잃고 맙니다. "그리스도께서 살아나지 않으셨다면, 여러분의 믿음은 헛된 것이 되고, 여러분은 아직도 죄 가운데 있을 것입니다"(고전 15:17). 이뿐만이 아닙니다. 바울이 계속해서 말하듯이, 그리스도께서 다시 사신 것이 아니라면 여러분의 영원한 미래 역시 위태로워진다는 걸 알아야 합니다. 그리스도께서 살아나지 않으셨다면, "그리스도 안에서 잠든 사람들도 멸망했을 것입니다"(고전 15:18). 그래서 바울은 다양한 방법으로 부활이 이 세상에 없던 완전히 새로운 일임을 고린도 교회 교인들에게 상기시키려 애씁니다. 십자가에 달려 죽은 메시아의 결백을 입증하고 왕좌에 앉히려는 하나님의 유일하고 결정적이고 고유한 행동이라고 말입니다.[10]

 사도 바울은 바보가 아닙니다. 늘 반론을 예상했습니다. "그러나 '죽은 사람이 어떻게 살아나며, 그들은 어떤 몸으로 옵니까?' 하고 묻는 사람이 있을 것입니다"(고전 15:35). 바울은 그것이 어리석은 질문이라고 답합니다. 바울은 상상력이 부족하고 고지식하기만 한 고린도 교회 교인들에게 화가 났습니다. 부활한 몸을 보고 예수라는 걸 알아볼 수는 있지만, 부활한 몸은 전혀 다른 현실 질서를 따른다는 점을 고린도 교회 교인들이 이해하기를 바랐습니다. "어리석은 사람이여! 그대가 뿌리는 씨는 죽지 않고서는 살아나지 못합니다. 그리고 그대가 뿌리는 것은 장차 생겨날 몸 그 자체가 아닙니다. 밀이든지 그 밖에 어떤 곡식이든지, 다만 씨앗을 뿌리는 것입니다. 그러나 하나님께서는, 원하시는 대로, 그

씨앗에 몸을 주시고, 그 하나 하나의 씨앗에 각기 고유한 몸을 주십니다"(고전 15:36-38). 이 시점에서 바울은 자신이 난관에 부딪혔음을 깨닫습니다. 그리고 그 난관에서 완전히 빠져나오지는 못합니다. 바울은 부활한 몸이 속세의 몸과 어떻게 다른지 설명하려고 애씁니다. 그래서 씨, 식물, 새, 물고기, 별과 해에 관해 이야기합니다. 설교자들은 지금 바울의 심정이 어떨지 이해할 겁니다. 부활절에는 못생긴 갈색 알뿌리가 어떻게 형형색색의 화려한 튤립이나 수선화로 변모하는지 말하고픈 충동에 시달립니다. 그러나 이 비유는 아무 효과가 없습니다. 꽃은 매년 봄이 되면 피고, 봄이 되면 당연히 꽃이 피리라 기대하지만, 부활은 아무도 예상치 못했던 완전히 새로운 일이기 때문입니다. 편지를 써 나가던 바울은 자연 세계에서 가져온 예들이 무용지물임을 느끼고, 훨씬 더 매력적인 성경의 이미지로 설명을 이어갑니다.

> 첫 사람은 땅에서 났으니 흙에 속한 자이거니와 둘째 사람은 하늘에서 나셨느니라. 무릇 흙에 속한 자들은 저 흙에 속한 자와 같고 무릇 하늘에 속한 자들은 저 하늘에 속한 이와 같으니 우리가 흙에 속한 자의 형상을 입은 것 같이 또한 하늘에 속한 이의 형상을 입으리라(고전 15:47-49, 개역개정).

바울은 그리스도가 어떻게 전혀 다른 세계의 질서에서 나셨는지 설명하면서 돌파구를 찾기 시작합니다. 그리스도는 우리와 함께 '흙에 속한 자'의 형상을 입었습니다. 실제로 골고다에서 쓰라리고 수치스러운 최후를 맞을 때까지 흙에 속한 자의 형상을 입고 있었습니다. 그러나 그분은 '하늘에 속한 자'였습니다. 따라서 그분의 죽음과 부활은 하나님이 인류 역사 저편, 인간의 상상력 저편, 인간의 능력 저편에서 나타나셨다는 사실을 인류 역사 안에 심어 놓은 증거입니다. "살과 피는 하나님나라를 유산으로 받을 수 없고, 썩을 것은 썩지 않을 것을 유산으로 받지 못합니다"(고전 15:50)라고 썼을 때 바울이 의미했던 바가 이것입니다. 요한복음은 같은 이야기를 다른 방식으로 전합니다. "그러나 그를 맞아들인 사람들, 곧 그 이름을 믿는 사람들에게는, 하나님의 자녀가 되는 특권을 주셨다. 이들은 혈통에서나, 육정에서나, 사람의 뜻에서 나지 아니하고, 하나님에게서 났다"(요 1:12-13).

십자가 사건이 그랬듯, 몸의 부활에 관한 교리도 늘 골칫거리였습니다. 우리는 몸이 부활한다는 이야기를 믿고 싶어 하지 않는 것 같습니다. 우리는 '영적'이고 싶어 합니다. 그러나 몸은 중요합니다. 전 이스라엘 총리 이츠하크 라빈이 암살당했을 때, 이제 다시는 할아버지의 따듯한 손길을 느끼지 못할 거라며 울먹이던 어린 손녀의 모습에 전 세계가 함께 가슴 아파했습니다.[11] 여러분은 오클라호마시 폭탄 테러 현장에서 찍힌 유명한 사진을 기억하실 겁니다. 자그마한 유아의 시신을 조심스럽게 안고 있던 건장한 소방관의 사진 말입니다. 전 세계 사람들이 이 사진을 보고 충격을 받은 이유는 소방관의 큼지막한 손에 들린 어린 아이의 몸 때문이었습니다. 피투성이가 되어 축 처진 작은 몸 말입니다. 몸은 중요합니다.[12] 얼굴은 중요합니다. 우리는 따듯한 손을 잡고 싶어 합니다. 사랑스러운 미소를 보고 싶어 합니다. 버지니아주에 살던 젊은 시절에 지혜로운 노인이 했던 말이 기억납니다. "버지니아 사람들은 자기들이 로버트 에드워드 리를 사랑한다고 생각하지. 그들은 로버트 에드워드 리를 사랑하지 않아. 로버트 에드워드 리의 이미지를 사랑할 뿐이지. 누군가를 사랑하려면, 그 사람이 지금 당신 앞에 있어야 해."

예수께서는 지금 여기에 계십니다. 이제껏 누구도 한 적이 없는 방식으로 지금 여기 계십니다. "갈릴리 출신의 그 남자의 손을 잡아요"라는 가사처럼, 지금 예수의 손길을 느낄 수 있습니다. 그게 어떻게 가능한지 설명하기는 쉽지 않습니다. 그러나 제자 요한이 예수의 몸이 수의를 빠져나갔음을 믿음으로 완전히 이해했듯이, 오늘 우리도 예수께서 부활하셨고 살아 계시다는 사실을 믿음으로 이해할 수 있습니다. 바울의 말을 다시 들어 봅시다.

> 그리스도께서 살아나지 않으셨다면, 여러분의 믿음은 헛된 것이 되고, 여러분은 아직도 죄 가운데 있을 것입니다. 그리고 그리스도 안에서 잠든 사람들도 멸망했을 것입니다. 그리스도 안에서 우리가 바라는 것이 이 세상에만 해당되는 것이라면, 우리는 모든 사람 가운데서 가장 불쌍한 사람일 것입니다(고전 15:17-19).

> 그러나 이제 그리스도께서는 죽은 사람들 가운데서 살아나셔서, 잠든 사람들의 첫 열매가 되셨습니다. 한 사람으로 말미암아 죽음이 들어왔으니, 또한 한 사람으로 말미암아 죽은 사람의 부활도 옵니다. 아담 안에서 모든 사람이 죽는 것과 같이, 그리스도 안에서 모든 사람이 살아나게 될 것입니다(고전 15:20-22).

이보다 더 멋진 일을 상상할 수 있습니까? 아니죠. 상상조차 할 수 없는 일입니다. 이 일은 인간의 상상력에서 나온 일이 아니라 하나님에게서 나온 일이기 때문입니다. 새 하늘과 새 땅에서 우리의 모든 죄는 씻기고, 모든 악은 영원히 진멸되고, 사탄과 그의 하수인들은 멸망하고,

우리가 사랑하던 자들은 다시 우리에게 돌아오고, 인류사의 모든 불의와 부정은 바로잡힐 겁니다.

이런 일은 인간적으로 또는 종교적으로 할 수 있는 일이 아닙니다. "살과 피는 하나님나라를 유산으로 받을 수 없"(고전 15:50)으나, 예수께서 말씀하신 대로 "하나님께는 모든 일이 가능"(막 10:27)합니다. 바울은 환희 가운데 말을 잇습니다.

보십시오, 내가 여러분에게 비밀을 하나 말씀드리겠습니다. 우리가 다 잠들 것이 아니라, 다 변화할 터인데, 마지막 나팔이 울릴 때에, 눈 깜박할 사이에, 홀연히 그렇게 될 것입니다. 나팔소리가 나면, 죽은 사람은 썩어없어지지 않을 몸으로 살아나고, 우리는 변화할 것입니다(고전 15:51-52).

죄 많은 우리가 그분의 의를 덧입고, 죽음을 면할 수 없는 우리가 그분과 함께 영원히 살게 될 겁니다. 슬퍼하던 우리가 주와 함께 기뻐하고, 속박되었던 우리가 주와 함께 자유로워질 겁니다. 썩어질 우리의 육신이 변화된 몸을 입되, 다른 사람이 아니라 우리 자신의 몸을 입을 겁니다. 우리는 그 몸으로 이웃을 사랑할 테고, 그리스도에게 사랑받을 겁니다. "썩을 이 몸이 썩지 않을 것을 입고, 죽을 이 몸이 죽지 않을 것을 입을 그때에, 이렇게 기록한 성경 말씀이 이루어질 것입니다. '죽음을 삼키고서, 승리를 얻었다'"(고전 15:54).

제6부

부활주간

죽음과 부활

구원자가 없다면, 요람도 죽음의 일부일 뿐이다. … 그러나 그분은 사망과 지옥의 열쇠를 가지고 계시고(계 1:18), 나를 문밖에 세워 두실 수 있다. … 요람에서 무덤까지, 그리고 무덤 안에서도, 우리는 죽음에서 죽음으로 옮겨 간다. 그러나 다니엘의 말대로, 우리를 지키시는 우리 하나님은 우리를 구하실 수 있고, 우리를 구해 주실 것이다(단 3:17). _존 던

부활주간 설교에 관하여

6부는 부활주일 다음 월요일부터 금요일까지 닷새 동안 전했던 다섯 편의 설교로 구성되어 있다. 부활주일 다음에 오는 한 주간은 한 해 중 가장 감동적인 시간이다. 사순절에만 관심을 쏟고 부활주간을 소홀히 여기는 세태가 안타깝기 그지없다. 부활주간에 저녁마다 드리는 예배는 축하와 기쁨으로 충만하다. 부활절 백합화와 봄꽃으로 예배당을 아름답게 장식하고, 오르간 연주자는 유명한 축제 곡을 연주한다. 고난주간 평일 예배와 마찬가지로 부활주간 예배는 소수의 신실한 성도들만 참석한다. 그래서 주일 설교보다 조금 어려운 주제를 깊이 있게 다룰 수 있다. 죽음도 중요한 주제 중 하나다. 죽음이 없다면 부활도 있을 수 없기 때문이다.

사람에게는 불가능하나

"그리스도께서 부활하셨도다! *Christos anesti!*"
"정말로 부활하셨도다! *Alithos anesti!*"

부활절 인사는 아주 오래되었습니다. 기원을 찾자면 기독교회 초기 몇 세기까지 거슬러 올라가야 합니다. 그리스 정교회 신자들은 부활 주간이 되면 지금도 부활절 인사를 나눕니다. 참으로 아름다운 관습이지요.

우리도 방금 부활절 인사를 나누었습니다. 그런데 오늘 저는 여러분에게 묻고 싶습니다. 방금 한 말을 정말로 믿습니까?

교회에 다니는 사람들 가운데도 부활을 믿는다면 지적인 사람이라 할 수 없다고 생각하는 사람이 많습니다. 캘리포니아주 랜초 산타페에서 신흥 종교 신도들이 집단 자살하는 일이 벌어지자 종교를 조롱하는 식의 논평이 줄을 이었습니다.[1] 어떤 평론가는 종교 집단에서 이런 엽기적인 행동이 벌어지는 이유는 종교가 본래 '억압, 배제, 통제'를 기반으로 번성한 탓이라고 말했습니다. 이런 메시지가 계속 반복되면 신자들도 영향을 받게 마련입니다. 그리스도인 중에도 자신의 신앙을 멋쩍어하는 이들이 생깁니다. 사도 바울 역시 의연할 수만은 없었습니다. 예수를 믿는 로마인들에게 "나는 복음을 부끄러워하지 않습니다"(롬 1:16)라고 말한 이유도 그 때문입니다.

우리 시대의 특징 중 하나는 대형 교회 설교자들이 복음을 부끄러워하지는 않더라도 부활 사건을 직접 언급하는 것을 쑥스러워한다는 점입니다. 아이비리그 대학 예배당에 설교를 들으러 간 적이 있습니다. 설교자는 박사 과정을 밟는 학생이었고, 저는 그를 신자로 알고 있었습니다. 그러나 만약 여러분이 그의 설교를 들었다면, 그가 과연 신자인지 의심스러웠을 겁니다. 설교가 끝난 뒤 그에게 왜 그렇게 자신이 없었냐고 물었습니다. 그러자 그는 회중이 '아주 의심이 많고 세련된' 사람들이라 그랬다며 얼버무렸습니다. 어쩌면, 정말 그랬을지도 모르겠습니다. 부활 사건 이후에 사도가 된 사람들은 "본래 배운 것이 없는 보잘것없는 사람"(행 4:13)이었습니다. 그러니 어쩌면 그들도 그 대학원생과 마찬가지로 주눅이 들었을지도 모릅니다. 그러나 정말로 그들이 주눅이 들었더라면, 여러분과 저는 예수 그리스도의 이름을 들어 보지도 못했을 겁니다.[2]

저는 평생 수많은 부활절 설교를 듣고 읽었습니다. 따로 보관해 둔 설교도 많습니다. 그중 몇 구절을 소개할까 합니다.

"부활절에는 이 세상이 더 나아질 겁니다."

"부활 사건은 거룩한 영감이 되어 우리에게 예수를 본받을 힘과 용기를 줍니다."

피에로 델라 프란체스카, 〈부활〉

올더스 헉슬리는 이 걸작을 '세계에서 가장 위대한 그림'이라 칭했다. 인물을 조각상처럼 묘사하는 피에로의 화풍이 고스란히 드러난 작품이다. 무덤에서 나오는 그리스도는 실제로 공간을 차지하는 거대한 물리적 실체처럼 보일 정도로 부피와 질감이 살아 있다. 그러나 이와 대조적으로 부활하신 주님의 얼굴은 말로 다 할 수 없는 시련을 겪은 것처럼(실제로 그러셨다) 뭔가 초월적인 분위기가 풍긴다. 왼쪽 풍경은 황량하고 쓸쓸한데, 오른쪽에 있는 나무는 잎이 돋아 있다. 잠자는 병사들은 영생이라는 선물을 알지 못하는 인간을 암시한다.

"베드로는 나약한 인간을 상징합니다. 그는 '부활하신 예수'라는 사상 안에서 예수께서 자기를 받아 주시고 용서하셨음을 깨달아 갔습니다."

"예수께서 십자가에 달려 죽은 뒤, 상심한 채 식탁에 둘러앉은 제자들은 예수께서 여전히 자기들과 함께 계심을 서서히 깨달아 갔습니다."

"초기 그리스도인들은 사랑이 죽음보다 강하다고 믿기에 이르렀습니다."

"제자들은 예수께서 자기 말을 믿는 자들의 믿음 안에서 영원히 사신다고 믿기에 이르렀습니다."

방금 소개한 설교들에는 계속 같은 표현이 등장합니다. 제자들이 예수에 관하여 무언가를 '믿기에 이르렀다'라고 말합니다. 다시 말해, 믿으려는 충동이 그들 안에서 나왔다는 말입니다. 그러나 신약 성경의 이야기는 전혀 다릅니다. 천사는 인간이 가능하다고 여기는 일과는 완전히 다른 일을 선언합니다. "그는 여기에 계시지 않다. … 그는 살아나셨다"(마 28:6). 엠마오 마을로 가던 두 제자는 '눈이 열리기' 전까지 예수를 알아보지 못했습니다. 하나님이 두 제자의 눈을 여셨기에 그들이 부활하신 그리스도를 알아보았다는 뜻입니다. 생각해 보십시오. 제가 조금 전에 소개한 설교들에서 하나님은 문장의 능동적 주체가 아닙니다. 요즘 듣는 부활절 설교들이 뭔가 자신 없어 보이는 이유는 하나님이 인간의 능력을 뛰어넘는 일을 하실 수 있고, 이미 하셨다는 사실을 설교자들이 확신하지 못하기 때문입니다.

제가 직접 들은 설교에서 한 설교자는 부활절이 '궁극적 진리의 영원한 상징'에 관한 것이라고 말하더군요. 요즘은 이런 메시지를 어디에서나 들을 수 있습니다. 이런 메시지는 기독교 신앙과 아주 느슨하게 연결되어 있거나, 기독교 신앙과 아무 관계가 없는 말들과 다를 바가 전혀 없습니다. '궁극적 진리의 영원한 상징'처럼 추상적인 무언가가 사실상 하룻밤 사이에 꾀죄죄한 어부들과 각양각색의 보잘것없는 사람들, 세상 사람들이 전혀 신뢰하지 않을 사람들을 격려하여 어떤 행동을 하게 했을 것 같지는 않습니다. 그 보잘것없는 사람들은 교회와 국가의 최고 권위자들에 의해 공개적으로 참혹하게 처형당한 인물의 제자였으니까요. 여러분은 이 남자들과 여자들을 사로잡고 막을 수 없는 힘으로 이들을 변화시켜 수년 내에 지중해 전체를 불타오르게 한 원동력이 사후 세계에 관한 당연한 통념들이었다고 생각합니까?[3]

세계적으로 이름이 널리 알려져 있고 어렸을 때부터 교회를 다닌 여성이 자기 남편이 죽었을 때 한 말이 있습니다. "세상의 모든 종교는 죽음 이후에도 일종의 삶이 있다고 가르칩니다. 저는 그 소망을 굳건히 붙잡고 있습니다."[4]

이런 생각을 하며 위안을 얻는 이들이 많습니다. 그녀는 이런 생각만으로 충분했을 겁니다. 아마 여러분에게도 충분할지 모릅니다. 그러나 고백하건대 저에게는 충분하지 않습니다. 중요한 건 이런 생각이 신약 성경의 메시지와 동떨어져 있다는 점입니다. 목회하는 동안 죽음의 표정, 느낌, 냄새를 알아채는 법을 배웠습니다. 수많은 사람의 임종을 지켰으나 시신에 생기는 변화를 보고 아무렇지 않을 수 없었습니다. 신약 성경은 죽음을 원수라 칭합니다(고전 15:26). 우리가 자비로운 죽음이라 부르는 안락사의 경우에도 끔찍한 모욕과 무시무시한 침입이 뒤따릅니다. 그래서 우리는 죽음을 인간에게서 인간다움을 모두 앗아가는 적대적인 침략 세력으로 여깁니다. 최근 아내와 사별하고 슬픔에 빠진 남자를 알고 있습니다. 걸출하고 활기찼던 60대 초반의 이 남자는 새로 지은 집에서 아내와 함께 남은 생을 행복하게 살 꿈에 부풀어 있었습니다. 그런데 뺑소니 사고로 아내가 사망했습니다. 죽음은 그들의 소망을 산산이 조각냈습니다. 그 무엇도 유일무이하게 사랑했던 사람을 대신할 수 없음을 그는 온몸으로 증명하고 있습니다. 내세를 향한 종교적 소망을 담은 모호한 메시지에는 적나라한 죽음의 추악함을 노려볼 힘이 없습니다. 제 귀에는 그저 희망 사항처럼 들릴 뿐입니다. 자기 선생이 멸시와 혐오의 대상이 되어 곤충처럼 팔다리가 고정되어 죽는 모습을 지켜본 제자들이 불현듯 사후 세계를 향한 소망을 깨닫고 갑자기 변화되었다는 게 말이 됩니까?

예수께서 십자가에 달려 죽은 뒤에 제자들의 상황이 얼마나 절망적이었는지 이해하려면, 그들의 행적을 되짚어 보는 수밖에 없습니다. 제자들은 끔찍한 농담 같아 보이는 일에 삶을 다 바쳤습니다. 그들은 사랑하는 자기 선생이 죽기 직전까지 매를 맞고, 거리를 질질 끌려다니고, 십자가에 못 박힌 채로 버려져서 예루살렘에 사는 모든 사람에게 터무니없는 조롱을 당하며 괴로워하는 모습을 지켜봤습니다. 한때는 수많은 군중에게 에워싸일 정도로 인기 있었던 예수의 지위를 함께 누리기도 했습니다. 그러나 이제 예수는 인간이 궁리할 수 있는 가장 모멸적이고 가학적인 죽음을 맞기에 딱 알맞은 보잘것없는 존재로 판명이 났습니다. 예수를 따르던 사람들 사이에 연대감이 있었다손 치더라도, 이미 사라진 지 오래였습니다. 누구 하나 자기 선생을 변호하러 나서는 이가 없었고, 리더 격이었던 베드로는 비겁하게도 예수를 모른다고 세 번이나 부인했습니다. 남은 건 아무것도 없었습니다. 그들이 머리를 맞대고 자기들을 둘러싼 이상야릇한 신앙에서 쓸 만한 종교 사상을 끌어냈다는 건 터무니없는 생각입니다. 솔직히, 공상과는 거리가 멀고 철저하게 현실적인 히브리 성경에 기초한 유대 신앙은 그렇게 모호하고도 포괄적인 소망을 품게 허락하지 않았을 겁니다. 그 메시아는 하나님의 나라가 이 땅에 임하게 하실 분이었습니다. 따라서 예수가 메시아라고 굳게 믿었던 제자들에게는 아무 소망이 없었습니다.

신약을 공부한 사람이라면 누구나 어떤 일이 일어나 상황을 바꾸어 놓았다는 데 동의합니다. 부활 사건을 단조롭고 예측 가능한 일로 치부하려는 회의론자들마저도 무슨 일이 일어났다는 데는 동의할 겁니다.

그렇다면 그건 어떤 일일까요? 개인적인 용서를 받은 것도, 새로운 희망에 가득 찬 것도, 긍정적 사고를 하게 된 것도 아닙니다. 그렇다면, 대체 무슨 일이 일어났던 걸까요?

여러분이 이른 아침에 무덤에 간 여자 중 한 명이라고 상상해 봅시다. 우리도 종종 무덤을 찾아가곤 하지요? 왜 갑니까? 고인과 나누던 친밀감을 다시 느끼고 싶어서 아닌가요? 부활주일에 마을 묘지에 갔더니 여기저기 꽃이 놓여 있더군요. 우리는 이런 방식으로 '당신을 잊지 않았어', '당신이 그리워', '당신을 사랑해', '당신이 지금도 살아 있다면 얼마나 좋을까?' 하고 고인에게 말합니다. 죽은 사람이 일어나 걸어 나오기를 바라고 무덤을 찾는 사람은 없습니다.

여자들은 어떤 기대를 품고 예수의 무덤을 찾은 게 아니었습니다. 신약 성경은 이 점을 분명하게 밝힙니다. 여자들이 무덤에 간 이유는 자기 선생과 나누던 교제가 그리웠기 때문입니다. 기적을 바라지는 않았습니다. 죽은 사람은 돌아오지 않으니까요. 여자들은 기적을 예상하지 않았기에 돌을 어떻게 굴려 낼지만 고민했습니다. 하나님의 능력이 돌을 굴려 낼 수 있다고 생각하지 않았으니, 하나님의 능력이 예수를 무덤에서 일으킬 거라고도 생각하지 않았습니다.

마태는 본디오 빌라도의 명령으로 예수의 무덤을 봉인하고 경비병을 두어 무덤을 단단히 지켰다고 설명합니다. 한 주가 시작되는 날 새벽에 여자들이 무덤에 왔습니다. 마태에 따르면, 여자들이 무덤에 이르렀을 때 다음과 같은 일이 일어났습니다.

갑자기 큰 지진이 일어났다. 주님의 한 천사가 하늘에서 내려와 무덤에 다가와서, 그 돌을 굴려 내고, 그 돌 위에 앉았다. 그 천사의 모습은 번개와 같았고, 그의 옷은 눈과 같이 희었다. 지키던 사람들은 천사를 보고 두려워서 떨었고, 죽은 사람처럼 되었다. 천사가 여자들에게 말하였다. "두려워하지 말아라. 나는, 너희가 십자가에 달리신 예수를 찾는 줄 안다. 그는 여기에 계시지 않다. 그가 말씀하신 대로, 그는 살아나셨다"(마 28:2-6).

이 말씀을 듣고도 머리칼이 쭈뼛 서지 않는다면, 제가 잘못 읽은 탓입니다. 마태는 어안이 벙벙할 정도로 놀라서 두려워 떨며 하나님을 경외하기를 바라고 이 구절을 기록했습니다. 유례도 없고, 예상하거나 상상할 수도 없는 이 사건의 본질을 조금이라도 감지하기를 바랐습니다. 천사의 행동에 주목합시다. 천사는 왜 돌을 굴려 냈을까요? 예수께서 무덤에서 나가시도록? 아닙니다. 예수는 이미 거기에 없었습니다. 그렇다면 천사는 왜 돌을 굴려 냈을까요? 여자들이 안을 들여다보고 무덤이 비었음을 알게 하려고 그랬습니다. 예수께서는 여자들이 그곳에 도착하기 전인 밤중에 부활하셨습니다.

이 말을 하는 지금, 목덜미에 소름이 돋습니다. 네, 저도 압니다.

어떤 반론들이 있는지, 복음서의 증언이 서로 모순되어 보이는 것도 잘 알고 있습니다. 로마 병사들이 보고서를 작성하지 않은 것도 잘 알고 있습니다. 의학계가 비웃는 것도 알고 있습니다. 증명할 수 있는 게 아무 것도 없다는 점도 잘 알고 있습니다. 가능성을 따져 보면 불가능한 일이란 것도 잘 알고 있습니다. 그러나 저는 이것이 나중에 일어난 모든 일을 설명하는 메시지라는 점도 잘 알고 있습니다. "그는 여기에 계시지 않다. 그는 살아나셨다." 정말로 로마제국의 근간과 죽음의 요새를 뒤흔드는 소식이었습니다.

마태에 따르면, 천사는 여자들에게 빨리 가라고 했습니다. "빨리 가서 제자들에게 전하기를, 그는 죽은 사람들 가운데서 살아 나셔서, 그들보다 먼저 갈릴리로 가시니, 그들은 거기서 그를 뵙게 될 것이라고 하여라"(마 28:7). 이 땅에서든 하늘에서든 그 어떤 다른 메시지가 십자가 처형의 결과를 뒤집을 수 있을까요? 지금까지 사람이 전한 소식 중에 기준을 바꿀 수 있는 유일한 **전능자**에게 **사망**의 요새가 급습당했다는 발표와 같은 소식은 없었습니다.

이 사건은 전투에 비유하는 게 맞습니다. 그래서 신약 성경에는 전쟁 이미지가 가득합니다. 부활절에 즐겨 부르는 찬송가에는 이런 가사가 있습니다. "싸움은 모두 끝나고 생명의 승리 얻었네. … 사망의 권세가 최악의 짓을 저질렀으나, 그리스도께서 그들의 군대를 흩으셨네." 개선 행진에 감동하지 않을 사람이 있을까요? 역대 최고의 개선 행진입니다. 예수께서 죽음을 물리치고, 사탄의 군대를 궤멸하시고, 원수로 패주하게 하셨습니다. 골로새서를 읽어 볼까요? "모든 통치자들과 권력자들의 무장을 해제시키시고, 그들을 그리스도의 개선 행진에 포로로 내세우셔서, 뭇 사람의 구경거리로 삼으셨습니다"(골 2:15). 지금은 봄철의 시시한 감상에 젖을 때가 아닙니다. 요한계시록에 나온 것처럼 팡파르를 울리고, 북을 치고, 합창할 때입니다.[5]

할렐루야, 주 우리 하나님, 전능하신 분께서 왕권을 잡으셨다(계 19:6).

세상 나라는 우리 주님의 것이 되고, 그리스도의 것이 되었다. 주님께서 영원히 다스리실 것이다(계 11:15).

지금도 계시고 전에도 계시던 전능하신 분, 주 하나님, 감사합니다. 주님께서는 그 크신 권능을 잡으셔서 다스리기 시작하셨습니다(계 11:17).

이제 우리 하나님의 구원과 권능과 나라가 이루어지고 하나님이 세우신 그리스도의 권세가 나타났다. 우리의 동료들을 헐뜯는 자, 우리 하나님 앞에서 밤낮으로 그들을 헐뜯는 자가 내쫓겼다. … 그러므로 하늘아, 그리고 그 안에 사는 자들아, 즐거워하여라(계 12:10, 12).

나는 또 하늘이 열려 있는 것을 보았습니다. 거기에 흰 말이 있었는데, '신실하신 분', '참되신 분'이라는 이름을 가지신 분이 그 위에 타고 계셨습니다. 그는 의로 심판하시고 싸우시는 분입니다. 그의 눈은 불꽃과 같고, 머리에는 많은 관을 썼는데, 그분 밖에는 아무도 알지 못하는 이름이 그의 몸에 적혀 있었습니다. 그는 피로 물든 옷을 입으셨고, 그의 이름은 '하나님의 말씀'이라고 하였습니다. 그리고 하늘의 군대가 희고 깨끗한 모시 옷을 입고, 흰 말을 타고, 그를 따르고 있었습니다. 그의 입에서 날카로운 칼이 나오는데, 그는 그것으로 모든 민족을 치실 것입니다. 그는 친히 쇠지팡이를 가지고 모든 민족을 다스리실 것이요, 전능하신 하나님의 맹렬하신 진노의 포도주 틀을 밟으실 것입니다. 그의 옷과 넓적다리에는 '왕들의 왕', '군주들의 군주'라는 이름이 적혀 있었습니다(계 19:11-16).

이제 이것은 다이너마이트입니다. 사도들에게 힘을 불어넣어 로마제국에 맞서다 추방당하고, 옥에 갇히고, 죽음을 불사하게 한, 그리하여 2천 년이 흐른 지금 우리가 "주님이 부활하셨도다! 정말로 부활하셨도다!" 하고 말할 수 있게 한 다이너마이트입니다.

뉴잉글랜드에는 오늘도 눈이 내리지만, 예수의 부활은 날씨에 영향을 받지 않습니다. 그러니 함께 기뻐하고 즐거워합시다. "얼음과 눈이여, 서리와 추위여, 주님을 찬양하라. 주님을 영원히 찬미할지어다." 봄은 옵니다. 자연의 이치 때문이 아니라 하나님이 자기 아들을 죽음에서 일으키셨기 때문입니다. 하나님이 우리 삶에, 바로 지금, 그리고 죽는 순간에 이 기적을 확증해 주시기를 바랍니다. 하늘에서 번개처럼 내려와 우리 마음속 의심과 두려움의 돌을 굴려 내고, 무덤이 빈 것을 보여 주려고, 원수는 궤멸되었고 상상도 할 수 없고 가능하지도 않은 일이 벌어졌음을 알려 주려고, 우리를 죽음의 요새에 초대한 천사를 기억하길 바랍니다. "그는 살아나셨다. 우리보다 먼저 가시니, 그를 뵙게 될 것이다." 이 놀라운 메시지가 오늘뿐만 아니라 항상 여러분에게 기쁨이 되기를, 우리 주 예수 그리스도의 하나님이 영원무궁토록 찬양을 받으시기를 기원합니다.

예수를 알아보았다

지난 한 달 동안 예수 그리스도에 관한 기사가 주요 신문과 잡지에 실렸습니다. 《TV 가이드》, 《U.S. 뉴스 & 월드 리포트》, 〈월스트리트 저널〉, 《뉴스위크》, 〈뉴욕타임스〉 등등. 색다를 건 없고 매년 부활절이 되면 흔히 볼 수 있는 현상입니다. 새로운 게 있다면, 부활이 사실이 아님을 밝히려는 기사가 많아졌다는 점입니다.[6] 몇 해 전까지만 해도 언론 매체에서 예수에 대해 극단적으로 회의적인 글을 싣지는 않았습니다. 물론 1960년대에도 '신은 죽었다'라는 기사가 나오기는 했지만, 예수를 직접 공격하지는 않았습니다. 그런데 이제는 그런 기사를 흔하게 볼 수 있습니다. 《U.S. 뉴스 & 월드 리포트》는 예수라는 인물의 정치적 중요성에 관한 통찰을 덧붙여 예수 이야기를 사실 그대로 다시 들려줄 것처럼 독자들을 유혹합니다. 여러분은 그 기사가 미묘하고도 교묘하게 예수와 예수를 믿는 기독교 신앙의 위상을 깎아내리는 글이라는 걸 끄트머리에 가서야 알게 됩니다. 이 기사에 따르면, 예수는 '수수께끼 같은 유대인 랍비'에 지나지 않습니다.[7]

처음에는 이런 동향이 특별히 우려할 만한 일 같지 않았습니다.

언론은 세속적인 시각으로 사건을 바라보지만, 교회는 뭐가 진짜인지 아니까요. 적어도 우리는 그렇게 생각했습니다. 그러나 지금은 예수에 대한 회의론이 교회 안에까지 깊이 스며들었습니다. 그리스도를 하나님의 아들이요 이 세상의 유일한 구세주로 고백하는 것을 완전히 한물간 행태로 여기는 이들도 있습니다. 기독교 신앙을 고백하면 근본주의자요 극우주의자라고 비난받습니다. 전근대적이고 비합리적이라고, 다른 신앙을 포용하지 못하는 편협한 사람이라고 비난받습니다. 계몽사상에 역행하는 온갖 혐의를 뒤집어씁니다.

《U.S. 뉴스 & 월드 리포트》에 실린 기사와 비슷한 논조의 기사들이 이런 시각을 만들어 냅니다. 《U.S. 뉴스 & 월드 리포트》의 기사는 십자가 사건을 실제 사실로 인정합니다. 예수는 "십자가에 달려 죽었다"라고 말합니다. 그러나 예수가 "부활하셨다"는 말은 하지 않습니다. 제자들이 예수가 부활하신 거로 '믿었다'라고 말합니다. 제자들이 예수가 살아 계시다고 '확신하기에 이르렀다'라고 말합니다. 예수를 따르던 핵심 제자 몇몇이 '그렇게 믿고' 기운을 차렸다고 말합니다. 오늘 밤, 설교자가 강단에서 "예수의 제자들은 예수께서 부활하셨다고 '믿기에 이르렀습니다'"라고 설교하면, 여러분은 그 설교를 어떻게 받아들일지 궁금합니다. 역사 발전에 관한 흥미로운 진술일지는 몰라도, 삶을 변화시키고 세상을 뒤흔드는 소망을 드러내지는 못할 겁니다.

〈뉴욕타임스〉 기사는 도전적인 시각을 감추려고 애쓰지도 않습니다. "성경 외에는 예수의 존재를 뒷받침해 줄만 한 역사적 증거가 전혀 없기" 때문에 예수 이야기를 있는 그대로 전달하려는 시도는 '무모한 모험'일 수 있다고 말립니다.[8] 이 이야기를 처음 들은 사람은 꽤 충격을 받았겠지만, 사실 맞는 말입니다. 나사렛 예수가 부활한 사건은 고사하고 그가 살았던 사실조차도 역사 연구로 증명할 수 없습니다. 예수는 셜록 홈스처럼 문학 작품 속에나 존재할 뿐이라고 주장할 수도 있습니다. 실제로 그렇게 주장하는 이들도 있지요. 수많은 사람이 셜록 홈스가 지금까지 살아 있는 실존 인물인 것처럼 런던 베이커가 221-B로 편지를 쓰고 있습니다. 예수도 그런 걸까요? 우리는 50일간의 부활 절기에 "주께서 부활하셨도다! 정말로 부활하셨도다!" 하고 서로 인사합니다. 그러면 그 인사는 과연 무슨 뜻일까, 자신에게 스스로 물어 볼 필요가 있습니다. 어떤 사람들은 "제자들 가운데 몇 사람이 예수가 죽지 않았다고 '믿었고', '그가 여전히 살아 있는 것처럼' 이야기한 것"이라고 주장합니다. 엘비스 프레슬리가 아직 살아 있는 것처럼 이야기하는 사람이 더러 있듯이 말입니다. 정말 그런 거라면, 우리는 왜 교회에 나와 이 고생을 하는 걸까요?

새벽에 무덤에 갔다가 돌아온 여자들은 제자들에게 예수의 시신이 없어졌고 예수께서 부활하셨다고 말하는 천사를 보았다고 전했습니다. 제자들은 여자들이 한 말을 믿지 않았습니다. 소설 같은 이야기라 여겼습니다. 제자들이 믿지 못한 것도 충분히 이해가 갑니다. '불신'은 부활 기사에서 중요한 부분입니다. 다른 제자들이 다들 주님을 보았다고 말할 때도 도마는 주님이 부활했다는 이야기를 믿지 않았습니다. 부활에 대한 회의론은 우리 시대에 생겨난 게 아닙니다. 복음서 저자들은 바보가 아니었습니다. 사람들이 믿지 않으리라는 걸 알고 있었습니다. 그래서 복음서를 기록할 때 부활을 믿지 않는 사람들 이야기도 함께 기록했습니다.

누가는 예수께서 부활하신 날 오후, 그러니까 여자들이 '소설 같은 이야기'를 처음 한 날 오후에 제자 둘이 "예루살렘에서 한 삼십 리

떨어져 있는 엠마오라는 마을로 가고 있었다"(눅 24:13)라고 전합니다. 그중 하나는 글로바라는 제자였고, 다른 제자의 이름은 나와 있지 않습니다.[9] 두 사람이 걸어가고 있었습니다. 예수의 제자들은 늘 걸어 다녔습니다. 가난해서 타고 다닐 짐승을 살 수 없었으니까요. 우리는 두 제자에 관해 아는 게 없습니다. 두 사람은 유명하지도 않았고, 열두 제자 중 한 명도 아니었고, 리더도 아니었습니다. 여러분과 저처럼 지극히 평범한 제자였습니다. 길을 가면서 그들은 "일어난 이 모든 일을 서로 이야기하고"(눅 24:14) 있었습니다. 특별할 것 하나 없는 평범한 장면입니다. 엄청난 사건이 일어날 만한 환경이 아닙니다. 천사도 없고, 빈 무덤도 없습니다. 불행한 일을 함께 겪으면서 더 가까워진 두 사람이 있을 뿐입니다. 두 사람은 서로 위로하려고 애씁니다. 이야기하고 또 하면 마음이 진정될까 해서 그간 있었던 일을 이야기하고 또 합니다. 상황을 이해하고 받아들이려 기를 쓰지만, 충격과 슬픔으로 정신은 멍해지기만 합니다. 예수라는 선생을 만나면서 따분하고 미천했던 삶이 평범함을 벗어났습니다. 선생을 따라다니는 동안은 정말 자랑스러웠고 희망에 가득 차 있었습니다. 그런데 그 선생이 죽었습니다. 그것도 그냥 죽은 게 아니라 온 세상 사람들 앞에서 망신을 당하고 평판이 땅에 떨어진 채 죽었습니다. 십자가형은 단순히 끔찍하고 불쾌한 처형법이 아니라는 걸 이해해야 합니다. 인간 이하의 존재, 경멸받아 마땅한 존재, 점잖게 처형할 가치도 없는 존재라고 선언하는 행위로 국가가 승인한 처형 방식입니다. 십자가에 처형된 자들은 극도의 수치를 당했고, 죽은 뒤에는 인류 역사에서 그 이름이 지워졌습니다. 우리는 예수 이전에 십자가에 처형된 자들의 이름을 알지 못합니다. 예수 이야기가 죽음과 함께 끝이 났다면, 우리는 예수에 관해 아무 이야기도 듣지 못했을 겁니다. 엠마오로

가는 제자들의 이야기를 들을 때는 이 점을 명심해야 합니다.

예수가 그런 십자가에 달려 죽었으니, 제자들은 복잡하고도 격한 감정에 휩싸였을 겁니다. 고통과 슬픔이 전부는 아니었겠지요. 화도 나고 배신감도 들었을 겁니다. 자기들이 속았다고 생각했을지도 모릅니다. 자기 선생이 공개적으로 망신당하고 처형된 상황이니, 자연환경도 아무 위안이 되지 않았습니다. 길가에서 지저귀는 새들과 싹이 나기 시작한 밀밭, 활짝 핀 꽃을 보아도 그 어떤 희망이나 위로를 얻지 못했습니다. 부활이라는 기적은 자연이나 인간의 인식에서 생겨난 게 아닙니다. 사도 바울의 말대로, "살과 피는 하나님나라를 유산으로 받을 수 없고, 썩을 것은 썩지 않을 것을 유산으로 받지 못합니다"(고전 15:50). 인간의 눈과 귀는 보고 들어도 하나님의 개입이 없으면 보고 들은 것을 이해하지 못합니다. 그래서 이야기하며 토론하는 그들 곁에 예수께서 가까이 가서 그들과 함께 걸으실 때도 그들은 기뻐서 팔짝팔짝 뛰지 않았습니다(눅 24:15).

십자가에 달려 죽은 그분이 비탄에 빠진 제자들 곁에 와서 함께 걸으며 발을 맞추셨습니다. 그들이 예수에게 간 게 아닙니다. 예수께서 그들에게 오셨습니다. 그런데도 그들은 예수를 알아보지 못했습니다. 예수만이 자기를 알아보게 할 능력이 있었습니다. "그들은 눈이 가려져서 예수를 알아보지 못하였다"(눅 24:16). 중요한 말씀입니다. 누가는 "그들은 예수를 알아보지 못하였다"라고 기록하지 않고 "그들은 눈이 가려져서 예수를 알아보지 못하였다"라고 기록했습니다. 성경을 읽다가 수동형 동사가 나오면, 그것은 하나님이 역사하신다는 뜻입니다. 예수를 알아보게 하는 주체는 하나님이지 인간이 아닙니다.

이 모든 게 제자들의 상상일까요?

예수께서 그들에게 물으셨습니다. "당신들이 걸으면서 서로 주고받는 이 말들은 무슨 이야기입니까?"(눅 24:17) 그러자 그들은 더할 수 없는 고통과 절망 속에 걸음을 멈추고 침통한 표정으로 훼방꾼을 바라보며 되묻습니다. "예루살렘에 머물러 있었으면서, 이 며칠 동안에 거기에서 일어난 일을 당신 혼자만 모른단 말입니까?"(눅 24:18) 그러자 그 낯선 사람은 그들에게 다시 묻습니다. "무슨 일입니까?"

"무슨 일입니까?" 무슨 이런 질문이 다 있을까요. 제자들은 대답하기가 너무도 고통스러웠을 겁니다. 이제는 그분이 정말 어떤 분인지 확신도 없이, 마치 외운 듯 기계적으로 심드렁하게 대답했을 겁니다. "나사렛 예수에 관한 일입니다. 그는 하나님과 모든 백성 앞에서, 행동과 말씀에 힘이 있는 예언자였습니다. 그런데 우리의 대제사장들과 지도자들이 그를 넘겨주어서, 사형선고를 받게 하고, 십자가에 못박아 죽였습니다"(눅 24:19-20). 그들이 암송하듯 내뱉은 이 사실들은 곧 사도들이 전하는 설교의 핵심이 될 터였지만, 당시 그들은 전혀 알아채지 못했습니다. 두 제자는 사실을 알고 있었으나 그 사실을 이해하지는 못했습니다. 그들은 엄청난 환멸을 느끼며 그분이야말로 이스라엘을 구원하실 분이라는 희망을 품고 있었다고 말합니다. 그리고 자기네 사람 가운데 몇몇 여자가 미친 소리를 했다고 덧붙입니다. "그들은 새벽에 무덤에 갔다가, 그의 시신을 찾지 못하고 돌아와서 하는 말이, 천사들의 환상을 보았다는 것입니다. 천사들이 예수가 살아 계신다고 말했다는 것입니다. 그래서 우리와 함께 있던 몇 사람이 무덤으로 가서 보니, 그 여자들이 말한 대로였고, 그분은 보지 못하였습니다"(눅 24:22-24). 지금쯤이면 이들도 눈치챌 만하다는 생각이 들지 않습니까? 살과 피는 하나님나라를 유산으로 받을 수 없다고 했으니, 이 세 번째 사람이 누구인지 두 제

렘브란트, 〈엠마오의 제자들〉

엠마오로 가는 제자들의 모습을 그린 렘브란트의 두 작품은 부활하신 주님이 모습을 드러내신 소박한 무대와 친밀한 분위기를 강조한다. 둘 다 고요한 정적 속에서 주께서 빵을 떼신다. 그래도 1628–1629년 작품(왼쪽)은 렘브란트가 그린 그림 가운데 가장 극적인 장면에 속한다. 특별한 용도로 빛을 활용하는 렘브란트 특유의 화풍이 잘 나타나 있다. 누가복음에 나와 있듯이, 때는 밤이었고 어둠이 짙게 깔린 상태였다. 배경에 나오는 하인은 무슨 일이 벌어지는지도 모른 채 촛불에 의지해 일하고 있다. 보이지 않는 촛불을 배경으로 그리스도의 옆모습이 실루엣으로 나타나 있다. 예수의 실루엣에 먼저 눈길이 가고, 그다음에는 밝게 빛나는 제자의 얼굴로, 빵을 떼시며 정체를 드러내시는 예수와 예수를 알아본 제자의 관계로 시선이 이

동한다. 제자의 표정과 손이 모든 이야기를 들려준다. 그림자가 져서 거의 보이지 않는 또 다른 제자는 주님을 알아본 뒤 의자를 밀치고 주님 무릎에 엎드린다. 1648년 작품(오른쪽)은 더 유명한 그림이다. 이 작품 역시 제자들이 예수를 알아보는 순간을 그렸지만, 전작에 비해 극적 효과를 절제했다. 그래서 형언할 수 없는 예수의 표정, 제자들이 전하는 수난 이야기를 참고 듣는 것 같은 예수의 눈빛에 가장 먼저 눈길이 가고, 그다음에야 아주 미묘하게 몸을 움직이는 제자들에게 시선이 간다. 왼쪽에 앉은 제자는 손을 들어 올리고, 오른쪽에 앉은 제자는 예수를 알아보고 놀라서 몸을 뒤로 뺀다. 전작에서처럼 예수를 만난 적 없는 하인은 무슨 일이 벌어지는지 전혀 알아채지 못한다.

자도 이제는 알아챌 만합니다. 그러나 누가복음에 따르면, 그들의 이해력을 주관하시는 분은 하나님이십니다. 하나님이 정하신 순간까지 그들은 예수를 알아보지 못합니다.[10]

오늘 밤 이 자리에 나온 우리는 두 제자와 같은 상황입니다. 여자들이 하는 말을 들었고, 빈 무덤과 천사들에 관해서도 들었습니다. 그러나 "예수는 보지 못하였습니다." 이 말은 우리에게 무척 중요합니다. 누가는 그 자리에 없었고 예수를 보지 못한 그리스도인을 위해 글을 쓰고 있습니다. 여러분과 저처럼, 그들은 부활하신 주님을 알지 못하고 부활을 소설 같은 이야기로 여기는 사람들에게 둘러싸여 있었습니다. 불신은 항상 우리 곁에 있습니다. 예수가 부활하셨다고 하면 학식 있는 사람들은 코웃음을 칩니다. 아십니까? 독실한 사람들마저도 미심쩍어한다는 사실을? 제 말이 믿기지 않으면, 부활절 카드에 뭐가 그려져 있는지 보십시오. 십자가에 달려 죽었다가 부활하신 메시아와는 전혀 상관없는 갱신과 회복에 관한 일반적인 메시지가 빈 무덤과 부활하신 주님을 날름 삼켜 버렸습니다.

예수께서는 두 제자에게 "어리석은 사람들입니다. 예언자들이 말한 모든 것을 믿는 마음이 그렇게도 무디니 말입니다"(눅 24:27)라고 말씀하셨습니다. 그리고는 "모세와 모든 예언자에서부터 시작하여 성경 전체에서 자기에 관하여 써 놓은 일을 그들에게 설명하여"(눅 24:29) 주셨습니다. 모든 성경 공부를 끝장내는 성경 공부였습니다. 생각해 보십시오. 부활하신 주님은 두 제자와 함께 걸으며 구약 성경의 참된 의미를 가르치셨습니다. 구약 성경은 모두 그분에 관한 이야기입니다! 그리스도께서 어떻게 인류의 죄를 위해 고난받고 죽을지, 어떻게 우리를 대신하여 사역을 완수하신 뒤 영광에 들어가실지 이야기합니다. 진정한 성경 해설자는 예수 본인입니다. 예수가 성경의 내용이고 성경의 메시지이며 성경의 해설자입니다. 두 시간 동안 세 사람은 엠마오까지 삼십 리를 걸어갑니다. 그동안 부활하신 주님은 본인이 저자이면서 주제인 살아 있는 하나님의 말씀 가운데로 제자들을 끈기 있게 인도하십니다. 정말 오래 기억에 남을 만한 장면 아닙니까?

아니면, 이 모든 게 제자들의 상상일까요?

누가의 말을 계속 들어 봅시다. "그 두 길손은 자기들이 가려고 하는 마을에 가까이 이르렀다. 그런데 예수께서는 더 멀리 가는 척하셨다. 그러자 그들은 예수를 만류하여 말하였다. '저녁때가 되고, 날이 이미 저물었으니, 우리 집에 묵으십시오.' 예수께서 그들의 집에 묵으려고 들어가셨다"(눅 24:28-29). 이때쯤 제자들이 예수에게 강하게 끌린 건 확실합니다. 그러나 여전히 그들은 예수를 알아보지 못합니다. 세 사람은 함께 들어가 음식을 먹으려고 식탁에 앉습니다. 제자들이 주인이고 예수는 손님입니다. 유대인의 식탁 예절에 따르면 빵을 들어 축복하고 떼어 주는 일은 주인의 몫입니다. 그런데 여기에서는 주인이 할 일을 손님이 합니다. "그들과 함께 음식을 잡수시려고 앉으셨을 때에, 예수께서 빵을 들어서 축복하시고, 떼어서 그들에게 주셨다. 그제서야 그들의 눈이 열려서, 예수를 알아보았다. 그러나 한순간에 예수께서는 그들에게서 사라지셨다"(눅 24:30-31).

그들은 예수를 알아보았습니다. 아니면, 이 모든 게 제자들의 상상일까요? 그들의 바람과 꿈이 투영된 소설에 불과한 걸까요?

신앙 공동체 밖에 있는 사람들은 이 질문에 답할 수 없습니다. 예수께서는 모든 사람에게 나타나지 않으셨습니다. 전부터 자기를 따랐던 제자들, 그리고 나중에 선택한 사람, 즉 사울이라는 바리새인에게만 모습을 보이셨습니다. 훗날 사도 바울이 된 그 사람보다 부활의 진실을 더 명확하게 진술한 사람은 아무도 없습니다.

가장 먼저 부활 사건을 설명한 성경 본문은 고린도전서 15장입니다. 바울이 지어낸 걸까요? 아니면, 바울과 네 명의 복음서 저자가 속은 걸까요? 초대교회 전체가 속은 걸까요? 어떤 이들의 말처럼 엠마오로 가는 길에 관한 이야기는 제자들이 '믿기에 이른' 일을 문학적으로 기술한 걸까요? 지난주에 《리처드 3세》에 관한 비평 글을 읽었습니다. 셰익스피어가 그린 리처드 3세가 역사 속에 실존했던 리처드 3세보다 더 흥미롭다는 게 글의 요지였습니다. 예수도 그런 걸까요? 복음서 저자들이 실제보다 더 흥미롭게 예수라는 캐릭터를 만들어 낸 걸까요? 예수는 책이나 무대, TV 화면 속에만 살아 있는 걸까요? 이것이 어떤 이들이 하는 주장입니다. 여러분은 뭐라고 하시겠습니까? 지금 예수는 어디에 살아 계십니까?

오늘 밤 왜 교회에 나왔는지 잠시 생각해 보십시오. 어린 시절에 품었던 신앙심을 그대로 간직하고 이 자리에 온 사람도 있을 겁니다. 기독교 신앙에 심각한 의문이 생긴 사람도 있을 겁니다. 복음 전도자나 설교자라도 완강한 불신자를 말로 설득하지는 못합니다. 정상적인 방법으로는 예수의 부활을 증명할 길이 없습니다. 신약 성경의 저자들은 그 점을 이해한 듯합니다. 믿음은 신비로운 일입니다. 인간이 어쩔 수 있는 일이 아닙니다. 믿음은 주님의 선물입니다.

엠마오로 가던 제자들이 예수께서 사라지신 뒤 주고받은 말에 귀를 기울여 봅시다. "길에서 그분이 우리에게 말씀하시고, 성경을 풀이하여 주실 때에, 우리의 마음이 [우리 속에서] 뜨거워지지 않았습니까?"(눅 24:32) 모든 성경 공부를 끝장내는 성경 공부라고 했던 말 기억하십니까? 말하자면 그렇다는 말입니다. 오히려, 모든 성경 공부를 시작하게 하는 성경 공부라고 해야 맞을 겁니다. 주님이 성경의 저자이고, 성령이 성경의 해석자이기 때문입니다. 21세기가 지난 지금 하는 성경 공부에도 최초의 성경 공부와 같은 능력이 있습니다. 살아 계신 주님은 "모세와 모든 예언자에서부터 시작하여 성경 전체에서 자기에 관하여 써 놓은 일을" 계속 우리에게 해석해 주십니다. 오늘 밤, 예수께서는 살아 있는 말씀으로 우리에게 다가오셨습니다.

아니면, 이 모든 게 설교자의 상상일까요? 수 세기 동안 전파된 부활 메시지는 전부 설교용 미사여구에 지나지 않은 걸까요?

"그분은 보지 못하였습니다"(눅 24:24). "그들과 함께 음식을 잡수시려고 앉으셨을 때에, 예수께서 빵을 들어서 축복하시고, 떼어서 그들에게 주셨다. 그제서야 그들의 눈이 열려서, 예수를 알아보았다"(눅 24:30-31). 이 단순한 구절의 영향은 단순하게 설명할 수 없습니다. 예수께서는 그들이 보는 앞에서 십자가에 달려 죽었고 무덤에 묻혔습니다. 그런데 그분이 지금 살아 계십니다. 그들과 함께 식탁에 앉아 빵을 떼어 주십니다. 렘브란트가 그린 그림을 기억하실 겁니다. 아무 일도 일어나지 않은 듯 평온합니다. 소박하고 수수한 방에서 세 사람이 식탁에 앉아 있습니다. 하인은 물병을 들고 서 있습니다. 조금 더 유심히 들여다보면, 식탁에서 몸을 뒤로 빼는 사람이 보입니다. 세상에서 가장 단순한 몸짓이지만, 감정을 가장 잘 드러내는 몸짓이기도 합니다. 그에게 빛이 비칩니다. 주님을 알아보기 시작한 겁니다. 말로 다 할 수 없을 만큼 기쁩니다. 이토록 영광스러운 기쁨이 또 있을까요? 이보다 놀라운 일이 또 있을까요? 정말 주님이십니다!

현대판 두 제자 이야기가 있습니다. 당시 여든여섯 살이던 제 아버지와 아흔두 살이던 제 고모의 이야기입니다. 고모는 뇌졸중으로 7년 동안 요양원에서 누워 지냈습니다. 아버지는 종종 고모를 보러 갔습니다. 그때마다 무척 힘들어했고, 또 우울해했습니다. 고모는 몇 년 동안 거의 말이 없었습니다. 그런데 어느 날 뭐라고 말을 했습니다. 아버지는 곧장 집에 돌아와 고모가 한 말을 기록했습니다. 아버지가 그때 적은 글을 저는 지금도 가지고 있습니다.

누나가 오늘 내게 "나 곧 죽을 것 같니?"라고 말했다. 나는 어떤 징후도 볼 수 없다고, 그런 건 "주님의 손안에 있고, 나는 주님을 믿는다"고 말했다. 누나는 잠시 생각하더니 "그래, 나는 주님을 사랑해"라고 말했다. 그리고 잠시 뒤, "너도 주님을 사랑하니?"라고 말했다. 나는 그렇다고 했다. 정말 그렇다. 누나는 조금 떨리는 목소리로 "그럴 거라고 생각했어"라고 말했다.

그 순간에 여러분이 문 앞을 지나다가 방을 들여다본다고 한번 상상해 보십시오. 아무 일도 일어나지 않은 듯 평온합니다. 소박하고 수수한 방에 나이가 아주 많은 노인 둘이 있습니다. 아버지는 맨 마지막 줄에 '에피소드 끝'이라고 썼습니다. 그러나 그것은 끝이 아니었습니다. 그 순간이 아버지에게 생기를 불어넣었고, 제 남편과 아이들, 그리고 저에게 생기를 불어넣었습니다. 주님을 사랑하는 자들에게는 끝이 곧 시작입니다.

오늘 밤, 엠마오로 가는 제자들 이야기를 다시 하는 중에 예수께서 여러분 곁에 다가오십니다. 살아 계셔서 엠마오로 가는 길에 제자들에게 성경을 풀이하여 주셨던 것처럼 오늘 밤 말씀 가운데 함께하십니다. 마음이 뜨거워졌습니까? 주님을 알아보시겠습니까? 그렇다면, 하나님이 그리하신 겁니다. 오늘 밤, 주 예수 그리스도께서 우리와 함께하십니다. 우리 곁에 다가오셔서 성경의 의미를 풀이하여 주십니다. 우리를 식탁에 불러모으시고 빵을 떼어 주십니다. 우리가 받을 최종 선고는 죽음이 아니라 생명이요, 심판이 아니라 자비요, 외로움이 아니라 영원한 사랑의 교제임을 보여 주시려고 말입니다. 할렐루야! 주님이 부활하셨습니다! 정말로 부활하셨습니다!

주 예수여, 우리와 함께하소서. 낮이 지나고 저녁이 다가옵니다. 우리와 동행하셔서 우리 마음을 환히 밝히시고 소망을 일깨워 주소서. 주님을 언급한 성경 구절을 모두 짚어 주시고 빵을 떼어 주실 때 우리로 주님을 알아보게 하소서. 주의 사랑으로 이것을 우리에게 허락하소서. 아멘.

맨 마지막으로 멸망 받을 원수

나사로 이야기에는 아주 현실적인 요소가 있다는 점을 아마 눈치채셨을 겁니다. 나사로의 무덤에 이른 예수께서는 구경꾼들에게 무덤을 막고 있는 돌을 치우라고 지시하십니다. 그러자 나사로의 누이 마르다가 "주님, 죽은 지가 나흘이나 되어서, 벌써 냄새가 납니다"(요 11:39)라고 예수를 만류합니다. 킹 제임스 성경은 이 구절을 "악취가 진동한다"라고 번역했습니다.

여러분 중에는 시신을 직접 눈으로 본 사람도 있겠지요. 임종 장면을 처음 보면 잊기가 쉽지 않습니다. 저는 30대 중반이 되어서야 시신을 처음 보았습니다. 임종을 지켜 달라는 연락을 받았습니다. 죽음을 앞둔 그 사람은 가족들에게 둘러싸여 거실 소파에 누워 있었습니다. 제가 기도문을 읽는 사이 그는 숨을 거두었습니다. 저는 시신에 생긴 변화를 보고 충격을 받았고, 그 충격은 쉬 사라지지 않았습니다. 거대하고 이질적인 무언가가 방에 들어왔습니다. 장의사가 도착했습니다. 가족들은 방에서 나갔습니다. 저는 방에 남았습니다. 누군가는 있어야 할 것 같았기 때문입니다. 장의사가 시체를 다루는 모습을 보고 저는 또다시 충격을 받았습니다. 거칠지는 않았지만, 지극히 사무적이었습니다. 바닥에 고무천을 깐 다음, 시신을 소파에서 들어 올려 고무천 위에 내려놓고, 꽁꽁 싸서 들고 나갔습니다. 마치 정원에 있는 나무를 보호할 때 쓰는 뿌리 덮개를 옮기는 것처럼 말입니다. 20분 전만 해도 그는 아주 섬세하고 조심스럽게 대해야 하는, 살아 있는 인간이었습니다. 그런데 이제는 최대한 빨리 처리해야 할 대상에 지나지 않았습니다.

죽음은 섬뜩한 색깔을 띕니다. 저는 그 후 여러 번 시신을 보았습니다. 죽음은 소름 끼치게 차가운 느낌을 줍니다. 임종을 처음 지켜보고 얼마 안 되어서 교구민에게 부탁을 받았습니다. 죽은 아내의 손가락에 반지를 끼워 달라고 했습니다. 전에 해 본 적이 없는 일이었습니다. 사후 경직에 관해 듣기는 했어도 딱딱하게 굳은 시신을 만져 본 적은 없었습니다. 준비가 안 되어 있었습니다. 그 일은 제게 주어진 임무였을 뿐입니다. 사람의 손 같지 않았습니다. 사람의 따듯한 손길을 귀하게 여기는 사람에게 산 사람의 손과 죽은 사람의 손은 오싹할 정도로 차이가 큽니다.

> 해 보라 — 무시무시한 대갈못이 흔들리나 —
> 해 보라 — 강철 걸쇠를 들어 올릴 수 있나!
> 서늘한 이마를 쓰다듬어라 — 뜨거워질 만큼 자주 —
> 쏠어 올려라 — 신경 쓰이면 — 윤기 없는 머리칼을 —
> 철석같은 손가락을 만져라
> 이제 골무는 — 절대 — 끼지 않을 거다 — [11]

부활주간 저녁 예배라서 이런 이야기도 할 수 있습니다. 오늘 예

조토 디본도네, 〈나사로의 부활〉

육백 년이 지난 지금도 여전히 탁월한 미술가로 평가받는 이탈리아 르네상스 미술의 선구자인 조토는 힘 있는 구도, 매혹적인 표정, 단호한 손짓 등 가장 단순한 방법으로 예수의 위풍당당함을 표현했다. 멀리서 그림을 보는 관람객들(이 프레스코화는 예배당 벽 위쪽에 걸려 있다)까지 매혹되도록 순청색을 바탕색으로 써서 나사로에게 죽음의 요새에서 나오라고 명하시는 주님의 얼굴이 더욱 돋보이게 했다. 왼쪽에 있는 두 제자는 예수께서 장난이라도 치신 것처럼 놀라서 헉 소리를 내거나 감탄사를 내지르지 않는다. 오히려 상상을 훨씬 뛰어넘는 권세를 지닌 분과 함께 있다는 걸 아는 듯 놀람과 경외감을 엄숙하게 표현한다.

배는 주일 예배와 다릅니다. 오늘 예배에 나온 여러분은 더 어려운 과제를 감당할 준비가 되어 있다고 생각합니다. 이토록 삭막한 죽음에 관해 이야기하는 이유는 성경이 죽음을 이야기하기 때문입니다. 죽음은 성경이라는 드라마에 나오는 주인공 중 하나입니다. 죽음은 사방을 활보하며 모든 것을 파괴하겠다고 위협합니다.[12] 성경은 죽음에 대해 직설적으로 말합니다. "주님, 죽은 지가 나흘이나 되어서, 벌써 냄새가 납니다"(요 11:39). 우리 세대는 죽음을 묘사할 때 지나치게 예민한데, 예전 사람들은 그렇지 않았습니다. 다음에 그리스나 러시아에서 제작한 나사로 성화를 볼 기회가 생기면 자세히 들여다보십시오. 구경꾼들이 손수건으로 코를 막고 있습니다. 성경 시대 사람들에게 죽음은 눈에 보이고 냄새가 나는 현실이었습니다. 사실, 전 세계 모든 사람이 그랬습니다. 시신을 눈앞에서 서둘러 치우려고 장의사를 부른 건 겨우 백 년밖에 되지 않았습니다. 저는 저와 이름이 같은 증조모의 성경을 가지고 있습니다. 증조할머니는 겨우 20대 때 아이를 낳다 사망했습니다. 증조할머니는 요즘 젊은이들이 밑줄을 잘 긋지 않는 구절에 밑줄을 그으셨습니다. 시편 90편 10절도 그중 하나입니다. "우리의 연수가 칠십이요 강건하면 팔십이라도, 그 연수의 자랑은 수고와 슬픔뿐이요, 빠르게 지나가니, 마치 날아가는 것 같습니다." 19세기 사람들은 으레 이런 생각을 하며 살았습니다. 심약한 요즘 시대에는 그렇지 않죠. 우리 문화는 죽음을 관리하고, 눈에 띄지 않게 하고, 시신에 향수를 뿌리고 방부제를 주입하고 꽃으로 덮으려고 기를 쓰지만, 그런다고 현실이 바뀌지는 않습니다. 세 번이나 암 투병을 한 작가는 이렇게 토로합니다.

다른 것들에도 다 그렇듯, 현대인들은 질병도 심리학으로 설명하는 걸 무척 좋아한다. 심리학적으로 접근하면 통제력이 생기는 것처럼 보인다. …
그러나 죽음은 지긋지긋한 수수께끼이자 최후의 모욕이며 통제할 수 없
는 일이다.[13]

사도 바울은 고린도 교회에 이렇게 편지합니다. "살과 피는 하나
님나라를 유산으로 받을 수 없고, 썩을 것은 썩지 않을 것을 유산으로
받지 못합니다"(고전 15:50). 대중의 통념과 달리 성경은 죽음을 지나 저
너머에서 삶이 자연스럽게 이어진다고 가르치지 않습니다. 구약 성경은
이 점을 아주 분명히 합니다. 천년 넘게 이스라엘 자손들은 죽음 너머에
삶이 있다는 약속 없이도 하나님을 사랑하고 두려워하며 섬기는 법을
하나님에게 배웠습니다.[14] 모든 그리스도인이 이 과정을 거친다면, 참
좋을 텐데요. 바울은 영혼불멸설을 믿는 고린도 교회 때문에 속이 탔습
니다. "썩을 것은 썩지 않을 것을 유산으로 받지 못합니다"라고 말한 이
유도 그 때문입니다. 인간의 삶과 신의 삶 사이에는 '무한한 질적 차이'
가 존재합니다.[15] 모든 인간은 죽음의 지배 아래 삽니다. 죽음은 우리
존재의 지배적 현상입니다. 평신도 신학자 윌리엄 스트링펠로우는 이렇
게 말합니다.

죽음은 이 세상에서 하나님을 제외한 그 어떤 세력보다 오래 산다. … 죽
음은 존재의 명백한 의미다. 하나님을 제외하면, 이 세상에 존재하는 그
어떤 개인이나 사회보다 오래 산다. 죽음은 너무 대단하고 너무 공격적이
고 너무 만연하고 너무 전투적이라서, 죽음을 제대로 이야기하는 유일한
방식은 하나님에 관해 이야기하는 방식과 비슷하다. 죽음은 하나님인 체
하는, 이 세상에 살아 있는 세력이자 실재다.

죽음이 '모든' 생명을 주관한다는 생각이 죽음이라는 세력을 특징짓고, 요즘에는 특이하고 구식처럼 보이는 '악마'라는 이름을 아주 엄청난 세력으로 존중하면서 적절하게 사용하게 한다.[16]

그래서 저는 오늘 밤 경외심을 갖고 죽음을 이야기하는 것이 하나님을 영화롭게 하는 일이라 생각합니다. 죽음은 '맨 마지막으로 멸망 받을 원수'(고전 15:26)입니다. 플래너리 오코너는 여러 면에서 현명한 사람이었습니다. 존 F. 케네디 대통령의 장례를 치를 때 오코너는 친구에게 이렇게 편지했습니다. "케네디 여사에게는 역사의식이 있어. 죽음이 뭔지 알아."[17] 고린도 교회 교인들은 죽음이 뭔지 알지 못했습니다. 아마도 '미국식 죽음'을 사랑했던 모양입니다.[18] 그들은 우리처럼 죽음을 무대 뒤로 빨리 치우고 싶어 했습니다. TV 화면이 깜빡이듯 '영혼 불멸'이라는 화면이 잠깐 깜빡이는 것쯤으로 생각하길 좋아했습니다. 그리스도께서 세상에 오셨으니 죽음이 무의미해졌다고 믿었습니다. 바울은 이런 생각을 바로잡으려고 그들에게 편지를 썼습니다. 죽음이야말로 가장 큰 마지막 원수라고 바울은 말합니다. "아담 안에서 모든 사람이 죽는 것과 같이"(고전 15:22).[19] 죽음은 인간이라는 존재가 마지막에 직면하는 거대하고 엄청난 현실이라고 바울은 말합니다.

요즘은 전통적인 성공회 장례 예배에서 멀어지는 듯해 안타깝습니다. 엄청난 손해가 아닐 수 없습니다. 몇 년 전까지만 해도 〈기도서〉에 나오는 예배식을 그대로 활용했었습니다. **죽음**이라는 엄숙한 현실과 죽음의 위력을 보여 주고자 만든 예배식입니다. 시신을 관에 넣고 닫은 뒤 보로 덮습니다. 예배당에 놓인 시신은 돌이킬 수 없는 일이 벌어졌음을 우리에게 상기시킵니다. "사망 권세가 최악의 짓을 저질렀네"라는 찬송가 가사처럼 말입니다.[20] 전통적인 성공회 장례식은 성경적입니다. 그리고 이미 벌어진 일에 위축되지 않는다는 점에서 숭고합니다.[21] 추도식도 고린도 교회와는 점점 더 가까워지고 성경과는 점점 더 멀어지는 경향을 보입니다. 죽음의 세력과 무관하게 고인의 삶을 기리기 때문입니다. 죽음의 위력과 최종성을 인정하기 전까지 진정한 부활 선언은 있을 수 없습니다. 정말로 죽음은 "지긋지긋한 수수께끼이자 최후의 모욕이며 통제할 수 없는 일"입니다.

사랑하는 사람이 죽으면, 그가 죽었다는 사실을 받아들이는 법을 배워야 합니다. 그러지 않으면 건강하게 삶을 이어갈 수 없습니다. 슬픔과 애도의 과정을 질질 끌거나 뒤로 미뤄야 할 때가 종종 있습니다. 그러면 슬픔이 한꺼번에 밀려들지는 않겠지요. 하지만 조만간 슬픔이라는 감정을 마주해야 합니다. 죽음은 추합니다. 부당한 거래지요. 죽음은 사기꾼이고 도둑입니다. 해골처럼 히죽거리는 조롱입니다. 나사로 이야기에서 보았듯이, 예수께서는 악취가 진동하는 현실을 직시하십니다. 마르다는 예수께서 자기 오라비에게 무언가를 해 줄 수도 있다고 생각한 것 같습니다. "이제라도, 나는 주님께서 하나님께 구하시는 것은 무엇이나 하나님께서 다 이루어 주실 줄 압니다"(요 11:22). 그러나 마르다가 생각한 건 어디까지나 '영적인' 일이었습니다. 이미 부패한 시신을 어떻게 하실 수 있다고는 생각하지 않았습니다. 그러나 예수께서는 무덤에 다가가셨고, 마음이 비통하여 괴로워하셨습니다(요 11:33). 요한은 예수께서 '우셨고' '괴로워하셨다'라는 이야기를 세 번이나 반복합니다. 오래전부터 성경 해설가들은 이 슬픔이 비단 나사로 때문만은 아니라고 보았습니다. 예수께서 괴로워하신 이유는 죽음이라는 강력한 원수 때문이었습니다. 무시무시한 죽음의 일격에 우리는 굴복할 수밖에 없기에 하나님은 당신이 죽음을 미워하시고 우리를 불쌍히 여기신다는 사실을 아들이신 예수를 통해 보여 주신 겁니다. 예수께서 괴로워하신 이유는 '엄청나게 큰 세력', 하나님이 뜻하신 모든 일에 맞설 '최후의 원수'와 대결하기 위해 힘을 모으고 계셨기 때문입니다.[22] 실로 어마어마한 결투입니다.

그러나 결국 싸움도 되지 않았습니다.

큰 소리로 "나사로야, 나오너라" 하고 외치시니, 죽었던 사람이 나왔다. 손발은 천으로 감겨 있고, 얼굴은 수건으로 싸매여 있었다. 예수께서 그들에게 "그를 풀어 주어서, 가게 하여라" 하고 말씀하셨다(요 11:43-44).

예수께서 "나사로야, 나오너라" 하고 말씀하셨을 때 나사로에게 선택권이 있었을까요?

나사로 이야기는 이상야릇합니다. 다른 복음서에는 이 이야기가 왜 빠져 있을까요? 반대자들은 예수의 능력을 입증하는 이 강력한 증거에도 왜 굴복하지 않았을까요? 바울이나 다른 서신서 저자들은 이 놀라운 사건을 왜 언급하지 않는 걸까요? 우리는 그 이유를 알지 못합니다. 그런데 바울은 이런 말을 합니다. "죽은 사람들을 살리시며 없는 것들을 불러내어 있는 것이 되게 하시는 하나님"(롬 4:17). 이유가 뭐든 바울은 나사로 이야기를 알지 못했던 것 같습니다. 그러나 바울이 선언한 이 구절의 핵심은 죽은 자의 부활입니다. 살과 피는 하나님나라를 유산으로 받을 수 없고, 썩을 것은 썩지 않을 것을 유산으로 받지 못합니다. 그러나 하나님은 없는 것들을 불러내어 있는 것이 되게 하실 수 있습니다. "나사로야, 나오너라" 하고 명하시는 예수께 나사로가 "싫어요!"라

니콜라스 프로망, 〈나사로의 부활〉

세 폭 제단화의 중앙에 자리한 이 그림은 예수께서 "그를 풀어 주어서, 가게 하여라" 하고 말씀하시는 동안 일어나 앉은 나사로를 그렸다. 왼쪽에 있는 마르다는 오라비에게서 더는 악취가 나지 않는다는 걸 알고 코를 막았던 손수건을 내리고 있다.

고 말할 수 있었을까요? 거꾸로 생각해 봅시다. 죽음이 나사로를 소환할 때 나사로는 과연 "싫어요!"라고 말할 수 있었을까요? 많은 사람이 그러려고 애는 씁니다! 그러나 비탄에 잠긴 햄릿이 친구 호레이쇼에게 말했듯, "죽음의 사령이 사정없이 재촉하면" 도리가 없습니다.[23] 삶 한가운데서 우리는 죽음을 맞습니다. 우리는 흙이니, 흙으로 돌아갈 것입니다.[24] 이 세계질서 너머에서 누군가가 개입하지 않는 한, 우리는 죽음 안에 그대로 있을 겁니다. **사망**의 권세보다 더 크고 강한 **권세**만이 사정없이 재촉하는 사망의 소환을 철회할 수 있습니다.

하나님의 아들이신 예수 그리스도께서 나사로의 무덤에 다가가셔서 말씀하실 때, 창조 때 들렸던 음성과 같은 음성이 들렸습니다. "빛이 생겨라" 하시니, 빛이 생겼던 바로 그 음성이었습니다. 빛이 어떤 선택권이 있었을까요? "싫어요"라고 말할 수 있었을까요? 요한복음 첫머리는 육신을 입으신 성자께서 창세기 서두에 언급된 창조주 하나님, 그리고 성령과 함께 계셨다고 확실하게 밝힙니다. "태초에 '말씀'이 계셨다. 그 '말씀'은 하나님과 함께 계셨다. 그 '말씀'은 하나님이셨다. 그는 태초에 하나님과 함께 계셨다. 모든 것이 그로 말미암아 창조되었으니, 그가 없이 창조된 것은 하나도 없다"(요 1:1-3). 이분이 바로 죽은 사람들을 살리시며 없는 것들을 불러내어 있는 것이 되게 하시는 '말씀'이십니다. 이분이 바로 "육신이 되어 우리 가운데 사신" 말씀, "은혜와 진리가 충만하신" 예수 그리스도이십니다(요 1:14).

우리 불쌍한 인간들은 영혼 불멸이라는 환상에 빠져 **사망**에 반항하며 우쭐해하고 으스대지만, 무력하기 짝이 없습니다.

어제라는 날은 항상 어리석은 자들이

티끌에 묻혀 죽어 가는 길을 비춘다.

꺼져라, 꺼져라, 잠깐의 밝음!

사람의 생애는 흔들리는 그림자에 불과하다.

자기가 나가는 짧은 시간만은

무대 위에서 장한 듯 떠들지만,

그때가 지나면 아무도 알아주는 이 없는

가련한 배우에 지나지 않는다"[25]

그러나 이제 하나님과 그의 아들 예수 그리스도께서 사랑하시는 여러분에게 전할 소식이 있습니다.

"지금도 계시고 전에도 계셨고 앞으로 오실 전능하신 주 하나님"(계 1:8)이 빛과 생명의 왕국에서 내려오셔서 **사망**의 왕국의 칠흑 같은 어둠을 뚫고 들어가셔서 모든 보화를 빼앗으셨습니다. 한없이 귀한 자녀들에게 세례와 성령을 통해 "나는 부활이요 생명이니, 나를 믿는 사람은 죽어도 살고, 살아서 나를 믿는 사람은 영원히 죽지 아니할 것이다"(요 11:25-26)라고 말씀하십니다. 그분은 알파와 오메가이시고, 다윗의 뿌리요, 그의 자손이요, 빛나는 샛별이시고, 치료하는 광선을 발하는 의로운 해이십니다. '놀라우신 조언자', '전능하신 하나님', '영존하시는 아버지', '평화의 왕'이십니다.[26]

여러분은 이것을 믿습니까?

통제할 수 없는 일

나사렛 예수가 부활하는 장면을 본 사람은 아무도 없습니다. 2천 년의 기독교 예술사에는 이 사건을 다룬 회화, 모자이크, 프레스코화가 많습니다. 의식을 잃고 쓰러진 로마 병사들, 한쪽으로 치워진 돌, 승리의 깃발을 들고 밝은 빛 가운데 나타나신 주님의 영화로운 몸 등을 묘사한 작품들입니다. 개중에는 걸작도 있지만, 우리를 그릇된 길로 이끄는 작품도 있습니다. 신약 성경에서 부활을 묘사한 구절을 찾으려고 애써도 헛수고일 뿐입니다. 예수가 부활하는 장면을 본 사람은 아무도 없습니다. 베드로도, 요한도, 막달라 마리아도, 로마 병사들도, 그 누구도 보지 못했습니다. 무덤 입구를 막은 돌이 옮겨져 있는 것을 발견했을 때 예수는 이미 사라지고 없었습니다. 부활이 어떻게 이루어졌는지는 여전히 수수께끼입니다. 하나님이 의도하신 일입니다. 하나님은 우리가 부활을 이해하게 하실 생각이 전혀 없으셨습니다. 부활은 전혀 다른 질서에서 왔으므로 우리가 이해할 수 있는 일이 아닙니다.

누가는 무덤 앞에 있던 천사의 말을 통해 이 수수께끼에 관한 단서를 제공합니다. "어찌하여 너희들은 살아 계신 분을 죽은 사람들 가운데서 찾고 있느냐? 그분은 여기에 계시지 않고, 살아나셨다"(눅 24:5-6). 여자들을 질책하던 천사의 이 말이 세기를 넘어 울려 퍼지고 있습니다. 우리는 인정사정없이 진행되는 소멸에 맞서 승리하기를 바라면서 지금까지도 온갖 잘못된 곳에서 새 삶을 찾고 있습니다.

몇 년 전인지 정확히 기억은 나지 않지만, 브라질에 관한 기사를 하나 읽었습니다. 부유한 브라질 여성들은 어느 정도 나이가 들면 거의 다 주름 제거 수술을 한다는 내용이었습니다. 그 기사를 읽으며 '브라질에 안 살아서 천만다행이네' 하고 생각했던 기억이 납니다. 그러나 안도감은 그리 오래가지 않았습니다. 그 기사가 나오고 나서, 미국에서도 성형 수술이 성장 산업이 되었습니다. 여자들뿐만 아니라 남자들도 거울을 들여다보며 처진 얼굴을 끌어올릴 정도입니다. (저도 하루에 열 번 정도 거울을 들여다봅니다.) 이것이 '살아 계신 분을 죽은 사람들 가운데서 찾는' 게 아니면 무엇이겠습니까? 몇 달 전에는 성형 수술 열풍이 '뉴잉글랜드 같은 시골 마을을 제외한' 전국에 퍼져 나가고 있다는 기사를 읽었습니다. 그때도 저는 "뉴잉글랜드 같은 시골에 살아서 천만다행이네"라고 중얼거렸습니다.[27] 우스갯소리는 이제 그만할까요? 몇 년 전에 저는 어떤 독자가 잡지 편집자에게 보낸 유려한 편지를 읽고 충격을 받았습니다. 오려 두었던 투고 글은 이제 없지만, 내용은 거의 다 기억납니다. 식이 요법, 에어로빅, 운동 기구, 온천 열풍을 다룬 기사를 읽고 쓴 글이었습니다. 투고자는 '불완전한 자기 몸을 있는 그대로 받아들이고' '손주들, 지역 봉사 활동, 신앙생활, 영적 아름다움'에 집중하던 자기 할머니 세대를 떠올리며 존경을 표했습니다. 나이가 들면서 진정한 삶을 어디서 찾아야 할지 고민하다가 이 편지를 읽고 큰 도움을 받았습니다.[28]

'땅에 속한 것들에 마음을 두고, 살아 계신 분을 죽은 사람들 가운데서 찾는' 인간의 경향성은 우리의 삶 전반에 만연합니다. 이 사실을 깨달으려면 멈춰 서서 한참 뒤를 돌아봐야 하는데, 우리는 그저 달려가기 바쁩니다. 어느 신문을 펼치든 증거는 충분합니다. 분노와 좌절이 쌓이고 쌓여 살벌한 정신과 태도를 낳고 있습니다. 사형 제도에 대한 요구가 기하급수적으로 늘고 있습니다. 전미총기협회는 가장 사악한 본능에 충실하기 위해 미국을 인질로 잡고 있습니다. 교도소 시스템은 갈수록 비대해지고 이유 없이 잔인해지고 있습니다. 오늘 아침에 전직 판사이자 유죄를 선고받은 중죄인 솔 워쉬틀러의 TV 인터뷰를 시청했습니다. 출소한 지 얼마 안 된 그는 수감 경험을 잘 이용했습니다. 내부자의 시선으로 교도소 시스템에 관한 책을 썼습니다. 그 책에는 교도소에서 자행되는 비이성적인 잔학 행위, 폭력적인 범죄자와 교화 가능성이 있는 범죄자를 구분하지 못하는 허점 등이 자세히 적혀 있습니다.[29] 얼마 전 〈뉴욕타임스〉는 나이지리아 출신 망명객이 미국 땅에서 겪은 끔찍한 경험을 1면에 실었습니다. 그는 아버지를 고문해서 죽인 나이지리아 정권에서 가까스로 탈출해 자유를 찾아 미국에 왔으나 미 이민국으로부터 2년 동안 악랄한 대우를 받았습니다. 기독교 사회 전체가 분노하여 들고일어나야 마땅한 사건입니다. 저는 우리가 국민의 한 사람으로서 둔감해지고 있다고 생각합니다. 폭력은 더 많은 폭력을 낳을 뿐이라는 사실에는 아무도 이의를 제기하지 않습니다. 그러나 살면서 손에 넣은 걸 잃을지도 모른다는 두려움이 인류를 죽음 쪽으로 몰아갑니다. 교도소도 늘어나고, 형 집행도 늘어나고, 무기도 늘어나고, 고문도 늘어나고, 경찰의 잔학 행위도 늘어납니다.[30] 우리의 영혼이 지금 어떤 상태인지 짐작이 가지 않습니까? 우리는 지금 삶을 찾으면서 죽음에 투자하고 있습니다.

장례 산업은 어떻습니까? 작가 에벌린 워와 제시카 미트퍼드가 호되게 풍자했지만, 이 시스템은 지금도 쉼 없이 굴러갑니다. 동네 장의사 한 명을 잘 아는데, 교회가 믿고 기대하는 일에 관하여 많은 가르침을 받았습니다. 바짝 경계하지 않으면, 장례 산업이 교회가 할 일을 대신 맡을 뿐만 아니라, 아예 교회를 대체하려 들 겁니다. 제시카 미트퍼드는 최근 인터뷰에서 장례 산업을 다룬 저서 《미국식 죽음The American Way of Death》이 한동안 의미 있는 영향을 끼쳤으나 최근에는 상황이 더 나빠지고 있다고 말했습니다. 제가 스크랩해 둔 〈월스트리트 저널〉 기사를 소개할까 합니다.

> MCCM 사는 머리글자를 따서 한 글자 모양으로 도안한 합일 문자와 좋아하는 단체나 교단의 상징물을 새긴 개인 맞춤형 관棺을 제공한다. 이 회사는 이런 개인적인 상징물이 유가족에게 '통제하지 못했을지 모를 상황을 통제한 것 같은 기분'을 선사하는 경향이 있다는 심리학 연구 결과가 있다고 말했다.

"통제하지 못했을지 모른다." 사실입니다. 통제할 수 없습니다. 제가 좋아하는 《뉴요커》 만평 중에 뉴욕시 아파트 출입구를 그린 만화가 있습니다. 문은 열려 있고, 안쪽에는 입주자가 서 있습니다. 50대 전문직 종사자입니다. 문 바깥쪽에는 방문객이 서 있습니다. 모자가 달린 검은색 긴 옷을 입었습니다. 손에는 큰 낫을 들고 있습니다. 문 안쪽에 있던 남자가 말합니다. "젠장, 이제 겨우 내 인생을 책임지나 했더니!"³¹⁾

인생을 책임진다느니, 죽음을 책임진다느니, 모두가 여기에 집착합니다. 그리스도인은 최근 유행하는 '조력 자살' 열풍에 관심을 기울여야 합니다. 며칠 전, 디트로이트 공항에서 우연히 대화를 엿들었습니다. 큰 키에 세련되게 옷을 차려입은 청년이 친구들에게 말했습니다. "그러니까, 캘리포니아에서 그 사람들이 다 자살했다는 거야? 그게 뭐 큰일이라도 돼? 자살하고 싶으면 하는 거지. 그건 그 사람들 권리야." 이렇게 생각하는 사람은 비단 그 청년만이 아닙니다. 자살 예방을 위한 전화 상담 서비스 '사마리아인들'이 최근 자원봉사자를 구하는 데 어려움을 겪는다고 합니다. 이 단체의 지도부는 그 이유가 자살을 대하는 사회의 태도가 바뀌고 있는 탓이라고 생각합니다. 이제 사람들은 자살이 그렇게 나쁜 일만은 아니라고 생각합니다. 생리학자 케보키언 박사 부부와 저널리스트 데릭 험프리가 이런 인식 변화에 일조했습니다. 도움이 될지는 모르겠지만, 말이 나온 김에 한 말씀 드리고 싶습니다. 고통이 장기간 이어지면서 몸과 정신이 쇠약해지는 문제에 대해 그리스도인은 '완화 의료'와 '통증 관리'에 집중하고, '사랑하는 이들에게 위로받을 수 있게 힘을 실어' 주어야 합니다. 때에 따라서는 노인 환자 스스로 식사를 중단하는 결정을 내릴 수도 있습니다. 이런 수단들은 그리스도인들이 활용하기에 적절하다고 생각합니다. 그 외에 과도한 약물, 주사, 비닐봉지 등으로 죽음을 재촉하는 방식은 생명을 주신 주님을 믿는 자들이 택할 만한 방법이 아닙니다. 저는 자식들에게 내가 노년이 되면 나를 보러 올 때 비닐봉지는 가져오지 말라고 했습니다. "주신 분도 주님이시요, 가져 가신 분도 주님이시니, 주님의 이름을 찬양할 뿐입니다"(욥 1:21).

죽음에 관한 글을 많이 모아 두었는데, 그중에는 정신과 의사 엘리자베스 퀴블러 로스의 글도 많습니다. 퀴블러 로스는 우리가 죽음을 생각하는 방식을 혁신적으로 바꾸어 놓았고, 그녀가 쓴 작품 중 몇몇은 큰 가치가 있습니다.32) 그러나 퀴블러 로스는 죽음의 엄숙함이 무엇인지 그 진가를 제대로 인정하지 못할 때가 많습니다. 워싱턴 대성당에서 강연할 때 누군가가 그녀에게 장례식에 어린아이를 데려가는 게 바람직하다고 생각하느냐고 물었습니다. 퀴블러 로스는 이렇게 대답했습니다. "죽음에 덤덤한 어른이 동행하면 아무 문제 없습니다."33)

죽음에 덤덤한 게 정말 괜찮은 걸까요? 플래너리 오코너의 생각은 다릅니다. 오코너는 존 F. 케네디 대통령 장례식의 엄숙한 분위기는 "등을 툭툭 치며 껌을 씹는 경박한 국민에게 유익한 강장제다"라고 썼습니다.34) 나사로의 무덤이 가까워졌을 때 예수께서는 죽음에 덤덤하지 않으셨습니다. 마음이 비통하여 괴로워하셨지요(요 11:33). 제 스크랩북에는 말기 암에 걸린 여성의 인터뷰도 보관되어 있습니다. 그녀는 이렇게 말했습니다.

> 한바탕 악을 쓰고 싶게 만드는 사람들이 있어요. 나는 내가 말기 환자이고 죽음을 앞두고 있다는 사실을 받아들였습니다. 그래도 사람들에게 이 말은 꼭 하고 싶어요. "달짝지근한 말 좀 그만하세요." 존엄사니, 품위 있는 죽음이니, 그렇게 점잖은 말을 들으면 화가 나요. 죽음은 추하고 노골적이고 비참한 거예요.35)

친구가 죽기 몇 달 전에 한 말을 잊을 수가 없습니다. 친구를 보러 병원에 갔었습니다. 친구는 아름다운 골동품 몇 점을 도난당했고, 우리는 그 일에 관해 이야기하고 있었습니다. "뭐 그래도, 보험 들어놨으니까 만회할 수 있어." 친구는 그렇게 말했습니다. 그리고 이렇게 덧붙이더군요. "모든 건 만회할 수 있어. 죽음만 빼고." 친구는 정확히 그렇게 말했습니다.

사흘째 아침에 무덤에 갔을 때 여자들은 죽음을 만회할 수 없다는 사실을 알고 있었습니다. 죽음은 자기들이 손 쓸 수 없는 일이라는 걸 알고 있었습니다. 여자들은 향료(시체용 성형 수술 비품이라 할 수 있는)를 가져갔지만, 자기들이 할 줄 아는 게 그것뿐이라 그런 겁니다. 관 안쪽에 고급 비단을 덧대는 일과 같습니다. 여자들은 우리처럼 살아 계신 분을 죽은 사람들 가운데서 찾고 있었습니다. 여자들은 부활 장면을 보지 못했고, 볼 수도 없었습니다. 부활은 죽은 자들의 왕국에서 일어난 사건이 아니라, 이 세계질서 너머에서 일어난 사건이기 때문입니다. 여자들은 부활 장면을 보지 못했습니다. 그러나 그날과 그 주에 다른 제자들과 함께 본 일이 여자들을 완전히 바꾸어 놓았습니다. 그때 본 것 덕분에 여자들은 난생처음 방향을 제대로 잡고 찾기 시작했습니다. 처음으로 쇠약과 절망과 죽음의 옛 세상에서 눈길을 돌릴 수 있었습니다. 이제는 죽음을 외면하고 유일하게 참되고 영원한 삶의 근원을 바라볼 수 있다는 걸 알게 되었습니다.

그렇다면 그들이 본 것은 무엇일까요? 바로 부활한 예수였습니다. 예수를 보고 알게 된 겁니다.

기독교회는 부활절과 매 주일에 모여서 그렇게 알게 된 지식을 축하하고 기념하는 겁니다. 성례와 성경에 나오는 증인들만이 주께서 무덤에서 사라지신 일에 관한 진실을 말해 줄 수 있습니다. 창조 세계는 할 수 없습니다. 꽃을 치우라는 말이 아닙니다. 저도 꽃을 무척 좋아합니다. 예배 비품을 준비하는 제단회에서 이토록 아름다운 백합을 준비하지 않았다면, 몹시 실망했을 겁니다. 그러나 꽃과 다른 자연 현상은 부활하신 주님을 '찬양할' 수 있을 뿐, 우리에게 주님이 어떤 분인지 가르치지는 못합니다. 오직 주님만이 이 일을 하실 수 있고, 주님은 자기를 섬기고 따르는 사람들을 위해서만 이 일을 하십니다. 알다시피, 부활하신 주님은 자기를 믿는 자들에게만 나타나셨습니다. (마치 "보아라, 내가 그 무엇에도 구속받지 않는다는 걸 보여 주려고 시간과 순서에 상관없이 이 일을 한다"라고 말씀하시는 것처럼, 딱 한 번 예외를 두셨는데 그가 바로 다소 사람 사울입니다.) 부활에 대한 믿음은 일반 원칙에서 나오는 게 아닙니다. 죽음과 종말에서 찾을 수 있는 것도 아닙니다. 죽음을 대하는 '솔직하고 정직한' 태도에서 추론할 수 있는 것도 아닙니다. 죽음에 덤덤한 사람들에게 생기는 게 아닙니다. 사실, 부활에 대한 믿음은 상점에 가서 거기 있는 물건을 사듯 마음대로 구할 수 있는 게 아닙니다. 부활에 대한 믿음은 순수하게 선물로 주어집니다.

앞에서 성형 수술이나 방부 처리 같은 다양한 전략을 통해 통제할 수 없는 일을 통제할 수 있다는 착각을 비웃은 바 있습니다. 통제 문제를 바라보는 더 나은 방법이 있습니다. 알고 지내는 정신분석가에게 제가 읽은 기사에 대한 조언을 구했습니다. "종교가 있는 사람들이 종교가 없는 사람들보다 죽음에 더 잘 대처한다. 신앙이 그들에게 통제감을 주기 때문이다." 이게 그 기사의 요지였습니다. 정신분석가에게 이 기사를 어떻게 생각하느냐고 물었습니다. 잠시 생각하더니 그는 이렇게 말했습니다. "저라면 다르게 표현했을 겁니다. 통제감이라는 단어를 쓰지는 않았을 거예요. 힘이 있느냐 없느냐의 차원에서 이야기했을 겁니다. 무력감은 분노와 우울을 낳습니다. 그러나 믿음은 다시 힘을 불어넣죠. 부활을 믿는 기독교 신앙과 같은 신앙심이 있으면 무력감에 빠질 때 다시 힘을 얻을 수 있습니다."[36] 상당히 매력적인 설명입니다. 저는 성공회 〈기도서〉 가운데 장례 예배를 위한 기도문이야말로 다시 힘을 불어넣는 능력이 뛰어나다고 생각합니다.

우리 교회 성도 중에 췌장암에 걸린 이가 있습니다. 오늘 오후에 그 성도를 만나러 갔습니다. 그 성도는 밝은 표정으로 태연하게 말했습니다. "아시다시피, 사람들이 저를 위해 할 수 있는 일은 아무것도 없어요. 몇 개월 후면 저는 저를 지으신 분을 만날 겁니다." 노인 전용 주택지에 사는 그 성도는 이제 사망의 왕국으로 이사할 채비를 하고 있습니다. 나는 그 성도에게 남은 시간 무엇에 집중하고 싶은지 물었습니다. 그 성도는 소유물이나 이사 문제를 깊이 생각하지 않아도 되니까 이사가 끝나면 기쁠 거라고 했습니다. 그리고 눈을 반짝이며 이렇게 덧붙였습니다. "누군가가 그러더군요. 내가 내 소유물을 소유하는 게 아니라, 소유물이 나를 소유하고 있다고." 그 성도는 살아 계신 분을 죽은 자들 가운데서 찾는 사람이 아니었습니다. 부활 절기에 즐겨 읽는 골로새서 구절이 생각나더군요. "그러므로 여러분이 그리스도와 함께 살려 주심을 받았으면, 위에 있는 것들을 추구하십시오. 거기에는, 그리스도께서 하나님의 오른쪽에 앉아 계십니다. 여러분은 땅에 있는 것들을 생각하지 말고, 위에 있는 것들을 생각하십시오"(골 3:1-2).

"모든 건 만회할 수 있습니다. 죽음만 빼고." 정말입니다. 죽음은 만회할 수 없습니다. 죽은 자들 가운데서 찾아다니면, 삶을 발견할 수 없습니다. 죽음은 '추하고 노골적이고 비참한' 맨 마지막으로 멸망 받을 원수입니다(고전 15:26). 죽음은 통제할 수 없습니다. 괜찮은 것도 아닙니다. 이 세계질서 너머에서 오시는 분만이 죽음을 이길 수 있습니다. 부활 장면을 우리 눈으로 볼 수 없는 건 당연합니다. 우리 눈이 과연 그 장면을 견딜 수 있을지 의심스럽습니다. "우리는 믿음으로 살아가지, 보는 것으로 살아가지 아니합니다"(고후 5:7). 그러나 증인들은 그리스도께

엘 그레코, 〈부활〉

선명하고 길쭉한 엘 그레코의 화풍이 빛을 발한 작품이다. 확실하게 변모한, 거룩한 그리스도가 주변의 소동을 뒤로하고 위로 솟아오른다. 한껏 부풀어 오른 천과 깃발은 성령의 바람을 가득 머금은 듯하다. 어떤 이들은 땅에 내팽개쳐졌고, 어떤 이들은 헛되이 칼과 방패를 들고 예수가 탈출하지 못하게 하려고 애쓴다. 누구도 예수에게 손을 댈 수 없다. 이제 이 땅에 있는 그 무엇도 예수를 해칠 수 없다. 예수는 자기의 신성한 생명은 이제 온전히 자기 것이고, 자기를 사랑하는 모든 이에게 거저 주실 거라고 시선과 몸짓으로 말하는 듯하다.

서 죽음의 왕국에 들어가셨다가 승리를 거두고 돌아오셨다고 전합니다. 주님은 전투에서 승리하셨습니다. 무덤은 그분을 가두어 둘 수 없었습니다. 찬송가 가사가 생각나네요. "다 함께 찬양하세! 하늘의 왕이요 영광의 왕께서 사망과 지옥의 권세를 이기고 살아나셨네. 할렐루야!"[37] 성경도 이 사실을 선포합니다. "죽음을 삼키고서, 승리를 얻었다. … 우리 주 예수 그리스도를 통하여 우리에게 승리를 주시는 하나님께 우리는 감사를 드립니다"(고전 15:54, 57). 가장 미천한 그리스도인이라도 이렇게 외칠 수 있습니다. 최초의 부활절에 주님을 본 사람들은 부유한 자들과 유명한 자들이 아니라, 여러분과 저처럼 주님과 관계를 맺고 있던 자들이었기 때문입니다. 우리를 죽음에서 생명으로 옮기실 주님의 영원한 사랑과 초월적인 힘을 믿는 자들이었기 때문입니다.

보라! 그리스도, 우리 형제, 사망 권세 이기고 멋지게 오시네
주님, 상한 손에 생명 들고 오시네
너와 나를 위한 생명

우리에게 성삼위 안에 사는 빛의 세상 주려고
좋으신 예수, 우리 형제, 나무에 달려
가장 심한 상처 입고 죽었네

기뻐하세! 기뻐하세! 이 복된 날 새벽
마음 다해 기뻐하세![38]

편히 쉴 때가 올 것이며

화요일에 사무실에 출근하는 길에 선물 가게 진열장을 지나쳤습니다. 이런 안내판이 붙어 있더군요. "부활절 용품 전 품목 반값 할인." 나중에 들러서 이것저것 사야겠다는 생각으로 머릿속에 새겨 두었습니다. 그리고 어제 그 가게에 들러 할인 품목이 있는지 물었습니다. 판매원은 변명하듯 어깨를 으쓱하더니 말했습니다. "아, 없어요. 다 치웠거든요." 세상 사람들 마음속에서 부활절은 이렇게 빨리 왔다 갑니다. 상업 세계에서는 부활절이 이미 끝났습니다. 그래도 저는 다음 주에 제가 좋아하는 그리스 커피숍에 갈 일을 고대하고 있습니다. 그곳에 가서 "그리스도께서 부활하셨도다!" 하고 외칠 겁니다. 그러면 거기 사람들도 기쁘게 응답할 겁니다. "정말로 부활하셨도다!"라고요.

동방 교회에서도 서방 교회에서도 부활절은 끝나지 않았습니다. 사실, 이제 막 시작되었지요. 모레는 부활 절기의 두 번째 주일입니다. 혹시 반값에 파는 부활절 카드를 찾았다면, 카드를 보내기 딱 좋은 때입니다. 오늘은 '기쁨의 50일'이라 부르는 부활 절기 가운데 겨우 여섯째 날이니까요.

꽤 웅장하게 들리죠? 그러지 말아야 할 이유도 없죠? '기쁨의 50일'이라는 근사한 이름이 달린 부활 절기는 부활주일부터 성령강림주일까지를 가리킵니다. 성경강림주일을 가리키는 영어 단어 'Pentecost'는 헬라어 단어 'pentekostos'에서 유래했는데, 이는 '오십 번째'라는 뜻입니다. 따라서 '기쁨의 50일'은 우리 주님이 무덤에서 부활하신 그날부터 성령께서 교회에 임하신 그날까지를 말합니다. 부활절 양초는 50일간 계속 타오릅니다. 집에 있는 부활절 달걀을 비롯한 장식품을 언제쯤 치워야 할지 모르겠다면, 50일이 지난 뒤에 치우면 됩니다.

예수께서 부활하신 뒤 이 땅에 머물면서 제자들에게 나타나셨던 40일도 '기쁨의 50일'에 포함됩니다. 누가는 사도행전 첫 장에서 이렇게 말합니다. "예수께서 고난을 받으신 뒤에, 자기가 살아 계심을 여러 가지 증거로 드러내셨습니다. 그는 사십 일 동안 그들에게 여러 차례 나타나시고, 하나님나라에 관한 일들을 말씀하셨습니다"(행 1:3). 40일이 지났을 때 "그가 그들이 보는 앞에서 들려 올라가시니, 구름에 싸여서 보이지 않게 되었다"(행 1:9)라고 누가는 설명합니다. 예수께서 하늘로 올라가시고 확신과 기대감 속에 열흘이 더 흘렀습니다. 그 열흘 동안 제자들은 예수께서 "내가 세상 끝 날까지 항상 너희와 함께 있을 것이다"(마 28:20)라고 말씀하시며 약속하신 선물, 즉 "아버지와 아들로부터 나신"[39] 성령이 임하기를 기다렸습니다. 50일째 되는 날, 난데없이 세찬 바람이 부는 듯한 소리가 들리고, 불길이 솟아오를 때 혓바닥처럼 갈라지는 것 같은 혀들이 나타나더니 성령께서 내려오셨습니다(행 2:1-4).[40] 이날, 예수를 따르던 자들은 새사람이 되었습니다. 그들은 사도가 되었습니다. 선생에게 배우는 제자가 아니라, 이제는 "권능의 보좌 오른쪽에 앉아 있는"(마 26:64) 선생에게 전권을 위임받은 대사가 된 겁니다.

그들은 예루살렘 거리로 뛰어나가 다시 돌아오지 않았습니다. 주께서 약속하신 대로, 그들은 "위로부터 오는 능력"(눅 24:49)을 입었습니다. 그때 그들은 주가 하신 말씀을 기억했습니다. "성령이 너희에게 내리시면, 너희는 능력을 받고, 예루살렘과 온 유대와 사마리아에서, 그리고 마침내 땅 끝에까지 이르러 내 증인이 될 것이다"(행 1:8). 회복되고 새로워진 베드로를 필두로 그들은 메시아 예수가 십자가에 달려 죽었다가 부활하셨고 다시 오실 거라는, 비할 데 없이 복된 소식을 사람들에게 전했습니다. 이 소식이 마을에서 마을로, 도시에서 도시로, 예루살렘에서 온 유대와 사마리아로 퍼져 나가는 것을 아무도 막지 못했습니다(행 1:8). 복음이 퍼져 나가는 것을 막으려고 많은 사람이 애썼지만, 막지 못했습니다. 하나님의 능력이 사망의 권세보다 강하다는 사실이 예수 안에서 증명되었듯이, 복음의 능력은 그 어떤 장애물보다 강했습니다.

그래서 우리는 기쁨의 50일 동안 사도행전을 읽습니다. 주님이 죽은 자들 가운데서 부활하신 뒤 이 세상에 복음이 폭발적으로 퍼져 나간 이야기를 사도행전이 들려주기 때문입니다. 부활주일은 겨우 시작일 뿐입니다. 최후의 만찬을 나누던 밤에 예수께서는 제자들에게 자기 안에, 자기 사랑 안에 머물러 있으라고 말씀하셨습니다(요 15:4-10). 여러분은 부활주일에 받은 응급조치만으로는 충분하지 않다는 걸 알기에 평일 저녁인 오늘도 교회에 오셨습니다. 예수의 사랑 안에 머물고 싶어서 오신 거지요. 이 소망이 우리를 한자리에 불러모았고, 우리는 서로 친밀하게 연결되어 있습니다. 우리는 예수의 사랑이 빚어낸 가족의 일원이기 때문입니다.

예수 안에 머물려면 그분의 말씀을 들어야 합니다. 사도행전에 나와 있듯이, 사도들은 자기의 말솜씨를 의지하지 않고 성령이 시키시는 대로 말했습니다.⁴¹⁾ 사도들의 말 속에 하나님의 능력이 함께했습니다. 하나님의 능력이 사도들 안에 거하며, 그들을 살아 있게 했고, 그들로 하나님의 사자가 되게 했습니다. 만약 이 말을 믿지 않는 설교자가 있다면, 그는 강단에 설 이유가 없습니다. 사도행전에는 평범한 범죄자처럼 십자가에 달려 죽었던 이가 무덤에서 부활하셨고, 이제는 만민의 주로서 만유를 다스리신다며 지중해 세계를 설득했던 설교가 가득합니다.⁴²⁾ 그중에는 청중에게 회심을 촉구했던 베드로의 설교도 있습니다.

> 그러므로 여러분은 회개하고 돌아와서, 죄 씻음을 받으십시오. 그러면 주님께로부터 편히 쉴 때가 올 것이며(행 3:19-20).

이 구절에는 '편히 쉴 때times of refreshing'라는 표현이 나옵니다. 'refreshing'의 명사형인 'refreshments'는 '다과'를 뜻하는 옛날식 표현입니다. 요즘 사람들은 잘 쓰지 않는 단어죠. 요즘에는 '스낵'이라는 단어를 쓰거나 그냥 "커피랑 베이글 먹으러 가자"라고 말합니다. 'refreshments'라는 단어를 곰곰이 생각해 봤습니다. 버지니아주 프랭클린에서 걸스카우트 모임을 할 때 먹었던 오레오 쿠키와 주스가 생각나더군요. "다 같이 로비로 가요." 영화관에 가면 뉴스 영화와 본영화 사이에 나오던 시엠송도 생각났습니다(상자에 든 팝콘, 사탕, 콜라가 'refreshments'라는 깃발을 들고 '다 같이 로비로 가자'고 노래하며 영화관에서 파는 간식을 홍보하던 광고 영상—옮긴이). 진짜 예스럽죠! 여자 기숙 학교에 다닐 때 일주일에 한 번 교장 선생님 방에 모여 '다과'를 앞에 놓고 잔소리를 들어야 했던 따분한 시간도 떠올랐습니다. 추억을 들추면 들출수록 '편히 쉴 때times of refreshing'라는 표현에 뭔가 더 많은 뜻이 담겨 있을 것 같았습니다.

사도행전에 나오는 'refreshing'이라는 단어를 이해하기가 어려웠습니다. 그래서 시간을 들여 이 단어를 조사했습니다. 그러다 멋진 사실을 알아냈습니다. 'refreshing'에 해당하는 헬라어 단어 '*anapsuxis*'는 '편히 쉼', '안심', '한숨 돌리기', '(고통의) 경감', '휴식' 같은 것을 의미합니다. 헬라어 사전에서 이 단어의 뜻을 읽자마자 막혔던 가슴이 트였습니다.

며칠 전, 현관을 나서다가 허리가 구부정하고 노쇠해 보이는 여성이 보도를 따라 힘겹게 걸음을 옮기는 모습을 보았습니다. 걷다가 꽃이 활짝 핀 자목련이 보이자 걸음을 멈추고 지긋이 바라보았습니다. 제가 지나갈 때는 "정말 아름답다! 아름다워!"라고 혼자 중얼거렸습니다. 그 나무가 할머니에게 숨 돌릴 틈이 되어 준 겁니다.

젊고 건강한 사람들은 이런 게 필요하지 않다고 생각할지 모릅니다. 젊은이들은 오히려 '익스트림 스포츠' 같은 운동을 할 때 상쾌한 기분을 느낄 가능성이 큽니다. 더 의욕이 넘치는 사람은 엄청나게 까다로운 일을 하다가 잠시 스트레스를 푸는 정도면 모를까, 휴식까지는 필요하지 않다고 생각할지도 모릅니다. 남보다 한발 앞서는 걸 좋아하는 유형이지요. 오직 출세만을 목표로 이 세상에 자신을 드러내기 바쁜 사람들은 촘촘히 짜인 일정을 소화하느라 꽃나무를 보려고 일부러 걸음을 멈추지 않을 겁니다. 요즘 젊은이들이 가장 자주 하는 말이 "스트레스받아 죽겠어"라고 하지요. 제가 젊었을 때는 그런 말을 안 했던 것 같은데, 요즘에는 계속 스트레스 속에 살고, 또 그 점을 지적하는 게 유행처럼 돼버렸습니다. 마치 이렇게 말하는 것 같습니다. "내 일에 상관 마. 내 인생에 대해 뭘 안다고 그래? 난 너보다 걱정거리가 훨씬 많아." 자기도 모르게 이런 말을 한다면, 우리는 우리 생각보다 숨 돌릴 틈이 더 많이 필요한 사람들입니다. 휴식 시간을 가지면, 도움이 필요한 사람들에게 더 선선히 손을 내밀 수 있습니다. 아프거나 연로한 친척을 돌보는 사람들은 휴식을 취하고 나면 인내심과 동정심이 더 생긴다는 걸 잘 알 겁니다.

행복하고 침착해 보이는 사람들 내면에 긴장감, 우울감, 불화, 말할 수 없는 고통이 자리하고 있습니다. 여러분의 현실이 이렇다면, 잠시 휴식을 취하는 게 얼마나 소중한지 아실 겁니다. 2차 세계대전 때 잉글랜드에서 항공전이 벌어지는 동안 영국 제도에서는 모든 물품을 배급했습니다. 궁핍함이 극에 달했습니다. 도기 공장은 찻주전자 제작을 중단했습니다. 그래도 차는 계속 배급되었습니다. 1940년에 식품부 장관 울턴 경이 말한 대로, "영국에서는 차가 음료 이상이니까요." 차는 생존 수단이었습니다. 갈증을 해소할 음료여서가 아니었습니다. 차를 마시면 안락한 집이 떠오르고 영혼이 튼튼해지는 기분이 들었기 때문입니다. 차 마시는 시간은 '편히 쉬는 시간'이었습니다. 《신약신학사전 The Theological Dictionary of the New Testament》은 '숨을 깊게 들이마시고 내쉬거나 물을 마셔서 마음을 차분하게 가라앉히는 것'이라고 'refreshing'을 설명합니다.[43] 심금을 울리는 멋진 정의입니다. 정신없이 바삐 움직이는 사람이라도 이런 시간이 필요하다는 건 인정할 겁니다.

그러나 인생을 살다 보면 상실과 슬픔의 고통이 너무 커서 차 정도로는 극복되지 않을 때가 있습니다. 활짝 핀 자목련도 깊디깊은 불안을 덜어 주지는 못합니다. 아마 그래서, 불안이 뭔지 잘 알았던 T. S. 엘리엇이 "4월은 잔인한 달"이라 하지 않았을까요?[44] 최근 〈뉴욕타임스〉에는 다음과 같이 시작하는 글이 실렸습니다. "봄이 오면 겁이 난다. 모두 활기가 넘친다. 낮이 길어진다는 건 TV를 보려면 더 일찍 창문 커튼을 닫아야 한다는 걸 의미할 뿐이다."[45] 짐작건대, 우울증으로 고생하는 사람이 아닐까 싶습니다. 나무를 보아도 도움이 되지 않을 수 있습니다. 덧없는 봄을 뛰어넘는 무언가에 토대를 두어야 지속적인 쉼을 얻을 수 있습니다. 봄은 가을이 되고, 겨울이 됩니다. 그러면 다시 우울해지죠. 로버트 프로스트는 뉴햄프셔주의 선명한 봄 새싹을 바라보다가 〈금빛은 머물지 않는다〉라는 시를 썼습니다.[46] 덧없는 것이 아니라 영구적인 것에 기초해야 지속적인 쉼이 가능하다는 게 삶이 우리에게 준 교훈입니다.

사순절, 고난주간, 부활절로 이어지는 리듬의 목적은 딱 하나뿐입니다. 유일하게 영속적인 것, 유일하게 계속 머무는 금빛으로 우리를 인도하기 위해서입니다. 고난주간과 '기쁨의 50일'의 드라마는 바로 이것을 우리 앞에 내놓습니다. 성금요일에 교회에 왔던 성도들은 그날 어땠는지 기억하실 겁니다. 예수가 어떻게 죽었는지 기억하기 위해 예쁘장한 물건은 남김없이 치웠습니다. 꽃도, 제의祭衣도, 양초도, 은도, 놋쇠도, 양단洋緞도, 레이스도 없었습니다. 아무것도 안 남기고 다 들어낸 예배당은 황량하고 무서워 보였습니다. 죄송한 말이지만, 성금요일 예배에 참석하지 않은 분은 오늘 모습이 얼마나 감사한지 모르실 겁니다. 그렇다고 착각하지는 마십시오. 부활절을 위해 준비한 풍성한 백합화와 화려한 장식들이 기쁨의 원천은 아닙니다. 저 백합화도 결국 갈색으로 변하다가 꽃잎이 떨어질 테고, 그러면 우리는 가져다 버리겠지요. 정원에 갖다 심어서 몇 해 동안 간신히 꽃을 피운다고 해도, 결국에는 우리처럼 스러지고 말겠지요. 확실히 짚고 넘어갑시다. 부활절 장식으로 교회를 화려하게 치장해서 가슴이 트이는 게 아닙니다. 부활절 장식을 보고 답답했던 가슴이 트이는 이유는 그리스도께서 부활하셨기 때문입니다. 태풍이 몰려와서 부활절 장식을 다 쓸어가 버려도, 그리스도께서는 부활하셔서 우리 곁에 계실 겁니다.

주께서 우리에게 주고 싶어 하시는 '편히 쉴 시간'은 거기서 끝나지 않습니다. 쉼 너머, 절대 멸망하지 않을 하늘나라의 황금빛 문을 가리킵니다. 최근 남편을 잃은 성도가 있는데, 이번 고난주간과 부활절 예배가 정말로 큰 의미가 있었다고 제게 말했습니다. 슬픔과 외로움 속에서도 하나님은 그 성도에게 숨 돌릴 틈을 주셨습니다. 지치고 힘든 길을 함께 걸으시며 답답한 가슴이 트이게 해 주셨습니다. 겨우 한 시간만 목마름을 해소해 줄 물이 아니라 "그 사람 속에서, 영생에 이르게 하는 샘물이 될"(요 4:14) '생수'로 영원히 목마르지 않게 해 주셨습니다.

기독교 사회에서만이 아니라 영문학계에서도 걸작으로 인정받는 존 버니언의 《천로역정 Pilgrim's Progress》 후반부에는 마지막 구간에 접어든 순례자들 이야기가 나옵니다. 순례자들은 이미 많은 어려움을 겪었고, 이제는 피로, 낙심, 두려움이 그들을 괴롭힙니다.

> 자욱한 안개와 어둠이 순례자들을 뒤덮었다. … 게다가 근처에는 연약한 이들이 쉬어 갈 여관이나 음식점도 없었다. … 아이들은 지칠 대로 지쳤고, 순례자들은 자기들을 사랑하시는 분께 조금만 더 편하게 길을 갈 수 있게 도와 달라고 울부짖었다. 그러자 잠시 후 바람이 불어와 안개가 걷혔고, 시야도 맑아졌다.

그리스도 안에서 사랑하는 형제자매 여러분, 오늘 주님께서는 우리에게 '편히 쉴 때'를 주시겠다고 약속하십니다. 우리와 늘 동행하시며 영생에 이르게 하는 샘물로 목마르지 않게 하시고, 앞이 잘 보이도록 성령의 바람으로 안개를 걷어 주실 겁니다. 예기치 못한 자비를 내리시고 깜짝 놀랄 은혜를 베풀어 주실 겁니다. 그러나 잊지 마십시오. 하나님은 여러분 또한 누군가에게 쉼을 선물하는 사람이 되게 하실 겁니다. 오늘 교회를 나설 때 부활절의 기쁨을 가슴에 품고 가십시오. 여러분이 하는 아주 작은 일이라도 누군가의 마음을 시원하게 하는 성령의 바람이 될 수 있습니다. 서툴까 봐 걱정하지 않아도 됩니다. 결국, 그 일을 하는 이는 여러분이 아니라 성령이시니까요. 그러니 성령께서 일하시도록 두십시오. 가벼운 마음으로 하십시오. '무작위로' 친절을 베풀라는 말도 있지 않습니까? 누군가에게 줄을 양보하십시오. 여러분과는 다른 누군가에게 손을 내밀어 친구가 되십시오. 버스에서 장애인을 만나면 도와주십시오. 돈을 조금 기부하십시오. 그리스도의 종들이 하는 작은 일이 누군가의 가슴을 시원하게 해 줄 수 있습니다.

부활절은 끝나지 않았고, 절대 끝나지 않을 겁니다. '편히 쉴 시간'은 하나님나라에서 먹고 마실, 끝이 없는 영원한 파티의 시작에 불과합니다.[47] 이것이 우리가 누릴 미래입니다. 그저 듣기 좋은 말이 아닙니다. 하나님의 약속에 관해 이야기할 때 사도 바울은 인간의 소망이 아니라 인간의 소망 너머에 있는 소망을 근거로 이야기했습니다. 그 약속은 우리 주님의 부활에 근거한 약속이기 때문입니다. 그래서 슬픔과 몸부림과 고통 속에서도 이렇게 말할 수 있습니다. "나는 확신합니다. 죽음도, 삶도, 천사들도, 권세자들도, 현재 일도, 장래 일도, 능력도, 높음도, 깊음도, 그 밖에 어떤 피조물도, 우리를 우리 주 예수 그리스도 안에 있는 하나님의 사랑에서 끊을 수 없습니다"(롬 8:38-39).

제7부

부활 절기

주님을 모시고 사는 삶

그분만 의지하며 너 거기 있으라. 십자가에 달리신 그분에게 매달려, 그분의 눈물로 씻고, 그분의 상처를 핥고, 그분 무덤에 편히 누워, 그분이 네게 부활을 허락하실 때까지, 청렴결백한 피로 헤아릴 수 없는 값을 치르고 너를 위해 사신 그 왕국에 올라가게 하실 때까지, 그분만 의지하며 너 거기 있으라. 아멘. _존 던

부활 절기 설교에 관하여

7부는 '기쁨의 50일'이라고 부르는 부활 절기를 염두에 두고 쓴 설교다. 부활 절기는 예수의 부활을 기념하고 경축하는 시기로 부활주일부터 성령강림주일까지 50일간을 말한다.

미리 택하여 주신 증인

오늘 예배에 나온 여러분은 매우 특별한 사람입니다. 부활 제2주일에 무의식적으로 또는 습관적으로 교회에 나온 분은 없을 겁니다. 성목요일과 성금요일 예배에 참석했던 이들과 마찬가지로 오늘 예배에 오신 분들은 뜻이 있어서 오셨을 겁니다. 일 년에 한두 번 눈에 띄는 큰 행사에만 얼굴을 비춰서는 그리스인답게 살 수 없다는 걸 알기에 오늘도 주님을 예배하러 오셨겠지요. 어떤 의미에서건 우리는 가족의 일원이고, 가정생활을 건강하게 일구는 데 중요한 게 뭔지 알기에 오늘 예배에 나오셨을 겁니다. 부활 제2주일 아침에 만난 여러분, 정말 반갑습니다.

그런데 안타깝게도 오늘 예배에 나오지 않은 분들이 많습니다. 부활주일 예배에 엄청난 사람이 몰렸다가 한 주 뒤에 썰렁해진 예배당을 보면 실망하지 않기가 어렵습니다. 물론 저는 부활주일 예배에 많은 사람이 참석하길 바랍니다. 부활주일 예배가 썰렁했다면, 그것도 마음이 아팠을 겁니다. 그러나 부활주일과 그다음 주일 예배에 참석하는 인원이 현격히 차이나는 모습을 매년 보고 있자니 마음이 착잡합니다. 그래서 부활 제2주일에는 유감스러운 별명이 붙었습니다. 바로 '로 선데이

Low Sunday'입니다. 해마다 올해는 정말 많은 사람이 예수의 부활에 관한 진리를 듣고 회심하여 돌아오는 주일을 손꼽아 기다렸으면 하고 바라지만, 그런 일은 일어나지 않을 것 같습니다.

부활주일에 교회에 몰려와서 예수께서 죽은 자들 가운데서 부활하셨다는 메시지를 경청하고 성찬식에 참여했던 수많은 사람이 그다음 주일에 교회에 나오지 않는 이유는 뭘까요? 만약 여러분이 죽었다가 살아난 어떤 사람과 저녁을 함께 먹는 자리에 초대받았다면, 그리고 그다음 주에도 꼭 오라는 부탁을 받았다면, 당연히 다시 가고 싶지 않을까요? 죽음에서 부활한 새 삶에 참여할 수 있다는 확신이 여러분에게 있다면, 다른 어떤 초대도 마다하고 이곳으로 달려오지 않을까요? 영생을 얻을 수 있다는데 침대에 누워 일요 대담 〈미트 더 프레스〉나 보고 있을 사람이 누가 있을까요? 사람들이 부활주일에 교회에 왔다가 바로 그다음 주부터 교회에 나오지 않는 이유는 부활절에 기이한 일이 일어났다고 진짜로 믿지 않기 때문입니다. '뭔가 멋진 일이 있었을지도 모르지, 생기와 희망을 주는 무슨 일이 있었는지도 몰라. 그런데 죽은 자들 가운데서 부활했다? 음… 그건 절대 아냐'라고 생각하는 겁니다.

오늘 살펴볼 본문은 부활주일에 읽었던 본문입니다. 사실, 부활주일에 이 본문을 듣고 큰 충격을 받았습니다. '로 선데이' 문제를 정확히 설명하는 듯했거든요. '기쁨의 50일' 동안 저는 사도행전을 한 부분씩 떼서 읽으려 합니다. 오늘 본문은 부활 사건 직후에 베드로가 전했던 설교의 한 부분입니다.

하나님께서는 이스라엘 자손에게 말씀을 보내셨는데, 곧 예수 그리스도를 통하여 평화를 전하셨습니다. 예수 그리스도는 만민의 주님이십니다.

여러분이 아시는 대로, 이 일은 요한의 세례 사역이 끝난 뒤에, 갈릴리에서 시작하여서, 온 유대 지방에서 이루어졌습니다. 하나님께서 나사렛 예수에게 성령과 능력을 부어 주셨습니다. 이 예수는 두루 다니시면서 선한 일을 행하시고, 마귀에게 억눌린 사람들을 모두 고쳐 주셨습니다. 그것은 하나님께서 그와 함께 하셨기 때문입니다. 우리는 예수께서 유대 지방과 예루살렘에서 행하신 모든 일의 증인입니다. 사람들이 그를 나무에 달아 죽였지만, 하나님께서 그를 사흗날에 살리시고, 나타나 보이게 해주셨습니다. 그를 모든 사람에게 나타나게 하신 것이 아니라, 하나님께서 미리 택하여 주신 증인인 우리에게 나타나게 하셨습니다. 그가 죽은 사람들 가운데서 살아나신 뒤에, 우리는 그와 함께 먹기도 하고 마시기도 하였습니다(행 10:36-41).

"그를 모든 사람에게 나타나게 하신 것이 아니라, 하나님께서 미리 택하여 주신 증인인 우리에게 나타나게 하셨습니다." 전에는 이 구절을 특별히 숙고해 본 적이 없었습니다. 그런데 부활주일에 평신도 리더가 낭독할 때 이 구절이 눈에 확 들어왔습니다. 하나님은 부활하신 주님이 모든 사람에게 나타나게 하시지 않고, 증인이 되도록 미리 선택해 둔 사람들에게만 나타나게 하셨습니다. 저는 이것이 예수께서 부활하셨다는 메시지를 들을 기회를 얻은 사람들 숫자와 그 메시지를 실제로 믿고 거기에 인생을 건 사람들 숫자가 이토록 현격하게 차이나는 이유와 무관하지 않다고 생각합니다.

신약의 증인들에 따르면, 부활하신 주님은 아무에게나 나타나지 않으셨습니다. 부활하신 뒤에 주님은 죽기 전부터 자기를 믿었던 사람들, 전부터 자기 제자였던 사람들에게만 나타나셨습니다.[1] 로마 병사들도 부활하신 주님을 보지 못했고, 대제사장 가야바도 주님을 보지 못했고, 본디오 빌라도도 주님을 보지 못했습니다. 베드로와 야고보, 요한, 막달라 마리아, 그리고 우리가 이름도 알지 못하는 경우가 대부분인 제자들 수백 명만 주님을 보았습니다.[2] 신약 성경이 암시하듯, 부활하신 예수의 몸은 손으로 만질 수 있는 실체였으나 죽기 전의 몸과는 차원이 달랐습니다. 주님은 자기가 선택한 사람 외에는 누구에게도 부활하신 몸을 나타내지 않으셨습니다. 이 일의 주도권은 전적으로 주님에게 있었습니다.

부활절 아침에 교회에 와서 꽃을 보고 음악을 듣고 심지어 성찬식에 참여하고도 부활하신 주님은 보지 못하는 이들이 많을 거라는 뜻입니다.[3] 부활하신 예수의 몸은 불신자들을 놀라게 해서 믿게 하려고 하나님이 준비하신 증거가 아니었습니다. 부활은 자기가 믿던 메시아가 끝내 십자가에 달려 죽는 걸 보고 충격으로 휘청이던 이들에게 너희들의 믿음이 옳았다고 확인해 주는 사건이었습니다. 나무에 달리신 그분에게 두었던 믿음이 옳았다고 확증하는 사건이지, 새로운 믿음을 창출하는 사건이 아니었습니다. 예수께서 부활하신 뒤 '의심하는 도마'에게 자기 상처를 보이신 이유도 이 때문입니다. 주님의 부활에 참여한 사람들은 주님이 고난받으실 때 함께 아파했던 사람들입니다. 부활의 약속을 상속받을 자들은 몸에 예수의 상처 자국을 지고 다니는 자들입니다. 그래서 바울은 사도의 삶을 이렇게 묘사합니다.

> 우리는 사방으로 죄어들어도 움츠러들지 않으며, 답답한 일을 당해도 낙심하지 않으며, 박해를 당해도 버림받지 않으며, 거꾸러뜨림을 당해도 망하지 않습니다. 우리는 언제나 예수의 죽임 당하심을 우리 몸에 짊어지고

다닙니다. 그것은 예수의 생명도 또한 우리 몸에 나타나게 하기 위함입니다. 우리는 살아 있으나, 예수로 말미암아 늘 몸을 죽음에 내어 맡깁니다. 그것은 예수의 생명도 또한 우리의 죽을 육신에 나타나게 하기 위함입니다(고후 4:8-11).

왜 그렇게 많은 사람이 부활 제2주일에 교회에 오지 않는지 답해 주는 구절 같습니다. 어쩌면 그들은 이것저것 해야 할 일이 늘어나리라는 걸 눈치챈 게 아닐까요? 어쩌면 그들이 옳을지도 모릅니다.

혹시 여러분도 슬슬 걱정되시나요? 대체 왜 오늘 교회에 왔는지 모르겠다, 싶은 분도 있겠지요. 하나님이 택하신 소수가 되고 싶은 생각은 없는데, 하고 생각하는 분도 있을 겁니다. 왠지 순수한 복은 아닌 것 같나요? 바울의 말을 더 들어 봅시다. "내가 생각하기에, 하나님께서는 사도들인 우리를 마치 사형수처럼 세상에서 가장 보잘것없는 사람들로 내놓으셨습니다. 우리는 세계와 천사들과 사람들에게 구경거리가 된 것입니다"(고전 4:9). 바울은 지금 로마 원형 경기장에 들어가는 모습을 떠올리고 있습니다. 경기장에 맨 마지막으로 들어가는 사람들은 사형을 선고받은 사람들입니다.[4] 바울은 특별히 사도에 관해 이야기하고 있지만, 확장하면 사도의 신앙 안에 있는 우리 모두에게 해당하는 이야기입니다. 그리스도께서는 우리 모두에게 "제 십자가를 지고, 나를 따라 오너라"(마 16:24) 하고 말씀하셨습니다. 부활은 자기를 제물로 바치는 십자가의 길에서 떼어 낼 수 없습니다.

이것이 고린도 교회 교인들의 문제였습니다. 그들은 십자가를 뛰어넘고 싶어 했습니다. 이미 영원에 이르렀다고 느꼈습니다. 바울이 십자가를 강조하기 위해 강한 어조를 사용한 이유는 이 때문입니다. 바울이 강조한 주요 논제 중 하나는 모든 사람이 죄를 범하였으므로 사람 사이에 아무 차별이 없다는 점입니다(롬 3:22-23). 그런데 바울은 망설이지 않고 인류를 두 집단으로 나눕니다. "십자가의 말씀이 멸망할 자들에게는 어리석은 것이지만, 구원을 받는 사람인 우리에게는 하나님의 능력입니다"(고전 1:18). 다시 말하지만, 구속적 삶에 발을 딛지 않는 사람들 귀에도 예수에 관한 메시지가 들릴 수는 있지만, 마음에 박히지는 않습니다. 그리스도를 하나의 종교 현상쯤으로 바라보는 사람들은 십자가의 말씀과 주님의 부활을 장식용 백합이나 달걀 정도로 여깁니다. 특별한 날에는 소중하게 쓰이지만, 잠깐 쓰고 나면 접어서 치워 두는 장식품 같은 겁니다. 일 년 중 대부분을 옷장 속에서 지내는 겨울 코트처럼 말입니다. 이 계절에 사람들의 진짜 관심사는 소득세 신고와 해변 별장 임대 아니던가요? 그들에게 부활은 진짜로 몰두하던 일상에서 잠시 벗어나게 해 주는 오락거리에 지나지 않습니다. 그래서 예수께서 죽은 자들 가운데서 부활하셨는데도 대다수 사람이 알아채지 못했습니다.

그들은 그새 사도가 된 예수의 제자들이 강렬한 메시지로 세상을 떠들썩하게 만들 때까지 알아채지 못했습니다.[5] 사람들이 예수를 죽였지만, "하나님께서 그를 사흗날에 살리시고, 나타나 보이게 해주셨습니다. 그를 모든 사람에게 나타나게 하신 것이 아니라, 하나님께서 미리 택하여 주신 증인인 우리에게 나타나게 하셨습니다. 그가 죽은 사람들 가운데서 살아나신 뒤에, 우리는 그와 함께 먹기도 하고 마시기도 하였습니다. 이 예수께서 우리에게 명하시기를, 하나님께서 자기를 살아 있는 사람들과 죽은 사람들의 심판자로 정하신 것을 사람들에게 선포하고 증언하라고 하셨습니다"(행 10:40-42). 선택된 사람들은 십자가에 달린 메시아를 만유의 주님으로 선포하라는 명령을 하나님에게 받고 복음의 불꽃으로 밝게 타올랐습니다. 그리하여 지중해에 있는 온 세계가 곧 예수 그리스도의 이름으로 불타올랐습니다. 오합지졸 같던 제자들이 세상을 회개시키는 용감한 군대로 환골탈태했습니다. 이것이야말로 예수의 부활을 입증하는 가장 강력한 증거가 아닐까요?

그러나 알다시피 모두가 회심하지는 않았습니다. 모두가 믿지는 않았습니다. 겉으로 보기에는 그럴듯하지만, 입술로 하는 고백과 삶이 일치하지 않는 사람도 많습니다. 모을 수 있는 증거를 다 모으고 최선을 다해 설명해도 여전히 꿈쩍도 하지 않는 사람이 많을 겁니다. 아마 대다수가 그렇겠지요. 지금도 대다수 사람에게 부활절은 묘하게 안심되는 봄 축제에 불과합니다. 대다수 사람에게는 이 진리가 너무 위협적인 걸까요? "주님이 정말로 부활하셨도다!"는 메시지는 일조 시간이 길어졌음을 알리는 유쾌한 소식이 아닙니다. 우리 전 존재의 방향을 바꾸고 세상을 뒤집어엎는 선언입니다.

이런 식으로 선택받는 게 불편할지 모르지만, 오늘 아침 이 자리에 나오신 여러분은 증인이 되라고 하나님이 택하신 사람일 가능성이 큽니다. 의심이 들거나 겁이 날 수도 있지만, 진지하게 받아들이셨으면 합니다. 하나님은 진달래, 히아신스, 새 봄옷보다 더 대단한 일을 위해 우리를 택하셨습니다. 여러분은 예수께서 죽은 사람들 가운데서 살아나신 뒤에 그분과 함께 먹기도 하고 마시기도 한 사람들입니다. 그리고 또다시 그분과 함께 먹고 마시기 위해 오늘 이 자리에 나왔습니다. 하나님은 여러분에게 주님을 나타내 보이셨습니다. 여러분은 부활 제2주일에 그분과 다시 함께하기 위해 교회에 왔습니다. 무엇인가가, 혹은 누군가가 여러분을 다시 이곳으로 이끌었습니다. 좋은 일입니다. 구원을 얻을 자에게는 그리스도의 복음이 곧 하나님의 능력이기 때문입니다.

하나님의 능력! 바로 이 능력이 최초의 제자들에게 임했습니다. "너희는 위로부터 오는 능력을 입을 때까지, 이 성에 머물러 있어라"(눅 24:49). '기쁨의 50일'은 오순절에 이르러 웅장하게 마무리됩니다. "불길이 솟아오를 때 혓바닥처럼 갈라지는 것 같은 혀들이 그들에게 나타나더니, 각 사람 위에 내려앉았다. 그들은 모두 성령으로 충만하게 되어서, 성령이 시키시는 대로, 각각 방언으로 말하기 시작하였다"(행 2:3-4). 오순절 성령 강림 사건을 부활 사건보다 더 가능성이 희박하고 더 이해하기 힘든 일로 여기는 사람이 많습니다. 우리 대부분은 방언으로 말하지도 않거니와 혓바닥처럼 갈라지는 불길에 관해서는 더더욱 알지 못합니다. 이렇게 생각해 봅시다. 성령은 그리스도인의 삶과 기독교 신앙의 엔진입니다. 성령은 보잘것없는 촌뜨기들을 세상을 변화시키는 요원들로 만든 연료이자 마력馬力이자 폭발력입니다.

사도행전에는 베드로와 바울이라는 영웅이 나옵니다(바울은 성령을 받기 전에도 보잘것없는 사람은 아니었습니다). 그렇지만 두 사람은 인간 행위자일 뿐입니다. 사도행전 전반에서 베드로와 바울, 그 밖의 모든 남자와 여자[6] 그리스도인들 뒤에서 이들을 이끈 장본인은 바로 '성령'과 '예수의 이름'이었습니다.[7] 사도행전에서 가장 기억에 남는 장면 중 하나는 나면서부터 못 걷는 사람이 성전 문에 앉아 구걸하는 모습을 보고 베드로와 요한이 그에게 다가가는 장면입니다. 베드로는 그를 똑바로 바라보며 이렇게 말했습니다.

"은과 금은 내게 없으나, 내게 있는 것을 그대에게 주니, 나사렛 예수 그리스도의 이름으로 [일어나] 걸으시오" 하고, 그의 오른손을 잡아 일으켰다. 그는 즉시 다리와 발목에 힘을 얻어서, 벌떡 일어나서 걸었다. 그는 걸기도 하고, 뛰기도 하며, 하나님을 찬양하면서, 그들과 함께 성전으로 들어갔다(행 3:6-8).

너무 억지스러운 이야기라고 생각하시나요? 목회 경험이 미천했던 젊은 시절에 저는 아이비리그 대학을 막 졸업한 젊은 여성을 심방하라는 요청을 받았습니다. 장애를 초래하는 관절염 진단을 받은 여성이었습니다. 전에 그 여성이나 여성의 가족을 만나 본 적이 없어서 뭘 어떻게 해야 할지 막막했습니다. 제가 도착했을 때 그녀는 휠체어에 앉은 채 뒷마당에 혼자 있었습니다. 처음 해 보는 심방이니, 제가 얼마나 불안했을지 상상이 가실 겁니다. 그녀와 이야기를 나누면서도 저는 제가 뭘 해야 하는지 잘 몰랐습니다. 그러다 저희 작은딸이 치명적인 문제를 여럿 안고 태어났을 때 남편과 제가 겪었던 일들이 떠올랐습니다. 교회 목회자 세 분 모두 계속 병원에 찾아왔습니다. 가끔은 하루에 두 번 찾아오기도 했지만, 우리 가족과 함께 기도한 적은 한 번도 없었습니다. 그때 일이 생각나서 그녀의 무릎에 제 손을 얹고 그녀를 고쳐 달라고 더듬더듬 예수께 간구했습니다.

예수께서는 그렇게 하셨습니다. 그녀는 몇 주 만에 휠체어에서 일어났습니다. 이십몇 년이 지난 지금까지 재발하지도 않았습니다. 한 번도 안 했던 이야기입니다. 앞으로도 하지 않을 생각이고요. 그 일을 생각하면 지금도 겁이 납니다.[8] 그때 이후 목회하면서 그런 일은 다시 없었습니다. 그러나 혹시 또 모르죠. 알다시피, 그건 제게 달린 일도, 여러분에게 달린 일도 아닙니다. 하고자 하시면 어떤 일이든 이루시는 삼위일체 하나님에게 달린 일입니다. '성령의 능력'과 '예수의 이름'은 여러분이 절대 생각하지 못하는 방식으로 여러분 안에서, 여러분을 통해서 일하실 수 있습니다. 성공회 교인들은 '예수의 이름'으로 어떤 일을 하는 걸 촌스럽다고 생각합니다. 보잘것없는 촌뜨기들이나 하는 짓이라 여기지요. 왜 그렇게 생각하는지 저는 이해가 안 됩니다. 이제 그런 생각은 그만합시다. 사도행전이 다음과 같이 말하고 있으니까요.

> 그때에 베드로가 성령이 충만하여 그들에게 말하였다. "백성의 지도자들과 장로 여러분, 우리가 오늘 신문을 받는 것이, 병자에게 행한 착한 일과 또 그가 누구의 힘으로 낫게 되었느냐 하는 문제 때문이라면, 여러분 모두와 모든 이스라엘 백성은 이것을 알아야 합니다. 이 사람이 성한 몸으로 여러분 앞에 서게 된 것은, 여러분이 십자가에 못 박아 죽였으나 하나님이 죽은 사람들 가운데서 살리신 나사렛 예수 그리스도의 이름을 힘입어서 된 것입니다. 이 예수는 '너희들 집 짓는 사람들에게는 버림받은 돌이지만, 집 모퉁이의 머릿돌이 되신 분'입니다. 이 예수 밖에는, 다른 아무에게도 구원은 없습니다. 사람들에게 주신 이름 가운데 우리가 의지하여 구원을 얻어야 할 이름은, 하늘 아래에 이 이름 밖에 다른 이름이 없습니다."(행 4:8-12).

사랑하는 성도 여러분, 여러분이 오늘 예배에 나오기로 마음먹은 건 여러분이 알았든 몰랐든 예수 그리스도의 성령이 여러분을 이끄셨기 때문입니다. 그러면 그 대가로 나는 뭘 해야 하나, 걱정하면서 오만 상을 짓고 교회 문을 나서지는 마십시오. 그러면 그건 절대 좋은 소식일 수 없습니다. 여러분을 위해 뭘 준비해 두셨는지 주님이 보여 주실 겁니다. 여러분이 쉽게 할 수 있는 좋은 일을 이미 준비해 두셨습니다.⁹⁾ 주님이 여러분을 선택하셨습니다. 여러분은 그분의 증인입니다. 복음은 그렇게 전파됩니다. 뉴욕 매디슨 애비뉴 장로교회 데이비드 리드 목사는 교인들에게 이렇게 말했습니다. "제가 부활을 믿는 한 가지 이유는 어머니가 제게 예수께서 부활하셨다고 말씀해 주셨기 때문입니다. 오늘날까지도 제게 복음을 전해 준 사람들의 숫자와 그들의 자질이 제 믿음을 굳건하게 뒷받침하고 있습니다." 여러분은 그런 자질을 갖춘 사람입니다. 여러분이 미덕의 본이 되는 사람이어서가 아닙니다. 여러분은 예수께서 죽은 사람들 가운데서 살아나신 뒤에 그분과 함께 먹기도 하고 마시기도 한 사람들이기 때문입니다. 자녀들에게 말하십시오, 손주들에게 말하십시오. 친구들에게 말하십시오. 특히, 고통 중에 있는 사람들에게 이 소식을 전하십시오. 그렇게 함으로써 여러분은 그분의 십자가를 지게 될 테니까요. 쉽지 않은 일인 걸 잘 압니다. 더듬거려도 괜찮으니 말하십시오. 여러분이 입을 열 때 성령께서 함께하실 테니까요. 하나님은 사흘 만에 예수를 부활시키셨습니다. 예수께서는 지금 살아 계십니다. 이 순간에도 우리와 여기 함께 계십니다. 이것이 위로부터 오는 능력입니다. 성부와 성자와 성령 하나님을 영원히 찬양할지라. 아멘.

나는 쓸개즙, 나는 속 쓰림

영광스러운 이 아침에 함께 살펴볼 말씀은 요한복음입니다.

> 그때에 베드로는, [예수께서] "네가 나를 사랑하느냐?" 하고 세 번이나 물으시므로, 불안해서 "주님, 주님께서는 모든 것을 아십니다. 그러므로 내가 주님을 사랑하는 줄을 주님께서 아십니다" 하고 대답하였다. 예수께서 그에게 말씀하셨다. "내 양 떼를 먹여라"(요 21:17).

이 일은 예수께서 부활하신 지 며칠 뒤에 일어난 일입니다. 제자들은 아직 충격에서 헤어나오지 못했을 겁니다. 부활하신 주님은 승천하시기 전 40일 동안 여기 나타나셨다가 또 저기 나타나셨고, 어디에도 나타나지 않으셨다가 어떤 때는 다락방에, 또 어떤 때는 해변에 나타나셨습니다. 그러니 제자들로서는 불안했을 겁니다. 주님이 다음번에는 어디에 나타나실지 알 수 없었으니까요. 부활 직후 며칠간은 숨이 턱 막히는 듯했을 겁니다. 베드로가 자기는 떠나겠다고 말한 것도 놀랄 일이 아닙니다. "나는 고기를 잡으러 가겠소"(요 21:3). 잊지 마십시오. 얼마 전

바로 그 해변에서 "주님, 나에게서 떠나 주십시오. 나는 죄인입니다"(눅 5:8)라고 말한 사람도 바로 베드로였습니다. 만약 어떤 증거가 필요하다면, 베드로가 바로 그 증거입니다. 예수가 하나님의 아들이신 점을 차치하고라도, 베드로는 인간이 인간에게 할 수 있는 가장 나쁜 짓을 저질렀습니다.

잠시 이 부분을 생각해 봅시다. 우연히도, 고자질에 관한 글이 최근에 많이 눈에 띕니다. 친구를 배신하는 건 가장 나쁜 행동이라고 다들 생각합니다. 최근 이에 관한 담론을 끌어낸 두 가지 상황이 있었습니다. 하나는 경찰서를 둘러싼 이른바 '침묵의 푸른 벽'이고, 또 하나는 컬럼바인고등학교 현상입니다. 알다시피, 어떤 혐의로든 경찰을 기소하기란 쉬운 일이 아닙니다. 동료 경찰을 고자질하는 건 거의 절대적인 금기이니까요. 마찬가지로, 학생들은 같은 학교 친구를 배신하는 걸 극악무도한 짓으로 여깁니다. 그래서 고등학교 교사들은 의심스러운 대화를 보고하도록 학생들을 설득하기가 쉽지 않습니다.

배신을 향한 이런 태도에 무한수를 곱하면 베드로가 느꼈을 죄책감을 짐작할 수 있습니다. 알다시피, 제자 중에 가장 거침없이 말하던 사람이 바로 베드로였습니다. 베드로의 성격이 어떤지는 성경 곳곳에 아주 명확하게 나와 있습니다. 베드로는 분명히 가족에게 귀염받는 아이였을 겁니다. 뭔가 말을 할 때마다 가족들에게 '너무 귀여워' 소리를 듣는 그런 아이 말입니다. 좋은 말이든 나쁜 말이든, 말하기 전에 생각이란 걸 하지 않는 것처럼 보입니다. 떠오르는 대로 그냥 내뱉고 봅니다. 예를 들어, 최후의 만찬 때 선생은 제자들에게 너희들 모두 나를 버릴 것이라고 예언하셨습니다. 그러자 베드로가 뭐라고 합니까? "비록 모든 사람이 다 주님을 버릴지라도, 나는 절대로 버리지 않겠습니다"(마

26:33)라고 했습니다. 그러자 예수께서 말씀하셨죠. "내가 진정으로 네게 말한다. 오늘 밤에 닭이 울기 전에, 네가 세 번 나를 모른다고 할 것이다"(마 26:34). 이쯤 되면 소심해질 만도 한데 베드로는 여전히 꿋꿋합니다. "주님과 함께 죽는 한이 있을지라도, 절대로 주님을 모른다고 하지 않겠습니다"(마 26:35). 그날 밤에 일어난 일에 비춰 자기가 했던 말이 떠올랐을 때 베드로는 꽤 충격을 받았을 겁니다. 예수께서 잡히신 뒤, 베드로는 멀찍이 떨어져서 대제사장의 뜰까지 예수를 따라갔습니다. 사복음서 모두 베드로가 예수의 친구가 아니냐는 추궁을 받고 세 번이나 진지하게 부인했다고 전합니다. 세 번째는 "나는 그 사람을 알지 못하오"라고 저주하며 맹세하여 말했다고 마태는 전합니다. 모두 주님을 버려도 자기는 충성을 다하리라고 다짐한 지 채 몇 시간이 지나지 않아 베드로는 예수께서 예언하신 대로 배신자가 되었습니다.

그랬으니 주님이 무덤에서 부활하셨을 때 베드로의 기분이 어땠겠습니까? 복음서는 베드로의 마음에 가장 크게 자리한 건 기쁨이었으리라고 암시하지만, 아마도 거기에는 두려움이 섞여 있었을 겁니다. 그 죄책감과 수치심을 어떻게 견딜 수 있겠습니까? 수치심이라는 표현이 딱 맞을 겁니다. 예수께서 자기를 용서하신 걸 알았을 겁니다. 베드로가 아는 구세주는 그런 분이니까요. 그렇다고 어떻게 다시 고개를 들 수 있겠습니까? 비열하고 창피하게 그분의 사랑과 신뢰를 저버렸는데, 바로 그분과 해변에서 물고기와 빵으로 아침을 먹을 때 베드로의 마음은 얼마나 괴로웠을까요? 음식이 목구멍으로 넘어가지 않았을 겁니다. 제라드 맨리 홉킨스는 이 마음을 소네트로 아주 잘 묘사했습니다.

나는 쓸개즙, 나는 속 쓰림. 하나님의 가장 심오한 명령이 나에게 쓴맛이 나도록 했을 것이니, 나의 맛은 바로 나였다"[10]

아침을 먹은 뒤에 예수께서는 처음 만났을 때(요 1:42) 불렀던 그 이름으로 베드로를 부르시고는 이렇게 물으셨습니다. "요한의 아들 시몬아, 네가 이 사람들보다 나를 더 사랑하느냐?"[11] '이 사람들보다 더'라는 말은 두세 가지 의미로 해석할 수 있지만, 주석가들은 대체로 베드로가 전에 "비록 모든 사람이 다 주님을 버릴지라도, 나는 절대로 버리지 않겠습니다"[12]라고 했던 말에서 그 의미를 유추합니다. "네가 이 사람들보다 나를 더 사랑하느냐?"라는 질문은 모두 다 주님을 버려도 자기는 절대로 버리지 않겠노라고 뻐기던 베드로의 모습을 요약하는 질문입니다. 베드로는 간단하게 답합니다. "주님, 그렇습니다. 내가 주님을 사랑하는 줄을 주님께서 아십니다." 분명히 진심이었을 겁니다. 비겁해지기도 하고, 교활해지기도 하고, 예레미야의 말처럼 심히 부패하기도(렘 17:9) 하는 게 인간의 마음이지만, 그 마음이 예수를 향한다면 그건 곧 주님의 구원이 이루어지고 있다는 표징입니다. 베드로의 대답을 들은 예수께서는 이렇게 답하셨습니다. "내 어린양 떼를 먹여라." 잠시 뒤에 예수께서는 베드로에게 다시 묻습니다. "요한의 아들 시몬아, 네가 나를 사랑하느냐?" 그러자 베드로는 "주님, 그렇습니다. 내가 주님을 사랑하는 줄을 주님께서 아십니다" 하고 대답합니다. 그러자 예수께서는 "내 양 떼를 쳐라" 하고 답하십니다. 그 뒤, 예수께서는 "요한의 아들 시몬아, 네가 나를 사랑하느냐?" 하고 세 번째 묻습니다. 그러자 베드로는 불안해졌다고 성경은 말합니다. 성경이 누군가의 내밀한 감정을 언급하는 사례가 거의 없는 점을 고려하면 꽤 놀라운 대목입니다. 베드로가 무슨 말을 더할 수 있겠습니까? 네 번째로 다시 묻지 않으신 것을 보면,

베드로의 괴로움을 주께서 알아채신 게 분명합니다.[13] 세 번째이자 마지막 대화는 다음과 같습니다.

> 그때에 베드로는, [예수께서] "네가 나를 사랑하느냐?" 하고 세 번이나 물으시므로, 불안해서 "주님, 주님께서는 모든 것을 아십니다. 그러므로 내가 주님을 사랑하는 줄을 주님께서 아십니다" 하고 대답하였다. 예수께서 그에게 말씀하셨다. "내 양 떼를 먹여라."

알다시피, 베드로는 용서받았을 뿐만 아니라 완전히 새사람이 되었습니다. 사도 바울의 표현을 빌리자면 의롭다 하심을 받았습니다. 베드로 역시 죽었다가 살아난 셈입니다. 베드로는 다시 태어났습니다. 그리고 이제 예수의 생명을 다른 사람들에게 전합니다. 베드로는 임무를 받았습니다. "나는 선한 목자이다. 선한 목자는 양들을 위하여 자기 목숨을 버린다"(요 10:11)라고 말씀하셨던 예수께서는 자기와 똑같이 양들을 위해 목숨을 버리라며 기독교 공동체 목회를 베드로에게 위임하셨습니다. 예수께서 맡으셨던 임무를 이제 베드로가 맡게 된 겁니다.[14]

부활하신 주 예수 그리스도에게는 사람을 변화시키는 능력이 있습니다. 아무리 극악무도한 죄를 저지르고, 얼굴을 들 수 없을 만큼 수치스러운 짓을 저지르고, 철저하게 실패해도 예수께서 변화시키지 못할 사람은 없습니다. 세상 사람들은 이런 것을 믿는 우리를 비웃습니다. 피터 스타인펠스는 〈뉴욕타임스〉에 그런 글을 자주 씁니다. 지난주에는 "불신과 신을 믿지 않는 태도가 이견 없이 미국 문화의 중요한 부분을 지배하고 있다"라고 썼습니다. 뉴욕의 예술계, 문학계, 지성계에는 이런 기류가 특히 더 강합니다. 존경받는 문화평론가 대니얼 멘델존이 지난

주에 쓴 평론을 읽다가 아주 놀라운 문장을 접했습니다. 모세 오경에 나온 현장을 전부 걸어서 찾아간 유대인 작가 브루스 페일러의 신간 《성경 산책Walking the Bible》에 관한 서평이었습니다.15) 멘델존은 "종교를 믿지 않는 많은 사람이 그렇듯, 설득당하고 싶은 은밀한 갈망이 내 안에서 좀체 사라지지 않는" 까닭에 그 책을 너무도 읽고 싶었다고 말합니다.16) 그 글을 읽고 깜짝 놀랐습니다. 청량제를 마신 듯 기운이 나지 않으세요? 그런데 무엇으로 그를 설득할까요? 우리에게는 홀로코스트라는 비극적인 역사가 있습니다. 그런 상황에서 무엇으로 유대인을 설득해 기독교를 진지하게 받아들이게 할 수 있을까요? 무엇으로 저널리스트와 예술가와 교수를 설득할 수 있을까요?

결국, 복음 선포를 생생하게 예증할 변화된 삶, 그리스도와 같은 삶이 아니고는 그들을 설득할 방법이 없습니다. 이것이 베드로와 바울의 힘이었습니다. 이것이 버드 웰치의 힘이었습니다. 버드 웰치는 폭탄 테러범 티머시 맥베이를 처음 봤을 때 전기의자에 앉히고 싶었지만, "곧 정신이 들었다"라고 했습니다. 그리고 예수께서 탕자의 비유를 말씀하실 때 썼던 단어를 똑같이 써서 이렇게 말했습니다. "복수는 여러분을 치유해 주지 않습니다. 오히려 정반대의 일을 하지요."17) 전국의 기자들이 티머시 맥베이의 일거수일투족을 보도합니다. 그들을 이끌어 그리스도의 진리를 생각하게 할 자 누구일까요? 피의 복수를 부르짖는 사람들일까요? 아니면, 처형일에 인디애나주 테러호트에서 철야 기도할 섭리수녀회 수녀들일까요? 조앤 슬로빅 수녀는 최근 《타임스》에 "여러분은 태도를 분명히 밝히되 일관성을 지켜야 합니다"라고 말했습니다. "생명은 고귀합니다. 어떤 상황이라도 우리에게는 목숨을 빼앗을 권리가 없습니다."18) 이 모든 사례가 우리들 너머에 계신 그리스도, 즉 "세상 죄를 지고 가는 하나님의 어린양"(요 1:29)을 가리키는 본보기가 아닐까요?

문제는 여기 있습니다. 우리는 자신이 '하나님의 가장 심오한 명령'을 실행할 마지막 결정권자라 생각합니까? 아니면, 쓸개즙처럼 쓰디쓴 자신을 맛보고 있습니까? 베드로와 홉킨스 신부, 그리고 이 아침에 말씀을 전하는 설교자가 그랬듯, 여러분도 자기에게 쓰디쓴 쓸개즙 맛이 난다는 걸 알고 있습니까? 그 쓴맛을 아신다면, 여러분을 위해 죽은 그분의 손안에서 이미 안전하기 때문입니다. 구세주의 사랑을 아직 알지 못하면, 자기 자신의 모습을 그렇게 명료하게 볼 수 없을 테니까요. 여러분은 이미 부활하신 주님의 거룩한 삶에 연합되어 있습니다. 그 덕분에 우리가 그리스도 예수 안에서 새로워진 피조물로서 고통과 슬픔, 수치와 치욕, 죄와 사악함을 떨치고 일어나 다시 시작할 힘과 용기를 얻는 겁니다.

"요한의 아들 시몬아, 네가 나를 사랑하느냐?" 바로 이 순간, 살아 있는 말씀의 능력으로 우리 주님이 여러분에게 이렇게 묻습니다. 주님은 우리에게 지금까지 착하게 살았느냐고 묻지 않습니다. 규율을 잘 지켰느냐고 묻지 않습니다. 신용을 얼마나 쌓았느냐고 묻지 않습니다. 그저 "네가 나를 사랑하느냐?"라고 묻습니다. 오늘, 이 질문에 "내가 주님을 사랑하는 줄을 주님께서 아십니다"라고 진심으로 대답하지 못할 사람은 없을 겁니다. 여러분을 위해 자신을 바친 예수의 희생 제사가 완전하고 완벽하다는 확신을 품고 오늘 성만찬에 참여하시길 바랍니다.

출처가 다른 평화

오늘 함께 살펴볼 본문은 미가서입니다.

> 민족마다 오면서 이르기를 "자, 가자. 우리 모두 주님의 산으로 올라가자. 야곱의 하나님이 계신 성전으로 어서 올라가자. 주님께서 우리에게 주님의 길을 가르치실 것이니, 주님께서 가르치시는 길을 따르자" 할 것이다. 율법이 시온에서 나오며, 주님의 말씀이 예루살렘에서 나온다. 주님께서 민족들 사이의 분쟁을 판결하시고, 원근 각처에 있는 열강 사이의 갈등을 해결하실 것이니, 나라마다 칼을 쳐서 보습을 만들고 창을 쳐서 낫을 만들 것이며, 나라와 나라가 칼을 들고 서로를 치지 않을 것이며, 다시는 군사 훈련도 하지 않을 것이다(미 4:2-3).

"율법이 시온에서 나오며, 주님의 말씀이 예루살렘에서 나온다." 이 말씀은 그리스도가 이 땅에 오시기 수 세기 전에 기록되었습니다. 기독교인과 유대인과 이슬람교도가 실질적인 세계 평화의 원천으로서 예루살렘에 어떤 역할을 기대해 왔든, 25세기가 지난 지금은 종교적 백일

몽으로 드러난 지 오래입니다. 지구상에서 예루살렘보다 분쟁과 논란이 많았던 곳도 없습니다. 어느 쪽이든 회복을 기대하기 어려울 만큼 태도가 완고합니다.[19]

그러나 인간 사회의 결점을 찾기 위해서라면 굳이 중동까지 갈 필요도 없습니다. 몇 주간 사우스캐롤라이나주에 다녀왔습니다. 며칠 전 〈더 스테이트〉지는 기사 하나를 컬러사진과 함께 1면에 크게 실었습니다.[20] 마을의 가치와 전통을 지키려는 세력과 개발을 지지하는 세력이 충돌하던 리치랜드 카운티에서는 노동자 계층이 모여 살던 유서 깊은 마을 세 곳에 대한 대규모 개발 사업을 승인하기로 결의했습니다.[21] 100년 된 방적 공장은 이제 상류층용 아파트, 사무실, 상점, 미술관으로 바뀔 겁니다. 이 개발 사업은 소중한 사회 구조가 무너져 내릴까 염려한 주민들이 맹렬하고 격렬하게 저항한 탓에 일 년 동안 연기되었던 사업입니다. 한 주민은 이렇게 말했습니다. "이 일로 온 동네가 난리입니다. 개발 사업이 공동체에 불러온 난장판을 보면 가슴이 미어집니다. 우리는 언제나 함께였습니다. 그런데 지금은 끼리끼리 집단을 이루어 반목하고 있습니다." 개발을 지지하는 쪽 대변인은 '발전'에 반대하는 사람은 늘 있었고, 지금은 반대를 무릅쓰고 '앞으로 나가야 할' 때라고 말했습니다.

티베트 불교 승려들도 이 드라마에서 한몫을 담당했습니다. 투표 당시 승려들은 개발 사업이 끝나면 복합 단지로 옮기길 희망하는 한 미술관의 후원을 받아 나흘에 걸친 모래 그림 프로젝트를 마무리하고 있었습니다. 나흘째 되는 날, 승려들은 유서 깊은 티베트 관습에 따라 인생무상人生無常을 보여 주고자 복잡한 모래 그림을 부수고, 남은 모래는 고귀한 의식을 거쳐 콩가리강에 부었습니다. 신문 1면에 크게 실린 컬러사진은 이 모습을 찍은 사진이었습니다. 사진 밑에는 "변화의 시기에 세상을 치유하는 승려들. 강에 부은 모래는 만다라의 치유 에너지를 전 세계에 퍼뜨릴 것이다"라는 설명이 붙어 있었습니다. 미술관장이자 프로젝트 후원자인 잭 거스너는 기자에게 승려들이 방문한 게 우연은 아니라면서 투표에 영향이 있었을 거로 추측했습니다. 치유 에너지가 상업적 이득에 이바지한 셈입니다.

'티베트 불교의 낭만화'는 요즘 미국에서 일어나는 흥미로운 현상 중 하나입니다. 전국을 다니다 보면, 티베트 승려와 모래 그림을 어디서나 볼 수 있습니다. 더러는 교회에서도 보았습니다. 치유 에너지에 관한 이야기가 많이 들립니다. 그런데 개발 사업으로 너무도 많은 게 변해 버릴 공동체를 치유하기 위해 그 티베트 의식이 정확히 뭘 한 걸까요? 그리고 그 치유는 대체 어디서 오는 걸까요?

2주 전에도 〈뉴욕타임스〉에서 불교 승려에 관한 기사를 읽었습니다. 캄보디아 이야기였습니다. 급진적인 무장 단체 크메르루주가 휩쓸고 간 캄보디아 전역은 사실상 사법 시스템이 작동하지 않는 도덕적 황무지가 되었습니다. '사형私刑'이 횡행합니다. 군중이 지켜보는 가운데 길에서 용의자를 때려죽입니다. 프놈펜에 사는 프랑스인 역사학자 올리버 드 베르농은 약속 장소로 걸어가다가 린치 현장을 목격했습니다. 두려움과 분노에 사로잡혀 몸이 덜덜 떨렸지만, 본능이 두려움을 압도했습니다. 그는 뛰어가서 무지막지한 구타를 그만두게 했습니다. 현장을 지켜보던 저널리스트는 "군중은 단호한 외국인을 보고 뒤로 물러섰다"라고 썼습니다. 베르농은 구급차가 도착할 때까지 두 시간 동안 의식을 잃은 피해자 옆에 서 있었습니다. 나중에 기자에게 그날 일을 이야기하면서, 베르농은 가장 절망스러웠던 건 구타가 아니었다고 했습니다. 경찰 십여 명이 현장에 있었는데도 가만히 서서 보기만 하고 피해자를 도우려고 시도조차 하지 않는 현실이 가장 절망스러웠다고 했습니다. 더 괴로웠던 건 주황색 승복을 입은 승려들의 행동이었습니다. 폭행에 적극적으로 가담하지는 않았지만, 승려들은 베르농이 피해자를 지키고 서 있을 때도 돕지 않았고, 오히려 '킥킥대고' 웃으며 별 이상한 놈 다 보겠다는 듯이 베르농에게 손가락질을 했습니다. 신문에 실린 베르농의 증언 그대로입니다.[22]

불교도나 티베트 승려들에 대해 특별한 논점을 형성하려고 이 이야기를 꺼낸 게 아닙니다.[23] 우리 모두 그리스도의 이름으로 수 세기 넘게 수없이 자행된 잔학 행위를 잘 알고 있습니다. 유대인이나 흑인이나 동성애자가 공격당할 때 아무것도 안 하고 가만히 서 있는 그리스도인에 관해서도 잘 압니다. 불교도 이야기를 하려는 게 아닙니다. 모든 문화와 종교에 만연한 인간의 죄에 관해 이야기하려는 겁니다. 인도 다람살라에 망명해 사는 티베트 공동체의 리더들이 항상 미소를 잃지 않는, 이상적이고 '영적인' 티베트인을 보러 이곳에 찾아오는 미국인들에게 염증을 느낀다는 기사도 보았습니다.[24] 미국인에게는 어딘가에 순진무구함 같은 게 있다고 믿는 감상적인 구석이 있습니다. 그러나 위대한 작가들이 이미 알고 있고 우리에게 보여 주었듯이, 그런 건 존재하지 않습니다. 미국인의 감상벽感傷癖을 '타락의 실상을 알지 못한 채 순진무구함을 믿으려는 조급함'으로 규정했던 플래너리 오코너가 생각납니다.[25] 아담과 이브의 이야기는 진화론과는 아무 관계가 없습니다. 한 사람도 예외 없이 인류 전체가 창조주 하나님을 거역했던 최초의 반역과 관계가 있지요. 주님의 도움이 없는 한, 인류는 끝없는 전쟁에서 벗어날 수 없습니다.

이제 여러분에게 부활 절기 성찬 서식序式을 읽어 드리려 합니다. 실제 역사에 있었던 일을 구체적으로 어떻게 언급하는지 귀를 기울여 보십시오. 먼저 우리는 이렇게 고백합니다. "하늘과 땅의 창조주이신 전능하신 아버지께 감사하는 것은 바르고 선하고 기쁜 일입니다." 그리고 이어서 이렇게 고백합니다.

하지만 무엇보다도 우리가 하나님을 찬양하지 않을 수 없는 까닭은 하나님의 아들이시며 우리의 주님이신 예수 그리스도께서 영광스럽게 부활하셨기 때문입니다. 예수께서는 우리를 위해 자기 몸을 제물로 바치고 이 세상의 죄를 짊어지신, 진정한 유월절 어린양이십니다. 예수께서는 죽임 당하심으로써 죽음을 멸하셨고, 다시 살아나심으로써 우리에게 주실 영원한 생명을 얻으셨습니다.

성공회 〈기도서〉에 수록된 이 성찬 서식에는 엄청난 주장이 담겨 있습니다. 하나님의 아들은 자기 몸을 제물로 바쳐서 아담의 죄를 씻으신 진정한 유월절 어린양이십니다. 그리스도께서는 죽임당하심으로써 죽음을 멸하셨고, 부활하심으로써 우리를 위해 승리를 거머쥐셨습니다. 이리 대단한 일을 너무 자주 이야기한 탓일까요. 우리는 이게 얼마나 충격적인 일인지 알아채지 못할 때가 많습니다. 우리를 자멸의 길에서 구원하려고 하나님이 개입하셨고 이로써 세상의 행로가 완전히 바뀌었다, 이것이 바로 복음입니다. '치유 에너지'와는 매우 다릅니다.

부활하신 주님은 제자들에게 거듭 말씀하십니다. "너희에게 평화가 있기를 빈다." 히브리 선지자들도 하나님의 '샬롬'을 이야기했습니다. 사도 바울은 사람의 헤아림을 뛰어넘는 평화를 이야기합니다(빌

4:7). 평화라는 주제는 구약 성경과 신약 성경 곳곳에 스며 있습니다. 그러나 이 평화가 그저 감상적인 평화는 아닌지 한번 자문해 보아야 합니다. 칼을 쳐서 보습을 만들고 창을 쳐서 낫을 만든다는 미가서의 유명한 구절은 때로 조롱처럼 들리기도 합니다. "나라와 나라가 칼을 들고 서로를 치지 않을 것이며, 다시는 군사 훈련도 하지 않을 것이다." 인간의 본성을 고려하면, 미가의 예언은 허황한 이야기 아닐까요? 인간의 전쟁 사랑을 다룬 글이 얼마나 많은지 생각해 보십시오. 물론, 전쟁을 싫어하기도 하지요. 하지만 전쟁을 좋아하는 것도 정직하게 인정해야 합니다. 전시에는 남자들 사이에 그 어느 때보다 끈끈한 유대감이 형성된다고 말하는 군인이 많습니다.[26] 남북전쟁 당시 프레더릭스버그 전투가 한창일 때 보병이 진격하는 모습을 지켜보던 로버트 리는 제임스 롱스트리트 장군에게 이렇게 말했습니다. "전쟁이 이토록 끔찍한 건 좋은 일입니다. 그렇지 않으면 우리가 전쟁을 좋아하게 될 테니까요."[27]

소방서에 앉아 화재경보기가 울리길 기다리는 소방관들 모습을 이따금 상상합니다. 꽤 지루할 겁니다. 그러다 화재경보기가 울리면 아드레날린이 솟구치겠죠.[28] 사람들은 아드레날린이 솟구치는 걸 경험하러 스카이다이빙, 번지점프, 암벽 등반, 캐니어닝, 급류 타기를 즐깁니다. 어쩌면 우리가 정말 원하는 건 평화가 아닐지도 모릅니다. 평화는 지루한 건지도 모릅니다. '그리스도의 평화'는 그리 매력적이지 않을 수도 있습니다.

이제 평화를 조금 다르게 생각해 봅시다. 전쟁이 어떻게 창의적 활동을 차단하고, 가정생활을 망가뜨리고, 앞길 창창한 젊은이들을 죽이는지 생각해 봅시다. 폭격이 어떻게 생명과 건물만이 아니라 그 무엇으로도 대체할 수 없는 책과 예술품, 사진, 편지, 과학 업적을 전소시키는지 생각해 보십시오. 우리가 진정한 인간이 되는 데 필요한 것은 두 가지입니다. 이 둘은 얼핏 보면 모순되는 듯 보입니다. 우리는 폭력과 파괴를 동반하지 않는 '아드레날린 분출'과 '구출·성공·승리의 전율'을 원합니다. 그리고 살생을 동반하지 않는 '남자끼리의 유대'를 원합니다. 그런 점에서 성경이 말하는 평화는 갈등이 없는 상태와는 상당히 다르다는 생각이 듭니다. 결국, 생산성을 높이려면 갈등과 투쟁이 필요합니다. 대부분의 위대한 예술과 문학, 과학 기술의 획기적 발전, 그 밖에 인간이 이룬 대다수 업적은 엄청난 노력의 결과이고, 목표를 이루고자 열심히 일한 사람들은 일이 성과를 내기 시작할 때 찾아오는 희열을 잘 압니다. 세상에 그보다 더 짜릿한 건 없습니다. 성경이 말하는 평화는 이와 관련이 있습니다. 미가 선지자는 "사람마다 자기 포도나무와 무화과나무 아래 앉아서, 평화롭게 살 것이다"(미 4:4)라고 말합니다. 각자 노동의 열매를 맛보고 수고한 만큼 보상을 받는다는 말이 아닐까요? 하나님나라에서는 아무런 방해를 받지 않고 창의적 활동이 계속되고, 거기서 오는 희열은 끝이 없을 겁니다.

전도서는 이에 관한 통찰을 제시합니다. "사람에게는 먹는 것과 마시는 것, 자기가 하는 수고에서 스스로 보람을 느끼는 것, 이보다 더 좋은 것은 없다"(전 2:24). 그런데 인간의 타락한 본성 탓에 이런 일이 이루어지지 않습니다. 전도서 저자는 이런 말도 합니다. "세상에서 내가 수고하여 이루어 놓은 모든 것을 내 뒤에 올 사람에게 물려줄 일을 생각하면, 억울하기 그지없다"(전 2:18). 위대한 업적을 이루고도 하나도 즐겁지 않답니다. "온갖 노력과 성취는 바로 사람끼리 갖는 경쟁심에서 비롯되는 것임을 나는 깨달았다"(전 4:4). "인생살이에 얽힌 일들이 나에게는 괴로움일 뿐이다. 모든 것이 바람을 잡으려는 것처럼 헛될 뿐이다"(전 2:17).

전도서의 문학적 아름다움 때문에 그 중요성을 오인하는 우를 범하지 마십시오. 잔인하다 싶을 정도로 냉정하게 인생의 실망스러운 점을 직시한다는 점에서 전도서는 놀라운 책입니다. 헛되고 무의미한 일을 한없이 반복합니다. 늘 똑같습니다. 늘 똑같은 전쟁, 늘 똑같은 탐욕, 늘 똑같은 어리석음을 반복합니다. 우리는 전도서가 제시하는 이 그림을 진지하게 받아들여야 합니다. 미가 선지자가 한 예언을 좌절시키는 그림이니까요. 국제연합 본부에는 칼을 쳐서 보습을 만든다는 글귀가 벽에 새겨져 있지만, 시에라리온 반군에 인질로 잡힌 유엔군, 그러니까 '평화유지'군이 300명이 넘습니다. 늘 똑같습니다.

그렇다면 하나님의 평화를 이야기할 때 우리는 무슨 뜻으로 그 말을 하는 걸까요? "너희에게 평화가 있기를 빈다"라고 하셨을 때 예수께서는 무슨 뜻으로 그 말씀을 하신 걸까요? 원한다면 수도원에 피정하러 갈 수도 있습니다. 그러나 정직한 수도사들이 이야기하듯, 고요함이라는 장막을 걷으면 여느 곳과 마찬가지로 옹졸함과 경쟁이 존재합니다. 그러면 어떻게 해야 하나님의 평화가 강에 쏟은 모래보다 오래갈 수 있을까요?

그건 하나님이 어떤 분인지에 달렸습니다. 예수가 어떤 분인지에 달렸습니다. 성경의 증언이 사실인지에 달렸습니다. 누가복음 24장 49절에는 성령 강림에 대한 약속이 나옵니다. "[보아라,] 나는 내 아버지께서 약속하신 것을 너희에게 보낸다. 그러므로 너희는 위로부터 오는 능력을 입을 때까지, 이 성에 머물러 있어라."

'위로부터 오는 능력.' 성경의 오류를 밝히겠다고 목소리를 높이는 사람들처럼, 이 표현을 문자적으로 받아들이지 않았으면 합니다. 사도들과 복음서 저자들은 비유적 표현이 뭔지 잘 알았습니다. '위로부터 오는 능력'은 두 개 층으로 이루어진 우주의 상층부에서 오는 능력을 의미하지 않습니다. 은유입니다. 또 다른 영역, 또 다른 존재 질서에서 오는 능력을 의미합니다. 이 세상 질서에서는 평화가 이루어질 가망이 없습니다. 무언가가 이 악순환을 끊어야 합니다. 이스라엘 선지자들은 수 세기 동안 그런 돌파구를 예언했습니다. 하나님이 단호히 개입하셔서 파국의 소용돌이를 뒤집으실 때가 오리라고 말입니다. 눈에 보이는 현실이 아무리 절망적이어도, 역사에는 계획과 목적이 있다고 선지자들은 가르쳤습니다. 역사는 하나님나라의 마지막 계시를 향해 나아가고, 하나님나라에서는 다시는 전쟁 연습을 하지 않을 겁니다. 선지자들이 아주 오랫동안 약속해 온 하나님의 최종적인 개입이 예수 그리스도의 십자가 처형과 부활을 통해 시작되었다는 게 신약 성경의 메시지입니다. 몇 년 전, 신약학자 오스카 쿨만은 십자가와 부활을 '디데이'에 비유한 바 있습니다. 교두보가 마련되었고, 원수는 도망치고 있고, 전쟁은 승리할 겁니다.《사자와 마녀와 옷장The Lion, the Witch and the Wardrobe》에서 나니아의 작은 동물들이 말하듯 "드디어 아슬란이 왔습니다." 아직 싸워야 할 무시무시한 전투가 있지만, 전쟁에서 승리하리라는 점에는 의심의 여지가 없습니다.

  이 전쟁에서 우리가 손에 들 무기는 성경적입니다. 감상벽은 우리의 무기가 아닙니다. 종교적 순진무구함이 어딘가에 있으리라는 믿음도 마찬가지입니다. 거룩한 사람들과 거룩한 장소를 찾아가는 순례는 발이 진흙으로 된 설교자와 총잡이가 들어와 예배자들을 학살하는 교회로 이어집니다. 이 세상에서 탈출해 샹그릴라(중국 윈난성에 있는 현으로 영국 소설가 제임스 힐턴의 소설에서 지상 낙원으로 등장한다—옮긴이)로 향하는 일 따위는 일어나지 않습니다. 여호와의 말씀이 예루살렘에서 나오리라는 약속은 이 세상에서 실망할 일 없이 살 거라는 뜻이 아닙니다. 교황이 예루살렘 구시가지를 방문한 게 좋은 예입니다. 뉴스 보도에 따르면, 교황이 방문한 기간에는 그곳에 평화가 이루어진 듯했답니다. 그러나 교황이 떠나고 몇 시간 만에 해묵은 적대감이 제자리를 찾았습니다. 마치 교황이 그곳에 온 적 없었던 것처럼 말입니다. 늙고 허약하고 구부정했지만, 그가 온 것만으로 메시지가 전해졌습니다. 주님이 상륙하실 거점을 마련한 겁니다. 그는 그 교두보를 적에게 내주지 않았습니다. 그는 아주 오래된 증오를 무너뜨리고 궁극적인 승리를 거머쥐신 그리스도의 화신이었습니다.

여러분이 주님을 위해 마련한 교두보는 무엇입니까? 각 사람은 하나의 교두보를 가지고 있고, 여러분이 모인 교회는 하나 이상의 교두보를 가지고 있습니다. 교도소 사역도, 자녀를 그리스도인으로 키우는 일도, 정직하고 공정하게 사업체를 경영하는 일도 교두보가 될 수 있습니다. 저 먼 벨리즈가 교두보가 될 수도 있고, 가까운 엠마우스 복지관이 교두보가 될 수도 있습니다. 아픈 이웃을 돕는 일도, 환경 보호 운동도, 은혜로 암과 싸우는 일도 교두보가 될 수 있습니다. 강에 쏟은 모래는 주님을 위한 교두보가 될 수 없지만, 여러분이 주님을 믿으면 여러분이 하는 일이 크든 작든 주님을 위한 교두보가 될 수 있습니다. 주님의 도움이 없는 한, 인간이 하는 온갖 일은 모두가 헛되어 바람을 잡으려는 것 같습니다. 그러나 우리는 주께 도움을 받습니다. 하나님이 주시는 평화는 세상이 주는 것과 같지 않습니다. 하나님의 평화는 다른 원천에서 나옵니다. 하나님 안에서 우리가 하는 수고는 의미가 있고, 목적이 있고, 결실이 오래갑니다. 하나님이 우리에게 '위로부터 오는 능력'을 주시기 때문입니다.

　이 믿음이 이 세상의 모든 것을 바꿉니다. 마틴 루터 킹 목사는 감옥에서 이 진리를 믿었습니다. 나치가 목매달아 죽인 디트리히 본회퍼는 자기 죽음이 헛되지 않다는 사실을 알았습니다. 윌 캠벨 목사는 몇십 년 동안 시민 평등권 운동을 펼치면서 KKK단의 표적이 되면서도 그리스도께서 승리하시리라 믿었습니다. 이 시대의 가장 감명 깊은 그리스도인을 꼽으라면 남아프리카의 투투 주교를 빼놓을 수 없습니다. 투투 주교는 '위로부터 오는 능력'을 믿고 40년 넘게 고난을 견디며 싸웠습니다. 우리는 상상도 할 수 없는 유혹과 압박을 받으면서도 변함없이 충직하고 신실했습니다. 그 와중에도 쾌활함을 잃지 않았습니다. 그는 하나님이 약속하신 미래, 위에 있는 자유로운 예루살렘을 믿었습니다(갈 4:27). 이것이 투투 주교가 말한 '그리스도인의 싸움'의 의미입니다. 그는 이렇게 말합니다. "성경을 끝까지 다 읽었습니다! 우리가 이깁니다!"

> 율법이 시온에서 나오며, 주님의 말씀이 예루살렘에서 나온다. … 나라마다 칼을 쳐서 보습을 만들고 창을 쳐서 낫을 만들 것이며, 나라와 나라가 칼을 들고 서로를 치지 않을 것이며, 다시는 군사 훈련도 하지 않을 것이다. … 이것은 만군의 주님께서 약속하신 것이다.

아멘.

기적적인 개입

저는 오늘《발굴된 성경The Bible Unearthed》이라는 책의 서평을 들고 나왔습니다.[29] 이 책은 고고학자 두 사람이 성경에 나오는 지역에서 최근에 어떤 유물이 발굴되었는지 밝히고, 그 유물들이 성경 해석에 어떤 의미가 있는지 설명한 책입니다. 이 책의 서평을 쓴 사람은 제가 다닌 신학교에서 여러 해 동안 구약학을 가르쳤던 존경받는 학자입니다. 서평을 읽으면서 제가 신학교 다니던 때와는 상황이 많이 변했다는 생각을 새삼 했습니다. 제가 처음 성경을 공부하기 시작한 1950년대와 1960년대에는 발굴 소식이 들릴 때마다 환호했습니다. 고고학자들이 유물을 많이 발견하면 할수록 성경에 나오는 조상들, 아브라함과 모세, 여호수아, 다윗의 이야기가 더 탄탄하게 입증된다고 들었으니까요. 40년이 지난 지금은 모든 게 바뀌었습니다. 성경을 비방하는 자들이 아주 기뻐할 만한 이야기인데, 구약 성경 앞부분은 역사적으로 입증할 수 없습니다. 출애굽은 성경의 설명대로 일어나지 않았습니다. 가나안 정복도 그렇게 신속하게 이루어지지 않았습니다. 위대한 솔로몬 왕은 아마도 한 지역의 족장이었을 겁니다.[30] 서평에 따르면,《발굴된 성경》의 저자들은 구약 성경을 존중하면서도 구약 성경이 '기적적인 계시가 아니라 인간의 상상력이 빚어낸 멋진 결과물'이라고 생각한답니다. "성경을 읽으면 나오는 일들, 꼭 그렇지는 않아요"라는 조지 거슈윈의 노래 가사가 떠오릅니다.

오늘 본문은 사도 바울이 고린도에 사는 그리스도인들에게 보낸 고린도전서 15장입니다. 바울은 이 편지에서 엄청난 주장을 펼칩니다. 사실, 충격적이고 믿기 어려운 주장입니다. 큰 그림을 이해할 수 있도록 15장 전체를 살펴보겠습니다.

바울은 고린도 교회 교인들을 무척 걱정합니다. 고린도 교회 교인들이 진리와 생명의 길에서 멀어지고 있었기 때문입니다. 바울은 그들에게 돌아오라고 촉구하고자 편지를 썼습니다. 고린도전서 15장은 이렇게 시작됩니다. "형제자매 여러분, 내가 여러분에게 전한 복음을 일깨워 드립니다. 여러분은 그 복음을 전해 받았으며, 또한 그 안에 서 있습니다. 내가 여러분에게 복음으로 전해드린 말씀을 헛되이 믿지 않고, 그것을 굳게 잡고 있으면, 그 복음을 통하여 여러분도 구원을 얻을 것입니다"(고전 15:1-2). 고린도전서의 절정에 해당하는 장이자 바울이 쓴 서신 가운데 가장 힘 있는 부분에 속하는 15장에서 바울은 "고린도 사람들아, 바로 이것이다. 이것이 아니면 아무것도 아니다"라고 말하고 있습니다. "내가 너희에게 복된 소식이라며 선포한 말씀을 너희가 내던지지만 않으면 그 말씀이야말로 이 세상을 구원할 것이다. 모든 것은 내가 너희에게 진리를 말했느냐 여부에 달렸다." 이런 뜻입니다.

다음 두세 문장에서 바울은 자기가 가는 곳마다 전했던 기독교 메시지를 요약합니다. 그 메시지는 뭘까요? 그 메시지를 세 문장으로 요약할 수 있겠습니까? 어떻게 요약하시겠습니까? 바울은 이렇게 요약합니다. "나도 전해 받은 중요한 것을 여러분에게 전해 드렸습니다. 그것은 곧, 그리스도께서 성경대로 우리 죄를 위하여 죽으셨다는 것과, 무덤에 묻히셨다는 것과, 성경대로 사흘날에 살아나셨다는 것과, 게바에게 나타나시고 다음에 열두 제자에게 나타나셨다고 하는 것입니다"(고전 15:3-5).

바울이 요약한 복음 메시지에 관해 몇 가지 알아야 할 게 있습니다. 첫째, 바울은 종교 사상이나 영감을 주는 격언, '영적' 교훈을 제시하지 않습니다. 그저 어떤 일이 일어났다고 선언할 뿐입니다. 바울은 그 일을 네 문장으로 설명합니다.

1. 예수 그리스도께서 죽으셨다.[31]
2. 죽으시고 무덤에 묻히셨다.
3. 사흘째 되는 날에 죽은 자들 가운데서 다시 살아나셨다.
4. 제자들에게 나타나셨다.

이것이 지중해 세계를 회심시킨 메시지이자 지금도 전 세계에서 새로운 그리스도인을 낳는 메시지입니다. 이 메시지는 포괄적인 종교 원리 모음집이 아닙니다. 일어났던 사건에 관한 발표입니다. 그 사건은 이렇게 설명할 수 있습니다. "그리스도가 죽으셨다. 그리스도가 무덤에 묻히셨다. 그리스도가 죽은 자들 가운데서 다시 살아나셨다. 그리스도가 살아 있는 모습으로 제자들에게 나타나셨다."

둘째, 바울은 두 번이나 '성경대로'라고 말합니다. 한 문장에서 같은 표현을 두 번이나 씁니다. 바울에게는 아주 중요했던 게 분명합니다. 바울은 예수 그리스도와 구약의 하나님, 이 둘의 관련성을 명확하게 표현하길 원했습니다. 아브라함과 이삭과 야곱의 하나님이 예수 그리스도의 아버지이신 바로 그 하나님이고, 모든 일이 처음부터 계획된 것임을 우리가 알길 원했습니다. 또한, 바울은 성경을 신뢰할 수 있다고 생각한 게 분명합니다. 다윗과 솔로몬이 노래와 이야기 속에 사는 바로 그 위대한 통치자인지 아닌지는 바울이 하려는 말의 요점이 아닙니다. 바울이 말하려는 요점은 하나님이 '강한 손과 펴신 팔로'[32] 그들 안에서, 그리고 이스라엘의 모든 역사 속에서 일하셨다는 점입니다.

이제 다시 고린도전서 15장으로 돌아가 봅시다. 유명한 구절이긴 하지만, 이 구절에 담긴 단호함을 여러분이 알아챘는지 모르겠습니다. 이 구절은 '죽느냐 사느냐,' '이것 아니면 저것'과 같은 단호한 양자택일 구조를 이루고 있습니다. 다시 한 번, 바울의 주장을 몇 문장으로 나누어 살펴봅시다.

1. 죽은 사람의 부활이 없다면, 그리스도께서도 살아나지 못하셨을 것이다.
2. 그리스도께서 살아나지 않으셨다면, 사도들의 선포도 헛되다.
3. 그리스도께서 살아나지 않으셨다면, 여러분의 믿음은 헛된 것이 되고, 여러분은 아직도 죄 가운데 있을 것이다.

교회가 항상 사도 바울을 이해했던 건 아닙니다. 바울이 살던 그 시대에도 그는 늘 논란이 많고 이해하기 어려운 사람이었습니다. 그건 지금도 마찬가지입니다. 그러나 바울을 제대로 알게 된 사람들은 그의 중요성을 의심하지 않습니다. 우리는 바울 서신이 사복음서보다 일찍 기록되었다는 점을 잊지 말아야 합니다. 바울이 없었다면, 예수 그리스도에 관한 소식은 유대 지방 너머까지 눈에 띄게 퍼지지 못했을 겁니다. 기독교는 유대교의 한 종파로 남아 있다가 결국 다시 유대교에 흡수되었을 겁니다.[33] 바울이 없었다면, 이방인에게 복음이 전해지지 못했을 겁니다. 이 말은 여러분과 저도 복음을 듣지 못했으리라는 뜻입니다. 더욱 중요한 점은, 바울이 없었다면 예수가 이 땅에 사실 때 하셨던 일들이 신학적 형태로 정리되지 못했을 겁니다. 신약 성경에서 바울이 다른 저자들보다 지면을 많이 차지하는 건 우연이 아닙니다.

따라서 바울이 "그리스도께서 살아나지 않으셨다면, 우리의 선포도 헛되다"라고 말할 때 우리는 자세를 바로 하고 그 말에 집중해야 합니다. 바울이 이 구절을 쓴 시기는 예수께서 부활하신 지 20년 정도밖에 안 지났을 때입니다. 예수가 이 땅에 사실 때 하셨던 일들에 대한 바울의 해석에 이의를 제기할 만한 사람들이 아직 주변에 많았습니다. 실제로 이따금 그런 일이 있었지만, 부활 사건에 이의를 제기한 사람은 없었습니다. 초기 그리스도인들은 하나님이 죽은 자들 가운데서 예수를 다시 살리셨다는 핵심 증언에 모두 동의했습니다.

갈라디아서에는 예외적으로 흥미로운 구절이 있습니다. 바울이 자신의 사도 직분을 명쾌하게 변호하는 구절입니다. 이 구절을 읽으면서 바울의 에너지와 열정을 느끼셨으면 합니다.

> 형제자매 여러분, 내가 여러분에게 밝혀드립니다. 내가 전한 복음은 사람에게서 비롯된 것이 아닙니다. 그 복음은, 내가 사람에게서 받은 것도 아니요, 배운 것도 아니요, 예수 그리스도의 나타나심으로 받은 것입니다. 내가 전에 유대교에 있을 적에 한 행위가 어떠하였는가를, 여러분이 이미 들은 줄 압니다. 나는 하나님의 교회를 몹시 박해하였고, 또 아주 없애버

리려고 하였습니다. 나는 내 동족 가운데서, 나와 나이가 같은 또래의 많은 사람보다 유대교 신앙에 앞서 있었으며, 내 조상들의 전통을 지키는 일에도 훨씬 더 열성이었습니다. 그러나 나를 모태로부터 따로 세우시고 은혜로 불러 주신 [하나님께서], 그 아들을 이방 사람에게 전하게 하시려고, 그를 나에게 기꺼이 나타내 보이셨습니다. 그때에 나는 사람들과 의논하지 않았고, 또 나보다 먼저 사도가 된 사람들을 만나려고 예루살렘으로 올라가지도 않았습니다. 나는 곧바로 아라비아로 갔다가, 다마스쿠스로 되돌아갔습니다(갈 1:11-17).

이렇게 말한 뒤 바울은 다음과 같이 절규합니다. "내가 여러분에게 쓰는 이 말은, 하나님 앞에 맹세코 거짓말이 아닙니다!"(갈 1:20)

이렇듯 바울은 갈라디아 교회에서 도전받고 있던 자신의 사도 직분을 변호하려 애씁니다. 자신을 위해서가 아니라 복음 진리를 위해서입니다. 바울은 자기가 선포하는 말씀은 하나님에게서 나온 복된 소식이라고, 이 복음은 절대로 '인간의 상상력이 빚어낸 멋진 결과'가 아니라 '기적적인 계시'라고 열정적으로, 명쾌하게 이야기합니다. 바울은 이 복음을 베드로나 야고보, 요한, 막달라 마리아, 그 밖에 다른 사람들에게 배우지 않았습니다. 십자가에 달려 죽었다가 부활하신 예수 그리스도에게 직접 배웠습니다. 다시 고린도전서로 돌아가 봅시다. 바울은 고린도전서에서 자기가 어떻게 사도가 되었는지 이야기합니다.

그런데 맨 나중에 달이 차지 못하여 난 자와 같은 나에게도 나타나셨습니다. 나는 사도들 가운데서 가장 작은 사도입니다. 나는 사도라고 불릴 만한 자격도 없습니다. 그것은, 내가 하나님의 교회를 박해했기 때문입니다. 그러나 나는 하나님의 은혜로 오늘의 내가 되었습니다. 나에게 베풀어주신 하나님의 은혜는 헛되지 않았습니다. 나는 사도들 가운데 어느 누구보다도 더 열심히 일하였습니다. 그러나 이렇게 한 것은 내가 아니라, 나와 함께 하신 하나님의 은혜입니다(고전 15:8-10).

보다시피, 바울의 이야기는 곧 하나님의 이야기입니다. 바울을 연구한 책 중 가장 훌륭한 책의 부제가 '하나님의 승리'인 이유가 여기에 있습니다.34) 사도 바울은 놀라운 회심을 경험하고 사람들 앞에 처음 모습을 드러냈을 때 그를 만난 사람들이 "나를 두고 하나님께 줄곧 영광을 돌렸"(갈 1:24)다고 말합니다. 뛰어난 상상력을 발휘한 바울을 칭송한 게 아니라, 바울에게 기적적으로 자신을 계시하신 하나님을 찬양했다는 말입니다.

그럼 이제 현실로 돌아와 봅시다. 지금은 《발굴된 성경》에 표명된 관점이 '교회 안에' 너무 광범위하게 퍼져서 둑에 생긴 구멍 하나를 막기도 쉽지 않습니다. 주류 교단에 속한 교회들마저 전보다 성경 읽기에 힘을 덜 씁니다. 자녀가 성경 이야기를 알길 바라는 부모들은 따로 시간을 내어 직접 가르쳐야 합니다. 요즘 아이들은 40개에 달하는 포켓몬 캐릭터 이름은 줄줄 외워도 성경에 누가 나오는지는 전혀 모릅니다. 동물들로 가득 찼던 노아의 방주 이야기나 겨우 알까요? 이는 크나큰 문제입니다. 순회 설교자가 할 수 있는 일은 많지 않습니다. 이 자리에 계신 여러분, 부모, 조부모, 교사, 교역자들이 책임을 져야 합니다. 설교 시간, 성경 본문을 해설하는 시간은 성경을 상상력의 산물로 여기는 최근 동향에 맞서 싸울 귀중한 기회입니다. 사도 바울의 이야기를 다시 들어 봅시다. "나도 전해 받은 중요한 것을 여러분에게 전해 드렸습니다. 그것은 곧, 그리스도께서 성경대로 우리 죄를 위하여 죽으셨다는 것과, 무덤에 묻히셨다는 것과, 성경대로 사흘날에 살아나셨다는 것과, 게바에게 나타나시고 다음에 열두 제자에게 나타나셨다고 하는 것입니다." 바울이 자기 머릿속에서 일어나는 상상에 푹 빠진 사람 같습니까? 아니면, 모호한 종교 사상이 아니라 실제로 일어났던 가장 중요한 일을 보고하는 사람 같습니까?

얼마 전, 쿡 킴볼이라는 58세 남성의 장례식에 다녀왔습니다. 그는 제가 만난 그리스도인 중에 가장 충직한 사람으로 손꼽히는 인물입니다. 그냥 신자가 아니라, 하루하루 그리스도를 따르며 사는 진정한 제자였습니다. 몇 년 동안 건강이 좋지 않았고, 신장 이식을 기다리고 있었습니다. 그러다 이식을 받지 못하고 사망했습니다. 그의 죽음은 교회에 엄청난 타격을 주었습니다. 아주 많은 방면에서 지칠 줄 모르고 사명을 감당하던 사람이었기 때문입니다. 당연히 장례식에 많은 사람이 참석해서 그를 애도했습니다. 제가 도착했을 때 사람들은 기이한 일에 관해 이야기하고 있었습니다. 쿡이 죽음을 예감했던 것 같다는 이야기였습니다. 2주 전 주일, 교회에서는 바울 서신에 나오는 부활 장을 읽을 예정이었습니다. 쿡은 그날 안내를 맡았습니다. 그래서 교회에 일찍 나왔고, 꽤 많은 시간 머물렀습니다. 그는 주일 예배 봉사자 명단을 가져다 안내자 명단에서 자기 이름을 지웠습니다. 그런 다음, 두 번째 성경 봉독을 맡은 사람의 이름을 지우고 자기 이름을 써넣고, 그 사람 이름은 안내자 명단에 써넣었습니다. 그리하여 죽기 엿새 전, 교회에서 쿡은 부활에 관한 성경 본문을 봉독했습니다. 이게 다가 아닙니다. 그는 자기 장례식에서도 그 구절을 낭독했습니다. 마침, 그날 주일 오전 예배를 녹음했던 겁니다. 녹음된 쿡의 목소리가 장례식장에 울려 퍼졌습니다. 그는 늘 성경을 읽으며 깊은 감화를 받았던 사람이라서 아주 훌륭한 낭독자였습니다. 우리는 장례식에서 맑고 강렬한 그의 목소리를 들을 수 있었습니다.

> 그리스도께서 죽은 사람 가운데서 살아나셨다고 우리가 전파하는데, 어찌하여 여러분 가운데 더러는 죽은 사람의 부활이 없다고 말합니까? 죽은 사람의 부활이 없다면, 그리스도께서도 살아나지 못하셨을 것입니다. 그리스도께서 살아나지 않으셨다면, 우리의 선포도 헛되고, 여러분의 믿음도 헛될 것입니다. … 죽은 사람들이 살아나는 일이 없다면, 그리스도께서 살아나신 일도 없었을 것입니다. 그리스도께서 살아나지 않으셨다면, 여러분의 믿음은 헛된 것이 되고, 여러분은 아직도 죄 가운데 있을 것입니다. … 그리스도 안에서 우리가 바라는 것이 이 세상에만 해당되는 것이라면, 우리는 모든 사람 가운데서 가장 불쌍한 사람일 것입니다. 그러나 이제 그리스도께서는 죽은 사람들 가운데서 살아나셔서, 잠든 사람들의 첫 열매가 되셨습니다. 한 사람으로 말미암아 죽음이 들어왔으니, 또한 한 사람으로 말미암아 죽은 사람의 부활도 옵니다. 아담 안에서 모든 사람이 죽는 것과 같이, 그리스도 안에서 모든 사람이 살아나게 될 것입니다(고전 15:12-22).

사랑하는 성도 여러분, 그날 아침 쿡 킴볼은 하나님의 말씀을 선포했습니다. 바울이 2천 년 전에 그랬고, 오늘 여러분이 그랬듯이 말입니다. 죽음의 냉혹함은 뒤집혔습니다. 죽음의 무자비함은 극복되었습니다. 죽음의 결과는 취소되었습니다. 이제 우리는 믿음으로 이 사실을 압니다. 부활 때에 우리는 이를 직접 보게 될 겁니다. 그러나 안심하십시오. 우리가 그러길 바라서 그런 게 아닙니다. 우리가 그렇게 상상해서 그런 게 아닙니다. 우리에게 그런 게 필요해서 그런 게 아닙니다. 인간이 가능하다고 생각하는 일, 인간의 기대와 인간의 상상에 반하여 그런 겁니다. 우리를 무덤에 버려두지 않으시는 우리 하나님의 기적적인 개입을 통해 그런 겁니다.

"나는 확신한다. 내 구원자가 살아 계신다. … 이제 그리스도께서는 죽은 사람들 가운데서 살아나셔서, 잠든 사람들의 첫 열매가 되셨습니다. … 우리 주 예수 그리스도를 통하여 우리에게 승리를 주시는 하나님께 우리는 감사를 드립니다."[35] 아멘.

기쁨에 이르는 숨겨진 길

버지니아주 프랭클린에는 제게 의미가 많은 묘지가 있습니다. 많은 묘비에 성경 구절이 새겨져 있는데, 읽을 때마다 소망과 위안을 얻습니다. 제 조부모님 묘비에는 "주님을 모시고 사는 삶에 기쁨이 넘칩니다"라는 구절이 새겨져 있습니다. 어디에 나오는 구절인지 아시겠습니까? 바로 시편 16편 11절입니다. "주님께서 몸소 생명의 길을 나에게 보여 주시니, 주님을 모시고 사는 삶에 기쁨이 넘칩니다. 주님께서 내 오른쪽에 계시니, 이 큰 즐거움이 영원토록 이어질 것입니다." 이 시편 구절은 예수 그리스도를 믿는 모든 사람에게 심오한 의미가 있습니다.

지난 월요일 신문 1면을 보신 분들은 그 컬러사진이 뭘 상징하는지 알아채셨을 겁니다. 사진에 나온 가족에게 허락을 얻어서 그 이야기를 좀 하려 합니다. 엄마와 아빠, 딸이 있습니다. 찬송을 부르죠. 부활하신 주님의 빈 무덤 옆에 서 있던 천사가 그들 위에 있습니다. 사진 속 아름다운 티파니 창은 기독교 신앙 이야기에서 가장 중요한 순간을 묘사합니다. 이 순간이 없으면, 교회도 없고 세례도 없고 죽음을 이기는 승리도 없습니다. 정말로 이 순간이 없으면, 예수 이야기도 없습니다. 상상할 수도 예측할 수도 없었던 이 순간이 없었다면, 나사렛 예수는 로마 제국 시대에 십자가에 달려 죽었던 뭇사람들과 다를 바 없었을 테니까요. 다시 말해, 예수는 완전히 잊혔을 테고, 우리는 예수 이야기를 들을 일이 없었을 겁니다. 티파니 창에는 천사가 빈 무덤 옆에 서서 여자들에게 "그는 여기에 계시지 않다. 그는 살아나셨다"라고 말하는 장면이 그려져 있습니다.

이 부활 메시지가 죽음을 앞둔 사람들 귓전에 울립니다. 개리슨 케일러는 지난밤 탱글우드 음악당에서 노래를 부르며 우리에게 이 사실을 상기시켰습니다. "모을 수 있을 때 장미꽃 봉오리를 모으세요. 곧 죽을 테니까요." 오늘 교회에 모인 우리는 모두 죽음의 그늘 골짜기에서 살고 있습니다. 〈기도서〉에 나와 있듯, '삶 한가운데서 우리는 죽음을 맞기' 때문입니다.[36] 지난주에 손녀딸이 예뻐하는 고양이가 아무 조짐도 없이 갑자기 죽었을 때 손녀딸에게 〈기도서〉에 나오는 이 문장을 들려주었습니다. 알다시피, 사진 속 가족은 우리가 상상할 수 없는 시련을 연달아 겪었습니다. 처음에는 불이 났고, 그다음에는 큰딸이 사고로 죽었고, 이제는 고통스러운 병에 걸렸습니다. 기사를 쓴 기자는 관할 사제의 말을 인용해 한 가족에게 연달아 닥친 불행이 그들의 믿음을 시험했다고 말했습니다. 옳은 말입니다. 성경에는 불평과 한탄의 기도, 자기를 버렸다며 하나님을 원망하는 기도가 가득합니다. 시편에는 이런 기도가 나옵니다. "내가 누워서, 잠을 이루지 못하는 것이, 마치, 지붕 위의 외로운 새 한 마리와도 같습니다. … 나는 재를 밥처럼 먹고, 눈물 섞인 물을 마셨습니다. 주님께서 저주와 진노로 나를 들어서 던지시니, 내 사는 날이 기울어지는 그림자 같으며, 말라 가는 풀과 같습니다"(시 102:6-11). "사람들은 날이면 날마다 나를 보고 '너의 하나님이 어디 있느냐?' 하고 비웃으니, 밤낮으로 흘리는 눈물이 나의 음식이 되었구나"(시 42:3). "주님, 깨어나십시오. 어찌하여 주무시고 계십니까? 깨어나셔서, 영원히 나를 버리지 말아 주십시오. 어찌하여 얼굴을 돌리십니까? 우리가 고난과 억압을 당하고 있음을, 어찌하여 잊으십니까? 아, 우리는 흙 속에 파묻혀 있고, 우리의 몸은 내동댕이쳐졌습니다"(시 44:23-25). 이건 몇 가지 예에 불과합니다. 불평하고 한탄하는 기도는 수도 없이 많습니다. 실제로 성경에는 '애가'라는 이름이 붙은 책도 있을 정도입니다. 하나님의 말씀인 성경이 우리에게 의심과 원망에 가득 차도 된다고, 하나님에게 따져도 된다고, 하나님에게 이의를 제기해도 된다고, 고대 이스라엘 백성이 그랬듯 하나님 앞에 불행한 얼굴을 들이밀어도 된다고 허락하는 셈입니다. 성경에 이런 구절이 있는 건 감사한 일인지도 모릅니다. 기독교 신앙은 '비방 받는 표징'이 나타나자마자 바로 움츠러드는 감상적이고 허약하고 가냘픈 신앙이 아닙니다. 기독교 신앙은 실제 삶, 실제 싸움, 실제 고통을 감당하는 신앙입니다.

그런데 아주 중요한 사실이 있습니다. 시편에는 개인적인 한탄과 의심의 목소리가 가득하지만, 본래 시편은 이스라엘 백성이 함께 모여 큰 소리로 기도할 때 쓰려고 쓴 책입니다. 시편 기자들은 개인적인 분노와 비통함에 빠져서 교제를 멀리하지 않습니다. 하나님과 언약을 맺은 백성들은 시련을 함께 감당합니다. 사도 바울이 고린도 교회 교인들에게 말했듯, "한 지체가 고통을 당하면, 모든 지체가 함께 고통을 당합니다. 한 지체가 영광을 받으면, 모든 지체가 함께 기뻐합니다"(고전 12:26).[37] 시편 기자가 하나님에게 괴로움을 토로할 때 회중은 "당신이 받은 복을 세어 보세요!"라거나 "그럴수록 믿음을 더 가지셔야죠!"라거나 "긍정적인 면을 보려고 노력하세요!"라고 하지 않습니다. 회중과 성직자는 고통을 호소하는 자와 함께 항의하며 하나님에게 묻습니다. 바로 이렇게 말입니다. "아, 나는 고난에 휩싸이고, 내 목숨은 스올의 문턱에 다다랐습니다. … 주님, 어찌하여 주님은 나를 버리시고, 주님의 얼굴을 감추십니까?"(시 88:3, 14)

우리가 삶을 알면 알수록, 살면서 실망과 슬픔을 경험하면 할수록, 삶이 우리 바람대로 굴러가지 않는다는 사실을 배우면 배울수록, 성경은 우리에게 더 많은 것을 알려 줍니다. 성경에 나오는 사람들은 스테인드글라스 안에 박제된 인물들이 아닙니다. 우리와 같은 평범한 인간입니다. 하나님에게 등을 돌리기도 하고, 사기꾼과 손을 잡기도 하고, 비겁하게 뒤통수를 치기도 합니다. 불평하고, 말다툼하고, 간통하고, 거짓말도 합니다. 그들도 고통을 당합니다. 전쟁에서 지고, 병에 걸리고, 압제자에게 착취당합니다. 자식들은 죽고, 집은 폐허가 되고, 농작물은 메뚜기떼의 습격을 받습니다. 그런데 바로 여기에 중요한 사실이 있습니다. 이 모든 일이 하나님 앞에서, 하나님의 신실하심 안에서 일어난다는 점입니다. 같은 시편에서 얼핏 모순되어 보이는 두 가지 일이 함께 나오는 이유는 이 때문입니다. "나는 불쌍하고 가난하지만, 주님, 나를 생각하여 주십시오. 주님은 나를 돕는 분이시요, 나를 건져 주는 분이시니, 나의 하나님, 지체하지 말아 주십시오"(시 40:17). "허리에 열기가 가득하니, 이 몸에 성한 데라고는 하나도 없습니다. 이 몸이 이토록 쇠약하여 이지러졌기에, 가슴이 미어지도록 신음하며 울부짖습니다. … 주님, 내가 기다린 분은 오직 주님이십니다. 나의 주, 나의 하나님, 나에게 친히 대답하여 주실 분도 오직 주님이십니다"(시 38:7-8, 15). 어떻게 한 시편에 절망과 희망이 동시에 가득할 수 있는 걸까요? 흔히 말하는 '정신 승리'가 이런 걸까요?

아닙니다. 그렇지 않습니다. 성경적 신앙의 핵심 진리는 인간의 정신을 그냥 내버려 두면 자멸에 이르고 만다는 겁니다. 성경 속 인물들은 "나는 내 영혼의 주인이요 내 운명의 선장이라"라고 말하지 않습니다. 우리는 "내 뜻대로 했어"라고 말하지 않습니다. 우리는 제힘으로 오만하게 목을 곧게 세우지 않습니다. 시편 기자처럼 "주님, 주님은 나를 에워싸주는 방패, 나의 영광, 나의 머리를 들게 하시는 분이시니"(시 3:3)라고 말합니다. 지난달에 고등학교 동창회에 참석했습니다. 열 학급, 총 250명 중에서 동창들의 관심을 한몸에 받은 사람이 있었습니다. 그 동창의 이름은 낸시입니다. 낸시는 10년 전에 유방암에 걸렸고, 이혼도 했습니다. 그다음에는 두 번이나 뇌졸중으로 쓰러졌고, 그 결과 시력을 거의 잃고 오른쪽 팔은 마비되었습니다. 그 뒤로도 피부가 붉어지는 중증 암에 걸렸습니다. 넉 달 전에는 넘어져서 목이 부러졌습니다. 예순셋의 나이에 낸시는 양로원에서 살고 있습니다. 그러나 아들과 며느리의 도움으로 낸시는 동창회에 참석했습니다. 예쁘게 차려입은 낸시는 다른 동창들보다 더 좋아 보였습니다. 모두 낸시에게 경외감을 가졌습니다. 우리는 테이블에 둘러앉아 넋을 잃고 낸시의 이야기를 들었습니다. 당연히 사람들은 낸시의 용기를 칭찬했습니다. 그러나 용기 같은 건 없었습니다. 저는 낸시의 말을 잊을 수가 없습니다. "난 용기 없어! 투지도 없어! 내가 가진 건 모두 하나님의 선물이야!" 테이블에 둘러앉은 우리는 무언가 특별한 사람이 우리와 함께 있다는 걸 알 수 있었습니다. 극한의 고통 속에서도 하나님을 찬양하는 사람 말입니다. 시편 75편이 생각났습니다. "오만한 뿔을 높이 들지 말아라. 목을 곧게 세우고, 거만하게 말을 하지 말아라. … 오직 재판장이신 하나님만이, 이 사람을 낮추기도 하시고, 저 사람을 높이기도 하신다. … 그러나 나는 쉬지 않고 주님만을 선포하며, 야곱의 하나님만을 찬양할 것이다"(시 75:5, 7, 9).

"주님께서 몸소 생명의 길을 나에게 보여 주시니, 주님을 모시고 사는 삶에 기쁨이 넘칩니다. 주님께서 내 오른쪽에 계시니, 이 큰 즐거움이 영원토록 이어질 것입니다"(시 16:11). 정말 그렇습니까? 아니면, 인생에서 일어나는 많은 일처럼 그저 희망 사항일 뿐입니까? 모든 증거가 정반대를 가리킬 때 우리는 어떻게 이 말을 믿을 수 있을까요?

이제 신약으로 넘어가 봅시다. 선한 목자이신 우리 주님은 이렇게 말씀하십니다. "도둑은 다만 훔치고 죽이고 파괴하려고 오는 것뿐이다. 나는, 양들이 생명을 얻고 또 더 넘치게 얻게 하려고 왔다"(요 10:10). '더 넘치게'라는 표현을 두고 그리스도인들은 2천 년 동안 상상의 나래를 펼쳐 왔습니다. "주님을 모시고 사는 삶에 기쁨이 넘칩니다"(시 16:11). 이 말씀이 믿깁니까?

하나님이 예수 그리스도 안에서 우리를 위해 행하신 일은 너무도 거대해서 '넘친다'라는 표현은 아주 작은 암시에 불과합니다. 바울도 에베소서에서 '풍성함*ploutos*'이라는 단어를 자주 사용하며 또 다른 암시를 줍니다.[38] 바울은 황홀감에 빠져서 '하나님이 베푸시는 영광스러운 상속의 풍성함'(엡 1:18)과 '예수 안에서 베푸신 은혜의 풍성함'(엡 2:7), '헤아릴 수 없는 그리스도의 풍성함'(엡 3:8)에 관해 이야기합니다. 말로는 다할 수 없는 것을 말하려 최선을 다하고 있는 겁니다. 하나님은 당신의 무궁무진한 풍성함을 넘치게 주시겠다고 우리에게 약속하셨습니다. 우리에게 자격이 있어서가 아닙니다(성경이 확실하게 가르쳐 주듯이, 우리에게는 그럴 자격이 없습니다). 한이 없고 헤아릴 수 없는 하나님의 사랑으로 말미암아 우리에게 하나님의 풍성함을 넘치게 주시는 것이 하나님의 뜻이기 때문입니다.

그런데 교회는 정말 이상한 이야기를 합니다. 하나님은 부^富나 재물, 세속 권력의 형태로 오지 않으신다고 말입니다. 사도 바울은 이렇게 말합니다. "여러분은 우리 주 예수 그리스도의 은혜를 알고 있습니다. 그리스도께서는 부요하나, 여러분을 위해서 가난하게 되셨습니다. 그것은 그의 가난으로 여러분을 부요하게 하시려는 것입니다"(고후 8:9). 역설적이지 않습니까? 하나님의 부요함은 숨겨진 방식으로 우리에게 알려집니다. 우리를 부요하게 하시려고 주님이 가난해지셨습니다. 우리가 머리를 들게 하시려고 주님이 고개를 떨구셨습니다. 우리에게 풍성한 삶을 주시려고 주님이 "악과 사망의 손에 자기를 내주셨습니다."[39] 이 모든 일을 하시고자 주님은 우리를 위해 하나님 앞에서 인간이 되는 길을 택하셨습니다. 성부 하나님의 뜻에 순종하시되, 원수인 **죄**와 **사망** 앞에 굴복하지 않으셨습니다.

"주님을 모시고 사는 삶에 기쁨이 넘칩니다. … 나는, 양들이 생명을 얻고 또 더 넘치게 얻게 하려고 왔다. … 나는 부활이요 생명이니, 나를 믿는 사람은 죽어도 살고, 살아서 나를 믿는 사람은 영원히 죽지 아니할 것이다"(시 16:11; 요 10:10; 11:25-26). 여기에는 우리가 아직 이해하지 못하는 말씀이 많습니다. 앞으로 그렇게 되리라는 약속인 걸까요, 아니면 이미 그렇다는 말일까요? 둘 다입니다. "주님을 모시고 사는 삶에 기쁨이 넘칩니다"라고 노래할 때 시편 기자가 의미한 건 하나님을 경배하는 바로 그 순간이었습니다. 고대 이스라엘 백성들은 예배하러 성전에 들어갈 때 그 자체로 기쁨이 넘쳤습니다. 우리는 이 기쁨을 완전히 이해하지 못합니다. 주일에 교회에 오면 '남은 하루를 잘 보낼 수 있게' 예배가 속히 끝나기만을 바라니까요. 그런 점에서 우리는 약간의 박탈감을 느낍니다. 《뉴스위크》종교부 편집자 케네스 우드워드는 아프리카 기독교에 관한 기사를 쓰려고 주일 아침에 나이지리아에서 예배에 참석하러 가다가 차가 고장 났습니다. 그때 그는 동료 기자들에게 이렇게 말했습니다. "정비사가 교회에 가기 전에 서둘러야 해. 일단 교회에 가면 종일 교회에 있을 테니까."[40] 아프리카계 미국인 기독교 공동체와 마찬가지로, 아프리카 그리스도인들은 함께 기도하고 찬양하며 하나님의 식탁에 모이는 지금 이 순간 주님 앞에 충만한 기쁨이 있다는 사실을 잘 알고 있습니다.

그러나 너무도 큰 아픔 속에 있는 가족들은 지금 겪는 고통이 커서 '넘치는 기쁨' 같은 구절이 조롱처럼 느껴질 수 있습니다. 기독교 공동체가 꼭 필요한 이유가 여기에 있습니다. 우리가 기도할 수 없을 때 공동체가 우리를 위해 기도합니다. 우리에게 아무 소망이 없을 때 공동체가 우리를 위해 소망을 부여잡습니다. 우리가 감당할 수 없을 만큼 고통이 클 때 공동체가 묵묵히 우리 곁을 지킵니다. 눈물 골짜기를 지날 때는 '넘치는 기쁨'을 그저 약속으로 받아들일 수밖에 없습니다. 아직 오지 않은 미래이지만, 반드시 올 겁니다. 우리는 오직 믿음으로 그 사실을 확신합니다. 그러나 그냥 그렇게 믿고 보는 게 아닙니다. 바울이 말했듯 우리가 지금 발을 딛고 서 있는 이 '믿음과 은혜'가 우리에게 필요한 힘을 주기 때문입니다. "환난은 인내력을 낳고, 인내력은 단련된 인격을 낳고, 단련된 인격은 희망을 낳는 줄을 알고 있기 때문입니다. 이 희망은 우리를 실망시키지 않습니다. 하나님께서 우리에게 주신 성령을 통하여 그의 사랑을 우리 마음 속에 부어 주셨기 때문입니다"(롬 5:3-5). 우리가 교회 뒤쪽에 부활절 창문을 장식하는 이유가 여기 있습니다. 하나님을 믿는 자들에게 어떤 미래가 기다리고 있는지 스스로 상기하기 위해서입니다. 그리스도 안에서 품는 희망은 우리를 실망하게 하지 않습니다. 이 희망은 그리스도의 부활에 근거한 것이고, 우리에게 선물로 주신 성령께서 이를 보증하시기 때문입니다. 풍성한 삶에 대한 약속과 영광에 대한 소망, 넘치는 기쁨에 대한 보증은 예수를 죽은 자들 가운데서 다시 살리시고 우리도 주님과 함께 다시 살리리라고 약속하신 하나님의 위대한 행동을 기억하는 우리의 기억 속에 있습니다. 우리는 하나님의 약속을 믿습니다. 첫 부활절 메시지를 지금 새로 들었기 때문입니다. "우리 주님이 부활하셨도다! 정말로 부활하셨도다! 할렐루야!" 시편 16편 8절부터 11절을 함께 낭독하며 하나님을 찬양합시다.

주님은 언제나 나와 함께 계시는 분, 그가 나의 오른쪽에 계시니, 나는 흔들리지 않는다. 주님, 참 감사합니다. 이 마음은 기쁨으로 가득 차고, 이 몸도 아무 해를 두려워하지 않는 까닭은, 주님께서 나를 보호하셔서 죽음의 세력이 나의 생명을 삼키지 못하게 하실 것이며 주님의 거룩한 자를 죽음의 세계에 버리지 않으실 것이기 때문입니다. 주님께서 몸소 생명의 길을 나에게 보여 주시니, 주님을 모시고 사는 삶에 기쁨이 넘칩니다. 주님께서 내 오른쪽에 계시니, 이 큰 즐거움이 영원토록 이어질 것입니다.

아멘.

감사의 말

지난 26년 동안 미국 전역에 있는 교회들이 내게 고난주간에 설교해 달라고 청해 왔다. 복된 초대였고 너무도 귀한 특권이라 생각한다. 많은 교회에 크나큰 감사의 빚을 지고 있다.

우리 딸 엘리자베스 히스 러틀리지에게 특별히 고마운 마음을 전하고 싶다. 열과 성을 다해 원고를 읽고 오자를 수정해 주었으며, 명확한 의미 전달을 위해 여러 가지를 제안해 주었다. 고통에는 답이 없다는 단순한 사실과 우리는 언제나 고통스러운 모호함 속에서 살아야 한다는 사실을 내게 상기시켜 주었다. 엘리자베스가 이 책에 쏟은 노력에 말로 다 할 수 없는 고마움을 느낀다.

목회자로서 내 소명을 굳게 믿어 주고 어려운 시기에 나를 굳건히 붙들어 준 페니 커리, 도로시 마틴, 루이스 마틴, 조지 헌싱거, 데버러 헌싱거, 프랜신 홈스, 더그 홈스, 엘런 차리, 데이나 차리, 짐 케이, 로라 샌더스, 엘런 데이비스, 월리스 앨스턴, 데이비드 트레이시, 알도 토스, 수전 그로브 이스트먼, 수전 크럼프턴, 리처드 헤이스, 그리고 사랑하는 내 동생 베치 맥콜에게도 감사한다. 유대계 불신자를 자처하지만, 설교를 미국 문학의 중요한 장르로 여기고 불굴의 열정으로 내게 격려를 아끼지 않은 휴 닛센슨에게도 감사한다. 그리고 이미 고인이 되신 나의 스승 폴 레만, 조지프 미첼, 피터 포바스에게도 감사한다. 이들은 내 안에 신앙이 싹트게 했고, 그 신앙은 그들이 상상했던 것보다 훨씬 큰 역할을 했다. 이처럼 구름 떼와 같이 수많은 증인이 하나님께서 이 프로젝트를 은혜롭게 이끌어 가시는 모습을 지켜봐 주었다.

어드만스 출판사와 함께 일한 것도 내게는 큰 기쁨이었다. 특히, 샘 어드만스가 저자들을 지원하고 배려하는 방식과 품위와 열의에 깊은 감사를 표하고 싶다. 예화와 삽화의 출전을 찾아내고 분류하는 일에 놀라운 투지를 보여 준 앤드루 혹힘의 해박한 지식과 판단력, 그리고 저자 못지않게 삽화에 정성과 관심을 기울여 준 것을 무척 고맙게 생각한다. 기독교 출판업에서 뛰어난 프로 정신과 헌신을 보여 준 브루스 로빈슨, 캐서린 밴더 몰렌, 찰스 반 호프, 앨런 마이어스, 토드 트렘린, 에이미 켄트, 제니퍼 호프먼에게도 마음 깊이 감사를 전한다.

많은 저자가 끝없이 인내하고 지원을 아끼지 않은 배우자에게 고마운 마음을 전하는 것으로 감사의 말을 마무리하는데, 이제야 그 말의 깊이를 제대로 헤아리게 되었다. 작가와 함께 사는 건 무척이나 어려운 일이다. 거기다 그 작가가 설교자이기까지 하다면, 어려움이 가중될 수밖에 없다. 이런 책이 출판되는 모습을 지켜볼 정도로 결혼생활을 이어가려면 어떤 노력이 필요한지 독자들도 짐작하리라 생각한다. 남편 딕은 마치 이 프로젝트가 자기 인생에서 가장 중요한 사명 중 하나인 것처럼 지원을 아끼지 않았다. 진심으로 그에게 감사한다.

주註 ──

들어가는 말

1) Kenneth Leech, *We Preach Christ Crucified* (Cambridge, Mass.: Cowley, 1994), 88.

1부 종려나무 가지를 흔들며

1) 사복음서에는 예수께서 자기가 당할 고난과 죽음을 세 번에 걸쳐 예언하시는 장면이 공통적으로 등장한다. 마가복음에 나오는 메시아의 비밀은 예수가 죽는 순간, 즉 예수의 정체가 로마 백부장에게 알려지는 순간까지 지켜진다. 이어지는 설교 '새로운 세계질서'를 참고하라. 요한복음은 예수의 수난을 향해 나아가는 방식으로 구성되어 있으며, 그 전환점은 예수께서 전에 "나의 때가 아직 이르지 않았다"라고 말씀하신 것에 반해 그의 생애 중 처음으로 "인자가 영광을 받을 때가 왔다"라고 말씀하시는 요한복음 12장이다.
2) 더 유명한 또 하나의 본문은 요한복음 11장 35절 "예수께서는 눈물을 흘리셨다"이다. '맨 마지막으로 멸망 받을 원수'라는 제목의 설교를 참조하라.
3) 1998년 미국 아칸소주 존즈버러에 있는 학교에서 학생 둘이 총기를 난사해 미국 전역을 놀라게 했다.
4) 예레미야 애가에는 '내가 겪은 이러한 슬픔'이라고 나와 있지만, 전통적으로 이

구절은 예수의 심경을 가리킨다고 보고 '그의 슬픔'으로 이해한다. 특히, 찰스 제넨스가 헨델의 〈메시아〉를 바탕으로 쓴 오페라 대본에는 그렇게 나온다.
5) 일곱 교회에 보내는 요한의 편지에 여러 번 반복되는 후렴구를 참고하라.
6) 제임스 몽고메리(1771-1854)가 지은 찬송가 171장(성공회 찬송가, 1982).
7) David Brooks, "The Organization Kid," *Atlantic Monthly*, April 2001, 40-54.
8) 역사를 주전(Before Christ)과 주후(Anno Domini, '우리 주님의 해'라는 뜻)로 나누는 데서 바로 이런 확신이 드러난다. 이런 식의 연도 계수는 얼마 전부터 '기원전'과 '서기'로 바뀌고 있다. 아마 이 때문에 일부 그리스도인은 우리가 진정으로 믿는 것에 대해 다시 생각할지 모른다.
9) 10년이 지나 이 설교를 출판하려고 준비하면서 나는 이 생각이 여전히 옳다는 데 충격을 받았다. 새 시대에 맞춰 설교 제목을 바꿀 필요를 느끼지 못했다는 뜻이다. 하버드대학교 교목 피터 고메즈 교수는 새로운 2천 년의 중요성에 관한 질문을 받았을 때, 전혀 중요하지 않다고 답했다. "나는 똑같은 옛사람들이 똑같은 옛일에 좌우지되리라고 생각한다." 아마 그럴 것이다.
10) 로마 백부장이 마가복음에서 "참으로 이분은 하나님의 아들이셨다"라고 고백한 이유도 이 때문이다. 마가의 특별한 강조점은 여러모로 교회에 중요한 의미를 지닌다. 마태는 상당한 정도로 마가의 서술을 따른다. 누가와 요한의 수난 기사는 아주 다르다. 우리는 사복음서 저자들의 다양한 시각을 통해 수난 기사의 의미를 더 완전하게 깨닫게 된다. 요한의 시각은 4부에 실린 '영광의 시간'이라는 성금요일 설교에서 다룬다.
11) 라이베리아로 떠나는 수전을 배웅하면서 살아서 그녀를 다시 볼 것 같지 않다고 생각했다. 그러나 주님은 수전을 위해 아직 나타내 보이지 않으신 새로운 선교 비전을 갖고 계셨다. 라이베리아에 있는 동안 수전 레크론은 동료 선교사 데이비드 커플리를 만나 결혼했다. 이 설교를 집필하는 지금 두 사람은 버지니아신학교에서 목사가 되기 위해 공부하고 있다. 지난 십 년간 그들이 겪은 어려움을 다 헤아릴 수는 없지만, 어려움 속에서도 한결같았던 그들의 믿음과 불굴의 정신은 지금도 많은 사람에게 믿음을 불어넣는다.

12) Howell Raines, ed., *My Soul is Rested* (New York: Penguin, 1983), 56.
13) 인종 차별 정책 폐지와 넬슨 만델라 대통령 취임 시기에 관한 투투 주교의 증언은 내 책을 참고하라. "Ascension Day in Pretoria", *The Bible and the New York Times*.
14) 가명을 썼지만, 많은 독자가 이들이 누구인지 알 것이다.
15) Craig Horowitz, "Divided We Stand," *New York*, 9 April 2001.
16) 이 관계가 구원 이야기의 핵심인 이유는 기독교와 일반 종교를 구분 짓는 지리적·역사적 독특함 때문이고, 이 관계가 구원 이야기의 핵심이 아닌 이유는 그런 일이 없기를 바라지만 혹시라도 수소폭탄이 성지에 떨어진대도 이 구원 이야기는 변함없는 사실이고, 이 세상의 현재와 미래에 변함없이 중요하기 때문이다.
17) "아브라함에게 두 아들이 있었는데, 한 사람은 여종에게서 태어나고 한 사람은 종이 아닌 본처에게서 태어났다고 기록되어 있습니다. 여종에게서 난 아들은 육신을 따라 태어나고, 본처에게서 난 아들은 약속을 따라 태어났습니다. 이것은 비유로 표현한 것입니다. 그 두 여자는 두 가지 언약을 가리킵니다. 한 사람은 시내산에서 나서 종이 될 사람을 낳은 하갈입니다. '하갈'이라 하는 것은 아라비아에 있는 시내 산을 뜻하는데, 지금의 예루살렘에 해당합니다. 지금의 예루살렘은 그 주민과 함께 종노릇을 하고 있습니다. 그러나 하늘에 있는 예루살렘은 종이 아닌 여자이며, 우리의 어머니입니다"(갈 4:22-26). 우리는 이 편지에서 "유대 사람도 그리스 사람도 없으며, 종도 자유인도 없으며, 남자와 여자가 없습니다. 여러분 모두가 그리스도 예수 안에서 하나이기 때문입니다"(갈 3:28)라고 한 바울의 말을 기억할 필요가 있다.
18) Jennie E. Hussey, *New Songs of Praise and Power*, 1921.
19) 예수께서 십자가에 달려 죽은 예루살렘 내 장소는 두 가지 성경적 이름을 갖고 있다. 하나는 갈보리이고, 다른 하나는 골고다. 갈보리는 마가복음 15장 22절에 대한 라틴어 번역본에서 따온 것으로 '해골의 장소'를 의미한다. 골고다는 '해골'에 대한 아람어와 그리스어를 음역한 것이다(마 27:33; 막 15:22; 요 19:17). 이 장소를 왜 그렇게 불렀는지는 알려진 바 없으며, 이곳이 구체적으로 어디였는지도 알 길이 없다. 알 수 있는 것은 이곳이 예루살렘 외곽을 둘러싼 성곽 바깥에 있었다

는 점 정도다. 초기 그리스도인들이 예수의 유물이나 십자가 처형과 부활이 일어났던 장소에 대한 기억을 보존하는 일에 아무 관심이 없었다는 점은 의미심장하다. 이런 일에 대한 집착이 생겨난 것은 주후 4세기 무렵이다. 초기 그리스도인들에게 가장 중요한 점은 성령을 통한 예수의 살아 계신 임재였다. 우리가 배워야 할 점이다.

20) C. S. Lewis, *Perelandra*, 2nd vol. in the "space trilogy" (New York: Macmillan, 1965), 111.

21) Patricia Lee Brown, "Preserving the Birthplaces of the Atomic Bomb," *The New York Times*, 7 April 2001.

22) 유대인을 제외한 마을 사람 전부가 나왔다. 여기에는 슬픈 역사가 있다. 유럽에서 고난주간은 유대인들에 대한 박해의 시간이었기 때문이다. 이 주간에 설교자들은 이 박해에 대해 가르칠 특별한 책임이 있었으며, 애석하게도 많은 그리스도인은 무엇이 문제인지 알지 못했다.

23) 우리는 예수께서 예루살렘에 들어가셨을 당시 어떤 일이 벌어졌는지 아는 게 별로 없다. 복음서 기자들이 이야기를 구성하면서 구약에서 온 의미와 사실을 너무도 밀접하게 혼합시켜서 사실과 사실에 대한 해석을 구분할 수 없게 되었기 때문이다. 그러나 사실을 살아 있는 실체로 만드는 것은 다름 아닌 해석이다. 엄밀히 말하자면, 구약의 예언들이 혼재된 해석이다.

24) 이 말은 과장일지도 모르지만, 마태는 다른 중요한 순간들과 마찬가지로 이 사건을 수동태로 표현할 정도로 중요하다고 믿었다. '흔들렸다'라는 표현이 의미하는 바는 외부의 어떤 실행자가 역사했다, 즉 하나님이 사건 가운데 역사했다는 뜻이다.

25) 헨리 하트 밀맨(1791-1868)이 작사한 찬송가 156장(성공회 찬송가, 1982).

26) 장 칼뱅의 《복음서의 조화 Harmony of the Gospels》에 나온 자세한 설명을 인용할 필요가 있을 것 같다. "당나귀는 누군가로부터 빌려왔으며, 안장이 없었기에 제자들은 자신들의 겉옷을 당나귀 위에 얹을 수밖에 없었는데(마 21:7), 이것은 비천하고 부끄러운 가난함의 표식이었다. 예수께서는 많은 시종에게 시중을 받고 계신다. 그런데 어떤 부류의 시종들이었을까? 이웃 마을에서 급하게 모여든

사람들로 이루어진 시종들이었다. 요란하고 기쁨에 찬 환영의 소리가 들리지만, 어디에서 나오는 소리였을까? 가장 가난한 자들에게서 나오는 소리요, 천대받는 무리에 속한 자들이 내는 소리였다. 혹자는 예수께서 의도적으로 자신을 모든 사람의 조롱거리가 되게 하셨다고 생각할지도 모르겠다." *Calvin's Commentaries 16* (Grand Rapids: Baker, 1984), 447.

27) 누가는 또 다른 신학적인 목적을 마음에 두었는데, 이 점은 몇십 년이 지난 후 순교자 유스티노가 누가복음 23장 46절 "아버지, 내 영혼을 아버지 손에 맡깁니다"를 '그리스도인들이 배워야 할 죽음에 대한 태도'로 인용할 때 아주 잘 표현되었다. 다음 책을 참고하라. Raymond E. Brown, *The Death of the Messiah* (New York: Doubleday, 1994), 1068-1069. 요한복음 저자는 십자가에서 예수께서 하신 말씀에 대한 아주 다른 전승을 가지고 있었던 듯하다.

28) '버려짐에 대한 울부짖음'을 순화하려는 유사한 시도에 따르면, 예수께서는 단순히 시편 22편 전체를 크게 낭송하고 있었다고 본다. 물론 예수께서는 이 시편을 외우고 계셨을 테지만, 복음서 저자들은 시편 22편 첫 절만 부각시키려는 의도가 있었음이 확실하다. 이 울부짖음이 두 복음서에 인용된 유일한 말씀이기에, 그리고 이 울부짖음이 너무도 충격적이기에 예수의 말씀은 특별히 역사적 사실성을 지닌 진정한 말씀으로 간주해야 마땅하다.

29) 갈라디아서를 주석하면서 쇠렌 키르케고르는 이 스캔들과 소크라테스에 대한 플라톤의 묘사를 대조함으로써 이 스캔들에 대한 자신의 견해를 밝힌다. 소크라테스는 참된 이상을 소유하고 있지 않았으며, 그렇다고 죄에 대한 어떠한 개념도 갖고 있지 않았다. 그의 구원에는 십자가에 처형되는 하나님도 필요하지 않았다. 그러므로 그의 삶의 표어는 갈라디아서 6장 14절이 말하는 "내 쪽에서 보면 세상이 죽었고, 세상 쪽에서 보면 내가 죽었습니다"가 될 수 없는 것이다. 그러므로 소크라테스는 세상의 어리석음에 대한 자신의 우월성을 보여 줄 뿐인 아이러니를 유지했던 것이다. 그러나 그리스도인에게 아이러니는 충분하지 않으며, 또한 구원은 하나님이 십자가에 못 박힌다는 것을 의미한다는 끔찍한 진리에 대해 아이러니는 결코 답을 하지 않는다. *The Journals of Søren Kierkegaard* (New York: Oxford University Press, 1938), 403, entry 1122.

30) 하나님이 허락하신다면 언젠가 그녀의 이름이 더 유명해질 날이 올 것이다. 그녀는 수녀 테레사와 도로시 데이 혹은 여러분이 아는 그 어떤 인물과도 어깨를 나란히 할 수 있을 정도로 훌륭한 그리스도인이다. 그녀는 영예로운 호칭이요 존경의 표시인 '데이 여사'로 불린다.
31) 다음 책에서 인용했다. Charles Marsh, *God's Long Summer: Stories of Faith and Civil Rights* (Princeton: Princeton University Press, 1997), 22. 거의 문맹에 가까우며 천대받는 소작인이었던 이 여인은 어린 시절 교회에서 배운 "저 사람들은 자기네가 무슨 일을 하는지를 알지 못합니다"라는 구절을 인용함으로써 웅변의 힘을 보여 주었다.
32) 진실화해위원회 회원들은 자기들이 하는 일 때문에 대가를 치러야 했다. 사랑하는 사람이 어떻게 고문당해 죽었는지 설명하는 가족들 이야기를 수년 동안 계속 듣는 것은 견디기 힘든 일이었다. 바바라 브라운 테일러는 모든 회원이 이런저런 점에서 병들었다고 전한다. 투투 주교는 암 투병 중이다.
33) Desmond Tutu, *No Future Without Forgiveness* (New York: Doubleday, 1999), 270-272. 단어는 바꾸지 않았지만, 문장 순서를 재배치했다. 이 인용문은 원래 설교 때 사용했던 인용문보다 더 길다. 교회에 앉은 회중보다 책을 읽는 독자들이 더 많은 것을 배우고 받아들일 수 있으리라 생각한다.

2부 세상 죄를 지고 가는 어린양
1) 전미복음주의협회의 진술이다.
2) 이 말이 반(反)로마가톨릭적이라고 생각하는 독자가 있다면, 절대 그렇지 않다는 점을 분명히 밝히고 싶다.
3) 잔 다르크의 삶과 "예수여, 예수여" 하는 그녀의 울부짖음에 감동하지 않기는 어렵다. 모독하려는 의도로 하는 말이 아니다. 잔 다르크는 나의 영웅 중 한 명이다. 단지 나는 여기서 다른 점을 지적하고 있는데, 이 점은 제인 그레이를 통해 예증할 수 있다. 잔 다르크가 1세기 앞서서 열아홉 살에 죽은 데 비해, 제인 그레이는 두 살 어린 열일곱 살 되던 해인 1544년에 단두대의 이슬로 사라졌다. 제인 그레이는 고전 교육을 받았고, 뛰어난 능력으로 많은 사람을 놀라게 했다. 프로테

스탄트 신자로서 개인 교사였던 존 아일머에게 헬라어와 히브리어로 성경을 배웠으며, 덕분에 진정한 의미의 신학자가 되었다. 다음 책을 참고하라. Paul F. M. Zahl, *Five Women of the English Reformation* (Grand Rapids: Wm. B. Eerdmans, 2001). 여기서 내가 제시하는 두 번째 요지는 기독교 신앙은 해방 운동의 모판 역할을 해 왔으며, 이 운동들은 특권층이었던 제인 그레이뿐만 아니라 촌부인 잔 다르크의 교육으로 이어졌다는 점이다.

4) 1988년부터 1989년까지 사람들을 화나게 한 영화가 바로 이 영화다. 매년 이런 저런 일이 사람들을 화나게 한다. 대소변으로 얼룩진 마리아상과 십자가상, 세인트 존 더 디바인 대성당에 걸린 여자 모양 십자가상이 대표적이다. 이런 논쟁을 보고 있노라면 우리의 모든 에너지를 그리스도 사역의 참된 의미에 쏟아야 한다는 생각이 든다.

5) 다음 책에서 인용했다. Marina Warner, *Joan of Arc: The Image of Female Heroism* (New York: Knopf, 1981), 268.

6) 일찍이 예수에 관한 언급이 요세푸스 같은 역사가들의 저술에 나오는데, 요세푸스는 예수께서 죽고 40년이 지나 책을 쓰면서도 우리의 기존 지식에 아무것도 더한 것이 없다.

7) 소위 영지주의 복음서가 기록된 때는 후대라고 생각한다. 비록 수정론자들에 의해서 크게 사랑받는 도마복음에 얼마간의 초기 예수 전승이 포함되어 있지만, 도마복음을 역사적 문헌이라고 볼 수는 없다. 사실, 우리는 '역사적 예수'를 알 길이 없으며, 오직 '살아계신 그리스도'에 대해서만 알 뿐이다. 루크 존슨의 말대로 "복음서 기자들의 신앙적 시각은 문제가 아니라 바로 요점이다." 존슨은 다소 절제된 어투로 이렇게 덧붙인다. "역사가에게 복음서의 신앙적 시각은 신약 성경의 역사적 성격을 평가하는 데 저자의 편견을 상당 부분 고려해야 한다는 것을 의미한다." 맞는 말이다. Luke Timothy Johnson, *The Real Jesus* (San Francisco: Harper-SanFrancisco, 1996), 88.

8) 이 칭호는 남성과 여성이라는 성적 구분에 민감한 번역자들에게 얼마간의 어려움을 준다. 'Human One'이라는 표현이 몇 해 전에 제안된 바 있으나, 성경학자들의 비판으로 곧 사라졌다.

9) 독일 학자 오스카 쿨만은 오래전에 좋은 유비를 제시한 바 있는데, 이 유비는 지금도 도움이 된다. "십자가와 부활 사건은 'D-Day'요, 그리스도의 재림 사건은 'V-E Day'다. 여기서 중요한 점은 이 사이에는 여전히 치러야 할 위험한 전투가 많고, 많은 사람이 죽을지도 모른다는 점이다. 그러나 승리는 확고부동하며, 뒤따르는 전투들도 이러한 확신 가운데 나아가 가능하다면 기쁨 가운데 치러야 한다는 점 또한 중요하다. 이 점과 관련해 우리는 특별히 남아프리카 공화국의 데스몬드 투투 주교를 생각할 수 있을 것이다."
10) 오리게네스와 니사의 그레고리우스, 그 밖의 다른 이들이 있다. 그러나 동시대인 가운데 어떤 이들은 이러한 사상을 반박했는데, 이들 중에는 다마스쿠스의 요한네스와 알렉산드리아의 키릴로스가 있다. 마귀에게 치른 대속물이라는 개념은 2000년대에 들어서면서 안셀름과 아벨라드에 의해서 결정적으로 일소되었다.
11) Vincent Taylor, *The Gospel According to St. Mark* (London: Macmillan, 1952), 446. 헬라어 본문을 주해한 이 책은 테일러가 쉰 살에 쓴 것으로 모든 면에서 고전적 가치가 뛰어나다.
12) 빈센트 테일러가 쓴 표현으로 많은 사람이 종종 인용한다.
13) "아무리 대단한 부자라 하여도 사람은 자기의 생명을 속량하지 못하는 법, 하나님께 속전을 지불하고 생명을 속량할 사람은 아무도 없다. 생명을 속량하는 값은 값으로 매길 수 없이 비싼 것이어서, 아무리 벌어도 마련할 수 없다"(시편 49:7-8).
14) 540년인가 600년쯤에 나온 베난티우스 호노리우스 포르트나투스의 고난주간 찬송가를 보면 1세기에 '몸값'이라는 주제와 '전투' 이미지가 얼마나 흔했는지 쉽게 확인할 수 있다. 예를 들어, 찬송가 162장 가사는 이렇다. "왕의 깃발이 앞으로 나가고, 십자가는 신비로운 빛 가운에 앞을 비추니, 바로 이 십자가상에서 그분을 통해 우리의 육체가 지음을 받았고, 이 육체 가운데 우리의 몸값이 치러졌도다"(성공회 찬송가, 1982).
15) C. S. Lewis, *The Lion, The Witch and the Wardrobe*.
16) Flannery O'Connor, *Mystery and Manners* (New York: Farrar, Straus & Giroux, 1969), 118.
17) 그의 책은 다음과 같은 제목으로 출간되었다. George Hunsinger, *Disruptive*

Grace (Grand Rapids: Wm. B. Eerdmans, 2000).

18) 간략하게 말하자면, 이러한 역사는 다소 과장된 바가 없지 않다. 선지서 전반과 초기 계시 문학에 만연했던 메시아 대망 사상은 그 자체로도 놀라운 주제다.

19) 사람들은 효과를 높이고자 더 큰 문제를 이용하기도 한다. 예를 들어, 어떤 사람이 자기와 비슷하고 협조적이라 생각될 때 그에게 '관용적인' 태도를 보이기는 아주 쉽다. 그러나 상대가 이슬람 근본주의자든, 유대교 경건파든, 여호와의 증인이든, 상대와 나의 차이점을 강조하려 할 때는 상대를 판단하려는 생각이 먼저 들게 마련이다. 나는 이 설교에서 비교적 사소한 문제인 '예배 음악' 문제를 언급하는데, 회중이 이 문제를 잘 알고 있으리라 생각하기 때문이다.

20) 실제로 말라기라는 이름의 선지자가 있었는지는 알 길이 없다. 말라기는 '나의 메신저'라는 뜻이기 때문이다. 그러나 말라기 선지자의 관심사와 활동 시기(주전 500-450년)는 쉽게 확인할 수 있다. 말라기서는 정해진 주의 날의 도래와 성취를 미리 예언한다는 점에서 구약 성경에 가장 걸맞은 결론이라 할 만하다. 유대인의 히브리 성경은 배열 순서가 다른데, 예를 들면 예언서가 중간에 있고 성문서가 끝에 있다.

21) 오늘날 성경 해석자들은 이 구절을 레위 지파 계열의 제사장들과 선지자 계열의 제자들 사이에 있었던 권력 투쟁의 관점에서 해석하려는 경향이 있다. 말라기가 속한 그룹이 이 투쟁에서 승리했던 것 같다. 이런 해석이 이 구절의 의미를 바르게 드러내는지는 독자들이 판단하기 바란다.

22) "예수의 행동은 단순히 한 유대 개혁가의 행동이 아니다. 그것은 메시아 출현의 표징이다." Edwyn C. Hoskyns, *The Fourth Gospel*, 2nd ed. (London: Faber & Faber, 1947), 194.

23) 예수께서는 요한복음 곳곳에서 '바로 나다'라는 표현을 전략적으로 쓰심으로써 메시아로서 그리스도의 권위는 물론 성부 하나님과의 일체성을 강조한다. 특별히 요한복음 18장 5-8절을 살펴볼 필요가 있다. 예수께서는 최후의 순간이 가까운 이때, 이 짧은 구절에 '바로 나다'라는 표현을 세 번이나 사용하신다. 이 표현은 "나는 곧 나다"(출 3:14)라는 하나님의 이름에서 유래했다.

24) Alexander Maclaren, *Expositions of Holy Scripture* (Grand Rapids: Wm. B.

Eerdmans, 1959), 7:41.

25) 예를 들어, 예레미야 23장 1-4절, 50장 6-19절, 에스겔 34장, 스가랴 10-13장을 보라.
26) 전쟁 깃발과 함께 있는 '아뉴스 데이'는 승리뿐만 아니라 계속되는 '악과의 교전'을 상징한다. 깃발과 함께 누운 어린양은 전쟁 후에 갖는 휴식을 시사한다. 종종 봉인된 책 위에 서 있거나 앉아 있는 어린양은 요한계시록 5장 6절과 12절, 6장 1절을 연상시킨다. "죽임을 당하신 어린양은 권세와 부와 지혜와 힘과 존귀와 영광과 찬양을 받으시기에 합당하십니다. … 나는 그 어린양이 그 일곱 봉인 가운데 하나를 떼는 것을 보았습니다."
27) 모두 레위기에 쓰여 있다.
28) '갈대 바다'가 홍해를 의미한다는 데는 일반적으로 동의하지만, 출애굽 이야기는 수 세기 동안 억압받는 공동체에 큰 의미와 소망을 불어넣었기에 이제 와서 명칭을 바꾸기는 어렵다.
29) 세실 드밀 감독의 영화 〈십계〉를 지금은 웃으면서 즐기게 되었지만, 이스라엘 자손이 이집트를 떠나려고 준비하는 장면은 지금 봐도 뭉클하다.
30) 출애굽 사건에 관해서나 출애굽 사건과 십자가 및 부활 사건의 관계에 관해서는 내 책을 참고하라. "A Way Out of No Way", *Help My Unbelief*.
31) 유대인 그리스도인은 이 모든 걸 원래 알고 있었을 테지만, 이방인 그리스도인은 교리 문답 수강자로서 새로 배웠을 터라서 더 잘 알았을 것이다.
32) 성공회 〈기도서〉 중 성찬식 기도 B에 나오는 표현이다.
33) 증명할 수는 없지만, 사람들은 종종 이렇게 말한다. 요한복음은 유월절 전날 밤에 행해진 최후의 만찬을 묘사하는데, 그 이유는 사도 요한이 매년 유월절에 어린양을 잡아 제물로 드리는 연례 예식 때 예수께서 죽는다는 것을 보여 줌으로써 유월절 어린양이신 예수의 신분을 강조하기 위해서였다. 다른 세 복음서는 최후의 만찬을 유월절의 첫날 밤 축제라고 명시하고 있다. 오늘날 많은 성경학자는 요한복음서의 순서가 역사적 순서일 확률이 대단히 크다고 생각한다. 그래서 최근에는 성목요일에 유월절 첫날 밤 축제를 여는 게 적절한지 의문을 제기하는 사람이 많다. 비록 좋은 의도로 제기하는 의문은 아니지만 말이다. 요한복음의 순

서와 관련된 논쟁에 관해서는 다음 책을 참고하라. Rudolf Schnackenburg, *The Gospel according to St. John* (New York: Crossroad, 1982), 3:34.

34) 찬송가 174장 〈어린양의 성대한 잔치〉의 가사에 주목하라. "어린양의 성대한 잔치에서 승리의 왕께 찬양하네. 유월절 양의 피가 뿌려진 그곳에, 사망의 어두운 천사가 칼을 집어넣네. 승리한 이스라엘의 무리가 대적을 몰살한 파도를 지나가네. 하늘 높은 곳에서 오신 위대한 희생자시여, 지옥의 무서운 세력이 당신 아래 무릎 꿇나이다. 싸움에서 승리하시고, 주 우리에게 생명과 빛 주셨네"(성공회 찬송가, 1982).

35) 엄밀히 말하자면 '에파팍스'는 히브리서에 세 번(7:27; 9:12; 10:10) 나오는데, 강조를 위해 반복하는 느낌이 강하다. 'once and for all'이라는 단어는 대부분의 영어 성경에 네 번 나오는데, 같은 개념이 히브리서 9장 26절에도 분명히 나타나기 때문이다.

36) 2002년에 르완다에서도 비슷한 사례가 나왔다. 르완다에서 가톨릭과 성공회 신부들과 신자들이 재판에 넘겨졌고, 그중 몇몇은 이미 형을 선고받았다.

37) '세상 죄를 지고 가는'을 없애고 "보시오, 하나님의 어린양입니다"라고만 번역한 NRSV의 번역은 평범하고도 진부해서 여운과 감명이 없다.

3부 종의 모습을 취하시고

1) 클린턴 대통령이 임기 말에 단행한 사면을 많은 사람이 비판한 것을 가리킨다.
2) 이 마지막 문장을 두고 논란이 많다.
3) Edwyn C. Hoskyns, *The Fourth Gospel*, 2nd ed. (London: Faber & Faber, 1947), 446.
4) C. K. Barrett, *The Gospel According to St. John* (New York: Macmillan, 1955), 363.
5) Raymond E. Brown, *The Gospel According to St. John XIII-XXI*, Anchor Bible 29A (Garden City, N.Y.: Doubleday, 1970), 551.
6) 베드로에 대한 이런 통찰은 대부분 윌리엄 템플의 요한복음 묵상에서 유래했다.
7) 바로 이 구절에서 '세족 목요일'이라는 이름이 나왔다.

8) 사도 바울은 그리스도 안에 있는 하나님의 사랑을 이야기할 때 '하물며 아버지께서'라는 표현을 자주 사용한다. 예수께서도 이렇게 말씀하셨다. "너희 가운데 아버지가 된 사람으로서 아들이 생선을 달라고 하는데, 생선 대신에 뱀을 줄 사람이 어디 있으며, 달걀을 달라고 하는데 전갈을 줄 사람이 어디 있겠느냐? 너희가 악할지라도 너희 자녀에게 좋은 것들을 줄 줄 알거든, '하물며 하늘에 계신 아버지께서야' 구하는 사람에게 성령을 주시지 않겠느냐?"(눅 11:11-13)

9) '몸값'을 다룬 글이 아주 많다. 자세한 설명은 '왕의 몸값'을 참고하라.

10) 마지막 두 문장은 누가복음 초기 사본에는 없지만, 2세기경부터 교회에 알려졌으며 예수의 수난에 관한 1세기 전승을 반영한 것이다. 〈대기도서〉에는 "선하신 주여, 주의 고난과 피 맺힌 땀으로 우리를 구원하소서"라는 기도문이 나온다.

11) 바바라 브라운 테일러는 성금요일 설교에서 이렇게 말한 바 있다. "버려짐에 대한 울부짖음으로 절정에 다다르게 되는, 하나님에 의한 외견상의 유기는 실질적으로 겟세마네 동산에서 시작되었다." *Home by Another Way* (Cambridge, Mas.: Cowley, 1997), 81-85.

12) 니컬슨 베이커의 소설에서 주인공 소녀는 가족이 사는 마을을 위압적으로 내려다보는 대성당을 두고 이런 생각을 한다. "보통 대성당은 십자가상 형태로 배열되는데, 그 이유는 예수께서 십자가에서 죽었기 때문이다. '그런데 왜 그랬을까?' 노리는 때때로 궁금했다. '왜 사람들이 예수가 죽은 그 끔찍한 방식에 관심을 쏟아야 하는 걸까?'" Nicholson Baker, *The Everlasting Story of Nory* (New York: Random House, 1998).

13) 다윗이 이 시편을 쓰지 않았다고 주장하는 이들도 더러 있지만, 다윗의 작품으로 보는 전통적인 견해는 지혜롭고 적절하다.

14) 마치 3절이 1절 앞에 오는 것처럼 배치했다. 하지만 그것이 바울의 논지를 왜곡한다고는 생각하지 않는다. 바울은 같은 사상을 여러 번 다른 말로 반복하기 때문이다.

15) 이 점에서 삼위일체 신학을 이해할 필요가 있다. 이것은 희생양이 된 아들을 징벌하는 잔인한 아버지를 말하는 게 아니다. 성부 하나님과 성자 하나님이 함께 일하고 계심을 뜻한다. 고난주간에 부르는 찬송가 171장 가사가 이 점을 잘 보여

준다. "눈물로 오르신 갈보리산, 거기서 그분의 발아래 엎드리어 경배하며 기적의 시간을 되새기세. 완성된 하나님 자신의 희생을"(성공회 찬송가, 1982). 예수의 죽음은 '하나님 자신'의 희생이다. 예수를 볼 때 우리는 하나님을 보는 것이다. 바울의 말대로 "하나님께서 사람들의 죄과를 따지지 않으시고, 화해의 말씀을 우리에게 맡겨 주심으로써, 세상을 그리스도 안에서 자기와 화해하게 하신 것입니다"(고후 5:19).

16) 존 브라우니(1859-1925)가 번역한 1982년도 성공회 찬송가 313장 가사다.

4부 예수가 선택한 길

1) 전승에 따르면 예수의 제자인 베드로와 안드레가 십자가에 처형되었다고 한다. 어떤 식으로도 증명할 수는 없지만, 그게 사실이라고 해도 이들은 또 다른 의미에서 이상의 주장을 증명하는 예외적인 사례다.

2) 헨델의 오라토리오 〈메시아〉에 인용된 킹 제임스 성경의 번역문이 우리에게는 익숙하다. "우리는 다 양 같아서 그릇 행하여 각기 제 길로 갔도다."

3) *In Retrospect: The Tragedy and Lessons of Vietnam* (New York: Times Books, 1995). 로버트 맥나마라는 베트남 전쟁 동안에 저지른 공모와 계략을 고백했다.

4) 어쩌면 찔러 죽이는 방식이 십자가형에 가장 가까울 수 있지만, 이 끔찍한 처형 방식도 십자가형과는 결정적으로 다르다. 찔러 죽이는 처형법은 오랜 세월 동안 계급이나 지위와 상관없이 행해져 왔지만, 십자가형은 비로마인, 특히 노예들에게 집행되었다.

5) 이 모든 것에 대한 좋은 지침서로 다음 책을 추천한다. Martin Hengel, *Crucifixion in the Ancient World and the Folly of the Message of the Cross* (Phiadelphia: Fortress, 1977).

6) 정확히 말하자면, 끔찍한 처형 방식에 대해 침묵하는 이유는 사도 요한이 다소 다른 신학적 관심과 초점을 갖고 있었기 때문이라는 점에 주목할 필요가 있다. 요한복음에 나오는 예수의 마지막 말씀은 미래의 기독교 공동체에 하신 말씀이다. "빛이 미리 십자가 처형 사건이라는 어둠 가운데 비치고, 그 뒤 그 충격성이 점점 줄어든다. 그러므로 요한복음의 예수 수난은 예수의 승리 이야기요, 사역 성취

에 관한 이야기다." Rudolf Schnackenburg, *The Gospel according to St. John* 3:4. 이 주제들은 이 책 다른 부분에서 다룬다. 여기서는 공관복음서와 바울 서신, 히브리서를 주로 다룬다.

7) 앞에 나온 '하나님의 어린양'이라는 제목의 설교를 되풀이하는 것 같지만, 그렇지 않다. 같은 주제를 다른 방식으로 접근하면, 주제를 더 깊이 더 넓게 이해할 수 있다고 본다.

8) Episcopal *Book of Common Prayer*, Holy Eucharist, Rite One.

9) "요한은, 그리스도께서 하신 일들을 감옥에서 전해 듣고, 자기의 제자들을 예수께 보내어, 물어 보게 하였다. '오실 그분이 당신이십니까? 그렇지 않으면, 우리가 다른 분을 기다려야 합니까?'"(마 11:2-3)

10) '그리스도 왕(Christus Rex) 십자가'를 선호하는 신학적 이유가 있지만, 여기서는 그러한 이유 때문이 아니다. 이 여인은 인생에서 그 어떤 끔찍함도 느끼고 싶어 하지 않을 뿐이다.

11) 이 점은 앞으로도 여러 번 반복할 터인데, 그만큼 중요하기도 하고 이를 둘러싼 오해가 뿌리 깊기 때문이다.

12) 안셀무스는 만약 우리가 십자가를 일종의 배상 혹은 만족으로 이해하지 않는다면, "여러분은 여전히 죄의 심각성과 중대함을 고려하지 않는 것이다"라고 했다.

13) 조지 허버트의 시 〈고통〉에 관해 설명하면서, 디오게네스 알렌은 이렇게 말했다. "만약 죄가 무엇인지 알고 싶다면 십자가에 달린 그분을 바라보라, 하고 허버트는 우리에게 말한다." Diogenes Allen, "Jesus and Human Experience," in *The Truth about Jesus*, ed. Donald Armstrong (Grand Rapids: Wm. B. Eerdmans, 1998), 154.

14) 존 루이스, 제임스 베벨, 제임스 파머, 패니 루 해머, 호시 윌리엄스, 프레드 셔틀스워스, 앤드루 영, 그 밖에 수많은 사람을 예로 들 수 있다. 하워드대학교의 신학 교수 켈리 브라운 더글러스는 루서 킹 박사가 기독교 신학 발전에 끼친 영향을 언급한 바 있다. 더글러스 교수는 루서 킹 목사는 위험스러울 정도로 자기도취에 빠진 미국 교회가 십자가 중심, 하나님나라 중심의 살아 있는 신앙으로 나아가게 했다고 말한다.

15) 고린도후서 1장 22절, 5장 5절, 에베소서 1장 14절에 나오는 헬라어 '아라본(*arrabon*)'은 보증금, 보증, 첫 번째 불입금, 계약금 등을 의미한다.
16) 소영광송(Gloria Patria)이라는 말은 해석이 필요하다. "찬송과 영광이 성부, 성자, 성령에게 창세로부터 지금까지, 그리고 영원토록 함께 있을지어다. 아멘"이라는 영광송은 모든 것이 언제나 영원토록 똑같이 머물러 있으리라는 뜻이 아니다. 성경 전체의 증언에 따르면 하나님은 완전히 새로운 일을 행하실 것이다. 특히 이사야 40장부터 55장까지를 참조하라. 또한, 이 책에 실린 '새로운 세계질서'라는 설교를 참고하라.
17) 윌리엄 피어슨 메릴(1867-1954)이 작사한 찬송가 551장(성공회 찬송가, 1982).
18) 인종 차별에 반대하는 남아프리카 백인 여성 단체의 명칭은 '블랙 새시(Black Sash)'다. 1980년에 엘살바도르 국가방위군 일원에 의해 미국인 수녀 마우라 클라크, 이타 포드, 도로시 케이즐과 평신도 사역자 장 도노반 등이 납치되어 강간당한 뒤 살해당했다. 미 국무부의 주장과 달리, 이들은 자비의 수녀회 소속으로 폭력적인 반란을 지원하지 않았다는 사실이 나중에 밝혀졌다. 특별히 이타 포드의 가족은 수십 년 동안 사회 정의와 인권 증진을 위해 헌신했다. 포드 가문의 후손들은 이런 정신이 숙모 이타 포드에게 물려받은 '가장 소중한 선물'이라 여긴다. David Gonzalez, "Kin of Nun Slain in 1980 Keep Faith in a Cause," *The New York Times*, 6 November 2000.
19) 갈라디아서 3장 10-14절은 1983년 〈공동성서정과〉나 1992년 〈개정성서정과〉에 나오지 않는다.
20) 가장 좋은 번역은 '교정'을 뜻하는 'rectification'이지만, 너무 어려워서 성금요일 예배에서 다루기는 적절하지 않다. 그래서 좀 더 친숙한 표현인 '칭의'를 그대로 사용하려 한다.
21) 요한 베커가 사도 바울을 연구한 다양한 저서에서 제시한 개념이다.
22) '유대인' 대신에 '경건한 사람들'이라고 표현한 이유는 오늘날의 관점에서 이해하는 유대 민족을 가리키는 게 아니라는 점을 분명히 하기 위해서다. 칼 바르트는 로마서 주석과 그 밖의 다른 책에서 신약의 '유대인'은 오늘날로 치면 경건하거나 도덕적인 사람, 즉 자신이 의롭다 여기는 사람들이라고 밝힌 바 있다.

23) 아우구스투스 토플레이디가 1776년에 작사한 찬송가 685장(성공회 찬송가, 1982).
24) 세력으로서의 실체를 강조하기 위해 '사망'과 '죄'를 볼드체로 표기했다. 사망과 죄를 세력으로 보는 시각은 신약 성경 곳곳에 등장한다.
25) J. Gordon Davies, *Holy Week: A Short History* (Richmond: John Knox, 1963), 47.
26) 메리 맥카시의 집에서 저녁을 먹다가 나온 말이다. 맥카시는 나중에 그 일에 관해 글을 쓰면서 오코너가 전한 이야기에 동조하면서도, 집주인으로서 그 시점까지 침묵을 지키던 손님들에게 맞추려고 노력했다고 덧붙였다. 가톨릭 신자였던 메리 맥카시가 성찬식은 상징일 뿐이라고 말하자 플래너리 오코너는 떨리는 목소리로 "만약 그게 상징이라면, 없애는 게 낫지 않겠어요?"라고 대꾸했다고 한다. 이 일은 오코너의 편지에 재미있게 쓰여 있다. *The Habit of Being* (New York: Farrar, Straus & Giroux, 1979) 124-125.
27) 피에르 아벨라르(1079-1142)가 작사한 찬송가 164장(성공회 찬송가, 1982).
28) 바울은 이 표현을 고린도전서 4장 13절에서 사용한다. 바울은 이를 통해 선교 사역의 어려움을 이야기하지만, 이 표현이 무엇을 가리키든 분명한 점은 십자가와 연결되어 있다는 점이다.
29) 앞에서도 이 구절을 언급한 바 있지만, 지금과 똑같은 방식으로 인용하지는 않았다.
30) '타인을 위한 사람'이라는 표현은 나치 손에 죽은 디트리히 본회퍼와 연관된 표현이다.
31) 이 말은 영국 종교개혁 중에 토머스 크랜머가 썼거나 다른 곳에서 수집한 구절로 1928년 판 성공회 〈기도서〉에 들어 있다. 젊은 세대는 잘 모르지만, 예전에는 자주 애용하고 사랑하던 표현이다.
32) 요한 헤르만(1585-1647)이 작사한 찬송가 158장 5절(성공회 찬송가, 1982).
33) 3년이 지나 이 설교를 편집하던 무렵에도 필자는 바오바브 부활절 카드를 샀다. 백인 고객을 염두에 두고 제작한 카드보다 호소력이 강하다.
34) 〈뉴욕타임스〉는 9.11 테러에서 간신히 살아남은 여인의 이야기를 보도했다. 재와 먼지를 뒤집어쓰고 콜록거리고 울면서 맨발로 북쪽을 향해 비틀거릴 때, 낯선

사람이 플라스틱 물컵을 하나 건넸다고 한다. 여성은 그 컵을 죽을 때까지 보관할 거라면서 "이 컵은 너무도 큰 의미가 있어요"라고 말했다.
35) 나는 조각상을 세운 게 나쁘다고 생각하지 않는다. 하지만 호수로 가는 길 말고 다른 곳에 세우는 게 낫지 않았을까. 몇 년이 지나 이 문제가 신문에 보도되었지만, 조각상은 여전히 그 자리에 있다.
36) 더 자세한 표현은 토머스 크랜머가 쓴 〈기도서〉에 나온다. 여기서 인용한 구절은 구판에 실린 구절로 오늘날에는 자주 사용하지 않지만, 신판에 실린 표현보다 구판에 실린 표현이 더 감명 깊고 시의적절하다. 지난 10년간 'Devices and Desires'라는 제목으로 두 권의 책이 출판되었다.
37) 이 표현도 1929년 판 〈기도서〉에서 인용한 것인데, 이 〈기도서〉는 1549년 판과 1662년 판을 개정한 것이다. 현재 사용하는 〈성결기도서〉는 17세기부터 사용하기 시작했다.
38) 폴 게르하르트(1607-1676)가 작사한 찬송가 168장(성공회 찬송가, 1982).
39) 이 설교를 작성한 1999년도는 알바니아계 코소보인을 '쓸어 버리려는' 슬로보단 밀로셰비치의 계획을 막기 위해 나토군이 폭격을 가하던 때였다.
40) 요한 헤르만이 작사한 찬송가 158장 처음 세 절(성공회 찬송가, 1982).
41) "Solus ad victimam," by Kenneth Leighton (1968); *Anthems for Choirs I* (London: Oxford University Press, 1973).
42) 이 본문은 앞에서도 설교한 바 있지만, 그때는 다른 방식으로 설명했다. 이 본문처럼 심오한 뜻이 담긴 성경 구절은 다중적인 해석을 불러일으킨다.
43) 이 점을 여러 번 강조했는데, 오늘날 이를 근거로 십자가 신학을 통렬히 공격하는 이들이 있기 때문이다. 특히, 페미니즘에 관심이 있는 신학자들이 비판의 날을 세웠다. 주목할 점은 복음주의 진영에서 19세기에 내놓은 몇몇 해석이 그릇된 인상을 주었다는 인식이 오늘날 널리 받아들여지고 있다는 점이다. 우리는 이러한 잘못을 다시 되풀이하지 않도록 조심해야 한다. 삼위일체 신학이 우리의 지표가 되어야 한다.
44) 친숙한 예를 하나 들어 보자. 철길 다리를 올렸다 내렸다 하는 일을 하는 남자가 있다. 어느 날 승객을 가득 실은 열차가 다가오는데, 어린 아들이 다리 위 기계 옆

에서 놀고 있었다. 아버지는 다리를 내렸고, 그 바람에 아들은 기차에 깔려 죽었다. 아무것도 모르는 승객들은 웃으며 손을 흔들었다. 나는 예수의 십자가형을 예증하기 위해 이 예화를 사용해서는 안 된다고 생각한다. 성부 하나님 혼자 일하셨다는 그릇된 생각을 강화하기 때문이다.

45) 윌리엄 스패로우 심슨(1860-1952)이 작사한 찬송가 160장(성공회 찬송가, 1982).
46) 부활 절기에 폭격을 중지하려던 시도는 성공하지 못했다. 이 책을 편집하던 3년 뒤, 미국에는 '매들린 전쟁'이 승리했다는 인식이 널리 퍼졌다. '매들린 전쟁'이라는 명칭은 국무장관 매들린 올브라이트의 이름에서 따왔다. 미샤 글레니처럼 상황을 아주 잘 아는 내부자들은 정말로 승리했다고 할 수 있을지 자신 없어 했다. 밀로셰비치는 무너졌지만, 전쟁은 수많은 사람에게 깊은 상처와 불행을 안겨 주었고, 알바니아계는 다양한 방식으로 세르비아인에게 보복했다. 2001년에는 라마단 기간에 아프가니스탄에 대한 폭격을 중지하라는 요구가 있었다. 논의는 많았지만, 미국은 한 번도 진지하게 고려하지 않았다. 그러나 향후 수십 년 안에 정보 수집, '지상군', 언어 능력, 낯선 문화에 대한 이해 등등에 커다란 진보가 일어나리라고 예상한다. 다시 말해, 미국 고립주의가 막을 내리고 세계가 함께 공조하는 새로운 헌신이 일어날 것이다.
47) 예배 때 너무 많은 정보를 전달하는 건 가능하지도 않고 추천하고 싶지도 않다. '복음서 저자들'이라고 표현했지만, 예수를 정복자로 제시한다는 점에서 요한복음이 다른 복음서와 다르다는 점은 잘 알고 있다. 그러나 요한은 복음서 저자 중 유일하게 예수께서 제자들의 발을 씻기는 장면, 즉 노예나 하는 불쾌한 일을 하시는 장면을 묘사한다. 이에 대한 베드로의 반응은 자기 선생이 노예처럼 무릎을 꿇는 모습을 본 제자가 보일 법한 반응과 매우 유사하다. 이는 다음 날 베드로에게 어떤 일이 일어날지 미리 암시하는 사건이기도 하다. 이에 관해서는 '주님, 내 발뿐만이 아니라'라는 설교를 참고하라. 또한, 요한은 예수를 조롱하고 손바닥으로 얼굴을 때리는 장면(요 19:3)을 크게 부각한다.
48) 5세기경에 글을 쓴 이사야가 메시아의 십자가 처형을 암시했다고는 생각하지 않는다. 이사야 53장에 나오는 '고난받는 종'에 관한 유명한 구절을 다르게 해석하는 이들도 있다. 그러나 앞에서 주목한 바 있듯이, 교회는 언제나 이 구절을 성

령 안에서 이루어진 예언으로 이해했고, 그래서 고난주간에 전통적으로 이 본문을 설교해 왔다.

49) 내 책을 참고하라. "Nothing Virtual Tonight", *Help My Unbelief*.

50) 이번 주《TV 가이드》에 실린 글은 '종교'와 '영성'을 구분했는데, 이러한 구별은 쓸모가 없다고 생각한다. 둘 다 기독교적이지 않은데, 핵심에 십자가가 없기 때문이다.

51) 수정주의 학자들(그중 몇몇은 '예수 세미나' 회원이다)과 성경의 증언 및 전통에 굳게 서 있는 사람들 사이의 논쟁은 아직도 끝나지 않았지만, 지겨워하고 싫증 내는 사람이 많다. 이 논쟁이 주목할 만한 성과를 거두었고, 그 결과로 사람들에게 유명해졌다면 문제가 없다. 그런데 이들을 보고 있으면 '예수 전쟁' 자체를 홍보하는 게 목적이 아닌가 의심이 들곤 한다. 학문을 숭상하는 사람으로서 나는 이 논쟁을 비웃을 생각이 없다. 그러나 수정주의 학자들 가운데 지역 교회 예배에 정기적으로 참석하는 사람은 소수에 불과하다는 점은 시사하는 바가 크다. '예수 전쟁'에 관해서는 다음 책을 참고하라. Luke Timothy Johnson, *The Real Jesus: The Misguided Quest for the Historical Jesus and the Truth of the Traditional Gospels* (HaperSanFrancisco, 1996).

52) 9.11 테러 이후, 우리는 죄와 악이 테러 집단에만 국한되지 않는다는 점을 항상 인식해야 한다. 죄와 악에 맞서는 싸움은 그리스도인들 가운데서도 행해지고 있다. 하나님은 우리 각 사람 속에서 '옛 아담'을 뿌리 뽑으셔야 하기 때문이다.

53) '십자가에 달려 죽은 하나님'은 위르겐 몰트만의 책 제목이기도 하다. Jürgen Moltmann, *The Crucified God* (New York: Harper & Row, 1974).

54) 빌레몬서는 예외인데, 이 서신은 바울이 친구에게 보낸 사적인 편지다.

55) 프랜시스 포트(1832-1909)가 라틴어 가사를 영어로 번역한 찬송가 208장(성공회 찬송가, 1982).

56) 뉴잉글랜드 지역 밖에 있는 미국 대학들에서 '델타 델타 델타'는 엘리트 여학생 클럽으로 간주된다.

57) *New York*, 6 April 1990.

58) Paul Sevier Minear, *The Golgotha Earthquake: Three Witnesses* (Cleveland:

Pilgrim, 1995).

59) '새 시대(New Age)'라는 용어는 피하는 게 좋을 듯하다. 오늘날 유행하는 절충적인 형태의 영성 운동인 '뉴 에이지 운동'과 헷갈릴 수 있기 때문이다. 그래서 '오는 시대'라는 표현을 썼다. 종려주일 설교에서는 이를 '새로운 세계질서'라고 표현하기도 했다.

60) '사도 요한은 ~라고 말한다'라고 쓴 것은 전통적인 입장을 따라서 그렇게 쓴 것뿐이다. 요한 문헌 전부를 한 사람이 썼다고 내가 믿는다는 뜻은 아니다.

61) 이 설교를 할 당시 뉴트 깅리치는 하원 의장으로서 '미래지향적'인 이야기에 탐닉하고 있었다. 그러나 그런 미래지향적 사고에 자신의 몰락은 담겨 있지 않았다니, 얼마나 아이러니한 일인가.

62) "East Coker," in *Four Quartets*.

63) "사랑하는 여러분, 이제 우리는 하나님의 자녀입니다. 앞으로 우리가 어떻게 될지는 아직 밝혀지지 않았습니다만, 그리스도께서 나타나시면, 우리도 그와 같이 될 것임을 압니다. 그때에 우리가 그를 참모습대로 뵙게 될 것이기 때문입니다"(요일 3:2).

64) 요한 헤르만이 작사한 찬송가 158장(성공회 찬송가, 1982). 이 점을 이 설교집에서 여러 번 지적했다. 정말 중요해서 기회가 있을 때마다 가르쳐야 한다고 생각하기 때문이다. 대단히 많은 그리스도인이 '유대인들'에 대한 신약의 언급을 오해하는 게 얼마나 위험한지 여전히 인식하지 못하고 있다.

65) Flannery O'Connor, *The Habit of Being* (New York: Farrar, Straus & Giroux, 1979), 360.

66) Kenneth Woodward, "Rethinking the Resurrection," *Newsweek*, 8 April 1996, 60-70.

67) *Newsweek*, 27 March 2000.

68) Jacques Ellul, *The Politics of God and the Politics of Man* (Grand Rapids: Wm. B. Eerdmans, 1972).

69) 또한, 기독교는 오늘날 몇몇 사람들이 주장하듯 기독교 이전 시기에 켈트족의 영성 쌍둥이로 등장한 게 아니다. 참된 켈트 기독교는 삼위일체 신학을 특별히

강조하며 소중히 여긴다. 찬송가 〈성 패트릭의 흉갑〉을 참고하라.

70) '힌트와 암시'라는 표현은 다음 책에서 인용했다. Stephen Sykee, *The Story of Atonement* (London: Darton, Longman and Todd, 1997). 이 책이 〈삼위일체와 진리 Trinity and Truth〉 시리즈로 발간되었다는 점은 주목할 만하다.

71) 악한 본능은 테레호테에서 2001년 6월에 티머시 맥베이를 티셔츠 할인 행사에 맞춰 처형했을 때 분명히 드러났다. 심지어 사형 지지자들마저도 깜짝 놀랐다.

72) 이 통찰에 대해서는 역사가 피터 브라운에게 크게 신세를 졌다.

73) Peter Steinfels, "Beliefs," Column, *The New York Times*, 3/19/99.

74) 요한 헤르만이 작사한 찬송가 158장(성공회 찬송가, 1982).

75) W. H. Auden, "Christmas 1940," *The Collected Poetry of W. H. Auden* (New York: Random House, 1940), 118-120.

76) Jürgen Moltmann, *The Crucified God* (New York: Harper & Row, 1974), 7.

77) '갈보리 언덕에 나타난 세 가지 표징'을 참고하라.

78) Roger Cohen, "In a Town 'Cleansed' of Muslims, Serb Church Will Crown the Deed," *The New York Times*, 7 March 1994.

79) '우리 대신 재판받는 재판장'은 다음 책에 나오는 장제목이다. Karl Barth, *Church Dogmatics*, IV/2.

80) 헨리 프란시스 라이트(1793-1847)가 작사한 찬송가 662장(성공회 찬송가, 1982).

5부 밤과 어둠

1) 오르페우스는 이런 관행이 옳음을 증명한 예외적 사례다.

2) 《쉰들러 리스트》의 저자 토머스 케닐리는 '흑성 아우슈비츠,' '무시무시한 왕국,' '아우슈비츠 공국,' '대규모 공동묘지와 폐허의 도시' 등 다양한 용어로 죽음의 수용소를 하나의 영토인 것처럼 묘사한다. Thomas Keneally, *Schindler's List* (New York: Simon & Schuster, 1982).

3) 전에는 베드로와 요한이 달려가는 그림이 포함된 성경이 많았다. 그 그림을 보면 두 사람이 상상할 수 없는 일을 이미 상상하고 있음을 알 수 있었다. 그러나 성경 본문에는 그런 암시가 전혀 없다.

4) 옷이 잘 개어져 있었다고 설명하는 이들도 있다. 라디오 방송국 WJMJ에 출연한 한 가톨릭 신부는 예수께서 친히 옷을 잘 개어 놓고 나가셨다고 말한 바 있다. 어쨌든, 예수께서 사랑하시던 제자 요한은 예수의 옷을 보는 순간 감히 생각도 할 수 없는 일을 확신하게 되었다.
5) 예수께서 말씀하신 '사람'은 개개의 인간을 가리킨다.
6) 내 책을 참고하라. "Strange Ending, Unthinkable Beginning", *The Bible and The New York Times*.
7) 레드먼드 브라운은 이렇게 설명한다. "복음서 저자들은 무덤에 없는 예수의 몸이 부활해서 영광에 이르렀다고 생각한 게 분명하다. 다른 모든 차이에도 불구하고 부활절 아침에 무덤이 비어 있었다는 점은 사복음서 모두 확고부동하게 증언하고 있다. … 나는 베드로와 바울이 무덤에서 썩지 않고 부활하신 주님을 전파했다고 믿는다. 신약 성경에는 그리스도인들이 예수의 몸이 무덤에서 썩어 간다고 생각했다는 암시가 전혀 없다. 예수가 부활해 영광에 이르렀으니, 예수의 몸은 무덤에 남아 있지도 않았고 땅속에서 썩어 가지도 않았다는 말인가? 이 질문에 나는 성경의 증거를 근거로 '그렇다'라고 답하고자 한다." R. E. Brown, *The Gospel According to John XIII-XXI*, 967, 978.
8) 무덤에 있던 옷을 보관한 사람에 관한 언급이 전혀 없는 데 주목할 필요가 있다. 이 혁신적인 부활 사건은 뒤이은 시기, 즉 '진짜 십자가' 유물과 '토리노의 수의'를 보존하고 있다고 주장하던 시기와는 전혀 다른 환경에서 일어났다. 신약 시대 그리스도인들에게 유물은 전혀 중요하지 않았다. 중요한 것은 주님의 살아계신 임재였다.
9) 기독교 공동체의 삶이 아주 중요한 이유가 여기에 있다. 그리스도의 사랑은 이제 우리의 구체적인 돌봄과 관심, 이웃에 대한 사랑을 통해 중재된다. 이와 다른 유형의 돌봄과 사랑은 존재할 수 없다.
10) 신학적 호기심이 왕성한 사람들은 더 알고 싶을 것이다. 영혼 불멸 사상과 부활 사이에 놓인 중대한 문제가 있다면, 영혼 불멸 사상은 인간에게는 이미 신적인 속성을 갖춘 어떤 구조적 측면(사람의 '영혼' 혹은 '혼'이라고 불리는)이 존재한다고 상정한다는 데 있다. 이러한 생각은 두 가지 점에서 오류가 있다. 첫째로 이러한 생

각은 히브리적 사고(성경적 인간론은 인간을 정신과 육체의 합일로 묘사한다)가 아니라 헬라적 사고(육체와 영혼의 분리를 주장하는)에 바탕을 두고 있기 때문이다. 둘째로, 이 사상은 우리의 어떤 부분이 존재하는데, 이 부분은 죽음에 내줄 필요가 없다거나 혹은 철저한 신뢰 가운데 죽은 자를 다시 살리시는 능력을 홀로 갖추고 계신 하나님에게도 내줄 필요가 없다고 가르치기 때문이다.

11) 이츠하크 라빈의 열일곱 살 손녀가 쓴 추도사다. 1995년 11월 17일 자 〈뉴욕타임스〉에 그녀가 쓴 추도사가 영어로 번역되어 실렸다. "할아버지는 장막 앞에 둔 불기둥이셨어요. 이제 우리만 어둠 속에 덩그러니 남았습니다. 너무 춥고, 너무 슬퍼요. … 저보다 훌륭하고 대단한 분들이 할아버지를 조문했습니다. 그러나 그들을 포함해 그 어떤 사람도 제가 가졌던 기쁨은 갖지 못했을 거예요. 할아버지의 따스하고 부드러운 손길을 느끼고, 따뜻하게 안아 주시던 포옹에 감사하고, 늘 너무도 많은 것을 말해 주던 할아버지의 조용한 미소를 볼 수 있어서 정말 기뻤어요. 이제 그 미소를 볼 수 없네요. 그 미소는 이제 할아버지와 함께 무덤에 싸늘하게 놓여 있으니까요." 이 추도사는 몸으로 함께하는 것을 대체할 수 있는 건 아무것도 없음을 완벽하게 상기시켜 준다.

12) 2001년에 출간된 다음 책을 참고하라. Philip Roth, *The Dying Animal* (Boston: Houghton Mifflin). 몸과 영혼의 합일을 이 책처럼 강력하게 묘사한 다른 책이 있다면 알고 싶을 정도다. 책의 서문을 쓴 소설가 에드나 오브라이언은 "몸은 뇌만큼이나 삶의 이야기를 많이 담고 있다"라고 했다. 플래너리 오코너의 〈파커의 등 Parker's Back〉이라는 단편 소설도 함께 추천한다. 이 책에서 플래너리 오코너는 이렇게 말한다. "나중에 미국에서 종교라는 것이 증발하는 중요한 전기가 된 사건, 즉 1832년에 랠프 월도 에머슨이 빵과 포도주를 치우지 않는 한 성찬식에 참석하지 않겠다고 한 사건이 일어났을 때, 다시 말해, 물질과 영적 실체가 분리된 그때 신앙의 해체는 사실상 피할 수 없게 되었다." Flannery O'Connor, *Mystery and Manners*, 161-162.

6부 죽음과 부활

1) '천국의 문' 신도들이 헤일-밥 혜성 뒤에 숨어 있던 우주선이 나타나려 한다면서

함께 자살을 기도했던 때다.
2) "그들은 베드로와 요한이 본래 배운 것이 없는 보잘것없는 사람인 줄 알았는데, 이렇게 담대하게 말하는 것을 보고 놀랐다. 그리고 그들은 그 두 사람이 예수와 함께 다녔다는 사실을 알았지만"(행 4:13).
3) '과 여자들'이라는 표현과 관련해서 예전 영어 번역본에서 유니아스(롬 16:7)로 지칭되던 사람이 실제로는 '유니아'라는 여자라는 사실을 지금은 다 받아들이고 있다. 헬라어는 여자를 시사하지만, 초기 번역본들은 여자 사도가 존재할 수 있다고 생각하지 않았던 것 같다. 루디아는 빌립보에 있는 가정 교회의 지도자였던 것으로 보이며(행 16:40), 유오디아와 순두게는 빌립보 교회의 중요한 지도자였음을 우리가 알고 있는데, 그 이유는 바울이 "이 여인들은 … 나의 동역자들과 더불어, 복음을 전하는 일에 나와 함께 애쓴 사람들입니다"(빌 4:3)라고 기록하고 있기 때문이다.
4) 케네디 대통령이 암살당했을 때 재클린 케네디 여사가 한 말이다. 케네디 여사에 대한 훨씬 더 긍정적인 평가는 뒤에 나오는 설교 '맨 마지막으로 멸망 받을 원수'에 나오는 참고문헌을 참조하라.
5) 요한계시록은 〈개정성서정과〉의 순환 주기 C에 있는 부활 절기에 읽는다.
6) 2000년 3월 27일 《뉴스위크》 기사는 항상 그렇듯이 예외적이다. 이 기사는 내가 이 책 '들어가는 말'에서 감사를 전한 케네스 우드워드가 썼다.
7) Jeffrey L. Sheler, "Why Did He Die?" *U.S News and World Report*, 24 April 2000, 50-55.
8) 다음 책을 다룬 서평에서 인용했다. Thomas Cahill, *Desire of the Everlasting Hills: The World Before and After Jesus* (New York: Nan A. Talese, 1999).
9) 그중 한 명은 여자였을 가능성이 있다. 복음서는 여자를 열두 제자의 일원으로 제시하지 않지만, 여자들은 분명히 예수를 따르던 자들의 일원이었기 때문이다. 바울이 서신서에서 지도적 위치에 있는 여자들을 복음서보다 훨씬 많이 열거하고 있다는 점은 주목할 만하다.
10) "항상 당신 옆에서 함께 걷는 저분은 누구신가?" T. S. Eliot, "The Waste Land."

11) Emily Dickinson, poem #187: *The Complete Poems of Emily Dickinson* (Boston: Little, Brown, 1951), 88.

12) 특히, 시편이 그렇다. 시편 저자가 죽음 너머에 있는 삶에 대한 소망을 통해서가 아니라, 단순히 하나님을 찬양하거나 하나님에게 더 큰 뜻이 있으리라 믿는 믿음을 통해 죽음의 공포를 극복하는 점은 주목할 만하다.

13) Susan Sontag, *Illness as Metaphor* (New York: Farrar, Straus & Giroux, 1977), 55.

14) 죽은 자들의 부활에 대한 가르침과 함께 이러한 암시가 포로 이후 시기 말부터 나타나기 시작하여(사 26:19; 단 12:2) 예수가 이 땅에 오시기 수십 년 전에 일반화되었다. 그리스도인들은 욥기 19장 25-27절을 부활에 대한 소망을 확언하는 말씀으로 이해해 왔지만, 원래의 문맥에서 이 구절의 참된 의미는 모호하다.

15) 쇠렌 키르케고르의 말이다.

16) William Stringfellow, *Count It All Joy* (Grand Rapids: Wm. B. Eerdmans, 1967), 52, 89.

17) *The Habit of Being*, 552.

18) 다음 책은 장례 산업을 신랄하게 비평한 책이다. Jessica Mitford, *The American Way of Death* (New York: Simon and Schuster, 1963). 출판된 후 몇 년 동안 장례 산업의 감언이설과 마케팅에 대한 저항을 불러일으켰다. 그러나 제시카 미트포드는 죽기 전에 한 인터뷰에서 장례 산업의 문제가 더 심해졌다고 한숨지었다.

19) 하나의 세력으로서 '사망'의 성격이나 지위에 관심을 집중하고자 할 때는 볼드체로 표기했다.

20) 찬송가 208장 〈싸움은 모두 끝나고〉(성공회 찬송가, 1982).

21) 영국 국교회 교인들은 웨스트민스터 사원에서 있었던 다이애나의 장례식을 최악의 예전 실수로 기억한다. 전통적인 장례 순서 중 그 어떤 것도 남아 있는 게 없었기 때문이다. 전 세계 25억 인구가 장례식을 지켜보았지만, 보통의 세속적인 장례식에서는 볼 수 없는 무언가를 볼 기회는 주어지지 않았다. 이 장례식에서 행한 전통 예식 중 하나는 합창단이 헨리 퍼셀의 장송곡을 부른 것이다. 영국 최고의 소년 합창단 스타일로 아름답게 불렀지만, 가사의 의미를 모르는 사람들은 거의 알아들을 수 없는 노래였다. "주님, 당신은 우리 마음의 비밀들을 알고 계시

니, 온갖 죽음의 고통에 괴로워하다 우리가 주님에게서 떨어져 나가지 않게 하소서." 장례식 후 몇 주가 지나서 나는 좋은 기회를 잃어버린 것을 가슴 아파하며 글을 하나 썼다. 이 글을 지지하는 편지를 75통 넘게 받았는데, 그 전에는 글을 쓰고 이렇게 많은 편지를 받아 본 적이 없었다. 전통적인 영국 국교회 장례 예식을 동경하는 사람이 많다는 증거다.

22) "예수께서는 금욕주의적 결의로 죽음을 아주 자연스러운 전환으로 보지 않았다. 죽음을 하나님이 뜻하신 것이 아닌 끔찍한 무엇, 바울의 표현을 빌리자면 '맨 마지막으로 멸망 받을 원수'로 보았다." Oscar Cullmann, *The Christology of the New Testament* (Phiadelphia: Westminster, 1959), 96.

23) Shakespeare, *Hamlet*, act 5, scene 2, line 345.

24) 재의 수요일에 재를 뿌리는 예식을 가리키는 전통적인 표현이다.

25) Shakespeare, *Macbeth*, act 5, scene 5, lines 22-26.

26) 요한계시록 1장 8절, 22장 16절, 말라기 4장 2절, 이사야 9장 6절에 나오고, 예수께서 마르다에게 하신 마지막 질문은 요한복음 11장 26절에 나온다.

27) 이 설교를 읽다 보면 뉴잉글랜드 시골 마을에서 한 설교라는 걸 확실히 알게 된다. 누가 예상이라도 한 듯이 이 설교를 하고 얼마 되지 않아, 지역 신문에 성형수술 열풍에 관한 특집 기사가 실렸다.

28) 2001년 9.11 테러 이후의 관점에서 보면 이 단락을 조금 다르게 썼어야 했는지도 모른다. 그러나 〈뉴욕타임스〉 기사는 9.11 테러 이후 성형 수술이 증가했다는 데 주목하고 있다. "When Times Got Tough, Some Go for Plastic Surgery," SundayStyles section, 21 October 2001. 한 의사는 환자들이 바로 만족감을 얻는다고 전했다. "사람들은 그 순간을 살기를 원한다." 우리가 여전히 잘못된 곳에서 새 삶을 찾고 있다는 표징이 많이 있다.

29) 뉴욕주 웨스트체스터에서 존경받던 판사가 전 연인을 집요하게 스토킹하고 성희롱한 혐의로 유죄 판결을 받자 모든 사람이 놀랐다. Sol Wachtler, *After the Madness: A Judge's Own Prison Memoir* (New York: Random House, 1997).

30) 2001년 9.11 테러 이후 아프가니스탄에 대한 폭격이 시작되었을 때 피터 스타인펠스는 〈뉴욕타임스〉에 때로는 폭력이 폭력을 멈추게 한다는 글을 썼다. 그는

2차 세계대전을 '정의로운 전쟁'의 관점에서 바라보았다. 9.11테러의 여파를 논하는 것은 이 글의 요점이 아니다. 그러나 전쟁의 참담한 결과는 '악한' 자들만이 아니라 '선한' 자들에게도 영향을 미친다. 점잖던 사람들이 전쟁 중에는 냉담하고 잔인한 사람으로 바뀐다. 태평양 전쟁에 참여했던 미국인들에 관한 이야기가 대표적인 예다. "The Hardest War," by John Gregory Dunne, *The New York Review of Books*, 20 December 2001.

31) Cartoon by Robert Mankoff, *The New Yorker*, 4 May 1987, 107.
32) 엘리자베스 퀴블러 로스의 저작을 비판하는 글이 나중에 쏟아져 나왔다는 점에 주목할 필요가 있다. "Is Acceptance a Denial of Death? Another Look at Kübler-Ross," by Ray Branson in *the Christian Century*, 7 May 1975, 464-468. 레이철 마크는 퀴블러 로스의 책《안녕이라고 말하는 그 순간까지 진정으로 살아 있어라To Live Until We Say Goodbye》에 대한 서평에서 퀴블러 로스의 메시지는 '크나큰 오해를 불러일으킬 가능성'이 있고, 회피의 언어를 사용하고 있다고 지적했다. 또한, 죽음의 존재를 부정함으로써 무시무시한 죽음과 싸움을 하고 있다고 지적했다. *Wall Street Journal*, 3 January 1979.
33) 이 외에도 퀴블러 로스는 "어린이는 죽음이 충격적이라고 생각하는 사람과 동행해서는 안 된다"라고 말했다.
34) *The Habit of Being*, 552.
35) Deirdre Carmody, "Two Lives, One Fact: Terminal Cancer," *The New York Times*, 12 April 1976.
36) 받아 적은 말이니, 그 친구의 말 그대로라고 생각한다.
37) 원래 장 티세랑이 15세기에 작사했고, 존 메이슨 닐(1816-1866)이 나중에 영어로 번역한 찬송가 203장 〈아들딸아, 함께 노래하자〉(성공회 찬송가, 1982).
38) 존 베넷이 1920년경에 작사한 찬송가 196장 〈보라! 우리 형제 그리스도께서 오신다〉(성공회 찬송가, 1982).
39) 니케아 신조에서 인용했다.
40) '기쁨의 50일'에 대한 전통적인 명칭은 누가복음과 사도행전에서 유래했다. 늘 그렇듯, 요한복음은 다른 복음서와 달리 예수께서 부활하신 날 저녁에 성령을 부

어 주신 것으로 묘사한다.
41) 아모스 와일더는 새로운 말씀씨, 즉 '언어 사건'이 어떻게 사도들의 설교를 통해 세상에 들어왔는지 설명한다. Amos Wilder, *Early Christian Rhetoric* (Cambridge, Mass.: Harvard University Press, 1971). 와일더는 이 책에서 '역사의 중심점,' '세계를 변화시키는, 갈등과 죽음과 영광의 거래,' '지금까지 이해되어 온 바로서의 인류 이야기의 근본적인 반전' 같은 표현을 사용한다. 와일더의 책은 설교자들에게 큰 힘이 된다. 그는 이 책에서 이런 말도 했다. "설교를 통해 선포된 성경 본문을 듣고 있자면… 모든 운명과 폭정을 궁극적으로 섬멸하고 승리하시는, 바로 그 최후의 말씀이신 예수의 굳건한 약속을 듣게 된다."
42) 사도행전에 나오는 설교를 두고 큰 논쟁이 있었다. 바울 서신에 나오는 설교들과 중요한 부분에서 다르기 때문이다. 이 차이에 관해서는 더 자세한 연구가 필요하다. 사람들이 바울 서신에 나타난 바울을 사도행전이 보여 주는 바울보다 좋아하는 경향이 있는 것도 사실이지만, 교회 강단에서 이러한 차이를 논할 필요는 없다. 사도행전은 그 자체로 놀라운 공헌을 하고 있다는 사실에 주목해야 한다.
43) Eduard Schweizer, "ἀναψύχω" in *Theological Dictionary of the New Testament*, ed. Gerhard Kittel and Gerhard Friedrich (Grand Rapids: Wm. B. Eerdmans, 1974), 9:663-664.
44) 제프리 초서의 《캔터베리 이야기Canterbury Tales》의 첫 구절을 패러디한 엘리엇의 시 〈황무지〉의 첫 구절이다.
45) *The New York Times*, 1-7 April 1991.
46) Robert Frost, *New Hampshire* (New York: Henry Holt, 1923), 84.
47) "너희는 내가 시련을 겪는 동안에 나와 함께 한 사람들이다. 내 아버지께서 내게 왕권을 주신 것과 같이, 나도 너희에게 왕권을 준다. 그리하여 너희가 내 나라에 들어와 내 밥상에서 먹고 마시게 하고, 옥좌에 앉아서 이스라엘의 열두 지파를 심판하게 하겠다"(눅 22:28-30).

7부 주님을 모시고 사는 삶
1) 앞에서 이미 주목한 바 있듯이 한 명의 예외가 존재하는데, 그는 당연히 바울이

다. 바울은 예수께서 이 땅에서 사실 때는 예수를 알지 못했고, 다메섹으로 가는 길에 부활하신 그리스도를 만났을 무렵에는 새로운 기독교 운동을 핍박하고 있었다. 바울은 자신의 사도 직분에 의문을 품는 이들에게 "내가 우리 주 예수를 뵙지 못하였습니까?"(고전 9:1)라고 진지하게 묻는다. 이러한 예외는 우리에게 하나님의 자유로운 뜻을 이야기한다. 하나님이 원하시면 그 누구에게라도 자신을 계시하실 수 있는 하나님에 대해서 말하고 있다.

2) "그 후에 그리스도께서는 한 번에 오백 명이 넘는 형제자매들에게 나타나셨는데"(고전 15:6).

3) 성찬식에서 사용하던 오래된 예식 용어들이 시사하는 바가 크다. "이것을 받아먹고, 그리스도께서 여러분들을 위해 죽었음을 기억하십시오. 믿음과 감사로 여러분 마음속에서 예수가 자라나게 하십시오." 이런 표현은 대단히 조심스럽게 쓰였는데, 예수를 받아들인다고 해서 예수가 우리의 소유, 우리의 권리가 되는 게 아니라는 점을 확실히 하기 위해서였다. 예수를 받아들이려면 받아들이는 자가 예수를 믿어야 한다. 단순한 신뢰나 믿음이 아니라 우리의 존재 전체를 계속 그분에게 드려야 한다. 위에서 인용한 표현은 〈기도서〉에 있는 토머스 크랜머의 표현을 츠빙글리식으로 바꾼 후반부로 '기억'이라는 개념을 강조한다. 이에 반해 전반부는 좀 더 '가톨릭적'이다. "여러분을 위해 주어진 우리 주 예수 그리스도의 몸." 1559년 〈기도서〉에서는 이 두 형식이 하나로 통합되어 훌륭한 조화를 이루고 있다. 혹자는 대단히 '성공회적'이라고 말할 수도 있다!

4) 바울은 로마의 승리 행렬, 즉 전쟁에서 승리한 장군들이 장엄한 행렬을 이끌고 맨 끝에는 전쟁 포로들이 뒤따르는 승전 행렬을 생각했는지도 모른다. 다음 책을 참고하라. Gordon D. Fee, *The First Epistle to the Corinthians, New International Commentary on the New Testament* (Grand Rapids: Wm. B. Eerdmans, 1987), 174-175.

5) 제자란 가르침을 받는 자, 주인의 발 앞에 앉아 있는 자를 말한다. 이에 반해, '보냄을 받은 자'를 뜻하는 사도(*apostolos*)는 사명을 맡기고 파견하는 분에게 모든 권한을 위임받은 전권 대사다.

6) 사도행전에 나오는 위대한 여성들을 더 잘 이해하려면 내 책을 참고하라. "Lydia:

The First Christian in Europe", *Help My Unbelief*.
7) 성경 이야기를 사랑한다면, 런던 '빅토리아 앨버트 박물관'에 가서 라파엘로 카툰의 작품을 꼭 보라고 권하고 싶다. 라파엘로 카툰의 작품을 모아 둔 방에 가면 사도행전에 나오는 장면을 묘사한 작품들을 만날 수 있다.
8) 이전까지 아무에게도 말한 적 없는 이야기다. 이런 종류의 이야기는 극히 조심해야 한다. 그렇지 않으면 성령을 시험하게 되기 때문이다.
9) "우리는 하나님의 작품입니다. 선한 일을 하게 하시려고, 하나님께서 그리스도 예수 안에서 우리를 만드셨습니다. 하나님께서 이렇게 미리 준비하신 것은, 우리가 선한 일을 하며 살아가게 하시려는 것입니다"(엡 2:10). 성공회 〈기도서〉에는 성찬식 후에 드리는 감사 기도가 나온다. "하늘의 아버지시여, 우리는 겸손히 주께 간구합니다. 주의 은혜로 우리를 도우사, 우리가 이 거룩한 교제 안에 계속 거하게 하시며, 우리가 걸어갈 수 있도록 주께서 예비하셨던, 모든 선한 일을 행할 수 있게 하옵소서."
10) Gerard Manley Hopkins, "I wake and feel the fell of dark, not day," *Poems*, ed. Robert Bridges (London: Humphrey Milford, 1918), no. 45.
11) 예수께서 '요한의 아들 시몬아'라고 부르신 이유를 두고 학문적 논쟁이 벌어졌다. 베드로와 어느 정도 거리를 두려는 듯한 느낌이 들기도 한다. 그래서 어떤 이들은 베드로를 시험해 보려는 의도였다고 해석하기도 한다. 처음에 베드로를 제자로 부르셨을 때를 상기시키려는 의도였다고 보는 해석도 꽤 타당성이 있다. 마태복음에는 베드로의 아버지 이름이 요나로 나와 있다.
12) 마태복음에는 기록이 있으나 요한복음에는 그런 기록이 없으므로 엄격히 말하면 이 부분에 큰 비중을 두기 어렵다. 그래도 베드로의 말에는 감동적인 연결고리가 있다.
13) 예수께서 하신 세 번의 질문은 이전에 베드로가 예수를 세 번 부인한 것과 일맥상통한다는 데 대부분 동의한다.
14) 이 말은 후대의 로마가톨릭 교황직을 암시하는 것이 아니다. 그러나 분명히 베드로는 신약 전체가 증언하듯이 아주 일찍부터 교회에서 우위를 점했던 게 확실하다. 네 번째 복음서의 주인공은 사랑하는 제자이지만, 요한 공동체에서도 베드

로는 몹시 중요한 인물이어서 요한과 같은 위치에 있었다. 다양한 배경을 지닌 학자들로 이루어진 위원회에서 출간한 훌륭한 저서인 다음 책을 참고하라. *Peter in the New Testament*, ed. Raymond E. Brown, Karl P. Donfried, and John Reumann (Minneapolis: Augsburg; New York: Paulist, 1973).

15) Bruce Feiler, *Walking the Bible: A Journey by Land through the Five Books of Moses* (New York: Morrow, 2001).
16) Daniel Mendelsohn, "Holy Schtick," *New York Magazine*, 16 April 2001.
17) Claudia Smith Brinson, "Death Penalty Foe Says Death Can't Heal," *The State* (Columbia, SC), 9 October 2000.
18) 새라 리머는 〈뉴욕타임스〉에 사형 제도에 관한 글을 쓰고 있다. 이 문장은 2001년 4월 19일 자 신문에 실린 글에서 발췌했다.
19) 좀 더 자세히 말하자면, 세계 평화는 이스라엘과 팔레스타인 사이의 갈등이 해결되기까지는 가능하지 않으리라는 게 점점 더 분명해지고 있다. 9.11 테러와 그 여파는 부시 행정부에 이 점을 더욱 분명히 했는데, 부시 정권은 거의 한밤에 이전의 고립주의 입장을 수정한다는 징후를 보이기 시작했다. 지정학적 예루살렘의 평화를 위한 기도는 그리스도인들에게 주어진 우선 과제다.
20) *The State* (Columbia, SC), 26 April 2000.
21) 실제로 이 투표는 카운티 의회 위원회에서 이루어졌지만, 강단에서는 자세한 내용을 설명하지 않았다. 2000년 7월에 이 계획은 최종적으로 승인되었다.
22) Seth Mydans, "Cambodia's Latest Plague: Lynch Law," *The New York Times*, 13 April 2000.
23) 솔직하지 못하다고 생각하는 독자가 많을 것 같다. 그러나 내가 티베트 불교를 종종 언급하는 데는 몇 가지 이유가 있다. 첫째, 나는 지금까지 티베트에 지대한 관심을 기울였다. 둘째, 기독교 외에 내가 가장 많이 아는 종교가 티베트 불교다. 셋째, 최근 미국에서 티베트 불교가 가장 눈에 띄는 데다가 티베트 불교를 낭만적으로 생각하는 사람들의 평가가 새로운 국면에 접어들고 있다.
24) Steven Kinzer, "As the World Heals, Tibet's Exiles Feel Forsaken," *The New York Times*, 24 June 1999. 티베트 불교에 대한 서구의 감상적인 평가

에 관해서는 다음 책을 참고하라. Orville Schell, *Virtual Tibet: Searching for Shangri-La from the Himalayas to Hollywood* (New York: Metropolitan, 2000); Donald S. Lopez, *Prisoners of Shangri-La: Tibetan Buddhism and the West* (Chicago: University of Chicago Press, 1998).

25) *Mystery and Manner*, 147-148.

26) 인류학자인 라이오넬 타이거는 이에 관해 글을 쓴 많은 사람 중 하나일 뿐이다.

27) Douglas Southall Freeman, *R. E. Lee: A Biography* (New York: Scriber's 1934), 2:462.

28) 소방관들은 9.11테러 사건 이후 광범위한 인터뷰를 했는데, 행동하길 좋아하는 성향에 관해서도 종종 이야기했다.

29) Israel Finkelstein and Neil A. Silberman, *The Bible Unearthed: Archaeology's New Vision of Ancient Israel and the Origin of Its Sacred Texts* (New York: Free Press, 2001). Review by Phyliis Trible, *The New York Times* Book Review, 4 February 2001.

30) 그러나 이렇게 소극적인 자세를 신봉하는 '최소주의' 경향에 강력히 반대하는 목소리가 있다는 사실에 주목할 필요가 있다. 예를 들어 다음 책을 참고하라. William G. Dever, *What Did the Biblical Writers Know and When Did They Know It? What Archaeology Can Tell us about the Reality of Ancient Israel* (Grand Rapids: Wm. B. Eerdmans, 2001).

31) 단순화하기 위해 "우리의 죄를 위해 죽었다"라는 표현을 생략해 왔지만, 이것이 바울 설교의 핵심이라는 점과 모든 설교의 적법한 주제임을 절대 잊어서는 안 된다. 우리는 이 분명한 사실을 고난주간 설교에서 다룬 바 있다.

32) 하나님의 강력한 행위를 나타내는 구약의 한 표현이다.

33) 기독교와 유대교의 관계와 연관된 대단히 복잡한 문제가 있고, 이 문제에서 파생된 무시무시한 후유증이 존재하지만, 이 주제는 다른 곳에서 더 자세하게 다루어야 할 주제다. 관심이 있는 독자는 다음 책을 참고하라. *Jews and Christians: Getting Our Stories Straight*, by Rabbi Michael Goldberg (Philadelphia: Trinity Press International, 1991).

34) J. Christiaan Beker, *Paul the Apostle: The Triumph of God in Life and Thought* (Philadelphia: Fortress, 1980).
35) 헨델의 〈메시아〉 가사처럼 욥기 구절과 고린도전서 구절을 한데 모은 것이다.
36) 라틴어로 된 가사를 토머스 크랜머가 영어로 번역한 찬송가 〈죽은 자의 장례〉가 사다. 마르틴 루터와 마일스 커버데일도 장례식에서 사용하려고 이 찬송가를 번역했다. 다음 책을 참고하라. Marion J. Hatchett, *Commentary on the American Prayer Book* (New York: Seabury, 1981), 485.
37) 설교의 목적에 맞춰 두 절의 순서를 일부러 바꾸었다.
38) 바울이 에베소서를 쓰지 않았을지도 모르지만, 신학자 폴 레만은 "설사 그가 쓰지 않았다고 해도, 그는 그걸 썼어야 했다"라고 말하곤 했다.
39) 성공회 〈기도서〉에 나오는 표현이다.
40) Kenneth L. Wooward, "The Changing Face of the Church," *Newsweek*, 16 April 2001, 46-52.

삽화 출처 ──

Rembrandt Harmensz van Rijn (1606-1669), The Raising of the Cross, ca. 1632. Alte Pinakothek, Munich.

Albrecht Dürer (1471-1528), Christ's Entry into Jerusalem. 1509/1510. Woodcut. National Gallery of Art, Washington, DC. Rosenwald Collection.

Lovis Corinth, The Large Martyrdom. !907. Oil on canvas. 251x190cm. Museum Ostdeutsche Galerie, Regensburg.

Ephitaphios of Thessaloniki, showing the angels grieving over the death of Christ. Byzantine, 14th century. Gold, silver, and silk threads. Werner Forman Archive/Byzantine Museum, Athens. Credit: Art Resource, NY.

Giotto di Bondone, detail from Pieta (Lamentation). Scrovegni Chapel, Padua, Italy. Credit: Alinari/Art Resource, NY.

Rembrandt Harmensz van Rijn (1660-1669), Christ Driving the Money Changers from the Temple. Etching. The Metropolitan Museum of Art. Gift of Felix M. Warrenbufg and his family, 1941. (41.1.49)

Matthias Grünewald, Crucifixion scene, Isenheim Altarpiece (closed), ca.1512-16. Musee d'Unterlinden, Colmar, France. Credit: Giraudon/Art Resource, NY.

Fra Angelico, The Last Supper. From the Armadio degli Argenti. Museo di San Marco, Florence, Italy. Credit: Nicolo Orsi Battaglini/Art Resource, NY.

Dirck Bouts, The Lord's Supper. Oil on canvas. 1468. 150x180cm. Collegiate Church of Saint Peter, Louven, Belgium. Photograph ⓒ Erich Lessing. Credit: Art Resource, NY.

Daniele Crespi (1560-1630), Last Supper. Pinacoteca di Brera, Milan, Italy. Credit: Scala/ Art Resource, NY.

Lorenzo Ghiberti (1370-1455), The Last Supper, from the north doors of the Baptistry, Florence, Italy. Credit: Scala/Art Resource, NY.

The Last Supper, relief on east choirscreen, ca. 1250-60, Naumburg Cathedral. Credit: Marburg/Art Resource, NY.

Andrea Mantegna (1431-1506), Calvary; central panel of the predella for the main altar for San Zeno in Verona, ordered by the proto-notary Gregorio Correr. Wood, 76x96cm. Louvres, Dept. des Peintures, Paris, France. Photograph ⓒ Erich lessing. Credit: Art Resource, NY.

Crucifixion. Stained-glass window, ca. 1150, Chartres Cathedral.

Graham Sutherland, Crucifixion. Oil on board. 1946. Private collection.

Rembrandt Harmensz van Rijn (1606-1669), Christ on the Cross. Le Mas d'Agenais France.

Francisco Goya (1746-1828), Crucifixion. Oil on canva. 1780. Prado, Madrid. Credit: Art Resource, NY.

Rembrandt can Rijn (1606-1669), Descent from the Cross. Engraving. 1654/ Musee du Petit Palais, Paris, France. Credit: Giraudon/Art Resource, NY.

Jean Poyet (fl. 1450-1500), Road to Calvary, from the "Missal of Guillaume Lallemant." The Pierpont Morgan Library/Art Resource, NY.

Matthias Grünewald, Christ Carrying the Cross, ca. 1526. Kunsthalle Karlsruhe.

Marc Chagall, WhiteCrucifixion. 1938. Oil on canvas. Art Institute of Chicago.
ⓒ Marc Chagall / ADAGP, Paris - SACK, Seoul, 2020 Chagall ®

Eugene Delacroix, The Crucifixion. 1855. National Gallery, London.

Christ Knocking Open the Door of Hades. Altar carving, 1500. Nicolaikirche, Kalkar/Niederrhein.

Andrea Mantegna, Descent into Limbo. Metropolitan Museum of New York.

Peter Paul Rubens, Triptych, Descent from the Cross. Cathedral, Antwerp, Belgium. Credit: Scala/Art Resource, NY.

Max Beckmann, The Descent from the Cross. 1917. Oil on canvas, 59 1/2x10 3/4inches (151.2x128.9cm.). The Museum of Modern Art, New York. Curt Valentin Bequest. Photograph ⓒ The Museum of Modern Art, New York.

Matthias Grünewald (1460-1528), The Resurrection, a panel from the Isenheim Altar. Limewood, ca. 1515. 260×650cm. Mussed d'Unterlinden, Colmar, France. Photograph ⓒ Erich Lessing. Credit: Art Resource, NY.

Piero dell Francesca, Resurrection. Pinacoteca Comunale, Sansepolcro, Italy. Credit: Scala/Art Resource, NY.

Rembrandt Harmensz van Rijn (1606-1669), The Disciples at Emmaus. Oil on canvas. 1628-29. Paris, Mus. Jacquemart Andre. Credit: Giraudon/Art Resource, NY.

Rembrandt Harmensz van Rijn (1606-1669), The Disciples at Emmaus. Oil on wood. 1648. 68×65cm. Louvre, Dept. des Peintures, Paris, France. Photograph ⓒ Erich Lessing. Credit: Art Resource, NY.

Giotto di Bondone (1266-1336), detail from Resurrection of Lazarus. Fresco. Scrovegni Chapel, Padua, Italy. Credit: Scala/Art Resource, NY.

Nicholas Froment (1430-1486), detail from Triptych with Resurrection of Lazarus. Uffizi, Florence, Italy. Credit: Alinari/Art Resource, NY.

El Greco (1541-1614), Resurrection. Museo del Prado, Madrid, Spain. Credit: Giraoudon/Art Resource, NY.

이 서적 내에 사용된 일부 작품은 SACK를 통해 ADAGP와 저작권 계약을 맺은 것입니다. 저작권법에 의하여 한국 내에서 보호를 받는 저작물이므로 무단 전재 및 복제를 금합니다.

옮긴이의 말

역자는 성경을 바르게 읽는 일에 깊이 헌신해 있으며 동시에 개혁주의 신학 전통을 가장 성경적이라 굳게 믿는 성경신학자로서 본서가 비록 성경-신학적 강해의 성격을 지녔다 하더라도 분명 형식상 설교집에 해당하는 본서를, 그것도 미국 성공회에 소속된 사제의 설교집을 번역하기로 한 것 자체가 이미 많은 것을 함의하고 있다고 본다. 이러한 몇 가지 함의를 중심으로 책 소개와 옮긴이의 말을 대신하고자 한다.

먼저 본서를 간단히 소개하고자 한다. 본서는 미국의 저명한 설교자일 뿐만 아니라 다양한 성경적 주제에 대한 명성 있는 강연자인 플레밍 러틀리지가 그리스도의 수난과 죽음, 그리고 부활에 관해 1976년부터 2001년까지 26년간 미국 전역의 여러 교회에서 다양한 상황에서 했던 고난주일 설교와 고난주일에서 이어지는 고난주간과 부활 절기 설교를 선별하여 모은 것이다.

본서는 41편의 설교를 총 7부로 나누어 구성했다. 1부에는 고난주일 설교 네 편이 담겨 있고, 2부에는 고난주일에 이어지는 고난주간 월요일부터 수요일까지 사흘간의 설교 세 편이 담겨 있다. 3부에는 고난주간의 목요일을 성공회 전통에 따라 세족 목요일로 특정하여 이날에 적합한 설교 세 편을 실었다. 4부에는 고난주간의 금요일, 즉 성금요일 설교 열아홉 편을 다시 네 부분으로 나누어 실었다. 5부에는 부활주일 설교 두 편을, 6부에는 부활주일 다음날인 월요일부터 금요일까지 닷새 간의 설교 다섯 편을 실었다. 마지막으로 7부에는 부활절부터 성령강림 절까지 '기쁨의 50일'에 맞는 설교 다섯 편을 실었다.

6부와 7부에 관해서는 설명이 조금 필요할 것 같다. 보통 부활 설교는 5부에 실린 부활주일 설교로 충분하다고 생각할 것이다. 그러나 저자는 부활주일 뒤 한 주간을 특별히 '부활주간'으로 명명하고 예수의 부활이 가져온 우주적 차원의 새로운 질서를 집중적으로 조명해야 한다고 본다. 또한, 부활절부터 성령강림절까지 50일 동안 진정으로 예수를 따르는 '예수의 제자들'이 부활의 삶을 구현하도록 집중적으로 도와야 한다고 본다. 그래서 6부와 7부에 열 편의 설교를 배치했다.

본서는 형식상 설교 모음집이지만, 엄밀한 의미에서 여기 실린 설교는 복음서에 나온 수난 기사에 대한 깊이 있는 신학적 성찰이 담긴 성경-신학적 강해라 부르는 게 타당할 것이다. 이 점은 본서가 그리스도의 사건의 뿌리를 보다 큰 차원의 하나님의 창조-구속 사역의 특성에 두고 있다는 사실에 기인한다.

하나님은 온 창조 세계를 자신의 의의 왕국으로 창조하셨으며 이 왕국의 확립을 위해 언약적 천명 가운데 자신을 헌신하셨는데, 사망의 세력인 사탄과 죄가 이 왕국에 잠식해 들어옴으로써 하나님의 창조 세계에 대한 다스림은 사탄과 죄의 사주를 받는 인간의 악의적 저항에 직면하게 된다. 성경은 예수 그리스도의 사건은 이러한 죄의 궁극적 악함을 만천하에 드러낼 뿐만 아니라("그가 정사와 권세를 벗어 버려 밝히 드러내시고"), 인류의 죄를 짊어지시고 죄에 대해 죽으심으로 죄를 이기신 역설적인 승리의 방식이며, 이를 통해 예수 안에서 우리가 죄에 대해 죽음으로 죄가 더는 우리를 다스리지 못하게 되었다고 말한다. 바로 이러한 예수 그리스도의 죄에 대한 궁극적 고발과 죄에 대한 승리의 방식이야말로 성경적 사고의 정수라 할 수 있는데, 이 두 가지 점이 본서의 전편에 걸쳐 모든 설교에 깊이 스며 있다.

이제 본서의 몇 가지 특징과 아울러 이들이 지닌 중요한 신학적 함의를 간략히 지적하고자 한다. 첫째로 본서는 그리스도의 수난과 죽음, 그리고 부활이라는 기독교 복음의 핵심적 성격인 전복성subversiveness을 극명하게 보여 준다. 그리스도의 사건은 단순히 좁은 의미의 구속적 사건 정도가 아니다. 오히려 그리스도의 사건은 인간 타락이 지닌 근본적 죄인 인간-주도적 삶의 구도의 허상을 폭로하고 전복시킨 우주적 사건이다. 그리스도의 사건은 오직 하나님-주도적 혹은 하나님-의존적 삶으로의 회귀가 하나님의 창조 세계의 회복과 구원이라고 선포한다. 이러한 복음의 전복성은 기본적으로 복음의 역설과 연결되어 있는데, 이 점을 저자는 다음과 같이 잘 표현하고 있다.

> 하나님의 위격 안에서 하나님이 하나님에게 버림받은 것, 이것이 십자가 사건의 역설입니다. 십자가에 달려 죽은 이는 하나님 자신이십니다. 세상의 이치에는 맞지 않지만, 이것은 어둠 속에서도 우리가 견딜 수 있게 해 주는 '낯선 행위'입니다.(240쪽)

계속해서 저자는 말한다.

하나님의 아들이 '이 세상의 통치자'로 의인화된 악의 세력에게 자기를 내줌으로써 악의 세력을 무찌르셨다는 것, 이것이 기독교 신앙의 역설입니다.(271쪽)

둘째로 본서는 하나님-중심적, 그리고 그리스도 중심적 사상을 기저에 담고 있다. 저자는, 그리스도는 '우리의 죄를 위해 죽으셨다'는 표현으로 요약되는 그리스도의 구속 사역을 논하면서도 '우리의 죄를 위해'라는 점에서 논의를 시작하는 것보다 그리스도의 죽음과 죄의 연관 관계를 먼저 논하는 것이 옳다고 지적한다. 그 이유는 기독교의 복음은 우리와 함께 시작하는 것이 아니며, 특별히 우리의 죄의 문제와 시작하는 것이 아니라 하나님과 그의 선하심과 함께 시작하기 때문이라고 저자는 말한다(147쪽). 이런 점에서 저자는 '하나님 앞에 부끄러움을 느낀다는 건 그가 은혜 안에서 성장하고 있다는 확실한 증거'라고까지 말한다(156쪽).

또한, 저자의 이러한 하나님-중심적 그리고 그리스도-중심적 사상은 속죄에 대한 저자의 이해에서도 잘 드러난다. 전통적인 속죄 교리에 따르면 그리스도의 속죄는 진노하시는 아버지가 희생자이신 아들에게 저주를 퍼붓는 사건 punitive atonement 으로 이해하고 있는 데 반해 저자는 그리스도의 속죄는 하나님과 그리스도에 의한 단일한 자기-희생적 사랑의 사건이라고 말한다. 이를 설명하면서 저자는 '하나님께서는 죄를 모르시는 분에게 우리 대신 죄를 씌우셨습니다'라는 표현은 십자가 상에서 예수께서 "나의 하나님, 나의 하나님, 어찌하여 나를 버리셨나이까?"라고 울부짖었던 순간 이루어졌던 일, 곧 하나님의 아들이신 예수 그리스도께 대신 '죄를 씌우신' 사건으로, 처음이자 마지막으로 하나님

아버지로부터의 분리의 경험을 말한다고 주장한다. 이 사건의 핵심에는 아버지의 뜻과 아들의 뜻이 하나라는 사실이 놓여 있으며, 이 사건은 아버지와 아들이 함께 행하시는 하나의 행동이라고 주장한다(174쪽).

셋째로 본서는 그리스도 사건의 종말론적 성격에 천착하고 있다. 그리스도인들은 '과거' 그리스도를 통해 이미 결정된 '미래'를 '현재' 가운데 사는 자들이다. 그리스도의 사건은 새 시대의 도래를 가져왔기 때문이다. 신약 성경, 특히 예수의 수난 기사에 나타나는 우주적 대변혁(해가 어두워지고, 지진이 일어나고, 바위가 갈라지는 사건들)에 관한 기술과 묘사는 하나님이 자신의 온 창조 세계에 직접 개입하신 것에 대한 은유적 표현으로 우주가 그 정상 궤도를 벗어나서 다른 방향으로 돌기 시작했으며, 시대의 전환이 일어났음을 강력하게 암시한다. 이제 사탄이 다스리던 옛 시대가 끝나고 하나님이 친히 다스리는 새 시대가 도래했으며, 우리는 이 두 시대의 전환점에 살고 있다는 것이다.

저자에 따르면 전환점에서 사는 우리의 문제는 시각인데, 이전 세대에서 시간의 움직임은 언제나 과거에서 현재를 거쳐 미래로 나아간다. 즉 우리가 오늘 행하는 것은 어제 일어났던 일에 의해서 영향을 받고 있으며, 오늘 하는 일이 내일 일어날 일에 영향을 미치게 된다는 생각이다. 그러나 새 시대의 도래와 함께 우리는 과거와 현재를 통해서 미래를 바라보는 대신에 미래를 통해서 과거와 현재를 판단하고 결정할 수 있다. 다시 말해 과거와 현재는 '하나님이 그리스도 안에서 행하신 일에 기초해 미래에 행하실 일에 의해' 결정되리라고 생각하는 것이다. 저자는 이 점을 다음과 같이 잘 표현하고 있다.

나사렛 예수가 마지막 숨을 고통스럽게 내뱉을 때 예루살렘 밖 갈보리 언덕에서 바로 그런 일이 일어났습니다. 세상의 근간을 흔들고 오랫동안 봉인되었던 무덤에서 죽은 자들을 일으키는 능력으로 '오는 시대'가 '이전 시대'에 쳐들어오고 있었습니다. 이후로 우주는 과거-현재-미래로 흐르는 익숙한 옛 방식이 아니라, 하나님의 미래가 '이 악한 세대'에 쳐들어오는 완전히 낯선 뜻밖의 방식으로 그 의미를 찾습니다.(260쪽)

넷째로 본서는 그리스도인 혹은 예수의 윤리에 대한 이해에서도 매우 성경적인 토대를 제공한다. 저자는 그리스도인 혹은 예수의 윤리에 대한 이해의 핵심을 십자가를 통한 죄와 사망에 대한 값의 지불이라고 주장한다. 그러기에 폭력, 불의, 보복의 악순환은 예수의 몸 가운데서 중단되었으며, 죄와 사망의 옛 세상이 십자가 위에서 끝이 났다. 저자는 바로 이것이 그리스도인의 선언, 곧 하나님이 값을 지불하셨다는 선언이라고 주장한다. 그렇다면 그리스도인의 윤리는 "십자가에 못 박히신 예수의 몸 안에서 악의 고리가 끊어졌노라고 말과 행동으로 증언"(178쪽)하고 '구현하는 삶'이라 할 수 있다.

다섯째로 본서는 하나님의 은혜의 수단인 말씀 선포와 성례전에서 특히 개혁주의 신학의 교회 전통에서 정당한 평가를 받지 못한 성례전에 대한 생각을 일깨운다. 그리스도인들은 말씀 선포와 성례전의 참여를 통해 하나님의 은혜를 경험하며, 이것들은 그리스도인 공동체의 예배 가운데서 이루어지는 매우 독특한 예배 행위다. 그러나 유감스럽게도 개혁주의 전통의 교회 예배는 주로 설교라는 형태의 말씀 선포에 일차적 관심이 주어지고, 성례전의 예배 행위는 단지 몇 번의 연중 행사로 치러지는 성찬식으로 대체되는 경향을 보인다. 그러나 그리스도인의 예배가, 근본적으로 하나님이 예수 그리스도 안에서 행하신 최종적 구원 행위와 그로 인한 새 생명과 새로운 삶을 '회상'시키고 '상기'시킴으로써 이에 대해 감사하고 새 삶에 대한 헌신에 관한 것이라면 말씀 선포뿐만 아니라 성례전은 그 중요성이 더욱 부각되어야 마땅하다. 저자는 이 점을 다음과 같이 잘 표현하고 있다.

> 기독교회는 부활절과 매 주일에 모여서 그렇게 알게 된 지식[예수의 부활은 썩어질 옛 세상, 즉 절망과 죽음의 세상에서 벗어나 새로운 세계를 바라볼 수 있게 하며 나아가 죽음에서 돌이켜서 유일한 참되고 영원한 생명의 원천을 향해 나아갈 수 있다는 점을 알게 된 것]을 축하하고 기념하는 겁니다. 성례와 말씀에 나오는 성경의 증인들만이 주께서 무덤에서 사라지신 일에 관한 진실을 말해 줄 수 있습니다.(365쪽)

이러한 성례전에 대한 바른 이해는 설교가 어떠해야 하는가에 대한 이해를 증진시킨다. 설교는 그리스도인들에게 하나님이 역사 가운데서 행하신 구체적인 창조-구속의 사건들에 대한 회상을 도와 하나님의 은혜로운 섭리와 역사가 성도들의 삶 속에서 절감되도록 하는 것이 일차적 목적이다. 설교는 새로운 어떤 이론이나 개념을 가르치는 것이 아니다. 과거의 역사적 사건을 성도들이 회상하며 형상화하도록, 그래서 그 사건이 오늘날 삶의 구체적인 힘이요 삶의 원동력임을 믿게 하는 것이다.

본서는 바로 이러한 일들에 대한 생생한 예증이라 할 수 있다. 어떻게 문자로 머물러 있는 성경 본문이 살아 있는 말씀으로 바뀔 수 있는지에 대한 예증이요, 어떻게 문자로 표현된 역사적 사건들이 현재의 성도들 가운데 살아 약동하는 실제적 사건이 될 수 있는지를 생생하게 예증하기 때문이다. 본서는 역자로 하여금 정말 설교가 어떠해야 하는지를, 또한 설교가 하는 일이 무엇인지를 다시 한 번 깨닫게 했다는 점에서 매우 고무적이었다.

아무쪼록 본서를 통해서 기독교 복음의 핵심인 그리스도의 수난과 죽음 그리고 부활의 의미가 더욱 분명해지고, 그리스도를 따라 산다는 것이 무엇인지에 대한 이해가 증진되기를 바란다. 또한 예수 그리스도의 복음의 전복적 성격을 배우기를 원하는 모든 사람과 성경-신학적인 설교를 하기 원하는 모든 목회자들에게 본서가 널리 읽히기를 바란다. 그리하여 본서를 통해 세속적인 사상과 성경적-기독교적 사상이 혼재된 한국 교회의 강단과 교인들이 성경적 관점으로 바르게 개혁되기를 간절히 소망한다.

류호영

예수가 선택한 길

플레밍 러틀리지 지음
류호영 옮김

2020년 2월 25일 초판 1쇄 발행
2024년 12월 12일 초판 2쇄 발행

펴낸이 김도완
등록번호 제2021-000048호
  (2017년 2월 1일)
전화 02-929-1732
전자우편 viator@homoviator.co.kr

펴낸곳 비아토르
주소 서울시 종로구 삼일대로 428, 500-26호
  (우편번호 03140)
팩스 02-928-4229

편집 이은진
제작 제이오
제본 다온바인텍

디자인 임현주
인쇄 (주)민언프린텍

ISBN 979-11-88255-53-5 03230

저작권자 ⓒ 플레밍 러틀리지, 2020

이 도서의 국립중앙도서관 출판예정도서목록(CIP)은 서지정보유통지원시스템 홈페이지(http://seoji.nl.go.kr)와 공동목록시스템(http://www.nl.go.kr/kolisnet)에서 이용하실 수 있습니다.(CIP제어번호: CIP2020006129)